羅馬人的故事 VII

惡名昭彰的皇帝

塩野七生 著
彭士晃 譯

三民書局

作者介紹

塩野七生

一九三七年七月生於東京，畢業於學習院大學文學部哲學系，一九六三～一九六八年間遊學義大利。一九六八年開始寫作，於《中央公論》發表〈文藝復興的女性〉。一九七〇年，首部長篇作品《凱撒波吉耳抑或優雅的冷酷》獲頒每日出版文化賞，之後長住義大利。一九八二年以《海都物語》得到三多利學藝賞。一九八三年，獲頒菊池寬賞。自一九九二年起，以羅馬帝國千年興亡為題，著手寫作《羅馬人的故事》系列，並以每年一部作品的速度發表。一九九三年《羅馬人的故事I》獲頒新潮學藝賞。一九九九年再獲司馬遼太郎賞。二〇〇一年發行《塩野七生文藝復興著作集》共七冊。二〇〇二年榮獲義大利政府頒授國家功勞勳章。二〇〇五年獲日本政府頒贈紫綬褒章，二〇〇七年再獲文部科學省評選為文化功勞者。

三十周年經典紀念版序

《羅馬人的故事》新版發售之際，作者送給臺灣讀者的話

這部既不算是研究歷史的專業書籍，也不是歷史小說，在歐洲稱之為「歷史散文」的作品，我持續執筆了半世紀多，最在意的其中一件事情就是，為什麼這個國家能在完全認同個人思想與表現的同時，維持歷時長久的獨立與繁榮。

因而執筆了《羅馬人的故事》與《海都物語》兩部作品。《羅馬人的故事》是為了想知道大國發生過什麼事。另一部《海都物語》則是因為想了解，為何即使是小國，在確保個人思想與自由表達下，同時也能達成國家的獨立與繁榮。

其次，舉例古羅馬帝國與中世紀文藝復興時期的威尼斯共和國作為代表大國與小國的典範，也是有原因的。因為這兩國即使國家規模大小有所不同，卻都有能享逾千年長壽的共同點。

有些國家在鎖國的情況下也維持了長治久安。像是古希臘的斯巴達或江戶時期的日本。然而，持續開國方針而能長命百歲的國家卻很少。羅馬與威尼斯在這部分也有相同點。

我同樣建議目前居住在臺灣的各位讀者也務必閱讀《海都物語》。因為日本也是小國，而

臺灣也是小國之一。小國自有小國的生存之道，只要正視這個事實，也有付諸實行的強烈意志，就會讓國家邁向獨立與繁榮。

還有，如果可以的話，再推薦各位閱讀我的另一部「文藝復興小說」（暫譯，原名「小説イタリア・ルネサンス」）全四集，我會感到十分榮幸。在這部作品中我創造了兩位虛構的主角穿插在這段真實的歷史中。希望能讓讀者領會，個人的思想與表達的自由如何能成為創新的泉源。幾乎也可以換句話說，在那種無法保證絕對自由的社會下不會產生創新。因為正是這種自由，誕生了達文西與米開朗基羅為首的義大利文藝復興。而佛羅倫斯、威尼斯，無論在地理、人口規模上都只能算是小國。

儘管如此，大國的磨難也並未比小國少。羅馬與威尼斯相比的話，無論「磨難」的種類或數量，都令人感到十分類似吧。我覺得這才是閱讀歷史真正的樂趣。因為畢竟可以說「歷史總是一再重演，只是表現的型態不同」。

二〇二二年春天，於羅馬

塩野七生

修訂二版說明

《羅馬人的故事》不是一部正統的羅馬史。

塩野七生說：

我以「羅馬人的故事」為題，如果將日文的書名譯為拉丁文，故事與歷史的意義幾乎是相通的。……使用“Gestae”這個字，所謂“RES GESTAE POPULI ROMANI”，可直接翻譯為「羅馬人的各種行徑」。

換句話說，這是一部詳盡蒐羅史籍與資料，進而細膩描繪人物的經典作品。當我們隨著作者富有文學性的筆調，逐冊閱讀《羅馬人的故事》時，便會發現比起事實的陳述討論，塩野七生在這部作品裡更著重於「人」的故事。羅馬人在面對各種挑戰時如何解決？在面對強敵的進逼時，羅馬人是如何逆轉取勝？平息內憂與外患後，又如何迎向和平？羅馬著名的公共建設，其目的是「使人過得像人」？偉大的建築背後，隱含怎樣的思考邏輯？

無論思想或倫理道德如何演變，人類的行徑都在追求無常的宿命。

隨著作者的引導，我們得以像羅馬人一樣思考、行動，了解身為羅馬人，言行背後的思想與動機。羅馬從義大利半島上的一個小部族發跡，歷經崛起壯大，終致破滅衰亡的過程，不僅是歷史上一個橫跨歐亞非三洲的輝煌帝國史，或許也可在其中發現「羅馬人」的群體生活史。

在《羅馬人的故事VII——惡名昭彰的皇帝》，我們看到奧古斯都所創建的帝王政治，作為一種「精密的虛構」持續維繫著帝國的政治，每一任皇帝由於他們不同的性格、以及面臨著不同的挑戰，也有著不同的表現。在這個日後被稱作「朱利斯—克勞狄斯王朝」的時代，奧古斯都身後的四任皇帝，臺伯留、卡利古拉、克勞狄斯、尼祿，他們既要在羅馬面對元老院與公民，又要為帝國邊陲的危機做出決策。然而到頭來，似乎沒有一個皇帝擁有「神君」奧古斯都那樣靈活的政治手段。尼祿在眾叛親離中死去的同時，「朱利斯—克勞狄斯王朝」也隨之破滅，這些神君的繼承者，一個又一個在羅馬史家的筆下，成為「惡名昭彰的皇帝」。

希盼本系列能與您一同思考：羅馬何以成為羅馬？羅馬的千年興衰，對世界有何影響？更重要的是，羅馬人留給現代哪些珍貴的遺產？期待在讀完本書之後，能帶給您跨越時空的餘韻。

編輯部謹識

目次

第二章　皇帝卡利古拉 191

（在位期間：西元三十七年三月十八日～四十一年一月二十四日）

第三章　皇帝克勞狄斯 273
（在位期間：西元四十一年一月二十四日～五十四年十月十三日）

第四章　皇帝尼祿 389

（在位期間：西元五十四年十月十三日～六十八年六月九日）

第一章

皇帝臺伯留

在位期間：
西元十四年九月十七日～三十七年三月十六日

卡布里島

現今要到拿坡里南方三十公里的海上小島卡布里，只要搭水翼船，三十分鐘就可以抵達。若不在乎時間，想要呼吸海上的空氣、欣賞周圍的風景，可以選擇接駁船前往，最多花一個半小時就能抵達。

但是在當時，古羅馬人即使再怎麼熱衷於提升效能，也必須仰仗人手和海風作為動力，所以時間上就無法縮得太短。一般的三層槳帆船時速為每小時二至三海里，順風揚帆也頂多五海里。一海里等於一．八五二公里。而拿坡里灣是出了名的風平浪靜，適合划船或獨木舟的練習，氣候也與羅馬一樣，是義大利最宜人的地方。當時的臺伯留需要的不是周遊用的御用船，而是政務用的船隻，所以勢必是具備了最優良的性能。無論是從拿坡里、商港坡佐里或是軍港米塞諾出發，只要三個小時，應該也能到卡布里。

卡布里島在今日也是地中海地區屈指可數的著名休閒地，但在二千年前，這整座島是皇帝的私有地。這是因為奧古斯都跟島嶼的原所有者拿坡里以依斯基亞島交換卡布里島為條件，終於成功取得這座島嶼的緣故。卡布里島美不勝收，竟能讓羅馬世界的最高權力者放棄面積大三倍、還有溫泉資源的依斯基亞島。從羅馬時代起，卡布里島就被稱為「拿坡里灣的珍珠」。可惜，奧古斯都雖然迷戀卡布里，卻在沒能好好享受之前就撒手塵寰了。奧古斯都只有在他去世的那一年遊玩拿坡里灣之際，順道於卡布里島上進行了短暫的停留而已。對終生忙於政務的奧古斯都而言，

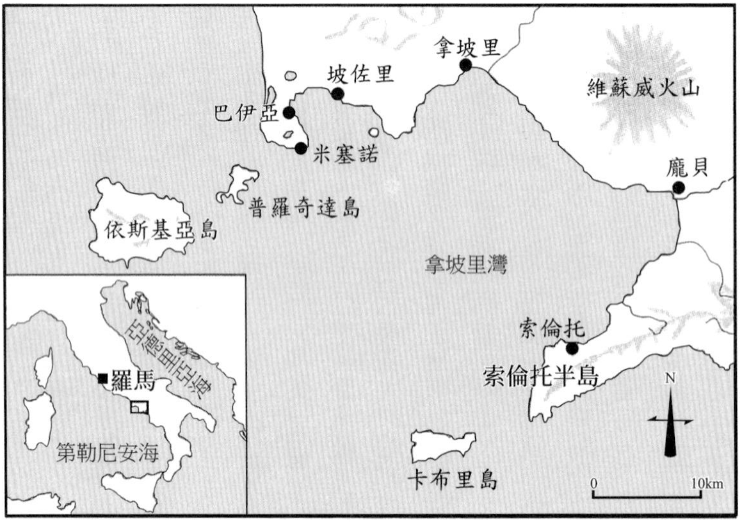

卡布里島周邊圖

他只把卡布里島當作是休閒之地，就算心裡頭一直想去，卻由於政務繁忙而始終不克前往。卡布里島終究不過是他的一個夢想之地而已。

卡布里島上四處盡是斷崖絕壁，沒有沙灘，船隻能夠靠岸的所在，只有島嶼的北邊一處。從這裡往上頭走一會兒就可以到達一處高臺，上頭蓋有流傳是奧古斯都興建的別墅。雖然說這裡號稱高臺，其實離海面也不過十餘公尺，距離之近，讓漁夫們能認出皇帝就站在面海的列柱迴廊上，他們會停下收網的手，向皇帝問候，皇帝就從高臺上的列柱迴廊輕輕揮手。親民的奧古斯都會愉悅參加島上居民的祭典。

今日的卡布里島已經成為一般休閒勝地，歐洲名品店比鄰而立。從停船碼頭搭乘纜車，轉眼間就可以抵達海拔一百四十六公尺的島嶼中央廣場。因為現在的觀光客意不在觀賞周圍的絕美景致，而更想要好好曬曬太陽。為了因應他們的需要，卡布里島上的飯店，全都集中在適合作日光浴的島嶼南邊。

離開喧囂的人群，我走進中央廣場分支的小徑。要造訪島嶼東方臺伯留皇帝別墅的遺蹟，就得捨棄纜車或汽車的便捷，於是沿路從海拔一百四十六公尺開始走向三百三十六公尺處，還好道路並不陡峭。緩緩的上坡，愈往前走，民家愈少，左方的拿坡里灣占據了大部份的視野。

三十年來，這條路我不知走過多少回，可是到現在還是想不起來，到遺蹟所需的時間到底有多久？距離到底有多遠？因為無論何時，我的腦海裡只想著一件事。

我想的是，現在是海拔三百三十六公尺，推算古時候的海水水位比現在還要低六公尺以上，在那沒有纜車的時代，臺伯留要走到自己選擇的島嶼最東方斷崖上的別墅時，等於要爬到三百五十公尺左右的高度才能到得了。就羅馬人的個性而言，道路鐵定是立刻就鋪設好了，但是臺伯留是不是坐在由倔強難馴的奴隸所扛的轎子裡，一路搖晃而來的呢？其實，臺伯留即使到了晚年，健康狀況仍舊是如鋼似鐵，搞不好中途他就下了轎子，靠著自己的雙腿走來呢。

我的健康狀況可不如鋼似鐵，但仍努力走完全程，而在走完後頭的二百公尺時，也能深切體會臺伯留是個多麼討厭與人交往的人。羅馬帝國首位皇帝奧古斯都和後來繼承他的二代皇帝臺伯留之間的性格差異，從比較卡布里島上的兩座別墅就能了解。沿路上，我就是一直如此喃喃自語的。

位處斷崖最高處、今日名為「約維斯別墅」（宙斯別墅）的臺伯留別墅，如今只是座紅磚碎石的遺蹟。但是，從龐大的儲水槽來想像，這將足以滿足羅馬人熱衷追求舒適性的特質。話說回

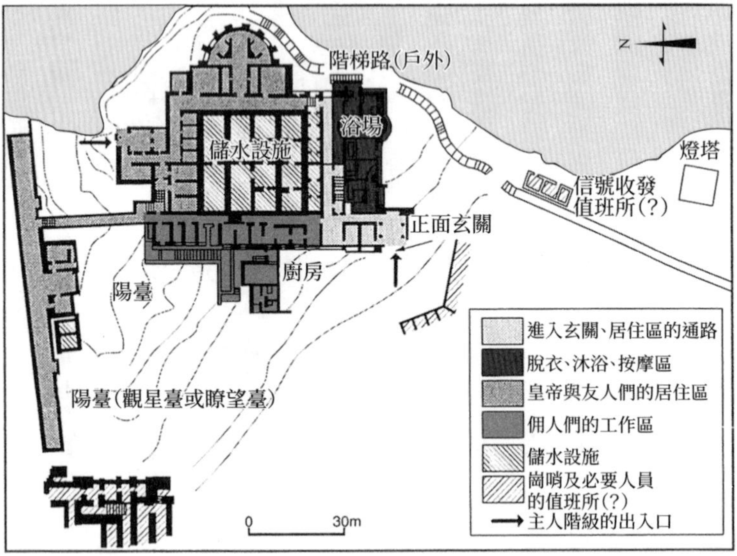

約維斯別墅（臺伯留皇帝在卡布里的別墅）平面圖——跟一般的羅馬別墅相比，這座別墅的特色在於主人的居住區與佣人的工作區分隔得很清楚

來，從東到北大落落的舒適華美別墅，卻不是臺伯留退隱之處。他並沒有在皇位讓賢後隱居至此，而是從西元二十七年到去世為止的十年之內，從這卡布里島上統治羅馬帝國。雖然他厭惡與人交往，但卻沒有放棄統治人類的責任與職務。羅馬帝國是由凱撒描繪藍圖，奧古斯都構築，而在臺伯留的統治之下奠定基礎。

我有個毛病，喜歡看遺蹟後在腦筋裡復原其形狀。建築物一旦復原後，在此生活的人們也跟著「復原」。在我的想像世界中，他們至今仍舊活著、呼吸著。

當我在寫朱利斯．凱撒的時候，我心中的眼睛就看著他；不過，我眼中的凱撒並非獨自一人，他始終受到年輕、有朝氣的部下簇擁著。我甚至可以聽見他們傳出的歡愉笑聲。即使是在跨越盧比孔河這攸關人生成敗之際，自他慷慨激昂地說出：「越過此地，將是悲慘的人間世界。但若不越過，吾將破滅」之後，也仍然不乏眾人跟隨。我實在無法想像凱撒會孤獨。

奧古斯都也是很難將他與孤獨聯想在一起的人。凱撒是凡事都一個人做決定的，奧古斯都亦復如是。不過，奧古斯都在做決定之際，身旁總有可以商量的對象，而且還不只是一位，是有兩位。所以我心眼所望見的奧古斯都，身旁總是有阿古力巴和馬西納斯跟隨著。這樣的奧古斯都，自然與孤愁無緣。

只有臺伯留，我能想見他孤愁的模樣。高大壯碩的體格，即使面對他的背影，也絕對不會感到單薄；而他高峻的個子，彷彿總是在拒絕別人伸手援助。

孤獨的男人眼前如果是一片狂風大浪的海，或是不許人類存活的沙漠，他還可以完全活在自己建構的世界中。然而，約維斯別墅眺望出去的景致，是美麗的地中海區域中更叫人陶醉之處，換句話說，就是讓人們能深切體會活著真美好的地方。從東北延伸到東方的索倫托半島景色讓人們變得更溫柔，眼下一片的拿坡里灣則是青翠碧綠；而遙遠西北角的米塞諾海角，入夜後燈火閃爍，讓人不禁思索人類的生命。把這樣的絕景配上一個拒絕人群的男子，這是何等的不協調！

其實，臺伯留不是一當上皇帝就開始厭惡與人交往的，他真的努力嘗試過要去適應，不，該說是努力過了頭。

皇帝登基

奧古斯都之死是在八月十九日，臺伯留登基則是在九月十七日。另外，奧古斯都和二十三年後臺伯留逝去之地一樣，都在拿坡里近郊，而遺體回到羅馬的時間耗費了十二天。雖然記錄正確日期的史料已經不復存在，但是從這兩項史實來推測，去世的奧古斯都遺體回到首都，應該是在西元十四年九月以後的事情。據稱，由於是盛夏的關係，所以移靈都是在夜間進行，或許會因此而再多花個九天、十天吧。畢竟皇帝的遺體回歸首都，可不能靠著馬車全力衝回羅馬吧。而當護衛的士兵扛著奧古斯都的遺體前進時，步行在後的，正是奧古斯都過世時也在場的臺伯留。

不僅因為臺伯留與奧古斯都有親戚關係，奧古斯都生前早已將各種權力交付給臺伯留，幾乎視其為皇帝的候補者。所以當移靈大隊沿阿庇亞大道北上之際，唯有臺伯留脫隊，先乘快馬趕回羅馬，因為他身負召集元老院的任務，在元老院中決定先皇的葬禮應如何進行，以及公布奧古斯都的遺囑。皇帝的遺囑不是私事，屬於公事之列。

年初奧古斯都寫好他的遺囑之後，依照慣例，會交給女祭司長保管。議場中坐滿五百名以上的元老院議員，人人洗耳恭聽這份遺囑。為了表示慎重、公正，由一位與故人沒有親戚關係的法務官來宣讀。遺囑的第一句，迴盪在寬廣的元老院議場的每一個角落。

「茲聲明，既然無情的命運奪走了我的二個孩子蓋烏斯與盧基烏斯，我把遺產的二分之一與六分之一讓給臺伯留。」

蓋烏斯與盧基烏斯為奧古斯都唯一的女兒尤莉亞所生，不久後就被奧古斯都收為養子，這二個兄弟，前者死於西元四年，後者死於西元二年。二十三歲與十八歲就棄世無不令人惋惜，不過這也是十年前的事情了。其實元老院的議員們都知道二位年輕皇位繼承人的能力欠佳，只有身為他們親生祖父的奧古斯都會喟嘆他們的早逝；而五十五歲的臺伯留，無論在能力與功績方面，都是人人稱道的。

其實，奧古斯都比任何人都肯定這一點，這也可以從以下的事情看出來。奧古斯都在西元四年時收養當時四十五歲的臺伯留為養子，並要求元老院賦予他十年為限（其實是可以更改時效）的「護民官特權」，並且也實現了。另外，在西元十三年的時候，他還把全部領地的統治權和全羅馬軍的最高指揮權賦予臺伯留，讓臺伯留成為他的實質共同統治者，幫臺伯留鋪好了治國軌道後，才撒手人間。或許對奧古斯都而言，自己的任務已經完成了吧。事實上，在法律的表面上是做得很完整了。在遺囑中，他也將遺產的三分之二贈與主要繼承人，這是羅馬人習慣的方式，等於指明了臺伯留做他的繼承人。畢竟大帝國在管理上的最大敵人，就是指揮系統的中斷。

雖說奧古斯都要把遺產的三分之二讓給臺伯留，但是對於為何要讓給毫無血緣關係的臺伯留，卻是隻字未提。所以，聆聽遺囑的人都以為奧古斯都原本想要傳位給兩名孫子，可是卻已不在人世，又因為沒有其他選擇，所以才指名妻子的拖油瓶——臺伯留來作繼承人。不僅是古羅馬，無論何處，靠女人得勢的人，永遠背負著遭人藐視的宿命。

還有，奧古斯都的遺囑，說得明白一點，就是不夠「斬釘截鐵」。跟凱撒的遺囑相比，差異清晰可見。凱撒指名當時只有十八歲的奧古斯都作為繼承人時，並沒有給他貼上「如果這個年輕人能發揮適合自己身份的力量」等附帶條件。如果提出這種附帶條件，在戰場上實力落差懸殊的死對頭安東尼就足以證明奧古斯都不適任。當時正值凱撒遭暗殺後的動亂中，戰場中實力的差距，會給凱撒的繼承人留下不適任的烙印。憑藉著凱撒斬釘截鐵的遺囑，奧古斯都不知少吃了多少苦頭。

或許奧古斯都也會說自己並沒有給臺伯留附帶條件吧。不過，不給不知天高地厚的十八歲小子附帶條件，跟不給有經驗、有功績、有正式地位的五十歲男人附帶條件，這根本是兩碼子事。要是給後者附帶條件，光是想到這一點，就不禁讓人發笑。奧古斯都用他獨到的巧妙手法，即使在文字上沒有表達出來，但實際上還是給了臺伯留附帶條件。

在奧古斯都去世前十年、收臺伯留為養子時，也就是視他為繼承人的階段，奧古斯都要已經有兒子的臺伯留收日耳曼尼可斯為養子。日耳曼尼可斯是奧古斯都親姊姊歐古塔薇亞的孫子，所以和他有血緣關係。此一舉動等於聲明，由臺伯留繼承固然是情非得已，但臺伯留之後須由日耳曼尼可斯繼承。

奧古斯都的遺囑中說到：「既然無情的命運奪走了我的二個孩子蓋烏斯與盧基烏斯」，後頭就表明要讓位給臺伯留，卻沒有提出理由，只說到十年前的往事，讓人聽了只覺得奧古斯都還是沒有忘卻往事，由此可以了解奧古斯都的一半用意。刻意提到十年前過世的兩個孫子，奧古斯都的言外之意，就等於挑明了羅馬帝國的最高統治者身上，應該流有他這位「創業者」的血液。壓根沒有提到讓位給臺伯留的原因，是因為奧古斯都只把臺伯留當作日耳曼尼可斯登基前的臨時繼承人而已。這一年，臺伯留五十五歲，而擔任萊茵河防禦軍團總司令官的日耳曼尼可斯則是二十八歲。就年齡上來看，這軌道鋪得也相當順遂。

還沒有正式決定登上皇位之前，就被說得這麼露骨，臺伯留的內心作何感想？議場中所有元老院議員的眼光，應該都集中在聆聽遺囑宣讀的臺伯留身上吧。每個人一定都會用等著看戲的好奇心，觀察臺伯留會是什麼樣的表情。二代皇帝臺伯留的治世，就在這種受到屈辱的情況下展開。

如果當時奧古斯都曾經一度考慮選為臨時繼承人的盟友阿古力巴還活著，而且在西元十四年的元老院議場中聆聽到了遺囑，他的心裡又是什麼滋味？阿古力巴也與奧古斯都沒有血緣關係，他不過是個從士卒爬升到奧古斯都左右手的人物，要不是凱撒拔擢他，在之前不是名門出身就無法進階軍官的共和國時代羅馬軍團中，阿古力巴充其量也不過當到百人隊長。如果沒有進入軍隊，阿古力巴搞不好還一輩子都是個農民，所以他如果能成為「銜接人」，他應該會覺得是個光榮，而不是屈辱。

臺伯留出身於克勞狄斯家族。羅馬改為共和政府之際，克勞狄斯這家名門貴族就帶著五千名「被保護者」(Clientes) 遷往羅馬，這家族的歷史就等於是羅馬的歷史。相對地，奧古斯都的祖父是在從事什麼行業的根本不可考，克勞狄斯家族跟這種家族出身的奧古斯都根本無從比較；就連收奧古斯都為養子的朱利斯家族，雖然歷史悠久，但在身負羅馬共和國重任的人才數量上，根本遠遠不及克勞狄斯家族。克勞狄斯家族出過二十八名執政官、五名獨裁官、七名財務官、六名凱旋將軍和二十名次席凱旋將軍。臺伯留的母親出身於李維斯家族，同樣也是克勞狄斯家族的一支。光是提到臺伯留祖先中受人矚目的就有：

阿庇尤斯・克勞狄斯——西元前三一二年的財務官，他運用職權，不僅鋪設了羅馬第一條羅馬式大道（也就是當時的高速公路阿庇亞大道），他同時也因為是羅馬第一條上水道的建造負責人而名留千古。請參照第I冊《羅馬不是一天造成的》第二章的〈政治建築的傑作〉以及〈與南義希臘世界的對決〉。

阿庇尤斯・克勞狄斯——第一次布尼克戰役中，與迦太基的第一戰之勝戰將領，請參照第II冊《漢尼拔戰記》第一章。

臺伯留・克勞狄斯・尼祿——第二次布尼克戰役中，為了阻止占據義大利的漢尼拔以及從西班牙前來支援的漢尼拔胞弟漢席多拔會合，在梅他吾隆會戰中的勝利者。這次戰役決定了之後漢尼拔的孤軍無援，請參照第II冊第五章。

提供許多人才給國家，並不一定都是優秀的人才，愚劣者亦不在少數。舉例而言，有以下較為知名者：

阿庇尤斯・克勞狄斯——西元前四五〇年的羅馬，貴族階級與平民勢力發生正面衝突，而他就是貴族階級的堡壘「十人委員會」的核心人物，參照第I冊第二章的〈與希臘接觸之後〉。

克勞狄斯・普魯克斯——第一次布尼克戰役時羅馬軍的敗將之一。一般而言，羅馬是不會處罰敗將的，但唯有他被撤職。原因是戰鬥前羅馬人會先用鳥來占卜，可是他氣占卜用的雞不肯啄食飼料，於是大叫道：「那水你就肯喝囉？」命人把那隻雞丟到海裡。他的這種行徑被認定是缺乏遠慮，不適合擔任指揮官。請參照第II冊第一章。

普布里斯．克勞狄斯——貴族原本是不能擔任護民官的，但是他卻在成為平民的養子後擔任護民官。在名門出身者主導的元老院體制下，他竟然做出這等醜聞，依附到凱撒派去。請參照第IV冊《凱撒時代（盧比孔之前）》第五章的〈確保心腹〉。

臺伯留在西元四年成為奧古斯都的養子之後，據說簽名時都不再簽臺伯留．克勞狄斯．尼祿，而是簽臺伯留．朱利斯．凱撒。這表示他是朱利斯家族的一員。但是臺伯留身上所流的血液，畢竟是克勞狄斯家族的。不過，這個問題很好處理，只要他利用登上皇位的機會，恢復克勞狄斯家族實力雄厚的「元老院體制」就能解決。

只不過，臺伯留的不幸不在於他本身所背負的家族傳統，而是贊成了大異於自己家族傳統的奧古斯都政治的理念。換句話說，臺伯留應該繼承代表舊的共和體制的家族，卻認為帝王政治這種新體制才是羅馬的未來之路。從精神層面上支持他這種看法的，是克勞狄斯家族不斷地提供人才給國家的這層自負。克勞狄斯家族的男人們有著強烈的自負，一切以國家利益為最優先，所以不論國家是否為帝王政治，這種基本的特質仍存在於臺伯留的血液中。

奧古斯都的遺囑中，聲明遺產的三分之二贈與臺伯留後，剩餘的三分之一則留給妻子莉薇亞。而莉薇亞被朱利斯家族收為養女，名字也改為尤莉亞．奧古斯塔。

值得強調的是，凱撒與奧古斯都這種階級的人在贈與遺產時，除了是將財產贈與他人之外，更是權力的贈與。奧古斯都將遺產的三分之一贈與妻子莉薇亞，就表示他把皇帝三分之一的權力賦予莉薇亞。奧古斯都不是會因為愛情而做這種處置的男人，從這裡也同樣可以了解到他有多麼的深謀遠慮。

日耳曼尼可斯與奧古斯都有血緣關係，他更是莉薇亞英年早逝的第二個兒子杜魯斯（傳聞是奧古斯都的私生子）的長子。贈與莉薇亞的三分之一權力，其實是給莉薇亞的孫子——日耳曼尼可斯的「預定繼承」。至於留給莉薇亞的長子臺伯留的部份，只要三分之二就能解決。而讓莉薇亞到朱利斯家族作養女，是為了防範贈與莉薇亞的權力流到朱利斯家族以外的其他人手上。

或許很多人會認為奧古斯都太執著於將權力留在朱利斯家族內，我一半贊同，但一半可就持不同的看法。奧古斯都的這種作法，是期望羅馬帝國的政局能夠穩定。因為政局一旦失衡，內戰就會立即爆發。至於眾人眼中的臨時繼承人臺伯留心中作何感想，那可不是奧古斯都的事情了。

奧古斯都遺囑的後半段，在第VI冊第三章的〈死亡〉這一節有提到。在詳細記載贈與居住於首都的平民與官兵的遺產金額之後，羅馬帝國的第一任皇帝奧古斯都還留下了遺言，給未來負責統治帝國的人：

「建議不應擴大版圖，超越現有的帝國國界。」

這是往後皇帝們奉為第一信條的事項，但對繼承奧古斯都的臺伯留而言，這是最直接的課題。幼發拉底河和多瑙河已是既成事實，並不構成問題；問題在於奧古斯都沒有說明，「現有的帝國國界」到底是萊茵河還是易北河。更何況，在給全民的遺囑《業績錄》中，奧古斯都還寫到：「我們的艦隊在“Okeanus”（現在的北海），從萊茵河口向東，遠征金普力族。以往無論是海路或陸路都不曾有羅馬人到達該地，居住此地的日耳曼民族派遣使節，希望與我及羅馬國民樹立友好關係。」

這裡頭並沒有用到征服的字眼，但是九年前臺伯留曾率領羅馬軍，進攻到易北河。金普力族是居住於易北河之東的部族，而進攻到此地的臺伯留，現在已經是全羅馬軍的最高司令官。聆聽奧古斯都「建議」的所有元老院議員，大都認定帝國的北邊國界就是易北河了吧。

在奧古斯都過世前幾天，他急忙召回臺伯留，在他的病房裡，兩人談了許久。至於談話的內容為何，重視誠信禮節的臺伯留直到去世為止，都不曾透露口風，所以至今仍是一個謎。或許提到將軍隊撤到萊茵河的事情吧？無論如何，奧古斯都在過世之前，對於從進攻之地撤退這件羅馬史上最不光榮的事情隻字未提，這也成為留給臺伯留的課題之一。

遺囑宣讀完之後，剩下的就是如何舉行奧古斯都的葬禮。理所當然地，很快便決定採用國葬儀式進行，並隨即於隔日一大早，葬禮就舉行了。由於這場國葬是尚未等到元老院決議就舉辦的，所以整個過程進行得很快速。更何況，在殘暑的季節，遺體也必須立即冰鎮加以保存。羅馬人的葬禮並非將遺體安置於棺木之中，而是放在睡床之上，好讓大家跟故人做最後的告別。在故人之前宣讀他的德望，之後由人們扛著，運往火葬場。在羅馬廣場中央的凱撒神殿前所作的演說，就是由身為故人養子，同時又是繼承人的臺伯留所擔任。在皇帝廟前舉行火葬後，骨灰葬在廟內中央。

元老院決議將逝世的奧古斯都加以神格化，所以羅馬的第一代皇帝，便成為了「神君奧古斯都」。

權力的轉移似乎在毫無障礙的情況之下完成了，但是，臺伯留本人卻提出了要求謹慎的請求。臺伯留心裡很清楚，在羅馬的法律和傳統之中，他將接任的羅馬帝國最高統治者，立場其實是非常模糊的，臺伯留希望能夠有個明確的決斷之後，再開始治世。

要正式就任羅馬皇帝，光靠前任皇帝指名是不夠的，還要有元老院以及羅馬公民的認可。元老院中以投票的方式，而公民的認可則是靠歡呼聲；縱使兩者之間有點差異，但是沒有這兩方的認可，皇帝也不能登基，這是羅馬帝國統治權的一項特色，有別於中國等其他帝國的皇帝。

羅馬的主權者，終究還是"S.P.Q.R."，也就是「羅馬的元老院與公民」，所以一但有了元老院與公民認可，就表示接受了統治權的「委託」。當時羅馬人的觀念，跟現代的「選舉」是不是有些相似？不過，既然是選舉出來的，照理說應該要有明確的任期；但在羅馬是沒有明確的任期，即表面上是共和制度，但本質上是君主制度，這也是奧古斯都用心良苦的地方，因此更要保留一些灰色地帶。只不過，這一切是為了什麼？

奧古斯都在西元前二十七年與安東尼的權力鬥爭中勝出後，成為羅馬世界中的最高權力者，但是他卻宣示要回歸共和政府，大大出人意表。如同他親身所記的《業績錄》中提到，正式表明：「之後的我，在權威上是處於眾人之上，但是在權力上，無論是誰，都是我的同僚。」如果完全相信他這番話，那這就不是帝王政治，而是元首政治。到底這是帝王政治或是元首政治，在羅馬國內也是意見分歧。和元首政治之定義一致的，是中世紀文藝復興時期的威尼斯共和國。威尼斯共和國元首（總督）的權威與權力的關係，才與奧古斯都所言吻合。

威尼斯共和國國會選出的總督任期，採行的是唯一的終身制，無論對內或對外，他都是代表「威尼斯的面顏」。但是這位總督所擁有的權力，卻只占相當於現代國會的元老院中二百票中的一票，或是相當於現代內閣的「十人委員會」中十七票中的一票。更何況，共和國國會和元老院的議員都是世襲制，唯獨元首只是一代。如果不遵守這個原則，那就不叫作元首政治了。這種政治體制在威尼斯之所以能夠成立，是因為威尼斯支配的領土狹小，統治的人口又少的緣故。

至於古羅馬「元首」（Princeps，第一公民）的權威與權力的關係又如何呢？

羅馬的「元首」也是「羅馬的面顏」，在硬幣上雕刻肖像和記名的方式也與威尼斯相似。除此之外，他還是羅馬宗教界的最高神祇官，這也等於確認了他的權威。只有在權力方面，與始終保持共和制度的威尼斯大異其趣。

首先，羅馬的「元首」是全羅馬軍的最高司令官。

其次，負責保衛祖國義大利和首都羅馬的近衛軍團，屬於他的直接指揮之下。

第三，領土中分成「元老院行省」和「皇帝行省」，是皇帝行省的最高負責人。

第四，元老院行省是由元老院派遣的行省總督統治，但是所有行省的徵稅權，卻是透過其任命的「皇帝財務官」，由他掌控。

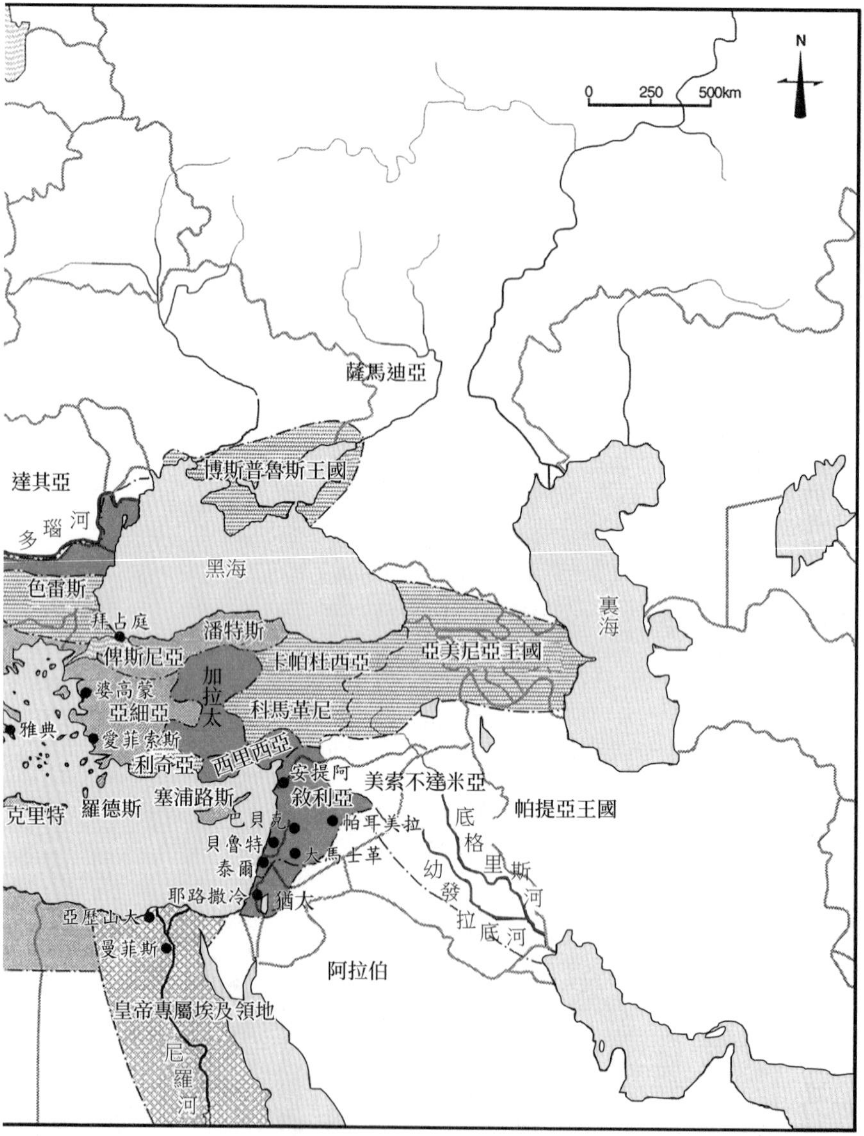
N
0
250
500km
薩馬迪亞
達其亞
博斯普魯斯王國
多瑙河
黑海
色雷斯
拜占庭
潘特斯
俾斯尼亞
卡帕杜西亞
亞美尼亞王國
裏海
加拉太
婆高蒙
亞細亞
科馬革尼
雅典
愛菲索斯
西里西亞
利奇亞
安提阿
美索不達米亞
克里特
羅德斯
塞浦路斯
敘利亞
帕提亞王國
巴貝克
帕耳美拉
底格里斯河
貝魯特
大馬士革
泰爾
幼發拉底河
耶路撒冷
猶太
亞歷山大
曼菲斯
阿拉伯
皇帝專屬埃及領地
尼羅河

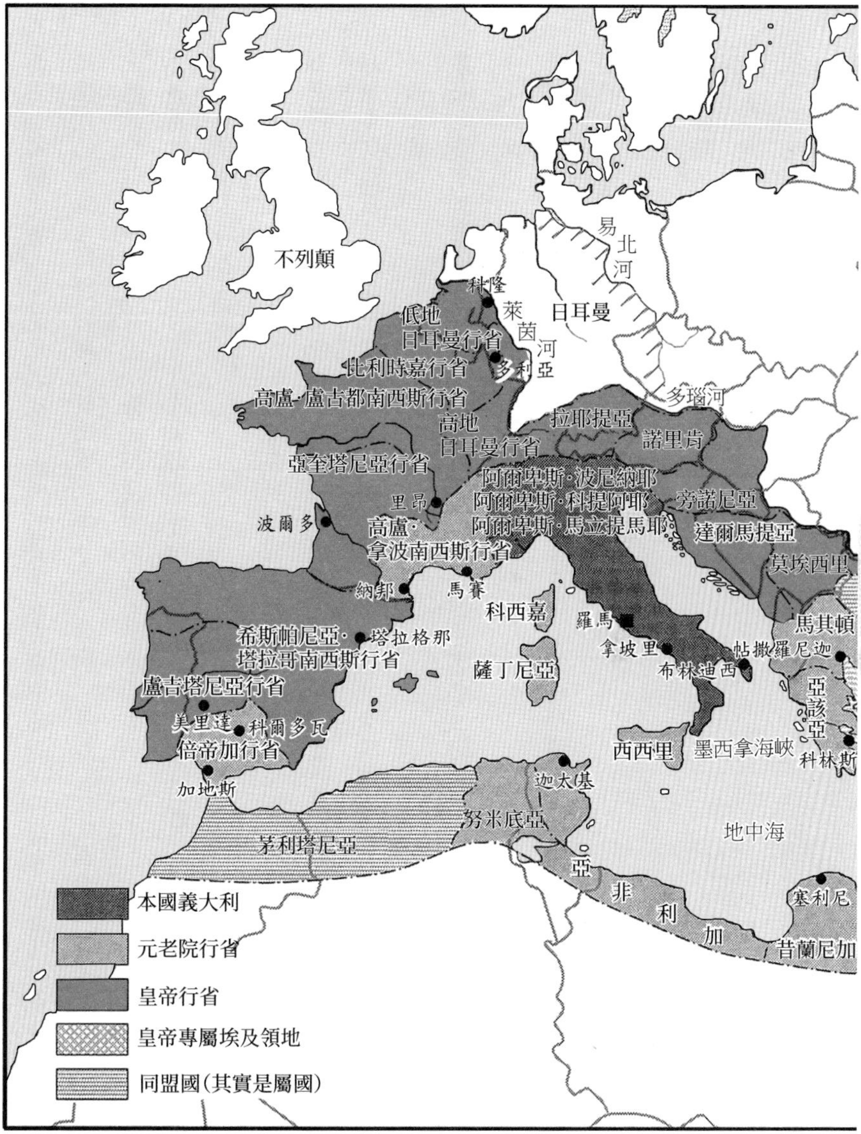
不列顛
易北河
科隆
萊茵河
日耳曼
低地日耳曼行省
多利亞
比利時嘉行省
高盧·盧古都南西斯行省
多瑙河
拉耶提亞
諾里肯
高地日耳曼行省
亞奎塔尼亞行省
阿爾卑斯·波尼納耶
阿爾卑斯·科提阿耶
阿爾卑斯·馬立提馬耶
旁諾尼亞
達爾馬提亞
里昂
波爾多
高盧·拿波南西斯行省
莫埃西里
馬賽
納邦
科西嘉
羅馬
馬其頓
希斯帕尼亞·塔拉哥南西斯行省
塔拉格那
拿坡里
帖撒羅尼迦
布林迪西
薩丁尼亞
盧吉塔尼亞行省
亞該亞
美里達
科爾多瓦
倍帝加行省
西西里
墨西拿海峽
科林斯
加地斯
迦太基
努米底亞
地中海
茅利塔尼亞
亞非利加
塞利尼
昔蘭尼加
本國義大利
元老院行省
皇帝行省
皇帝專屬埃及領地
同盟國(其實是屬國)

羅馬帝國全境略圖（西元 14 年時）——為現在的國界

第五，擁有「護民官特權」，因而具有平民大會的召集權。這是根據保障平民權利的「霍田西法」而制定的，即使元老院否決，只要平民大會中通過，一樣可以立法，成為政策。如果從現代的觀點來解釋的話，就是國民擁有全民公投的權利，即使國會反對。「護民官特權」還附有否決權。否決權到底是多麼厲害的武器，不妨想像一下聯合國安理會的會員國有無否決權的差異性，即可得知。原為拉丁文“VETO”的這種強大的權力，在兩千年後的今日，仍舊存在。

第六，羅馬帝國的「元首」擁有發動臨時措施令的權力，很多人將它翻譯為敕令。要統治領土遼闊、民族眾多的大帝國，視實際情況需要，往往要立即處理許多狀況。要制定這項臨時措施令，也就是要讓它成為恆久的法律，必須經過元老院通過，這又是羅馬帝國不同於其他帝國之處。

第七，幾乎所有的行政官任命權都在「元首」的手中，就算有些高級行政官的任命權不在其手上，至少也掌握推薦權。

第八，羅馬公民原本擁有控訴權，後來奧古斯都把這項權利也納入自己的權限之內，等於他自己兼任了最高法院的長官。

獨攬這些大權的「元首」，採的是世襲制。

以上就是古羅馬「元首」的真實寫照。歷史學家塔西圖斯寫道：「奧古斯都架構的並非王政，亦非獨裁政治，而是以元首為名的國家體制。」讓我不禁覺得，塔西圖斯到底是不了解實際的狀況呢？還是明明知道卻要刻意諷刺？

如果按照奧古斯都強調的“Princeps”（第一公民）的字義來看，只不過是「羅馬公民的第一人」而已，還稱不上是正式的名稱。而且，實際上，在所有被發掘出來的碑文中，也沒有任何足以證明這個字是羅馬皇帝別名的證據。奧古斯都將大權掌握於手中，架構了「獨自一人統治的政治體制」，而這「第一公民」的稱謂，不過是他的障眼法罷了。不過，躲在這障眼法之後，就會產生新的問題。畢竟人類只看到映入眼簾中的事物。

說到羅馬人的明快、邏輯性和法治精神，我總覺得凱撒採用的終身獨裁官制度是比較清楚明瞭的政治體制。在羅馬，獨裁官等於就是危機管理系統，獨裁官之下如元老院等所有機構的功能，就是執行命令。凱撒雖然採用終身制，卻沒有施行世襲制。唯一的最高統治者指名下一位繼承人，之後再由這位繼承人指名下一位繼承人，這種制度與五賢帝時代的皇帝相同，不過這在一百五十年前可是反對聲浪不斷。而且，終身獨裁官的稱謂，完全沒有掩飾統治者內心的意圖，正因為稱謂得太直白了，凱撒才會遭人暗算。

現代的研究者之中，也有人批評奧古斯都，說他留下不明確的統治系統，成為後來災禍的主因。就不明確這一點而言，我完全同意，但是卻不會想要批評，因為我認為，唯有奧古斯都留下的模糊不清的系統，才能構築起羅馬帝國的帝王政治體制。而他堅持要有血緣的繼承，或許就是因為他了解「第一公民」的權力基礎不夠明確，至少得靠血緣來確保。但是，這模糊不清的系統造成的禍害，臺伯留首當其衝，尤其是臺伯留身上沒有流著奧古斯都的血，受害更大。奧古斯都去世將近一個月，臺伯留還對接受皇位一事戰戰兢兢，我覺得他心裡頭的感受，絕不像塔西圖斯所寫的「很想繼承卻故意遲疑」那樣。

在奧古斯都葬禮數日後的九月十七日，元老院召開會議，這是臺伯留真正治世的開始。會議一開始，就由兩名負責擔任該年執政官的人提出共同提案動議，內容如下：

一、依據已故奧古斯都之前例，亦將「元老院第一公民」之稱號賦予臺伯留。
二、臺伯留已於前年（西元十三年）獲得賦予「全羅馬軍最高指揮權」，今後仍應持續擁有。
三、臺伯留於十年前被認可的「護民官特權」將繼續獲得承認，而且是沒有期限的終身權限。
四、將保衛羅馬所需之所有權力賦予臺伯留，一如生前之奧古斯都。

史實中雖然沒有把通過的細節清楚地記錄下來，但是結果應該是獲得通過的。因為兩位執政官向臺伯留宣誓忠誠，接著是元老院的議員們跟著宣誓效忠，之後便依序通報階級僅次於元老院的「騎士階級」（也等於是財經界）、平民階級進來，紛紛對臺伯留宣誓效忠。

不過，請注意，兩位執政官的動議，並非詢問眾人是否贊同臺伯留擔任皇帝，而是要求眾人認可第一項的權威，和二、三、四項的權力而已。這裡正把羅馬帝王政治的特色表露無遺。羅馬的皇帝不是從天而降，而是在經過眾人認可之後，才能獲得管理帝國的權力。

在獲得具有委託意味的「認可」之後，眾人要求臺伯留發言。他站了起來，但是口中說的話卻不是眾人期待的。

他開頭就說，要處理遼闊的帝國領土和霸權下民族眾多等因素所導致的統治困境，單靠個人的力量並不夠，這是唯有奧古斯都才有能力達到完成統治帝國的重責大任。萬一決策錯誤就會帶給帝國極大的危機，這正是在奧古斯都晚年時，他實際參與後體驗到的深切感受。臺伯留轉向元老院的議員們，繼續說道：

「但是，羅馬並不缺少擁有這種分攤此一重責大任的人物。所以，將所有的權力委託給一個人，可能不是最好的辦法。匯集眾多優秀的人才，以解決統治大帝國的沉重課題，應該就會變得更簡單吧。」

最喜歡批評臺伯留的歷史學家塔西圖斯認為，此時此刻臺伯留的此言此語，是為了不希望被認為是自己極度樂意而做的掩飾，絕非發自肺腑。但我卻覺得這是他的真心話。臺伯留的生父曾是凱撒麾下高盧戰役中的戰友，縱使沒有刀劍相向，卻被認為是「三月十五日」暗殺的贊同者之一。所以，在屋大維時代，就被奧古斯都記錄在處罰者名簿上，使得還是幼兒的臺伯留被迫過著亡命的生活。克勞狄斯家族在羅馬的名門貴族之中，以擔負羅馬共和政治而自豪，與柯爾涅留斯一族齊名。臺伯留身上流著這個家族的血，此時便向原本與自己同階級的男子們求助。畢竟歷史上，就連武力上獲勝的凱撒，也曾要求失敗的元老院議員之一——西塞羅的協助，共同建設新羅馬。但是，大多數的元老院議員在聽了臺伯留的話之後，都想要避開這件麻煩的差事，請臺伯留快快接下「第一公民」的稱號，而剩餘的少數人，則發出與塔西圖斯相同的冷笑。

臺伯留終於說道：

「我知道我獨自擔負重責大任的力量不足，若是各位仍執意要將某些領域的事物委任於我，我也沒有異議。」

阿及尼斯·葛斯立即接話：

「凱撒（因為臺伯留後來成為奧古斯都的養子，所以算是凱撒家族的一員），您所說的被委任就接受的，到底指的是什麼方面呢？」

這種問話實在是不安好心眼。阿及尼斯·葛斯是薇普莎尼亞的丈夫，而她是臺伯留唯一愛過的女人，但卻因為臺伯留被迫與奧古斯都的女兒尤莉亞結婚，因此與她分手。臺伯留在與尤莉亞的婚姻破碎之後，也不想再與其他女子結婚。臺伯留欠缺巧妙避開葛斯問題的機靈才智。不過也只是躊躇了一下，就回答說：

「如果允許我有選擇的自由，我可能選擇避開所有公務。但是現實不准許。要我決定選擇哪些方面又放棄哪些方面，這違背我的人生哲學。」

元老院議員葛斯再度發言，此時他的臉上或許還浮現著剛才的冷笑。

「我並不是要問你將不可分割的事物分開的可能性，我只想聽你親口說，國家只有一個，而這個國家應該由一個人來統治。」

葛斯接著又假惺惺地稱揚已故奧古斯都的功勳，也讚美臺伯留長年來在戰場以及政治上的表現。

可是，臺伯留還是沒有說出「接受」這個字。赫提里斯終於從議員群中站了起來說道：

「凱撒，你到底要讓這個國家處於無頭的狀態下多久？」

元老院的焦急在所難免。自奧古斯都去世，已經過了將近一個月了，萊茵河畔駐防的軍團也捎來局勢不安的訊息。

臺伯留終於接受委託，願意接下統治帝國的權力。在他滿五十五歲的前二個月，即使和奧古斯都沒有血緣關係，但是在年齡、經驗、能力和功業方面無一不足，第二代的「第一公民」，也就是實質上的皇帝於焉誕生。

我覺得元老院議場中的這番你來我往，並不像塔西圖斯所想的那樣，是偽善與反偽善的過招，而是將帝王政治下皇帝與元老院之間曖昧的關係完整呈現的一段插曲。

臺伯留請求元老院協助，但是這種協助的關係，正是奧古斯都巧妙架構出來的皇帝統治、元老院協助的模式。葛斯反對當然也是有理由的。如果單從字面解釋已故奧古斯都對眾人言明的部份，羅馬仍舊是一個共和政府，元首不過是「第一公民」而已。但是實際上，指名「第一公民」的是前一任的「第一公民」，而元老院只有認可的權限。其實，葛斯內心想的，或許是對於這再明顯不過的現實，卻要睜一隻眼閉一隻眼，佯裝「第一公民」與元老院是處於對等關係的假象，然後要求元老院的協助之事感到實在很奇怪。

葛斯與臺伯留兩個人都了解奧古斯都架構的「第一公民」政治體制內含的矛盾，因而借題發揮而已。

話說回來，奧古斯都為什麼能夠架構看起來是共和政體，但實際上卻是君主專政的非邏輯性體制，而且還能維持四十年的運作呢？

研究人員提出的理由，是因為奧古斯都擁有出類拔萃的政治靈敏度，所以才能在皇帝與元老院的對立立場中取得平衡，讓雙方運作。這一點我也完全贊同，但是，應該還有一件事不能忘記。那就是奧古斯都是在權力鬥爭中以武力獲勝的事實。不管奧古斯都本身是多麼的謙沖和藹，實質上的輸家——元老院在他的面前也不得不謹言慎行。前人靠實力獲得的權力，卻轉給了臺伯留；更何況奧古斯都已經明白表示要血緣繼承的方針了，臺伯留完全不符合，換言之，作為繼承人的優勢十分薄弱。也正因為如此，我才覺得臺伯留是選擇了羅馬公民中的「第一公民」之字面之意，進而接受元老院的協助。

對於有人提議贈與臺伯留母親莉薇亞「國母」的封號一事，臺伯留則說：「賦予女子名譽時，應謹慎行事，賦予我時亦復如是」，婉拒了提議。此外，他也拒絕了元老院預定贈與他的「國父」封號。

他下令禁止在公共場所設置他的立像、禁止稱他為"Dominus"（主人）的人再次使用這種稱謂。正式的布告如下：

「臺伯留是家中僕人的"Dominus"、是士兵的"Imperator"（皇帝）、是公民的"Princeps"（第一公民）。」

無論稱謂為何，臺伯留已經是實質上的皇帝，身旁總有人跟隨。某天的元老院議會中，有議員提議比照七月訂名為"Iulius"，八月訂名為"Augustus"，九月則訂為"Tiberius"。臺伯留從座位上說了一句話，如飛箭般粉碎了這項提議。他說：

「如果『第一公民』超過十個的時候怎麼辦？」

隨從說這種話，讓聽話的人不悅，其實是因為聽到他人給與的無聊奉承，還被以為自己會高興時，當然會不悅。不過，世上的確也不乏追隨之人，很多人也樂於當別人的隨從。在臺伯留之後，這種奉承阿諛不曾間斷，也有皇帝接納了改變月份名稱的提議，但是流傳至二千年後的今天，只有七月和八月的稱呼而已。

奧古斯都被神格化，養子臺伯留就成了「神之子」。羅馬帝國最重要的宣傳媒體——硬幣上，臺伯留的側臉旁就刻著「神之子」的字樣。不過，在布告文中，臺伯留將「臺伯留的神聖任務」改為「臺伯留的辛苦任務」，「依據臺伯留的命令」改為「接納臺伯留的建議」。登基為皇之後的臺伯留，正式的名字自然是臺伯留．朱利斯．凱撒．奧古斯都，但是他卻只在寫給東方各同盟國的公函中才使用。如果對象是羅馬公民，他則使用臺伯留．朱利斯．凱撒的名字。因為奧古斯都這個名字，總帶著「神聖」的感覺。架構看起來是共和政體，但實質上是君主專政體制的奧古斯都當然了解"Augustus"這個字的意思，才選擇來作為自己的名字吧。

臺伯留在元老院的議會中說道：

「元老院的各位議員們，以往我已經聲明過了，未來我還會重複。你們賦予無限權力的『第一公民』是否憑著良心、深思熟慮地在統治，應該憑他是否盡心地為元老院和公民奉獻來加以判斷。我不後悔自己表明了這種想法，因為我確信你們體諒『第一公民』肩負統治帝國的重責大任，同時你們也找到了善意的『主人』（意譯的話是『所有人』）。」

甫即位的臺伯留，心中所謂的「第一公民」並非像後代威尼斯共和國的總督一般，雖具有權威，但在權力方面卻與領導者階級相等。奧古斯都創設的「第一公民」是權威權力同時擁有的人物，而臺伯留繼承的也是如此，但是他基於統治的理由，不得不保持住「權力」(Power)，但卻盡量地削減自己的「權威」(Authority)。他心中的「第一公民」不能翻成元首，也不能翻成皇帝。雖然現代人不太習慣這種說法，但我們只能說他是「第一公民」，至少在他治世的前十年，他努力成為那樣的皇帝。

就任為「第一公民」後的臺伯留做的第一件事，就是把執政官以下的國家要職選舉，由公民大會改到元老院。擁有公民權的成年男子人數，亦即具有投票權的人數已經達到五百萬，單靠聚集住在首都的幾萬人來召開公民大會選舉，早已有名無實；況且，元老院的議員們又得為公民大會耗費龐大的選舉經費。對臺伯留而言，他希望藉由減少元老院議員們的這項負擔，重振國家領導階級的元老院權威，讓他們幫忙統治帝國。

臺伯留做的第二件事，是要求元老院賦予日耳曼尼可斯「全羅馬軍最高指揮權」。奧古斯都將此大權分與臺伯留，是在他死去的前一年，而臺伯留卻在登基那一年就做了一樣的事，這表明他即使居於「第一公民」的地位，也沒有把所有的權力都集中在自己的手中。

但是，沒有一種動物像人類一般，能在矛盾中安然自若。才說不需要強而有力的領導人，一旦面臨危機，又立刻改口說「第一公民」應當身先士卒、前往第一線，指揮眾人脫困。臺伯留登基前後發生的「危機」，是固守多瑙河防禦線的旁諾尼亞的三個軍團和負責萊茵河防禦的八個軍團發起的叛亂。說是叛亂，其實是因為要求改善待遇而發起的罷工。只不過，這些參加罷工的人都帶了武器，處理不恰當，很可能會讓事態嚴重到不可收拾。

不過，臺伯留對於「第一公民」親自出動的要求毫不在意。駐守萊茵河畔八個軍團的總司令官，就是一年前就任的日耳曼尼可斯。臺伯留甚至將「全羅馬軍最高指揮權」分與日耳曼尼可斯。

在奧古斯都的遺囑中，還預定了日耳曼尼可斯就是繼臺伯留之後的皇帝。臺伯留把處理危機的責任，全都交給了這位跟他共享權威權力的二十八歲年輕人。

要因應駐守旁諾尼亞的三個軍團，可得從首都派人前往了。為了設置完整的多瑙河防禦線，原本應由臺伯留前往的，但是因為奧古斯都之死而中止。要掌握三個軍團，必須要有兼備權威與權力的總司令官，但卻付之闕如。臺伯留派了自己二十六歲的親生兒子杜魯斯前往旁諾尼亞，兩名近衛軍團司令官之一的賽亞努斯率領兩大隊、共兩千名的近衛兵隨之前往，然而等候這一行的旁諾尼亞三個軍團卻有一萬八千名士兵。臺伯留決定留在首都羅馬，看看這兩個年輕人的本事。

軍團蜂起

旁諾尼亞軍團發生的叛亂，可笑的是起因於軍團長普拉耶斯的溫情。他得知奧古斯都之死，而臺伯留確定即位之後，以憑弔先帝、祝福新帝為理由，讓軍團的士兵們放假。士兵們從土木工程或軍事訓練中獲得解放，三個軍團的人馬在夏季集中駐紮的廣大營區各處走動，三五成群地談天論地，享受從天而降的休閒時刻。

一有空，人們就開始思考，於是士兵們開始對奧古斯都死後自己的立場感到不安，畢竟先帝治世也有四十年的時間了。而現在，這一切突然中斷。羅馬的軍團士兵是志願役的職業軍人，他們的不安，來自於喪失工作的恐懼。

心中不安還沒消除，又想起了平時嚴格的軍事訓練與從事土木工程的辛苦。一閒下來，他們才想到這件事。而那時最會煽動這種不滿情緒的人物，正好就在營區之內。他曾是劇場中喝采組的組長，現在擔任軍團兵，名叫貝肯尼斯。他舌燦蓮花，站在士兵們的面前說道：

「為什麼我們要向人數稀少的百人隊長，甚至是比百人隊長人數更少的大隊長，像奴隸般地服從他們的命令呢？趁著新皇帝地位尚未穩固的這個時刻，不論懇求或威脅，若是現在不要求改善待遇，更待何時？

我們忍耐了三四十年的兵役，忍受衰老，忍受遺留在身上的傷口。然而退伍也只是名義，到後來還不是以支援為名，要我們出來做相同的工作？有幸苟活到除役，卻又以殖民的名目，將我們送到泥沼或不毛之地，這就是我們的下場。

兵役本身就是苦多益少的工作，肉體和心靈等於是每天以十個亞西的價格賣給了國家。這些錢得要花在衣服上、武器上、帳篷上、感謝百人隊長上，甚至裝病不去做工時都得用到錢。此外，不守軍規就會被鞭打，跟敵人戰鬥時或死或傷，冬季嚴寒夏季酷熱，戰場上的殘酷與營地中的貧困永無止境。要我們忍受這所有的軍務，只有在明確規定的條件之下。

這條件就是，每天薪水為一狄納利斯，服役期限為十六年，此外，絕不在同一軍旗、同一營地中工作。還有，退休金必須以現金支付。

近衛軍團的士兵們一天領二狄納利斯，工作十六年之後就能回歸故里。我並不是嫌都會中的他們錢多事少，待遇好；而是現在的待遇只夠在蠻地工作的我們在帳篷看敵人罷了。」

煽動群眾的言論自然要說得誇張一點，所以以上的說詞也不能盡信。像是軍服、武器、帳篷和糧食等是國家發給，要自掏腰包自然是騙人的。不過，私人的衣物理所當然要自行打點，而送給百人隊長的心意自然也不包括在內。

每日薪餉十亞西，從年薪二百二十五狄納利斯來計算，倒也是實情，只不過，近衛軍團士兵一天領二狄納利斯卻不正確，只有一・八七五狄納利斯。此外，我認為三四十年還不能退伍那也太誇大，而退休金則因為財源不足，倒有可能到期卻領不到。

這段煽動演說中最真實的部份，就是多瑙河和萊茵河沿岸的駐防工作比起其他的防禦線，環境更是惡劣，也格外的辛苦，犧牲也更多。比起南方的西班牙、北非，或是生活水準較高的敘利亞和埃及，說這裡的工作條件惡劣一點也不為過。然而萊茵河和多瑙河的兩條防禦線處於蠻荒之地，面對的敵人也最兇悍勇猛。如果皇帝接受了他們的要求而改善待遇，他們能獲得的將如下表所示。

	近衛軍團士兵	軍團士兵（現況）	軍團士兵（要求）
日　餉	1.875 狄納利斯 （30 亞西）	（0.625 狄納利斯） 10 亞西	1 狄納利斯 （16 亞西）
年　薪	675 狄納利斯	225 狄納利斯	360 狄納利斯
退休金	5000 狄納利斯	3000 狄納利斯	3000 狄納利斯 但須現金支付
服役年數	16	20	16
服務地點	本國	行省	行省

註：狄納利斯——銀幣，亞西——銅幣

貝肯尼斯不過是一介兵卒，他的演說卻完全捉住了士兵們的心。旁諾尼亞軍團駐紮的營區裡，四處充滿了士兵們要求改善待遇的聲音。軍團長普拉耶斯不知是否為了要撫平士兵們亢奮的情緒，而決定派身為大隊長之一的親生兒子到羅馬去，向皇帝傳達士兵們的要求。這舉動總算讓士兵們暫時平靜了下來。

但是，被派到附近的納烏波圖斯負責橋梁與街道工程的分隊士兵們，在得知本隊營區中的騷動之後，竟開始掠奪村鎮。納烏波圖斯可是羅馬賦予「地方自治體」的地位，認可它自治的村鎮，這種地方怎能容許如此暴行。百人隊長們遂前往阻止，結果士兵們將怒氣轉向百人隊長和工程負責人身上發洩。

羅馬軍團的百人隊長有兩種，分為有權力參與作戰會議的上級百人隊長及沒有這種權力的下級百人隊長。後者統率八十名的士兵，是中隊長級的指揮官，就現代的軍隊地位而言，他們相當於美國海軍部隊的中士。在羅馬軍團中，士兵們一旦發飆，首當其衝的就是百人隊長。

在痛宰百人隊長之後，士兵們乘勝追擊，回到本隊駐紮的營地，原本已經恢復平靜的營區再度譁然。遭殃的又是百人隊長。造反者先將怒氣發到眼前的長官身上，而一旦觸犯了軍法，反正已經無法回頭，行徑只有變本加厲。整個營區陷入暴動之中，牢房大門被毀，牢內的犯人也被釋放。這些犯人的加入，使得暴動更加不可收拾，百人隊長中甚至有人遭到殺害。臺伯留在接獲報告後，決定派遣他的兒子杜魯斯前往。

杜魯斯在二千名的近衛軍團士兵和負責護衛皇帝的日耳曼騎兵中隊的保護下抵達，而等候他到來的氣氛，與其說是來到自國軍團的營地，倒不如說是進入了敵軍的陣地中。造反士兵們似乎是為了表示對新皇帝兒子的敬意，走出營區，來到途中迎接。但是，情況卻不像是在迎接長官到來，隊伍也不是軍團、大隊、中隊地排列整齊，也沒有軍團旗或隊旗，服裝紊亂，態度傲慢，也沒有向長官問候。與其說他們是軍團，還不如說是一群暴徒來得恰當。二十六歲的皇子從這群人中穿過，進入營區。就在他走進營區柵欄之中的時候，叛亂者占領了四方出入口等營區要地，彷彿是主謀者之間早就協商好了一般。剩下的士兵們則全數包圍營區中央的講臺，對站在臺上的皇子叫囂，施以脅迫和恐嚇。

杜魯斯舉手要群眾安靜下來，隨即宣讀臺伯留的旨意。

「駐防旁諾尼亞的三個軍團，是我親自培育、長年率領（西元前十二年到西元前九年，西元六年到九年）、幾經戰役的軍團。你們的希望，我保證在先帝之死的哀傷平撫、政務回歸常軌的時候，向元老院傳達你們的要求，請他們處理。

我先派我的兒子前去，在軍團司令官能夠做到的範圍之內，他應該會妥善處置，但範圍以外的需求事項，就必須與元老院商議。要接受或拒絕你們的要求，權限在於元老院。我們不能忽視這個權限，這才是正確的作法。」

歷史學家塔西圖斯在介紹完臺伯留的這番話後，說這是臺伯留爭取時間的特有方式，因為他認為，臺伯留身為全羅馬軍的最高指揮官，要不要接受士兵們的要求，如果還得跟元老院商量後才決定，那就太不可思議了，莫非開戰與否的決策，也要每次都跟元老院協商嗎？

這的確是臺伯留爭取時間的作法，但是，姑且不論士兵們的要求是對是錯，臺伯留早已洞悉，要不要接受士兵們的要求，影響所及不僅止於駐防旁諾尼亞的一萬八千名士兵，這是全羅馬軍十五萬人的問題。這已經不是軍事問題，而是政治問題。我確信臺伯留心裡想的答案是「拒絕」。

就算有必要改善到期卻還不能退伍的弊病，但若其他的要求事項也全盤接受的話，等於是破壞了奧古斯都制定的系統。奧古斯都之所以如此制定，是在考慮到羅馬帝國人口以及經濟條件之後，竭盡一切所能而獲得的結果。到五十五歲為止，幾乎都待在奧古斯都身旁的臺伯留，對於這個內情最為了解。此外，奧古斯都還把凱撒訂定的年薪一百四十調高到二百二十五狄納利斯，要是換了皇帝就調高士兵的薪俸，國家財政鐵定崩潰。更何況，臺伯留治世的基本方針之一，就是不提高稅金，並促使國家財政健全化。

眼前的問題是這群手執武器、意氣風發的一萬八千名士兵。要像凱撒那樣，一番話就能穩定軍心的人物，古羅馬並不多見。臺伯留能做的，只有盡量爭取時間。

杜魯斯

臺伯留也真是的，竟把自己的兒子送到這種地方來。在聽完聖旨的宣讀後，士兵們的態度仍未改變，喊著要求改善待遇的口號，將杜魯斯包圍，還有些人向隨行者丟擲石頭，造成人員受傷。臺伯留旨意中的「在軍團司令官能夠做到的範圍之內，他應該會妥善處置」的事項，杜魯斯一樣也沒能做到。所以士兵們的要求事項沒有改變，而對於「一天一狄納利斯的薪水和十六年後退伍」等，一點也不肯讓步。杜魯斯等於是受制於人。營區裡瀰漫著不安的氣氛，彷彿某種不幸將於日落之後襲來，雖然眾人各自回到帳篷內，但卻沒有人入睡。

當天晚上，夜空萬里無雲，月光撒滿大地，美不勝收，恰與人們心中的恐懼與不安形成對比。不過，那一晚正好月蝕，原本照亮藏青色秋夜的滿月，漸漸地出現了缺口。對於這種自然現象毫無常識的士兵們，認為這是個凶兆，紛紛從帳篷中衝出，對著缺角的月亮狂叫祈禱，希望月亮能恢復光芒。

杜魯斯也從帳篷中衝了出來，觀看缺角的月亮，只不過，他和他身邊絕大多數的隨從都知道月蝕的原因。杜魯斯想到可以利用這個機會，於是下令祕密召集比較受到士兵敬仰的百人隊長。

月蝕還在持續地進行中。月亮缺口愈大，士兵們心中的恐懼與不安也就成正比地增加；當月亮完全消失，夜空變得黑暗時，士兵們的恐懼到了極點。營區四處燃燒的火把光芒，照耀在伏地悲鳴的士兵身上。

接到杜魯斯命令的百人隊長們悄悄地靠近這些士兵。他們回到自己中隊的士兵身旁，對因絕望而顫抖的士兵們說道：

「你們到底打算把皇子拘禁到什麼時候？你們有沒有想過後果會如何？即便跟隨叛亂的主謀，但是他們會幫你們調高薪水嗎？你們有沒有想過，退伍後是誰會給你們土地？這些亂賊有辦法統治帝國嗎？我們的中隊是最後才加入叛亂的，最早脫離不就得了嗎？」

士兵們開始動搖。先是老兵和新兵分成兩邊，接著是各中隊開始集結，之後是大隊，最後是軍團集合起來。這麼一來，羅馬人喜好秩序，厭惡紊亂、輕視不懂秩序的野蠻人的這些特質與自尊心，於是又恢復了。棄置一旁的軍團旗和大隊旗，也有人自動自發地取了回來，樹立在帳篷前。這時候，月亮也恢復了原來面貌。面對著逐漸綻放光芒的月亮，士兵們這次是祈求原諒自己所犯下的錯誤。

第二天一早，杜魯斯將士兵們集合起來，他站在講臺上，雖然只有二十六歲，說話還沒有十足的說服力，但是由於出身高、氣質佳、言語得體，明確地表示自己不向恐懼與脅迫妥協。接著他又說，只要你們發誓已經恢復成遵守秩序的羅馬軍團，而且願意由我來發言的話，我已經準備好一封信上呈父皇，請父皇以寬容之心，重新考慮你們的要求。群眾中雖然仍有反對的聲浪，但不久就消逝在絕大多數的贊同聲音中。杜魯斯選了三個人擔任送交信件的信差：率領整個旁諾尼亞軍團的軍團長普拉耶斯的兒子、一名自己的隨從和一名首席百人隊長。百人隊長中，如果能當到首席，就等於是能夠參加司令部作戰會議的「上級百人隊長」，表面上看起來雖然是造反士兵的代表，但其實並非如此。此時的士兵們心中滿是悔意，根本沒有人注意到這件事。

送出信差之後，營區恢復往日的平靜，彷彿眾人都在等候臺伯留的答覆。只有杜魯斯沒有期待，似乎是當他離開羅馬之際，就早已經得知父皇的心意了。

杜魯斯下令，將造反主謀貝肯尼斯和另一名同伙召喚到帳篷中。兩人一進帳篷就被殺死，屍體被埋在營區外遙遠的森林中某處，免得讓士兵們看到。

除掉兩名主謀之後，偏激份子也逐一被殺掉，彷彿這清算名單早已列好。清算執行得相當徹底，是由近衛軍團的士兵與旁諾尼亞軍團的百人隊長執行。士兵中也沒有人反對這種作法。

這一年的冬天來得特別早，讓住在這個只為了夏季搭建的帳篷營區中的士兵心情更加鬱卒。雨下個不停，時而變成豪雨，帳篷中汪洋一片。士兵們心生恐懼，認為這是天神的懲罰，對於當時不惜抗議以要求改善待遇一事，早就管不了那麼多了。

杜魯斯同樣感受到住在帳篷中的不便，不過，他還是在等候士兵們採取行動。

夏營基地是臨時的前線基地，只要確保有水喝、能防禦敵人就夠了，所以往往設在人煙稀少之處。至於冬營基地必須考慮從秋末到春初的氣候，因此大多設在生活比較方便的村鎮附近，而士兵們起居之處，也不是帳篷，而是常設的營房。冬營基地還有一項不可忽視的魅力，因為羅馬軍團的士兵們在服役期間必須單身，而冬營基地附近則有他們親密的女友在等候。

先是第八軍團的士兵們開頭說要回到冬營基地，第十五軍團的士兵們跟著應和，只剩下第九軍團說要留下來等候臺伯留的回答，但又怕只有自己留在夏營基地中，離敵人太近。這麼一來，三個軍團都決定回到安全又舒適的冬營基地去了。

目送士兵們出發的杜魯斯，想到在冬營基地裡，靠軍團長普拉耶斯來統率士兵就已足夠，於是決定回羅馬。至於臺伯留的「回答」，似乎根本沒有離開羅馬。

同一時期，旁諾尼亞西北更遙遠處的萊茵河防禦線上，也發生了士兵們的叛亂，不過這個「日耳曼軍團」從發生、經過到結束，都與旁諾尼亞軍團迥異。首先，旁諾尼亞有三個軍團，而萊茵河沿岸有八個軍團。在人數方面，旁諾尼亞有一萬八千名士兵，而萊茵河沿岸有四萬八千名。

日耳曼尼可斯

負責萊茵河防禦線的軍隊號稱「日耳曼軍團」，分為萊茵河上游和下游兩部份；前者又因為負責的區域而被稱為「高地日耳曼軍」，後者稱為「低地日耳曼軍」，兩軍各由四個軍團組成。各軍團的六千名人員由軍團長指揮，高地日耳曼軍的四個軍團之上還有統籌的司令官，低地日耳曼軍的四個軍團之上也有另外一名司令官。而這高、低地軍的八個軍團總司令官，在西元十二年前是臺伯留，十三年起則由日耳曼尼可斯擔任。之所以總司令官全由奧古斯都的親信接連擔任，是因為這些軍團是奧古斯都為了征服日耳曼到易北河的整片土地政策下的實戰部隊。也正因為這個原因，日耳曼軍團的士兵數目比其他地區都多，人員也最精銳。

不過，此軍團也不是一開始表現精銳，他們畢竟要靠著累積軍隊經驗，慢慢地琢磨。西元十四年初秋的叛亂，就是那群剛志願服役不久、就被派到日耳曼邊境的新兵發動的。

要成為羅馬軍團士兵的條件，是必須擁有羅馬公民權者。當時羅馬公民大多出身自義大利半島，而新兵就是從南方的義大利被送到北方的萊茵河下游區域，連邊境防禦為何都還搞不清楚。他們除了要接受氣候和地勢嚴苛的條件之外，邊境生活的索然無味，不久就讓他們覺得不舒服，因此他們想到要求改善待遇。他們跟駐紮旁諾尼亞的同儕們一樣，認為先帝之死與新皇登基之際，正是要求改善待遇的大好時機。

而日耳曼叛亂異於旁諾尼亞之處，在於要求改善待遇之前，先表明了支持日耳曼尼可斯繼承皇位的態度。

他們並不是因為討厭臺伯留，而是士兵們覺得身上流著已故奧古斯都血液的人繼承皇位是天經地義的事。史學家塔西圖斯還寫到，士兵們心中早有盤算，料想日耳曼尼可斯知道士兵們支持他的話，一定龍心大悅；而日耳曼軍團的士兵又是皇帝登基的強大支持群眾，所以士兵們提出的改善待遇要求，日耳曼尼可斯一定會積極地實現。

但是日耳曼尼可斯對於推舉為皇帝一事是斷然拒絕，甚至率先宣示對新皇的效忠，並要求士兵們跟隨。這麼一來，只有採取抗議的方式了。此外，這時候旁諾尼亞叛亂的局勢，也透過當時資訊傳達媒介之一的來往商人，傳遞到萊茵河下游的營地中。

駐紮於低地日耳曼的四個軍團，並非由特定的人煽動而引起暴動的，這種自然發生的情況，也與旁諾尼亞軍團的情況不同。所以，要求改善待遇一事，也不是一開始就有的，而是先發生了暴動之後，才有改善待遇的要求出現。兩個地方的相同之處，在於最先面臨怒氣發洩的，都是百人隊長。暴動如燎原的星火，轉瞬間蔓延整個夏營基地，司令官凱奇納也手足無措。為了徵稅事務而派駐在高盧的日耳曼尼可斯得知消息後，放下手邊的一切，往北方而去。

習慣上，總司令官到達時，所有的士兵會到營區外列隊歡迎，而迎接日耳曼尼可斯的四個軍團士兵自然沒有失了這個禮節。放眼望去，彷彿這群士兵滿臉悔恨，但是隨著日耳曼尼可斯進入營區之後，隊伍立刻變得紊亂，口口聲聲開始抱怨，情況騷然。

日耳曼尼可斯站在營區中央的講臺上，先命令依中隊、大隊、軍團的秩序列隊站好。士兵們遵從了命令，但是感覺上就是非常不情願，列隊的時間也比一般要長得多。日耳曼尼可斯耐心等到隊伍排好後，開始說話。

首先，他對於已故的奧古斯都之靈表示由衷的敬意，之後列舉臺伯留以往的各種軍功，說道這是率領在場眾人戰鬥後的成果。接著又說道，臺伯留繼承皇位，不但義大利本國認可，高盧行省也宣示效忠，帝國內沒有任何一個區域因為新皇登基而引起秩序的紊亂。大多數的士兵們靜靜地聆聽著。說到這裡，日耳曼尼可斯終於提到騷動的事。二十八歲的總司令官提高了聲調說：

「士兵們服從的紀律到哪去了？羅馬傳統尊重秩序的精神到哪去了？是誰趕走了大隊長和百人隊長的？」

被日耳曼尼可斯這麼一說，士兵們再也沉默不住了。他們脫去了上半身的衣服，露出戰爭中及被鞭打的傷痕，異口同聲地抗議。為了免掉土木工程的差事，他們拿了多少錢給百人隊長，使得留在手邊的薪水，是如何的少之又少。造橋築路是何等的辛苦。挖戰壕、釘柵欄、運軍糧、砍伐工程時所需的木材、準備燃料用的薪柴等等這一切吃重的工作都是絕對必要的話，那士兵們也沒有怨言；只不過這些都是指揮官們為了不讓士兵們閒著沒事做，而每做完一件就再想出另一件來折磨人的，這也使得士兵們的不滿終於爆發出來。老兵控訴兵役期限過長，新兵逼問先皇贈與的遺贈金何時發放。而不論老

日耳曼尼可斯

兵新兵，為數眾多的士兵們紛紛表示，只要日耳曼尼可斯有意繼承皇位，他們將全面支持。

日耳曼尼可斯聽了之後，彷彿聽見惡魔的聲音一般地從講臺上跳下，背對著士兵們，走向司令官的帳篷。此時有幾個士兵拔出刀劍，將日耳曼尼可斯圍住，要他走回講臺。日耳曼尼可斯提高聲調說：

「與其要我違背信義，我寧可去死！」

不只口頭上說，他抽出腰際的劍，往自己的胸口刺去。要不是身邊的人制止，恐怕就真的刺進胸口了。只不過，高高舉起的劍，反而刺激了士兵們的反抗心，就連遠處的士兵們也大喊：「想刺就刺進去呀！」甚至在他身旁的一個士兵竟然將自己的短劍遞給日耳曼尼可斯，說道，這把比較利喔！只是，對出身高貴的年輕總司令官這等的無禮，第一個遭到懲處的就是這個士兵。日耳曼尼可斯的幕僚們趁士兵稍顯怯退之際，成功地將日耳曼尼可斯拉進了帳篷內。

司令官用的寬闊帳篷中，召開會議討論對策。有情報顯示，低地日耳曼軍團的亂軍派遣使者，邀高地日耳曼軍團一同參與。如果高地日耳曼的四個軍團也參加叛亂，他們第一件會做的事，就是在富裕的烏比族根據地（現在的科隆）燒殺掠奪，然後叛亂的戰火會延燒到西方，波及高盧。另外，住在萊茵河東邊的日耳曼人一旦得知叛徒的視線焦點轉到西方，防禦線就呈真空狀態，顯而易見的，日耳曼人勢必襲擊而來。在事態擴大之前，無論如何都必須在低地日耳曼軍團內解決問題。身負這項重責大任的日耳曼尼可斯不同於被派往旁諾尼亞的杜魯斯，因為他沒有臺伯留的聖旨。

這並非因為臺伯留對自己的親生兒子和姪子兼養子的日耳曼尼可斯有著差別待遇，他甚至將軍隊中僅次於自己的大權交給日耳曼尼可斯。臺伯留重視法制，厭惡越權的行為，他認為，將旨意傳給日耳曼尼可斯，無非是束縛了日耳曼尼可斯，因此沒有這麼做。不過，臺伯留不同於日耳曼尼可斯之處，在於他是「第一公民」。四面楚歌的二十八歲總司令官，決定仰賴臺伯留的這種權威。

日耳曼尼可斯決定以「第一公民」臺伯留的名義偽造一道聖旨，文中有下列三項，表示是皇帝臺伯留承認的：

一、服完二十年兵役者，得立即退伍。

二、服完十六年兵役者，轉為預備役，除了敵人來襲時迎戰之外，解除其一切任務。

三、奧古斯都的遺產贈與金額提高一倍。

士兵們認為這是日耳曼尼可斯在爭取時間，要求他立即實現。於是大隊長們立即開始負責辦理退伍手續，但是在先帝的遺產贈與金方面，日耳曼尼可斯告訴眾人，將在回到冬營基地的維特拉（現在的占田）後發放。可是，第五和第二十一軍團卻不肯接受。日耳曼尼可斯不得已只好和幕僚們掏空腰包，湊齊了款項，支付給士兵們。這兩個軍團的士兵們好不容易終於出發，往冬營基地而去。第一和第二十軍團的士兵們同意在冬營基地接受支付，於是在司令官凱奇納的率領之

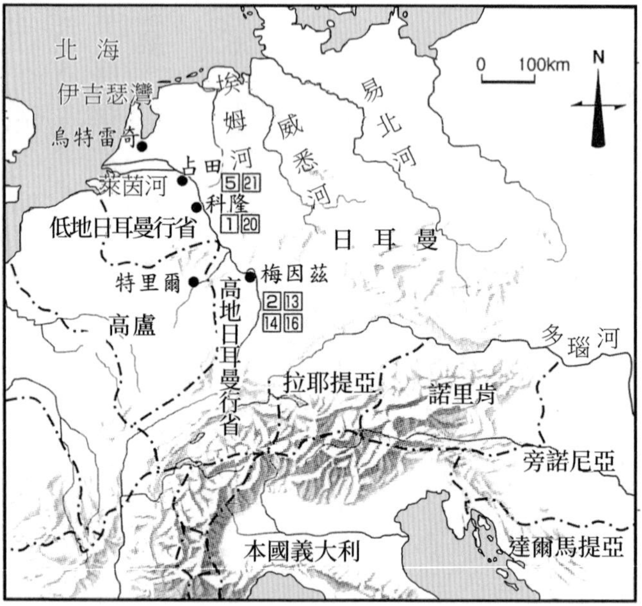

萊茵軍團的配置（城市名稱旁方框內的數字表示冬季駐紮的軍團）

下，出發邁向冬營基地科隆。只是這隊人馬的行軍模樣，是把從日耳曼尼可斯處掠奪而來的金庫裝在最前頭的貨車上，隊伍行列紊亂，軍旗也是拖在地上。

日耳曼尼可斯心想，現在低地日耳曼軍團的暴動算是平定下來了，於是急速趕往高地日耳曼軍團處。對於一直都在靜觀低地日耳曼軍團同袍動向的高地日耳曼軍團，日耳曼尼可斯認為有必要將他們也打理好。守備在萊茵河上游的高地日耳曼軍團有四個，在席里斯司令官的指揮下，已經進駐莫根提肯（現在的梅因茲）的冬營基地了。

抵達梅因茲冬營基地的日耳曼尼可斯立即召集了士兵們，要求他們宣誓對新皇帝臺伯留效忠。或許是因為進駐冬營基地之後心情舒坦的關係吧，第二、第十三、第十六等三個軍團的士兵們毫不猶豫地就宣誓了，唯獨第十四軍團的士兵們流露出遲疑的神色。日耳曼尼可斯唯恐狀況會擴及其他軍團，所以即使沒有任何人提出要求，他還是主動地承認高地日耳曼的四個軍團能夠享有與低地日耳曼的士兵們相同的特殊待遇。於是，第十四軍團也宣誓效忠新皇帝。日耳曼尼可斯心想，現在高地日耳曼軍團的狀況也不必擔憂了，於是驅馬沿萊茵河北上，往科隆而去，因為元老院派來的使節團將會來到科隆的冬營基地。

元老院派遣使節團前來的目的，只不過是正式宣布將大權賦予日耳曼尼可斯，但是見到了元老院的議員們，士兵們卻產生了誤會，他們誤以為這些人是要把日耳曼尼可斯給與的特殊待遇撤銷的。科隆的冬營基地裡，除了第一和第二十軍團之外，等著辦理退伍手續的老兵們聚集在一起。他們比誰都害怕特殊待遇被撤銷，於是再度掀起暴動。

夜深人靜時，老兵們悄悄地包圍住總司令官的營房。因為這裡是冬營用的軍團基地，所以住的不是帳篷。總司令官的營房是獨棟的住宅，建築結構是羅馬人稱為「維拉」(villa) 的方式。他們入侵到維拉裡頭最後方的日耳曼尼可斯寢室，這舉動已經不能再稱為士兵，根本就是暴徒。雖然當晚把這群人擊退，但是暴動卻也蔓延到整個營區。

第二天一早，日耳曼尼可斯召集所有士兵。他叫老兵們怒氣的焦點——使節團團長普藍克斯上臺，說明使節團來訪的目的，士兵們於是安靜了下來。

不過，沒有人會認為情況已經好轉。有位幕僚建議日耳曼尼可斯，讓這裡的軍隊也移駐高地日耳曼軍團的冬營基地裡，因為駐紮在梅因茲的四個軍團已經宣誓對皇帝效忠，所以應該很安全。

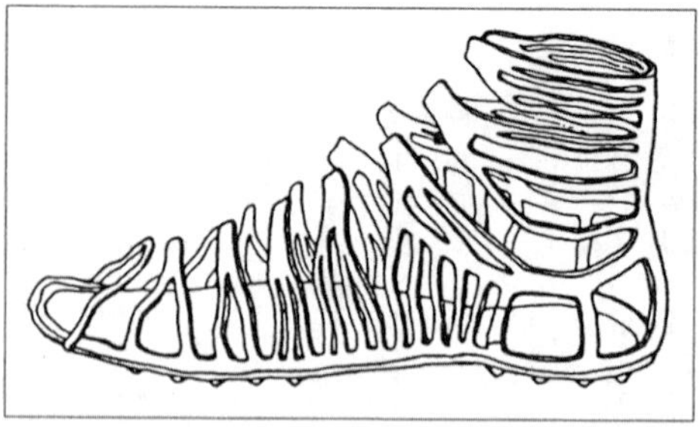

卡力買 (caliga) 羅馬軍團百人隊長（接近於現代的中士）以下的士兵用軍靴、皮革編織的半統涼鞋

雖然這建言沒有被責任感高人一等的日耳曼尼可斯採納，但是關於讓家人走避的建議，日耳曼尼可斯在躊躇之後，還是決定接受。日耳曼尼可斯之所以躊躇，是由於妻子阿古力琵娜反對。她說自己身上流有奧古斯都的血液，再怎麼危險也不怕。日耳曼尼可斯以阿古力琵娜懷有身孕以及二歲的兒子為由，終於說服了她，避難的準備開始進行，彷彿是敵軍來襲，要倉皇逃離一般。經過決議之後，總司令官的妻子與家人避難的地點，不是高地日耳曼軍團駐紮的梅因茲基地，而是高盧的行省。因為他們認為，與其身處羅馬軍團士兵之間，還不如高盧行省人民的處所比較安全。

女奴們在準備貨車和避難用的行李時不停地哭泣，驚醒睡夢中的士兵們。他們走到營房外，看見貨車上坐著懷抱幼兒的阿古力琵娜，以及跟隨在後的高官妻子和少數的護衛兵。聽到說要去行省而不是去羅馬人居住的區域時，等於在羅馬士兵的胸口狠狠捶了一拳。如果直譯歷史學家塔西圖斯的敘述，就是：「心中充滿了哀戚與羞恥。」

懷抱在阿古力琵娜胸前的幼兒，是日耳曼尼可斯的三男蓋烏斯，也是軍團士兵們的幸運象徵人物。士兵們給這個可愛的娃娃穿上特製的幼兒用軍裝，還特別訂做名為卡力買的涼鞋式羅馬軍靴給他穿，對他疼愛有加。小型（幼兒用）卡力買暱稱「卡利古拉」，後來就變成士兵們稱呼總司令官幼子的小名。但是這個小孩子竟然為了自己的緣故而要被趕出安全舒適的營房，甚至要把他們的安全，交給羅馬人鄙視的高盧人手中。士兵們攔在正要出發的貨車前頭，懇求阿古力琵娜回頭。另外一群士兵則是來到日耳曼尼可斯跟前，請他不要做出讓羅馬軍團蒙羞之事。日耳曼尼可斯見時機到來，爬到講臺上，開始對著士兵們訓話。這番話雖然有點長，但是我覺得它確切反映出日耳曼尼可斯的性格，於是把它全文翻譯出來。

「妻子兒女對我而言，並不比父皇和他治理的國家重要。而我父（臺伯留）是以他的權威來統治帝國和軍隊，所以我很放心。我也早有覺悟，為了你們的榮耀，妻子均可犧牲。但是現在，我要讓他們離開你們，因為你們已經化為暴徒，你們將要犯下的罪行，希望藉由我的流血而停止，我不願見到事態擴大，演變至殺害奧古斯都的孫女，亦即是臺伯留的媳婦。這幾天來，你們胡作非為。已化為暴徒的人，我該如何稱呼？圍攻身拜總司令官的皇子，這樣一群人還稱得上是士兵嗎？冒犯使節團的元老院議員，還稱得上是公民嗎？羅馬人尊重使節的安全以至人權的特質，讓敵人都倍感欽佩，但是你們卻將它蹂躪了。

違背遵從司令官命令誓約的士兵們，神君凱撒只要口呼『各位公民』，就能讓他們走回正道。神君奧古斯都只要出現在士兵面前，就能威震全軍。我沒有他們兩人的才華，現在更還要做出讓屬下士兵們將被駐紮在西班牙或敘利亞的同袍們不齒的決定，往後我自然也無顏以對。第一、第二十軍團的士兵們哪！你們二年前還在臺伯留的率領下轉戰日耳曼的原野中，戰勝蠻族，獲得許多的褒獎。莫非你們要我帶著父皇從沒聽過的噩耗回去嗎？百人隊長遭殺害，大隊長被放逐，元老院議員遭囚禁，士兵們充滿敵意，基地血流成河。難道你們要我這苟活的總司令官向他報告這樣的慘狀嗎？第一天從我手中奪走我準備自裁用的劍的朋友，現在回想起來，你根本就不是我的朋友，相反地，當初遞短劍給我的士兵，你才是跟我站在同一條陣線上的人。那時候如果我死了，我就不用看見這些日子來你們的暴行，而你們推選出來替代我的總司令官，可能也替維爾斯（在條頓布魯格森林中遭日耳曼人殘殺）和三個軍團報仇了。因為，對羅馬人造成的屈辱，勢必由羅馬人雪恥；就算高盧行省的人民要求，諸神也禁止我們將這麼光榮的行動，交給高盧行省的人民完成。

哎！如今已在天上的神君奧古斯都啊！年少便喪命於日耳曼之地的父親杜魯斯啊！請你們洗淨這群士兵心中的罪惡與污穢吧！也請你們助一臂之力，讓羅馬人彼此間的怒氣，發向敵軍日耳曼人吧！

現在的你們已經恢復成為昔日的士兵了，如果你們有意釋放使節團，宣示效忠皇帝，並將妻、子歸還給我，停止一切暴行、交出主謀者，這將是最好的證明。也唯有如此，我才能打從心中相信你們已經後悔，而也能更加彰顯你們的忠誠精神。」

士兵們心中滿是悔意，連日耳曼尼可斯責罵的話，句句聽來都有道理。話一說完，士兵群中有許多人說道：

「把阿古力琵娜叫回來！」

「不要把在我們眾人中成長的卡利古拉送到高盧人那邊去！」

「請率領帶罪的我們討伐敵人吧！」

日耳曼尼可斯以懷有身孕以及嚴冬為由，拒絕讓阿古力琵娜回來，但回答士兵們說，卡利古拉總有一天會回來。日耳曼尼可斯回營前並說道，其他的事情，就全看你們了。

士兵們急忙贖罪，帶頭發動暴行的人一個個被鐵鏈綁住，帶到第一軍團長的面前。審判的方式如下：士兵們拔出刀劍，圍在講臺旁。嫌犯逐一上臺，由大隊長向聚集的士兵們詢問該否定罪。有罪的呼聲多的話，即刻被推下臺，就地正法。每殺一人，士兵群中就會響起歡呼之聲，彷彿殺了這些到方才為止都還是友人的嫌犯，自己的罪惡就可以消除一般。

日耳曼尼可斯也不去管它。雖然對他而言，羅馬人早就已經脫離拿活人當作祭品的習慣，而這樣的行徑自是野蠻又殘酷，不過，這種暴行也不是他下的命令，而是士兵們自發意志的結果，所以他也有藉口不理。

日耳曼尼可斯沒有訴諸暴力，成功地將士兵們最憎恨的百人隊長重新編制，他採用的「民主」方式，後來也使他聲名大噪。

百人隊長一個個被傳喚到總司令官面前，報告自己的姓名、所屬百人隊、出身地、服役年數、戰績之有無等。之後，如果直屬上司的大隊長或所屬軍團的士兵們認同這名百人隊長的勤勉與正直，他就可以繼續服役；如果被認定為貪婪殘暴者，則當下解任。

科隆的冬營基地就在這種措施下恢復原有的秩序，但是在占田冬營基地的第五和第二十一軍團的士兵在得知科隆的「審判」之後，群情譁然。他們在日耳曼軍團中發起暴動，而且比任一軍團都更強硬而徹底。要懲罰的話，這群人最應該接受處置。日耳曼尼可斯決定在事態擴大前想辦法解決，如果真有必要，即使同為羅馬軍人，也不惜訴諸武力相向。科隆和占田都是萊茵河沿岸的基地，於是日耳曼尼可斯下令備好順流而下的船隻，但在出發之前，就先派快馬信差帶著密函，送往統領占田冬營基地的凱奇納司令官處。密函中寫道，他將親自率領軍團順萊茵河而下，要凱奇納在自己抵達前妥善處置，否則將把整個占田冬營基地視為敵人。

凱奇納召集了沒有參與暴動的士兵們，在會中將密函的內容告訴他們，眾人一致決議，為了保護自己，唯有採取行動。

入夜後一聲令下，討伐同袍的行動開始，景況淒慘。這畢竟不是討伐敵人，而是白天同一張餐桌吃飯、晚上睡在身旁的自己人。而夜晚的漆黑，使得他們無法正確鎖定目標，就連無辜的士兵也在行動中遭到殺害。

抵達的日耳曼尼可斯眼中所見，是血流滿地、屍橫遍野的羅馬軍基地。日耳曼尼可斯嘆道，這不是處置，而是殘殺，但此刻的他也只能下令，將屍體焚毀。

屠殺同袍的血腥氣味，讓存活的人也變得兇暴。日耳曼尼可斯認為，要讓這群為血發狂的士兵恢復正常，只有讓他們再嚐一次不同的血。明明不是內亂卻自相殘殺，要洗雪這項羅馬軍團中前所未聞的污名，唯有出擊襲敵一途。雖然時值十月底，根本不是作戰的季節，但他卻下令在萊茵河上架橋。

住在萊茵河東岸的日耳曼人真是天外飛來橫禍。他們心想，這時候羅馬人決計不會來攻，所以沉醉在舉辦祭典的氣氛之中，沒想到嗜血若渴的大軍竟然來襲。由於攻其不意，自然是羅馬軍大獲全勝。羅馬兵以日耳曼人之血祭天，感覺上似乎洗清了自己的污名，於是乖乖地跟著百人隊長回到科隆和占田的冬營基地裡。日耳曼尼可斯終於也能向羅馬的臺伯留報告——日耳曼軍團叛亂已經戡平。

臺伯留召集元老院議員，向他們報告旁諾尼亞和日耳曼的士兵叛亂，已經在杜魯斯和日耳曼尼可斯的努力之下獲得解決。接下來，他請求元老院的議員認可日耳曼尼可斯給予士兵們的三項特殊待遇，而且還不僅是駐紮在日耳曼的八個軍團，連旁諾尼亞的三個軍團士兵也享有相同的待遇。因為總不能一邊讓步，另一邊又不認帳吧。如果玩這種把戲，旁諾尼亞軍團搞不好又會再度揭竿而起。元老院的議員們也表同感，認可了這項提案。

那天臺伯留絕口不提日耳曼尼可斯假借自己名義偽造文書、向士兵們讓步的事情。但是想想臺伯留極度厭惡退讓的性格，不難猜出他那一天是什麼樣的心情。事實上，之後不久，臺伯留就提出建議，將三項中服役期限縮短為十六年以及將奧古斯都的遺產贈與金額加倍的兩項特殊待遇取消，在元老院的贊同之下，也完全翻案。不過二十年到期後除役一事，臺伯留倒是努力執行。臺伯留邊境的軍務經驗豐富，非常了解士兵們憧憬趕快期滿除役的心理。為了確保財源足以支付軍團士兵的退休金，他也不理會眾人要求廢除營業稅的聲音。

登基後不久的臺伯留並非待在首都羅馬，靜候旁諾尼亞和日耳曼的戡亂結果。雖然他把戡亂的責任交給日耳曼尼可斯和杜魯斯，但是羅馬帝國幅員遼闊，統治的種族、宗教、文化各自不同，有待解決的問題也就層出不窮。

公眾安全

五十五歲就當上「第一公民」，也就是實質的皇帝，我想一登基的臺伯留早已經預料到自己自始至終永遠是一個不受歡迎的皇帝。因為他從一開始就好像放棄了似地，一點也不在乎是否要採取博得人心的政策。

羅馬帝國彷彿就是由朱利斯·凱撒畫好設計圖、奧古斯都依照這個圖建築完成的龐大建築物。但是這個建築物如果交到一個完全不了解設計意圖的人手中，那麼他可能就會增加一些設計圖中沒有的東西加以改建，變成與當初設計迥異的建築物。為了防止類似變形改樣的情況發生，勢必是能夠完全了解設計者的意圖和建築者想法的人才能成為建築物的所有人，而建築物本身也必須要非常的堅固，日後無論是誰怎麼變動，都無法改變這建築物的基本原型。奧古斯都留給臺伯留的，就是這份不起眼但卻很辛苦的任務。除了已故的奧古斯都之外，大概只有臺伯留自己最了解自己承接的任務性質。

所謂的「和平」，不是抵禦外敵就能實現的，人人能過著安全的每一天，才是真「和平」。"Pax Romana"（羅馬和平）指的就是這兩方面的"Pax"。

登基為皇帝之後，臺伯留執行的政策之一，是健全國家的公共安全對策。如果才步出家門，生命安全就無法獲得保障，那麼生活中所必須的社會活動勢必也會停滯下來，而人心自然惶恐。

於是臺伯留明確訂出方針，像竊賊、強盜、傷害、殺人，還有競技場中的流氓，這一切可能阻礙公共安全的事物，均在禁止之列。奧古斯都創設的近衛軍團九千名士兵，臺伯留也決定將他們全數從市中心遷移，集中到羅馬東北方建設後的常設基地。從「近衛軍團」勤務的地點來看，他們已經有了現代國家警察的雛形。羅馬帝國並沒有在本國義大利半島上設置軍團。近衛軍團的主要任務，是維持本國的秩序。

其實，「公正」才是最高的「安全防衛」，而公正是要在司法發揮功能的情況之下，才能夠獲得保障。羅馬的法院中，原告說明控告理由要兩天，辯護方面的辯論也要三天；若是重要的審判，臺伯留也將全程參與，直到陪審員做出判決為止。臺伯留對於行省總督在任期內違法犯紀的審判特別熱衷，他身材魁梧、體格壯碩，身上穿著寬鬆的白色長衣，大大的眼睛射出銳利的光芒，一臉嚴肅的他，口若懸河地審問被告。這樣的臺伯留，與其說他是政治家，還不如說是檢察官來得貼切。他就是那種在場就會讓你感受到壓力的人物。

緊縮財政

話說回來，所謂的公正，不僅指司法而已，同樣也適用於德政之基礎的稅制上。臺伯留對稅制的觀念，也是始終如一的——絕對不提高稅金。這並不光是因為先帝奧古斯都訂定了，所以只有遵守而已，臺伯留本身也非常肯定這項措施的合理性。（奧古斯都的稅制，請參閱第VI冊第二章的〈稅制改革〉）

即使沒有規定新的支出，卻也不明所以地增加，這就是國家財政的宿命。帝國的領域雖然沒有擴大，但是從奧古斯都進行稅制改革以來，已經過了半個世紀。有人開始提議，稅制只要維持現狀就好了，但是行省人民的稅額是否應該調漲？臺伯留答覆說：

「你們應該把他們當作是取毛的羊隻，而不是宰殺來食肉的羊隻。」

「羊」其實是再露骨不過的說法，身為羊隻的人心中是什麼滋味呢？真的會覺得一年刮一次毛比被宰殺吃掉來得好嗎？若知道要被宰殺，可能明知不敵，也會抵死反抗；不過，對於一年繳交百分之十的行省稅就好的話，也會乖乖地繳納。再加上幸好處於「羅馬和平」的時代，行省的人民也不需要將時間花費在與鄰近部族的戰鬥中。像是蠻族入侵、山賊海盜來襲等防禦「狼」的對策，現在都由羅馬霸權來負責。行省人民如果都能抱持這種看法，對羅馬而言，就不須再額外增加軍事力量，即可以確立穩固的「安全防衛」，這正是奧古斯都構思，而臺伯留贊同的「合理性」。

不過，國家財政的宿命是即使不去管它，每年的歲出仍會不停地增加，總得想個辦法解決。為了貫徹帝國營運上的合理性，其中包括遵守二十年的服役期限承諾，所以臺伯留的當務之急就是健全財政。

奧古斯都採行的並非放縱財政，但是這位帝國創始人，正因為他的創始人身份，不得不考慮博得民心的政策。說穿了，奧古斯都可輸不起民意的流失。奧古斯都造就的羅馬皇帝地位，如果沒有元老院和羅馬公民的認可，他就無法登基。而且，一旦這二者要撤回認可的話，皇位也是岌岌可危。

無論是「認可」或是「選舉」，「有投票權的人」未必都是看人氣來決定支持與否的。為數眾多的人是依拉丁文中的"virtus"，即依才華、力量和成績來評估之後才決定是否繼續支持。即使不是每件事都是如此，但博得民心的政策符合公益的必要性還是存在的。

代表埃及的建築物，有為了法老死後埋葬用的金字塔；代表希臘的建築物，有神殿來供奉保護人民的眾神；至於代表羅馬的建築物，只能回答是有助於人們生活舒適的街道、水道、橋梁、會堂、港灣和浴場等基礎建設。羅馬重視公共利益的工程之所以如此興盛，在於他們的傳統精神，也就是從事這種公共工程，是菁英份子的責任與義務。博得民心的政策與公益，在羅馬非常自然地共存共榮。

奧古斯都四十年內完成了相當數目的公共事業，原本這些是用來對抗對手安東尼的，當降服了對手之後，將這些公共事業轉為穩固帝王政治的基盤。雖然當時合作夥伴阿古力巴和馬西納斯的確也為他分攤了部份的工作，但是他還是有資格誇口說：「我繼承的是磚瓦的羅馬，但留給後世的是大理石的羅馬。」看看他在《業績錄》中自負地列舉各項政績，可以知道他就是透過這種方式來博得民心的。

繼承奧古斯都的臺伯留又是怎麼做的呢？先從結論來說的話，他是事情不到緊要關頭就不做的人，因為他的當務之急乃是重建財政。臺伯留之所以決定不做太多建設，在於奧古斯都的建設已經可以說是做過了頭，光是要維護這些建設，就得花上好一筆經費。

臺伯留萬不得已才做的公共建設，在最直接影響人氣指標的首都羅馬中，他只做了兩項。首先是奧古斯都神殿。成為神君的先帝，有必要蓋座神殿來供奉他。其次是龐培劇場的全面改裝。羅馬只有兩座石造的永久劇場，而龐培劇場就是其中之一，由於使用次數多，保養又落後，因此需要改裝。

話說回來，在首都及本國都不熱衷於公共工程的臺伯留，卻在行省大興土木，尤其在掌控多瑙河這條帝國防禦線上的旁諾尼亞地方為數更多，在北非也發掘到臺伯留建設的碑文。不過，這些建設都反映出臺伯留重視實用性的個性，他不會去做蓋新劇場這種作秀的事，幾乎都是在從事街道橋梁等基礎建設。

羅馬人認為提供雜技團也是領導者階級的義務。二千年後的今日回想起古羅馬，令人想起「麵包與馬戲團」。馬戲團在拉丁文中就是「其爾庫斯」(Circus)。至於「麵包」在當時，指的是小麥的免費配給。那是個還沒有累進課稅制度的時代，所以有錢的人愈有錢，他們總想到要將溫暖分給那些不幸的人們，藉以促進社會的安定。古希臘提供的是戲劇，而古羅馬則是提供鬥劍比賽等各種的雜技表演。

在這方面，奧古斯都相當熱心，比較像他的養父凱撒。《業績錄》中有記載的項目就有如下的內容：

鬥劍比賽——八次，來自全國各地競技者的體育競賽——三次，戰車競馳——七次，獻給戰神馬爾斯的競技賽——每年，非洲野獸狩獵團——二十六次，模擬海戰——一次。

臺伯留在繼承奧古斯都之後，除了獻給戰神馬爾斯的競技賽與宗教祭典合併之外，其餘的所有活動，他都不再擔任提供者的角色。這不是法令禁止，而是皇帝不再贊助了。他對舉行鬥劍比賽尤其冷淡，當然也是因為他自己不喜歡的緣故。至於凱撒或奧古斯都也不是因為喜好所以舉辦鬥劍比賽的。知識份子對於容易造成死傷的這種運動，大多是非常厭惡，只不過一般老百姓卻對它感到狂熱，而這些羅馬庶民擁有羅馬公民權，也是擁有投票權的一群。

雖說是雜技團，但也不少人的確是以它維生。由於皇帝不再給予贊助，鬥劍士們甚至因失業而表達抗議。他們藉著從事死亡邊緣的危險工作賺大錢，同時享受婦女們的歡呼聲，甚至有元老院議員的女兒跟鬥劍士私奔的情形。或許鬥劍比賽對羅馬人而言，只不過是稍微殘酷一點的拳擊賽而已。

臺伯留把執政官以下的要職選舉，從公民大會改到元老院中進行，元老院的議員們表示歡迎，但是，這舉動也等於將百姓免費看熱鬧的機會給剝奪了。

要職如果靠元老院議員互相推舉而產生的話，參選的元老院議員進行選舉活動的必要性便消失了。在公民擁有投票權的時代裡，選舉活動主要都是由參選者贊助雜技團，免費招待有投票權者參觀，此外就是動員家中的“Clientes”從事拉票工作，甚至有些人是以金錢買票。他們之所以這麼想要當上除了固定經費之外別無報酬的政府要職，是因為當選要職等於證明自己屬於名為「光榮職務」的國家領導階層。

要職選舉轉到元老院中進行之後，元老院的議員們可以節省一大筆競選經費，元老院的議員們自然喜不自勝，但是對擁有投票權的羅馬公民而言，除了喪失免費看熱鬧的機會之外，一年一度的選舉時最令人期待的額外收入也不翼而飛。還有，原本百姓享有的另外一項特惠賞金，也在臺伯留當政的時代化為烏有。

奧古斯都熟知羅馬皇帝的地位，是靠元老院議員及擁有羅馬公民權的人決定的，畢竟這是他自己創設出來的制度，所以他沒有忘記在經濟面上給予這兩者優待。

由於元老院議員是名譽職務，即使擔任行省總督也是無給職。奧古斯都規定，要擔任元老院議員，必須要有一百萬塞斯泰契斯(Sestertius)財產為資格，一旦元老院議員的財產少於一百萬時，皇帝不惜加以援助。不過，這項援助也是皇帝提出要求，由元老院通過後實施的，整個措施就等於是以貧困的元老院議員為對象所實施的國家經費福利政策。

至於在擁有羅馬公民權的人民中，屬於中上的「騎士階級」（財經界）公民，皇帝會起用他們來擔任負責徵稅業務的「皇帝財務官」等各種行政官職，讓他們發揮他們的經濟實力，而這些行政官僚是有給職。

至於中下階級的羅馬公民，皇帝經常賜予名為賞金的獎金，這可是皇帝自掏腰包，不須元老院認可。《業績錄》中記載如下：

西元前二十九年——首都羅馬公民每人四百塞斯泰契斯，領取人數二十五萬。

同年——散居帝國領土中殖民城市之羅馬公民，每人一千塞斯泰契斯，獲得人數十二萬。

西元前二十四年——首都羅馬公民每人四百塞斯泰契斯。

西元前二十三年——自掏腰包購入的小麥，分十二次免費配給。

西元前十二年——每人四百塞斯泰契斯，領取人數二十五萬。

西元前五年——首都的公民每人二百四十塞斯泰契斯，領取人數三十二萬。

西元前二年——可以獲得國家免費配給小麥的貧困公民，每人二百四十塞斯泰契斯，領取人數些微超過二十萬。

臺伯留是怎麼做的呢？

他並沒有拒絕救助資格財產不足百萬塞斯泰契斯的元老院議員，但僅限在元老院的議場中說出自己處於財政危機中的議員。任誰都不願意在人前丟臉，所以要求救助的元老院議員數目大幅減少。臺伯留還認為，如果是因為自己的浪費導致破產者，則沒有必要救助。

至於善用「騎士階級」方面，臺伯留的作法與奧古斯都完全相同，不光只是在經濟層面，他甚至起用這些人擔任軍團長階級。在善用羅馬社會的第二階級方面，臺伯留算是相當積極的。

至於平民政策方面，二代皇帝臺伯留將皇帝賞金全面廢止，但是格拉古兄弟中的弟弟——蓋烏斯·格拉古立的「小麥法」卻沒有廢止，這個法律保障貧民得以免費配給到小麥，從立法以來已經延續了一百五十年之久。凱撒的配給對象人數定在十五萬，而奧古斯都是「些微超過二十萬」，臺伯留也沒有減少這個數字。因為這「小麥法」，是對羅馬人稱為“Proletarii”的無產階級的社會福利政策。

不過，如果支出的規模一直維持與奧古斯都時代相同水準的話，由於公民所有權者的人數也在不斷地增加，國家財政總有一天會崩潰，勢必造成增稅的情況。如果提高行省稅，那麼行省的人民就會造反，要戡亂就得出動軍團，以往只需應付外敵的軍團，若變成也要應付內敵的話，就得增加羅馬帝國的軍事力量。在陷入這個惡性循環之前，必須先健全國家財政。奧古斯都死後立即發生的軍團叛亂，等於是財政崩潰的預兆。找不到可以用來支付退役金的財源，役期屆滿的士兵也無法退伍，原本二十年的服役期限承諾變成三十年、四十年。如果這種情況再不想辦法，不僅會打擊羅馬兵的士氣，大帝國的防禦體制也可能因而潰決。

重建財政是臺伯留的當務之急，要在不增稅的情況之下實現這個目標的話，也只能緊縮財政了。臺伯留自己也知道，這勢必造成天怒人怨。

我知道臺伯留有健全財政的必要，但是即使對於經濟毫無概念的我，也不難想像工程之艱難。臺伯留如果強力推行緊縮政策的話，羅馬帝國會不會陷入不景氣的情況呢？到奧古斯都時代為止的公共事業或雜技團應該活化了經濟活動，皇帝的賞金也應該刺激了消費。臺伯留對於這些政策，要不就全面廢止，要不就極力打壓。

不過，仔細想想，就能知道這一切根本不用擔憂。

首先，新的建設雖然少了，但是需要不斷維修的建築物、水道和街道的數目卻相當驚人。羅馬的建築工程師都說：「石頭為友，水為敵」。即使是個小凹洞，風也會帶來沙土、帶來植物的種子，而雨後雜草滋生，深深扎根。風一吹就搖曳飛舞的雜草是大建築物崩潰的原因之一，所以無論是街道或建築物，表面要做到絕對光滑，不能讓沙土或水份停留。惟有不斷的管理和維修，才能保護建築物。就算新的建設工作少了，投注在公共相關事業上的資金、人力與技術卻是一樣的龐大。

最大的贊助者皇帝不願意再提供雜技團，像是鬥劍士們抗議的例子，對於從事這些工作的人而言，或許在經濟上造成影響。不過，其引發的不滿主要還是在於被剝奪免費觀賞樂趣方面。在古代這種產業是極少數擁有就業保障的。

至於賞金方面，奧古斯都治世四十多年，只有發放七次，平均每六年一次的賞金，對於刺激消費的影響力應當有限。

在臺伯留負責經營遼闊帝國的西元一世紀前半，奧古斯都建設的羅馬帝國經濟圈已經具備了相當程度的經濟機能，所以國庫本身的收入也在增加之中。在行省中，名為「皇帝行省」的地區，除了原本文明就很高的敘利亞之外，其他幾乎都是經濟力量薄弱的地區。行省稅率為獲利的十分之一，而這些行省也不能指望他們繳交更多了。南法之外的整個高盧以及南西班牙之外的希斯帕尼亞，這兩個區域的經濟實力都逐漸地提升，理由之一是由於安全獲得保障，第二是因為街道網等基礎建設已經整建完成。

人們只要感受到安全，就會定居下來。如果考慮「移動」與「定居」的勞動力彈性和財富累積度的落差，定居的利多顯而易見。在臺伯留治世的五十年前，凱撒已經讓高盧人免於受到日耳曼民族侵略的恐懼。史實中顯示，他們因此從狩獵民族變為農耕民族，而基礎建設的普及，也促進了農畜產品的流通。

像這樣經濟突飛猛進的時代裡，緊縮財政也並不需要在所有的領域中刪減經費，只要把單純的浪費，或是並非絕對必要的花費方面做些調整，也就足夠了，所以也沒有造成不景氣。不過，人類習慣以眼睛看得見、手摸得到的表象判斷事情。實體經濟雖然不是不景氣，但是卻給人景氣不佳的感覺。所以一般人對於臺伯留的評價，都是嫌他比奧古斯都「小氣」。

撤離日耳曼

臺伯留繼承奧古斯都之後的任務，首先是確立皇帝的地位以穩固帝政，第二是健全國家財政，第三則是戰略上的問題，到底要把北邊的防禦線設在萊茵河就好呢？還是要再擴張到易北河？

從臺伯留時代到其百年後的塔西圖斯時代的羅馬人，都能明確地了解到自己國家的北邊防禦線就是萊茵河。但事實上，奧古斯都時代的羅馬，已曾經嘗試要將統治範圍擴及易北河的日耳曼。但是，那是在什麼時候、誰決定放棄的？當時的羅馬人沒有人知道，因為奧古斯都和臺伯留都沒有交代。派遣出去的軍隊力量足以說明他們征服的意圖，但結果卻撤退回來。對於這羅馬史上最不名譽的事件，可能他們兩位當事人都選擇保持沉默吧；抑或是奧古斯都至死都無法放棄降服日耳曼民族的希望，所以把撤退的決定交給臺伯留去下呢？

現代的學者都認為奧古斯都嘗試征服日耳曼是「野心過大」的舉動，而他是在西元前十二年讓妻子莉薇亞的拖油瓶——杜魯斯率領軍團前往。杜魯斯大膽運用戰略，在西元前十一年、前一〇年於日耳曼的原野中轉戰，終於在西元前九年抵達易北河。但是，偏偏在他回歸的路途中，落馬而結束了年輕的生命。西元前八年至前七年的日耳曼戰線總指揮則由他的親哥哥臺伯留擔任，但是因為奧古斯都不善於控制戰況，使得羅馬軍沒有採取決定性的行動，臺伯留也在西元前六年隱居羅德斯島，直到西元四年，臺伯留再次回到戰場，日耳曼戰線才又恢復活力。西元五年，臺伯留率領的羅馬軍團再度進軍易北河。身處羅馬的奧古斯都，大概以為完全稱霸日耳曼民族的美夢就要實現了吧。

但是在西元七年的時候，與萊茵河並稱羅馬帝國兩大防禦線的多瑙河之南，也就是旁諾尼亞和達爾馬提亞發生了原住民的大叛亂，而能夠託付的武將也只有臺伯留一人，所以當他離開日耳曼戰線之後，就把責任交給與奧古斯都親戚女兒結婚的維爾斯。西元九年的秋季，在條頓布魯格森林中，維爾斯和三個軍團全軍覆沒（參照第VI冊第三章〈「森林是日耳曼之母」〉一節），這對希望控制日耳曼的奧古斯都而言，毋寧是最大的打擊，但是他始終沒有放棄。臺伯留第三次成為日耳曼戰爭的總司令官，他率領的羅馬軍，又在西元一〇年、十一年、十二年的三年之間，轉戰於日耳曼原野。

西元十三年，奧古斯都將臺伯留召回羅馬，理由雖是他自知時日不多，所以要將皇帝的權力分給臺伯留，但我推測，他是希望將就要完成的日耳曼霸業，交由日耳曼尼可斯完成。日耳曼尼可斯取代臺伯留，從西元十三年起擔任日耳曼戰線的總指揮，他就是二十年前在日耳曼之地英年早逝的杜魯斯的長子。日耳曼尼可斯其實就是意為「日耳曼征服者」的綽號，而這個綽號本來是獻給杜魯斯的。父親的綽號成為兒子的名字，這在羅馬並不稀奇。日耳曼尼可斯正因為與奧古斯都有血緣關係，自然備受疼愛，所以這也是奧古斯都認為他最適合完成征服日耳曼民族大業的緣故吧。

從西元前十二年算起，雖然中間有幾年是沒有軍事行動的，但前後還是耗費了四分之一個世紀，難怪奧古斯都絕不肯罷休，甚至可以說他不曾考慮過要撤退到萊茵河吧。

因為，日耳曼尼可斯是接任臺伯留之後登基為皇帝的人，這麼重要的人物，奧古斯都怎麼會把他送往可能撤退的戰線呢？如果指定羅馬史上前所未聞的不名譽事件當事人擔任皇帝，那這第三代皇帝的生涯豈不蒙上陰影？

千萬別忘了，羅馬皇帝是靠元老院的議員和羅馬公民的認可來決定的，而認可的條件之一，就是必須具備“virtus”，也就是領導者最高尚的品德以及羅馬人認定的力量。

所以，將總指揮權交給日耳曼尼可斯，就證明了奧古斯都希望他能延續征服日耳曼的壯舉，並完成這大事業。我們知道，實施撤軍到萊茵河的是臺伯留，而如果上述的假設成立，則很可能撤軍這件事也是臺伯留決定的。

臺伯留對於這件羅馬史上第一宗不名譽事件，同時也是違背了先帝奧古斯都意向的撤退決定，應該是格外地小心謹慎，算準了時機才撤軍的。只不過，低地日耳曼軍團的士兵叛亂，讓臺伯留錯過了良好的機會。

部下不聽話，是總司令官的責任。為了戡亂而偽造文書，結果卻還是發生流血慘劇，這個事實最讓日耳曼尼可斯痛苦。秋深之際，把士兵們從冬營基地裡叫出來，命他們去攻擊準備和平迎冬的日耳曼人部落，然後以一副戰勝的模樣凱旋回到冬營基地，不過他知道自己的責任未了。自從二年前出任日耳曼戰線的總司令官以來，就沒有打過一場像樣的仗，這麼一來，只有讓意為「日耳曼征服者」的名字蒙羞。血氣方剛的二十九歲總司令官決定，在明年春季，就要踏上征服日耳曼的征途。羅馬向來都把一切的戰略託付給前線的總指揮官，如果沒有全羅馬軍最高司令官臺伯留的命令，地位僅次於最高司令官的日耳曼尼可斯就毫無拘束。

西元十五年的春季，日耳曼尼可斯率領在梅因茲冬營基地的四個軍團二萬四千人及一萬名的行省民眾補助兵員，越過萊茵河。下游的占田冬營基地則是由凱奇納率領四個軍團二萬名兵力與補助兵員五千名，也同樣跨越萊茵河。他們這項由南邊和西邊夾擊的作戰策略，成功地分裂了由阿爾密尼斯領導因殲滅維爾斯的三個軍團而意氣風發的日耳曼民族統一戰線。羅馬軍團勝利後，傳報阿爾密尼斯的丈人也有意要來投靠。日耳曼尼可斯保證他投靠後的禮遇，並許可他遷住萊茵河西側。阿爾密尼斯的妻子也隨著她的父親前來，由於懷有身孕，就在羅馬軍團的基地中生產。生下來的男孩，以保障他們在安全之地的生活為由，被送往義大利。這麼一來，日耳曼民族自由與獨立的旗手阿爾密尼斯（德文名黑爾曼 Herman）在他的弟弟之後，就連擁有實力的部族領袖——他的岳父也離他而去，妻子和兒子也等於是被羅馬方面奪走了。

那一年的日耳曼戰役，可能是因為與凱奇納的軍隊會合，形成六萬大軍的緣故，羅馬軍隊自始至終都處於優勢。阿爾密尼斯在殲滅維爾斯與三個軍團時奪走了他們的三面軍團旗；而他們在這次戰役中，成功地奪回了第十九軍團的銀鷹旗。在進攻的路途上，羅馬軍經過了仍舊棄置著六年前屍體的條頓布魯格森林。歷史學家塔西圖斯描繪了當時的情景，內容請參閱第VI冊第三章，在此不再贅述。

發動攻勢時，自然是羅馬軍較為強盛，但是當冬天逼近，出發邁向萊茵河畔冬營基地時，日耳曼人的游擊戰術突然間變得活力充沛。兵分二路後的凱奇納軍，由於受到背後日耳曼人的攻擊，好不容易才回到占田的軍團基地裡。日耳曼尼可斯在歸營的途中也是極盡困難，甚至有傳言說，歸途中損失的士兵人數比戰爭時所折損的人還多。

然而元老院准許日耳曼尼可斯和屬下的三名司令官在首都舉行凱旋儀式。我推測，這可能是元老院接納臺伯留的建議後通過的吧。元老院通過要讓四位將軍舉行凱旋儀式，也提議要因為日耳曼戰爭勝利之功而贈與「國父」的稱號給臺伯留，但是臺伯留明確地拒絕。如果真的得到了「國父」的封號，臺伯留就很難說要從日耳曼撤軍了。而以凱旋儀式來褒獎將領們，那麼「勝之後退」的說法也就不會顯得太牽強。

不曉得是不是元老院的決議給了日耳曼尼可斯力量，他在西元十六年攻入了日耳曼。

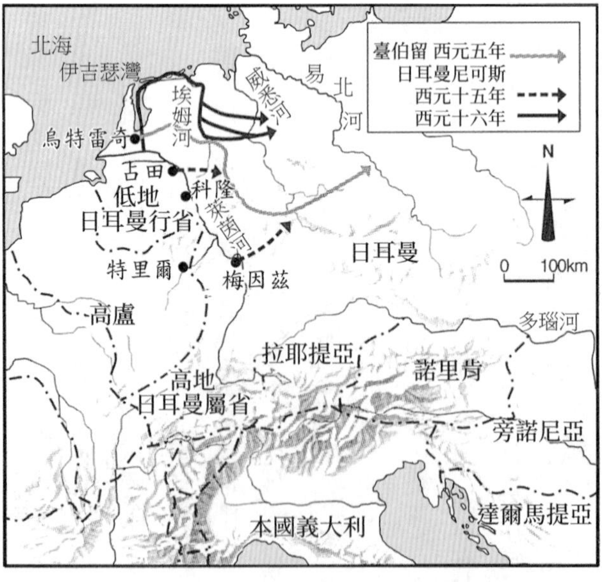

臺伯留與日耳曼尼可斯的行進路線簡圖

這次的戰略規模龐大，由他率領八個軍團加上補助兵共八萬大軍，浩浩蕩蕩順萊茵河而下，出北海、越埃姆河，直搗日耳曼的心臟地帶。阿爾密尼斯也開始以會戰的方式迎戰羅馬軍，只不過，論戰術的話，還是羅馬人略勝一籌，兩次大戰都是羅馬軍大獲全勝。日耳曼尼可斯在會戰的地方，以擄獲的敵軍武器設置了戰勝碑，上頭刻著：「臺伯留皇帝的大軍毀滅了住在萊茵河與易北河之間的日耳曼人，特將勝利獻予最崇高之神祇朱比特、戰神馬爾斯與神君奧古斯都，謹此紀念。」這一年，他又從敵人手中，將維爾斯遇害時被奪走的三面軍團旗中的第二面奪回。

不過，這一年的歸途上也不安寧。即使沒有日耳曼人的游擊戰，但是北海的風浪卻把羅馬軍玩弄於股掌之間。戰鬥中的損耗雖然不大，但是日耳曼的地勢和氣候卻造成羅馬軍不小的犧牲。

好不容易回到萊茵河畔的冬營基地，日耳曼尼可斯又在考慮明年春天的日耳曼戰爭要怎麼打。這時候，臺伯留從羅馬捎了一封信過來，說要他回首都，舉行凱旋儀式。日耳曼尼可斯立即回函，希望能再有一年的時間，屆時勢必能夠完成征服到易北河版圖的大業，請求臺伯留允許，不過，臺伯留的態度並沒有改變。

第二年的西元十七年五月二十六日，慶祝征服日耳曼民族的凱旋儀式在羅馬公民的狂熱情緒中舉行。凱奇納以下的三名將軍穿著凱旋的禮服，走在最前方，隊伍中還有載著阿爾密尼斯妻子的貨車，象徵被征服的日耳曼民族。接下來，凱旋儀式的重頭戲登場，由三十一歲的年輕總司令官駕御四匹白馬的戰車出現了。戰車上還坐著日耳曼尼可斯的三個兒子以及二個女兒。有人說日耳曼尼可斯的妻子阿古力琵娜也有在凱旋儀式之列。日耳曼尼可斯與二千年後的歐美領導者相似，在公開場合裡，經常有妻子陪伴左右。而羅馬公民也彷彿與二千年後的百姓一樣，對多產而健全的家族，不惜給予熱烈的掌聲。凱旋儀式結束後不久，就公布了日耳曼尼可斯的下一個任所，不是日耳曼戰線，而是在離日耳曼路途遙遠的東方，所持的理由是，要接任皇帝的人必須到那裡去完成重要的任務。

歷史學家塔西圖斯寫道：「日耳曼尼可斯被禁止完成戰爭。」而真正的原因，他認為是臺伯留妒忌日耳曼尼可斯的戰功。

我們暫且就把日耳曼尼可斯任職地點的調動，當作如塔西圖斯所認為的一般，是出自於臺伯留的嫉妒；臺伯留如果有意繼續日耳曼戰爭的話，他就得任命另一個人擔任日耳曼戰線的總司令官一職。適合接任日耳曼尼可斯的職務，而且又有社會地位的人物，其實也大有人在。他就是臺伯留的親生兒子，也就是身為臺伯留養子的日耳曼尼可斯的弟弟——二十九歲的杜魯斯，也就是他負責平定旁諾尼亞士兵的暴動。不過，臺伯留在日耳曼尼可斯之後，並沒有指派任何人接任，當然杜魯斯也沒有接獲指派。尤有甚者，是臺伯留竟然將低地日耳曼的四個軍團和高地日耳曼的四個軍團共計八個軍團的總司令官一職給廢除了，這不就證明了臺伯留根本沒有打算繼續日耳曼戰爭了嗎？

阿爾密尼斯還活著，而且羅馬人引以為恥被奪的三面軍團旗中，只從敵人手中奪回兩面。在戰場上，也再次證明了羅馬軍的強大。阿爾密尼斯雖然能夠逃脫，但是已經沒有力量整合全日耳曼統一戰線，日耳曼民族也四分五裂。雖然這二十八年的日耳曼戰爭，現在乍看之下，彷佛是勝利的，但是臺伯留認為這是結束的好時機。而他的決定卻很難獲得世人的諒解，就如同百年後塔西圖斯誤會他一般。

萊茵河防禦體制

奧古斯都希望能將疆土擴大到易北河，將野蠻而勇猛的日耳曼民族吸納至羅馬帝國內，藉以保障北方的安全，但是他的這個夢想，在二十八年後告終。至於決定並實行的臺伯留並不是單純將士兵從日耳曼撤回而已。西元十七年起，萊茵河再度成為北方的防禦線，但是軍團基地卻分散開來了。

以往羅馬軍是以建設在萊茵河西岸的冬營基地為基地，每年春天一來，就越過萊茵河，向東攻擊，秋天則折返西方，在萊茵河沿岸的冬營基地過冬，這種習慣已經持續了二十八年。不過，從今以後，萊茵河本身就是防禦線；冬營基地再也不是過冬後春天出擊的基地了。在此的軍團除了迎戰敵軍來襲之外，整年都住在營區內，同時也不能像以往那樣，把四個軍團或兩個軍團的人數全部集中到一塊兒了。愈是集中兵力，營區之外的防衛線就會變得愈空洞。而且，將大軍集中於一處，很容易再發生三年前那樣的叛亂。

雖然軍團的配置仍照舊，依萊茵河上下游區分為二，下游稱為「低地日耳曼」，上游稱為「高地日耳曼」，各設四個軍團，而這兩個區域的界線，相當於現在德國波昂和科布倫茲的中間。

順道一提的是，萊茵河西岸為什麼稱為日耳曼呢？因為西岸的居民也是日耳曼民族所致。雖然凱撒將這些人收為帝國的人民，但是即使他們成為定居民族，人種上還是與住在萊茵河東岸的日耳曼人相同。日耳曼相當於現在的德國，萊茵河西部還是稱為“Rheinland-Pfalz”，屬於德意志聯邦共和國。至於萊茵河最下游的部份，是現在的荷蘭。

故事再回到古代。波昂以北的低地日耳曼四個軍團，以前是分別設在維特拉（現在的占田附近）和科隆尼亞（現在的科隆附近），後來分散到四處基地，由北而南則為諾維歐馬格斯（現在荷蘭的涅梅亨）、維特拉（現在德國的占田）、諾法耶吉姆（現在的諾依斯）和波昂納（現在的波昂）。至於駐守在康弗恩特斯（現在的科布倫茲）向南的高地日耳曼四軍團，大部份還是照舊，仍以莫根提肯（現在的梅因茲）為基地，

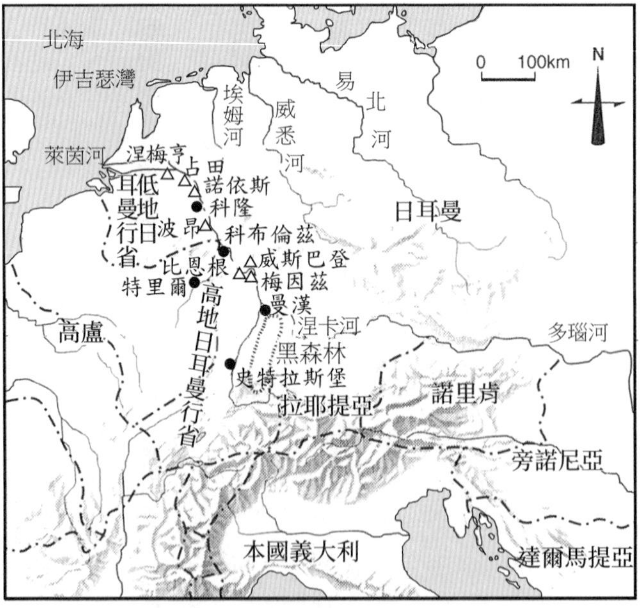

萊茵軍團的新配置圖（△表示基地所在地位置）

或許是因為這裡在三年前並沒有發生叛亂的緣故吧。至於從梅因茲向西的比恩昆（現在的比恩根）或北邊的亞奎．馬提亞凱（現在的威斯巴登），都有大隊規模的軍隊駐紮。威斯巴登在當時就已有溫泉湧出，對喜愛溫泉的羅馬人而言，自然是住得非常舒適。梅因茲又有道路通往奧古斯塔．特雷維洛倫（現在的多利亞），從萊茵河上游的阿爾根特拉屯（現在法國的史特拉斯堡）也有大道沿著萊茵河直達梅因茲。當然，這些大道都是羅馬人鋪設的。當國界上不再需要強大兵力駐守時，也就是萊茵河防禦線確立後，梅因茲以及與它齊名的後方都市史特拉斯堡，都升格為軍團常駐的基地。

就算萊茵河西岸的部份已經解決，東岸的問題還在。在接近河畔的東岸一帶，日耳曼尼可斯之父、臺伯留之弟的杜魯斯在這裡建造了幾個城堡，其中配置了中隊規模的守備兵。

臺伯留也將這些兵士全數撤回，然後他將原本居住在萊茵河東岸、與羅馬關係良好的幾個部族強制遷徙到西岸來，把細長的東岸流域區域變成無人地帶。至於這個無人地帶到底有多廣，並沒有資料顯示，不過它畢竟是將居民遷走後人為造成的無人地帶，總該有個幾百公尺吧。至於規模方面，依地勢來看，少說幾公里，多則可能幾十公里。在這塊無人地帶上，只許白天放牧，不許耕作。

沿著河流設置帶狀無人地帶，或許是為了當敵人來襲時能及早發現吧。但實際上，羅馬軍一次也不曾實際利用到這個計策。我思索臺伯留為什麼會有這個主意，就想起了《高盧戰記》中的一節。其中，凱撒曾經說道：

「日耳曼民族最大的驕傲，是在自己領土的周圍留下廣大的荒地。這麼做的第一個理由，是表示排斥周邊的其他部族，沒有意願和他們交流，第二個理由則是基於安全防衛，可避免敵人的突襲。」

入鄉隨俗不僅是日本人，也是全人類的智慧之一，所以我想，臺伯留可能就是依循當地人的作法吧？換句話說，就是以其人之道，還治其人之身。

可是，全長一千三百多公里長的萊茵河，和比萊茵河更長的多瑙河沿岸，總不能全都設為帶狀的無人地區吧。事實上，河岸的無人地帶，似乎只設在平野較多的萊茵河下游部份。那麼，其他的地區如何呢？臺伯留在此就善用了凱撒的遺訓。

臺伯留與幾個居住在萊茵河東岸地方和多瑙河北岸地方的日耳曼部族建立了友好關係，如果用羅馬人慣用的說法，就是締結“Clientes”關係。這個字譯為現代的英文，就是“Client”，但是它並不是我們知道的「顧客」意思，反而比較接近下對上保護的關係，這也比較接近羅馬人的看法。這些部族並不是羅馬統治下的行省人民，所以沒有被課徵行省稅的義務。他們被要求履行的義務，是派員參加補助兵隊，幫助羅馬軍的主力軍團兵。不付稅金就得提供兵力，這種條件等於就是同盟國的關係。在東方，羅馬便與東方的君主國家建立了這種關係；但是對於民智未開、尚未確立君主政治的日耳曼民族，羅馬帝國是與部族締結同盟關係的。

“Clientes”關係一到了羅馬人手上，就不會是單純的上下保護關係了。一開始，羅馬帝國就把世襲的羅馬公民權賦予部族長級的人物；而對於在羅馬軍隊內擔任「補助兵」軍務的部族人民，只要服役期滿二十五年，同樣給與羅馬公民權。拍打岸邊的海浪，在大海中撞擊四處露出海面的岩石後，來到岸邊的力道自然就化小。凱撒才兩次抵達萊茵河東岸，而且時間都很短，但卻已經播好了種子，臺伯留便把這播種的範圍擴大，把它定為永續培育的常設系統。

羅馬人的統治策略，是以「分割統治」(Divide et impera) 聞名，臺伯留則進一步把這種傳統觀念，運用在帝國防禦體制上。

目前並沒有史料顯示，西元一世紀前半的羅馬帝國北方防禦體制，是由臺伯留一人獨立完成的，但是後來繼承臺伯留的卡利古拉，卻是非常明確地毫無建樹；再後頭的克勞狄斯雖然對經營帝國抱有熱忱，但似乎也對於防禦體制上沒有任何動作。至於接下來的尼祿也跟前兩位一樣，對防禦體制不感興趣。所以，直到重整北方防禦線的維斯帕先皇帝登基為止，這半個世紀裡，萊茵河和多瑙河的防禦系統，都維持在臺伯留構思和實施的狀態下。從半世紀後維斯帕先不用絞盡腦汁的情況來判斷，或許連與萊茵河平行、在曼漢附近匯入萊茵河的涅卡河河谷地區，也是臺伯留將這塊土地吸收為帝國領域之內的吧。在戰略上，這是非常重要的。因為這裡被稱為黑森林，而這片最適合日耳曼人逃脫的黑森林現下就成了帝國的領土了。我想，從軍事策略上來看，與其說臺伯留是奧古斯都的繼承人，倒不如說他繼承了朱利斯．凱撒。

臺伯留重整這些防禦體制，並沒有實際前往當地，完全是在羅馬運籌帷幄。臺伯留所憑藉的，只有企圖確立多瑙河防禦線的六年，和日耳曼戰役的五年實地經驗而已。他熟知日耳曼民族，了解地勢氣候，更了解身處當地的士兵心理。只要傳令系統運作正常，傳令人員的組織管理妥當，這麼一來，即使不到當地，同樣可以執行。只不過，首都的公民對身處羅馬不動的臺伯留卻是評價不佳，說他年邁懶散。這時候的臺伯留，已經是六十多歲了。

東方問題

手中握有人事權，就等於掌握了權力一樣，但是要執行時可就沒有那麼簡單了。要改變他人勤務的地點，還得得到當事者的同意，除此之外，還得讓周圍的人也能了解。把日耳曼尼可斯的勤務地點從萊茵河畔調往幼發拉底河畔，先要讓日耳曼尼可斯同意，還要有充份的理由讓元老院和公民也同意。臺伯留真正的打算，是希望藉由變更日耳曼尼可斯的勤務地點，來實現從日耳曼撤軍的目標。但是，要巧妙地實現他的目標，就必須讓日耳曼尼可斯調派東方一事的理由能為眾人接受。因為當時大多數的羅馬公民都堅信，耗費二十八年的日耳曼戰役終於要成功了。

巴黎的國立圖書館中收藏一件寶物，名叫「法國的浮雕」，長三十一公分，寬二十五．五公分，是西元十七年的作品。這個大型浮雕分上中下三個部份，上部刻的人像是凱撒、奧古斯都和臺伯留的弟弟，也就是日耳曼尼可斯的爸爸——杜魯斯，他們在與日耳曼民族的關係方面，都屬於先驅。中段部份刻的則是臺伯留、日耳曼尼可斯等征服日耳曼民族的當事人以及他們的家屬。至於下段的部份，刻的是被征服的日耳曼人。看到這個作品的人一定會以為，西元十七年春天舉行的日耳曼尼可斯凱旋儀式，代表羅馬完成了征服日耳曼民族的大事業。不知其中來龍去脈的人絕對想像不到，同一年也發生羅馬軍從日耳曼完全撤退一事。另外還有一件古羅馬時代的著名浮雕，收藏於維也納的歷史博物館，名為「奧古斯都的浮雕」。它反映出實際的史實，不像「法國的浮雕」沒有依照史實來雕刻，畢竟絕大多數的日耳曼民族還是居住在羅馬帝國的國界之外。經過二十八年的攻略，卻要從戰地撤退，在羅馬史中要做出這樣史無前例的決定，勢必要矇騙眾人。至於要矇騙的對象，不僅是自己人，連日耳曼人也得欺騙，於是就想到利用華麗的凱旋儀式或是大型的精美浮雕來粉飾。愈是誇大戰功，就愈必須對調動戰勝將軍日耳曼尼可斯一事做出具有說服力的解釋。

法國的浮雕

奧古斯都的浮雕

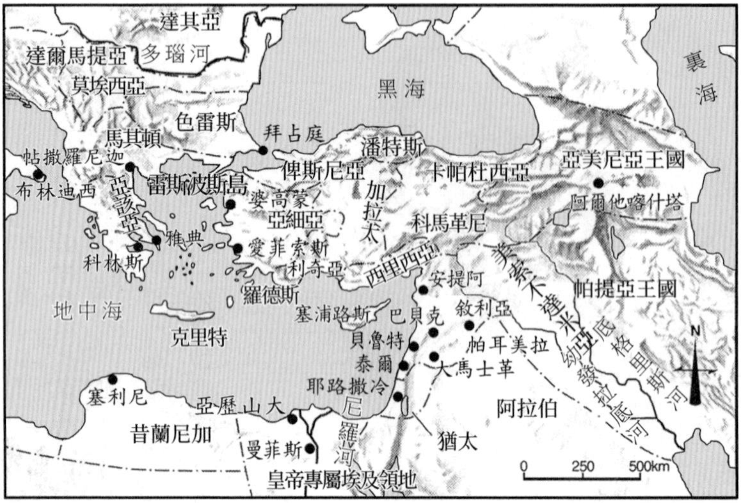

羅馬帝國東方簡圖

羅馬帝國的東方問題，其實就是帕提亞的問題。帕提亞王國的國力並非凌駕於羅馬帝國之上，如果這兩國正面衝突，就算會有像跟迦太基對抗時贏輸互見的情況，但最後獲勝的一定是羅馬。話說回來，即使帕提亞的軍事力量不足以取勝於羅馬，但是對於鄰近各王國卻有足夠的影響力。帕提亞鄰近各王國跟羅馬帝國之間是"Clientes"的關係，而且羅馬的東方防禦體制，就是有了這些同盟國家的連結才成立的。

羅馬為了因應帕提亞問題，從西元前一世紀羅馬霸權遍及整個地中海區域時，就開始積極地布署。盧加拉斯、龐培等重要將領，無時無刻不把帕提亞當作目標，進行稱霸東方的事業。他們雖然沒有直接和帕提亞交兵，但是藉由在周邊展開軍事活動，進而成功地封鎖帕提亞。大家也都知道，決定要徹底解決帕提亞問題的凱撒，就是在準備出發遠征帕提亞之際遭人殺害。

奧古斯都在凱撒死後的內亂中奪魁登基，他

也決定著手解決這個不能坐視的問題。不過，奧古斯都卻是採取外交手段來解決。現代人，尤其是日本人，一聽到以外交解決，都會以為是在和平的氣氛中，藉對談來解決糾紛。但是，奧古斯都的外交，是先以軍事力量威脅之後，再握手言和。其實，從歷史中可以得到許多例證，說明奧古斯都的這種外交方式，才是最有效的方法。因為，人類很少因理性而覺醒，往往都是迫於武力之下才會認清事實。奧古斯都採用的外交政策，就是這一招。

西元前二十一年，幼發拉底河中小島上舉行了和平條約的簽約儀式。羅馬方面的簽約者是臺伯留，代表奧古斯都前來。當時二十一歲的臺伯留在出席簽約儀式前，就是率領軍團「給予威脅」的當事人。這一年簽訂的合約中，再次確認兩國的國界為幼發拉底河，宣誓雙方互不侵犯，並認可兩國間的自由貿易。

之後，羅馬與帕提亞之間的友好關係，雖然有些微幅的調整，但仍維持了三十五年。現在，重新調整的時候終於到來。西元二年時還處於輕微調整時期，那一年，奧古斯都將當時的「皇太子」蓋烏斯送往東方，所以這一次前去的人，也必須是皇位的繼承人。波斯民族的帕提亞王國是完全的君主專制國家，他們只願意和有尊貴身份地位的人物打交道，這一點就跟現代的民主國家歡迎有能力的人來負責談判是一樣的。

由於這些來龍去脈，所以把日耳曼尼可斯從日耳曼調回來之後，派他前往東方，這理由就足以讓日耳曼尼可斯本人了解，羅馬公民也能體諒。對臺伯留而言，藉由將日耳曼尼可斯送往東方解決帕提亞問題的方式，才能使得人們對於就要稱霸卻又撤軍的不滿情緒，不致於爆發出來。

在東方政策方面，臺伯留完完全全是奧古斯都的繼承人，換句話說，他也是左手掌握軍事力量、右手握手言和的作風。至於外交的成敗，也會受到事前宣傳戰的左右。

臺伯留要求元老院，將羅馬帝國東方區域的「最高司令權」，贈與即將被派到東方的日耳曼尼可斯。元老院馬上通過，因為他們已經認定，日耳曼尼可斯是最適合派往東方的人選。帕提亞方面得知這項決定後，一定感受到羅馬方面態度認真。在作好準備之後，日耳曼尼可斯在西元十七年的秋天離開羅馬，朝東方而去。他出遠門時總是帶著家人同行，這次雖然把長子、二男和兩個女兒留在羅馬，但還是帶著懷有身孕的妻子阿古力琵娜，以及年僅五歲的三男卡利古拉。也或許因為有家人同行，所以沿途造訪了希臘各地的風景名勝，旅途上倒也悠哉。

在送走日耳曼尼可斯之前，臺伯留派遣他的親生兒子杜魯斯前往多瑙河前線，因為萊茵河既然成為防禦線，同樣與日耳曼民族隔岸對立的多瑙河防禦體制，就比以往更需要立即確立。皇帝臺伯留這時候也承襲了奧古斯都式的統治方式，自己留在首都，而把養子和親生兒子送往前線。畢竟身在首都的皇帝乃是帝國營運的頭腦，而負責前線的司令官只是手足。

日耳曼尼可斯東行

三十一歲的日耳曼尼可斯從一開始就廣受人們愛戴，他是位年少俊朗的美男子，出身自高貴的家族，母親是奧古斯都的外甥女。而他的妻子是奧古斯都的女兒的女兒，即第一代皇帝的孫女。他是個育有三男三女的父親，而多子多孫正是他獲得百姓好感的特質。

關於日耳曼尼可斯還有一個小插曲，就是他為了想要知道屬下的士兵們心裡到底在想些什麼，會在日落之後，喬裝成一名士兵，在他們的帳篷附近打轉，傾聽他們的心聲。二千年後的一名歷史學家評論他為「熱忱洋溢的領導人」，從士兵的角度來看，他也是一位很有民主風範的長官。實際上，日耳曼尼可斯的個性開朗，對誰都溫文有禮，他雖然有些小毛病，像是看到士兵們造反，就想要舉劍自裁；或是看到許多船隻因受到北海風浪翻弄而沉沒，就感到絕望，大叫所有的責任都在自己身上，想要跳海自盡。這些舉動，從大眾的眼光來看，彷彿就是一位很有人情味的領導者。再加上他對於元老院主導且獨具特色的共和政體有藏不住的親切感，所以在無法忘懷共和政體時代的元老院議員面前，他也是個極受歡迎的人物。當他從羅馬南下，沿著阿庇亞大道前往布林迪西時，沿路都市鄉村的代表們紛紛迎接送別，百姓們也祈禱他能平安歸來。

從布林迪西登船出發，日耳曼尼可斯一行人在三天冬風強勁的海路旅程後，平安踏上希臘的土地。時間已經進入西元十八年的一月，他們造訪了希臘最西端的亞克興角。亞克興角前面的大海，就是在半個世紀前的西元前三十一年屋大維時代，奧古斯都的軍隊與安東尼和克麗奧佩脫拉聯合軍展開著名「亞克興角海戰」（參閱第V冊第八章的〈「亞克興角海戰」〉）的地點。奧古斯都在這場戰役中獲勝，進而成為羅馬世界的最高權力者，他在這俯瞰大海的亞克興角之地，建造了神殿以感謝眾神賜予的勝利。日耳曼尼可斯第一站就先來到這神殿，不過他也參觀了神殿附近的安東尼軍營區遺蹟。日耳曼尼可斯現在成了奧古斯都的養子臺伯留的養子，等於就是奧古斯都的孫子，但是日耳曼尼可斯的親生母親安東妮亞，是奧古斯都的姊姊歐古塔薇亞與安東尼結婚後所得的女兒。換句話說，日耳曼尼可斯也是亞克興角海戰中失敗的馬庫斯·安東尼的孫子。

日耳曼尼可斯可不是因為單純的好奇心，而來造訪半世紀前親生外祖父決戰時的營區。被命

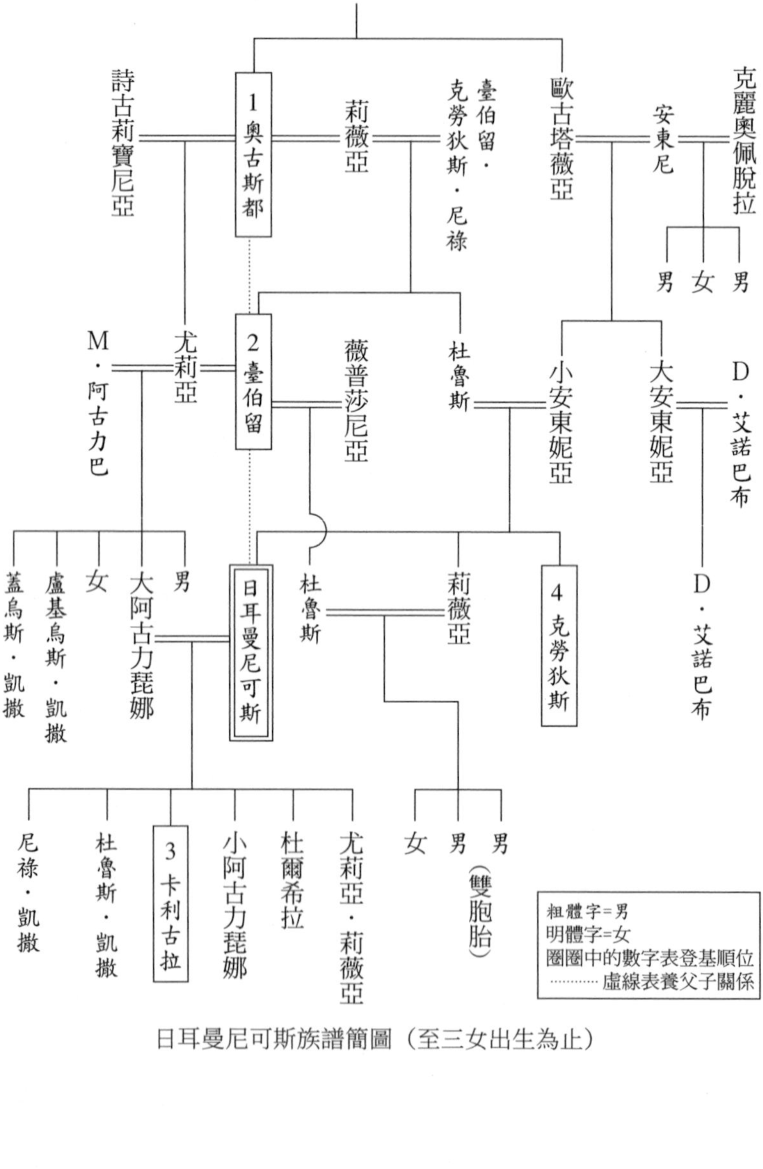

日耳曼尼可斯族譜簡圖（至三女出生為止）

運捉弄後敗北的外祖父，以及在他的指揮下不得不對著祖國拉弓相向的羅馬士兵們，才是日耳曼尼可斯刻意前來憑弔的主要原因。更耐人尋味的是，竟然沒有任何一個羅馬人對日耳曼尼可斯此刻的舉動感到反感。仔細想想，如今登基為皇的臺伯留的親生父親，長年以來就是和奧古斯都敵對的人。就像希臘人普魯塔克評論的一般，羅馬人不僅原諒敗者，「甚至同化敗者」。羅馬人的這種敗者觀，在古代也是相當奇特的，即使在二千年後的今天，一點也沒有喪失它奇特的魅力。因為，往後無論哪一個帝國，都沒有把失敗的對方同化。

日耳曼尼可斯造訪希臘，是在《列傳》作者普魯塔克出生的二十八年前，當時的希臘人對羅馬人的看法，就與普魯塔克相同。日耳曼尼可斯一行人不僅在各地大受歡迎，在希臘這個沒有任何羅馬軍團駐紮的地方，不需要任何特殊的警備，也能在旅途中享受到絕對的安全。

他們的旅途橫貫希臘，在雅典稍作停留，接下來又從歐波依亞半島採海路抵達雷斯波斯島，阿古力琵娜在這島上產下最小的女兒——尤莉亞．莉薇亞。小亞細亞與雷斯波斯島近在咫尺，當他們進入小亞細亞的西岸後，日耳曼尼可斯的旅途仍是安步當車。他們前往北邊的特洛伊(Troy)，造訪荷馬敘事詩《伊里亞德》中的古戰場遺蹟。對在萊茵河以及多瑙河流域渡過青春時代的日耳曼尼可斯而言，從義大利東行是他有生以來首次的體驗。此外，也沒有任何理由催促他們加緊腳步；相對地，倒是臺伯留任命的幾名「事務員」得要趕路，他們必須在日耳曼尼可斯抵達之前，將各種政策擬好，隨時等候大駕到達後執行。

羅馬與帕提亞之間的關係需要重新調整的肇端，起因於亞美尼亞的王位爭奪戰。這其實已經是習以為常的事情了。亞美尼亞的國民厭倦了羅馬出身、受到奧古斯都後援而登上王位的瓦諾尼斯，想把瓦諾尼斯驅逐後，讓龐杜斯王的兒子、也是東方式君主的澤諾尼斯來擔任亞美尼亞王。但畢竟是奧古斯都選來坐上王位的，瓦諾尼斯的確也不乏統治的長才，甚至可以說，他是個非常有力量和熱忱的羅馬式統治者。只不過羅馬人認為君主是負責統治的人，可是波斯人觀念中的君主，是負責戰爭、狩獵或舉辦宴會的人，這是由於東西方價值觀不同的緣故。瓦諾尼斯從亞美尼亞被放逐之後，逃到敘利亞，接受敘利亞行省總督的保護。亞美尼亞國民這種近乎是反羅馬的舉動，就是因為鄰國帕提亞的後援可期，所以他們才有勇氣敢付諸實行。至於想要把亞美尼亞收到版圖內的帕提亞王，也把這次的行動，認為是把羅馬的影響力從亞美尼亞去除的絕佳機會。畢竟羅馬傳統的東方策略，就是從西邊的敘利亞行省和北方的亞美尼亞王國來包圍強國帕提亞。

對於羅馬和帕提亞之間這種隨時可能爆發戰火的危機，臺伯留可是非常的冷靜。對羅馬而言，亞美尼亞仍舊是非常重要的國家，但是它並不是基於擴張領土的野心，而是戰略上有其必要，所以要讓其處於羅馬霸權的控制之下。無論從文化或歷史上來看，亞美尼亞人與帕提亞人同屬波斯文明圈。對臺伯留而言，居亞美尼亞王位者只要是亞美尼亞國民滿意的人物，國內自然安定，而政情穩定的亞美尼亞今後也只要繼續保持和羅馬的友好關係，這也就足夠了。臺伯留或許早就已經調查過，知道亞美尼亞國民希望推舉為王的澤諾尼斯，是親羅馬的龐杜斯王的兒子，而他本身也不是反羅馬派的人物。臺伯留提出的唯一條件，是要他既然要當亞美尼亞王，名字就必須從希臘式的澤諾尼斯改為亞美尼亞式的阿爾塔克瑟斯。

在這個情況下，日耳曼尼可斯背負的任務，就是前往亞美尼亞兩個首都中之一的阿爾他喀什塔，在那裡為新王阿爾塔克瑟斯加冕。在亞美尼亞人的歡呼聲中，亞美尼亞王的加冕儀式結束。

這一來，帕提亞王原本盤算好的棋招全都使不出來，於是務實的君主阿爾塔巴諾斯連忙派遣使節到日耳曼尼可斯處，告知願意與羅馬更新友好條約，並建議在幼發拉底河中的島上舉辦簽約儀式。不過，有一個附帶條件，就是逃往敘利亞行省的前任國王瓦諾尼斯如果一直待在敘利亞，會威脅到亞美尼亞新王的地位，帶來不安，所以希望日耳曼尼可斯能將保護瓦諾尼斯的地點，從鄰近亞美尼亞的敘利亞，遷移到更遙遠的地方。日耳曼尼可斯接受了這項要求，決定讓瓦諾尼斯遷移到小亞細亞的羅馬行省接受保護。就在護送的途中，瓦諾尼斯不知為何企圖逃亡，最後死於追緝的百人隊長劍下。不論事實的真偽，可能造成亞美尼亞王國不安因素的人物，現在也不復存在了。

這一年處理亞美尼亞問題時兼顧到了帕提亞關係，算是羅馬外交的成功例子之一。直到西元三十四年，也就是從這一年起到十六年後阿爾塔克瑟斯王死去為止，亞美尼亞王國可說是太平的。羅馬方面不費一兵一卒，便成功地把東方安定的關鍵——亞美尼亞拉攏過來。

日耳曼尼可斯被派往東方的任務，除了替亞美尼亞王加冕和更新與帕提亞的友好條約之外，還有另外一項重要的任務。這項任務雖然沒有前兩件來得大張旗鼓，但在重要性方面，可是一點也不遜色。東方君主國家之中，帕提亞是大國，亞美尼亞算是中等，而羅馬的同盟國（實際上也就是屬國）卡帕杜西亞和科馬革尼就算是小國了。日耳曼尼可斯的第三項任務，就是要來處理這兩個小國的問題。在現代的地理位置上，這兩個小國居於土耳其的最東部，與羅馬帝國的直轄行

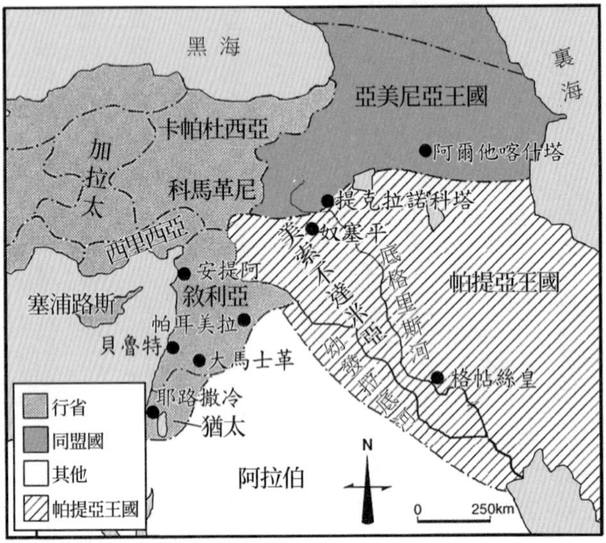

帕提亞周邊地圖（西元 18 年以後）

省敘利亞，同樣都是封鎖第一假想敵帕提亞戰略網上的重要角色。西元十八年時，卡帕杜西亞的老國王阿爾科拉歐斯因為有反羅馬之行動而被召回並扣留在義大利境內，王位的繼承出現了問題；至於科馬革尼王國也在沒有繼承人的情況之下，國王就去世了。

臺伯留決定將這兩個王國變成羅馬的直轄行省，但是性質有點不同。從具有執政官經驗的維拉尼斯出任卡帕杜西亞的第一代總督來看，臺伯留想要把卡帕杜西亞永遠當成行省的意圖顯而易見。另一方面，他派沒有執政官經驗的法務官瑟維魯斯擔任科馬革尼的第一代總督，可以想見臺伯留想把這個小國當作其鄰地敘利亞行省的一部份，等到王位繼承人長大為止。之所以非得把這兩個王國變成行省的原因，在於前者的國王是遭到強制退位，而後者的國王是自然死去，而處理方式上也自然有所不同。羅馬人是最會看情況下決定 (Case by

Case）的民族了。事實上，經過二十年後，科馬革尼果然又恢復到了王國的地位。

卡帕杜西亞和科馬革尼兩王國的國民在國家變成羅馬的行省之後，就有義務負擔羅馬稅制中規定的行省稅等種種稅金。縱使明知不是長久之計，臺伯留還是大幅度地降低了課徵稅率。東方民眾習慣受到專制君主的統治，所以除非有什麼特殊的情感，否則無論是東方人來治理也好，羅馬人來也好，他們的生活沒什麼改變。只要稅金比以前低，那自然是歡迎之至，對新政權也不會有什麼不滿。臺伯留處心積慮想要健全財政，但他絕對不是那種有地方可以榨取就毫不留情的人。

同一時期，臺伯留也針對羅馬國民進行減稅，他把飽受批評的百分之一營業稅（即消費稅）降低為百分之〇．五。以往有人要求全面停徵，但是臺伯留都以確保羅馬防禦經費財源為理由，加以拒絕。由於行省增加，稅收也增加，所以他才在一定期限內進行減稅。不過，不到兩年的時間，稅率又恢復到以往的水準。

總督皮索

日耳曼尼可斯的東方之行看來一切順遂，但是也並非完全沒有狀況發生。問題就在於日耳曼尼可斯與敘利亞行省總督皮索的關係惡化。

日耳曼尼可斯既然被賦予整個東方區域「最高司令權」，按照慣例，即使連整個東方區域行政官中位置最高的敘利亞總督，也都應該歸日耳曼尼可斯指揮，但是，許多研究學者都推測，與日耳曼尼可斯同一時期出發，前往敘利亞擔任總督的皮索，可能還握有臺伯留賦予的密令。幾位現代的研究學者推測，對於日耳曼尼可斯的政治能力無法盡信的臺伯留，找了相當於日耳曼尼可斯父叔輩的皮索出任敘利亞總督，一邊身兼日耳曼尼可斯的監督之職。只不過，這項人事安排非常失敗，皮索沒有扮演好從背後控制的角色，而是挑明地就要插嘴。有的人會誇大自己接獲的任務，甚至還很愛現，皮索就是這類型的人物。

此外，男人與男人的關係惡化，如果再加上女人和女人的關係也惡化，那場面就真的不好收拾了。日耳曼尼可斯的妻子阿古力琵娜最大的驕傲，就是身為神君奧古斯都的嫡孫，所以她四處露臉，連軍團的閱兵典禮也要參加。皮索的妻子普蘭姬娜燃起了對於阿古力琵娜的對抗之心，這名總督夫人也經常混跡軍團之中。女人之間的對抗意識在各方面爆出火花，尤其也在權威和權力都次於日耳曼尼可斯的皮索態度上表露無遺，甚至到最後，這位敘利亞總督竟然對日耳曼尼可斯要求調派一個軍團的命令置若罔聞。

或許也不完全是因為這件事惹惱了日耳曼尼可斯，總之從西元十八年到十九年的冬天，日耳曼尼可斯帶了家人到埃及去過冬。不過，埃及是皇帝的私有領土，從奧古斯都時代起就規定，即使是羅馬的要人，沒有皇帝的許可，也不得進入。日耳曼尼可斯是整個東方區域的最高司令官，或許他認為埃及也該是他的管轄之內，所以沒有向羅馬的臺伯留請求，便進了埃及。埃及，特別是首都亞歷山大城，跟自己的親外祖父安東尼有著極深的淵源，所以日耳曼尼可斯對這裡有著特殊的情感。

從這位三十二歲「熱忱洋溢的領導人」的性格來看，日耳曼尼可斯一家人造訪埃及，自始至終完全都是日耳曼尼可斯的意願。他們應該也去了亞歷山大大帝的陵寢了吧。埋葬了親生外祖父安東尼與埃及女王克麗奧佩脫拉的靈廟，他們一定也去了。他們穿著希臘式的短衣，身邊沒有帶著任何護衛，漫步在亞歷山大的街上。別忘了，在埃及，尤其是亞歷山大，當時可是希臘人的都市。他們也去了人人嚮往的尼羅河進行周遊之旅，仔細地觀賞沿岸的金字塔和神殿。日耳曼尼可斯聽說亞歷山大的居民糧食不足，就開放倉庫，把原本要送回羅馬的小麥分給眾人，難怪日耳曼尼可斯在亞歷山大的人氣愈來愈旺。對他們而言，這位年輕的羅馬「皇太子」，其實也是當年率領埃及軍對抗羅馬但不幸失利的馬庫斯·安東尼的嫡孫。

身在羅馬的臺伯留得知日耳曼尼可斯在埃及的作為時，原本連當初日耳曼軍團叛亂時的偽造文書一事都沒有追究的他，這次可是在元老院的議場中正式加以斥責。臺伯留斥責日耳曼尼可斯的第一個理由是，身居羅馬要職的人物，竟然輕率地以希臘式的裝扮出現在公眾場合；第二個理由是因為日耳曼尼可斯違背了神君奧古斯都訂定的法律，在沒有獲得皇帝許可的情況之下就進入了埃及；第三個理由是基於埃及的統治責任在皇帝直屬的長官手中，但是日耳曼尼可斯卻忤逆長官之意、開放小麥倉庫。元老院也相當贊同，於是捎了一封正式信函，要日耳曼尼可斯審慎行事。

但是，在這封信送抵日耳曼尼可斯手邊之前，他早就已經離開埃及了，更何況，就他的個性而言，即使受到責備他也不會放在心上的，畢竟他的埃及之旅，也如願以償了。

多瑙河防禦體制

當日耳曼尼可斯在整建羅馬帝國的東方安全防衛體制時，西方也在遵照臺伯留的規畫之下，由杜魯斯確立了多瑙河防禦體制。

多瑙河流域中羅馬帝國的對手，是日耳曼民族中最強大的部族——馬爾科曼尼族。族長馬洛勃杜努斯是在羅馬長大，因而熟知羅馬國力，盡量避免與羅馬帝國發生正面衝突。這號人物如果一直活在多瑙河北岸的話，臺伯留自然沒有什麼好擔心的。只不過這位一直拒絕阿爾密尼斯邀約並肩作戰的日耳曼領袖，由於屬下的士兵造反，使得他自己身陷困境。於是，馬洛勃杜努斯向臺伯留求援，偏偏臺伯留對於萊茵河或多瑙河對岸的日耳曼，是一點進攻之意也沒有，臺伯留甚至拒絕派遣羅馬軍團支援。拒絕歸拒絕，但是臺伯留卻也傳達旨意，說會在北義大利的拉溫納準備安居之所，讓馬洛勃杜努斯和他的家人棲身，自然，這位日耳曼人的族長也只能將就了。

當臺伯留向元老院下達這個決定，希望元老院認可時，他舉出了下列的理由來強調這項處置方式的適當性。

對羅馬人而言，再也沒有像馬洛勃杜努斯一樣危險的人物了，他具備了超群的能力，在日耳曼民族之間擁有強大的影響力。不把這號人物當成俘虜，而以貴客的身份禮遇，對羅馬而言，這不僅可以削弱居住在萊茵河和多瑙河對岸的日耳曼民族力量，在緊要時刻，還可以提供軍團給馬洛勃杜努斯，讓他負責進攻。換句話說，這位政治的亡命客，可以拿來當作對付日耳曼的王牌。

實際上，當馬洛勃杜努斯到了拉溫納優游自在地過著他的日子以後，只要多瑙河北岸的部族有向南進攻的跡象時，臺伯留就會拿這張王牌來威脅他們。

羅馬人經常如此對待政治亡命客或人質，之所以沒有把他們關到牢裡殘酷虐待，為的就是在緊要關頭，可以拿他們作為王牌利用。

可是，過了沒多久，驅逐馬洛勃杜努斯而當上族長的卡杜阿爾達斯也遇上了政變，於是他也轉向羅馬求援，臺伯留也接受了。卡杜阿爾達斯的棲身之所被安排在南法的海港佛倫·優里（現在的弗雷瑞斯），這麼一來，臺伯留手中的王牌就有兩張了。

臺伯留又把統率馬爾科曼尼族的瓦尼斯當作羅馬帝國的「友人」，於是就跟這個多瑙河北岸的獨立國家締結了同盟關係。或許這樣的作法，才真的稱得上是現實政治（德文 Real-politik）吧。這麼冷靜的外交策略，的確讓羅馬帝國在萊茵河東岸和多瑙河北岸都擁有了盟友，這也使得日耳曼的英雄阿爾密尼斯變得孤軍無援。這位日耳曼的風雲人物將一生的夢想都寄託在結合日耳曼民族擊垮羅馬，但在往後的兩年之間，就只有一些小規模的爭鬥，壯志未酬，他就與世長辭了。剛好在那個時候，居住在多瑙河下游的色雷斯人發生內亂，臺伯留就利用這個機會，讓這個區域也納入了羅馬霸權的版圖之內。臺伯留對元老院的發言中說到：「羅馬的安全不是靠軍事，而是靠政治來保障的。」這句話一點也不假。就連對臺伯留深惡痛絕的塔西圖斯也在他的著作《編年史》中寫道：

「臺伯留最關心的事，就是維持帝國的安全。」

日耳曼尼可斯之死

西元十九年春天，日耳曼尼可斯離開埃及，回到敘利亞。在那裡等候他的，是反抗心表露無遺的總督皮索。傳聞中說，經常有人在敘利亞行省首都安提阿的總督府內，看到他們兩個人爭執的模樣。之後，皮索前往管區內的小亞細亞西岸，而日耳曼尼可斯就到帕耳美拉去。或許日耳曼尼可斯就是在這個時候，從帕耳美拉更向東行，參加了幼發拉底河上與帕提亞更換友好條約的儀式。總之，結束了夏日沙漠之旅後回到安提阿不久，日耳曼尼可斯就發高燒而病倒。

擊倒日耳曼尼可斯的高燒，卻如幻夢般地，在第二天早上煙消雲散，但到了夜裡，卻又再度發作，而隔天一早又退了。沒有發燒的時候，他幾乎可以和平常一樣自由生活，但是每到夜裡，高燒就再度來襲。從這以後，就算白天燒有點退，但卻沒有完全恢復正常體溫。這位年輕將軍的體力，在高燒的侵襲之下，明顯地衰退。

眾人圍在臥病的日耳曼尼可斯床邊，有人說這病厄是總督皮索下的毒所致，聲音愈傳愈大，使得日耳曼尼可斯也堅信不移。從第一天發燒開始，不到十天的日子裡，日耳曼尼可斯就對圍在病床邊的妻子和友人們說道，要他們替他報仇。日耳曼尼可斯死於西元十九年十月十日，享年三十三歲。

敘利亞以及整個東方地區，都為了這位不論敵我、一視同仁的年輕將領之死哀悼。安提阿中央廣場上舉行的火葬儀式上，除了居住在東方地區的羅馬人之外，就連希臘人、猶太人和閃族人也都前往參加。雖然時節不適於航海，但是日耳曼尼可斯的妻子阿古力琵娜胸口捧著丈夫的骨灰，帶著七歲的卡利古拉和一歲大的女兒，往羅馬出發。因為是冬天的關係，船隻必須經常靠港，所以這段旅途走了兩個月之久。

關於日耳曼尼可斯之死，如果是毒殺，那麼毒素蔓延得實在太慢了些。不過，儘管如此，歷史學家塔西圖斯仍舊認為這是皮索受了臺伯留的密令，才會下毒殺害的。他敘述道：

「從肉體之美、逝世的年齡、致死的原因、死去之地在遠離故國的東方地區等事情來看，日耳曼尼可斯的命運和亞歷山大大帝的命運實在非常類似。兩個人的肉體都極為健美，都是出身名門，也都在三十出頭的英年就死於他鄉，成為家人圖謀下的犧牲品。

但是，日耳曼尼可斯不同於亞歷山大大帝之處，在於寬以待人、嚴以律己，而且他只結了一次婚，卻有許多的子息。

在武將的才能方面，日耳曼戰役如果沒有遭到阻撓，他或許也能留下可與亞歷山大大帝媲美的戰績吧。如果他生而為王，擁有行動的自由和下決策的權力，他一定能夠輕鬆地超越亞歷山大大帝在軍事上的表現。因為，無論是在對於他人的寬宏大量、自律的能力，和其他眾多的才華方面，日耳曼尼可斯都比較優異。」

以上的文章，雖然是出自帝國中最崇高的歷史學家塔西圖斯之手，但是這一段也的確讓現代的研究人員不禁失笑，甚至有人還說：「日耳曼尼可斯之死，算不上帝國的損失。」而且，現在大家都認定亞歷山大大帝和日耳曼尼可斯的死因都是由於瘧疾，只不過亞歷山大大帝的毒殺之說比較深植人心。然而，無論是誰英才早逝，總是會喚起他人哀悼的心情，尤其是在世時就受人歡迎的人物，過早撒手人間更是增加人們心中的惋惜。就算知道故人缺點的人，在面臨其意想不到的死亡時，也會將一切忘懷。駐守萊茵河防禦線的士兵們對前司令官之死放聲大哭，這就是「日耳曼尼可斯神話」的起源。

得知阿古力琵娜一行人在冬季航海後會抵達科爾夫島的人們，不須召集，就自然地集結到眾人登陸的布林迪西港。臺伯留派遣的近衛軍團三個大隊，也從羅馬抵達。寡婦胸口捧著裝有骨灰的罈子，帶著遺孤們登上布林迪西，群眾們以哀嘆迎接了他們。

古羅馬時代的花卉是用來祝福活著的人或插在墳前用的，對於剛剛逝世的故人，則是各依財力來購買不同的東西，之後燒給故人以示哀悼。到了基督教時代，這種風俗演變為點燃蠟燭來紀念故人的形式傳承下來。

在三千名近衛兵的守護之下，日耳曼尼可斯的骨灰沿阿庇亞大道北上，沿路上眾人夾道，有錢的人焚燒昂貴的香料，窮苦人也脫下自己身上的衣物燒化。在義大利祖國國內，人們也自動自發地改穿喪服。年輕寡婦阿古力琵娜和遺孤們的模樣，更是引人落淚。

杜魯斯從多瑙河前線趕回，此外，日耳曼尼可斯的胞弟克勞狄斯、日耳曼尼可斯那兩個沒有隨同前往東方地區的兒子，還有當年的執政官等眾多元老院議員也都到離首都附近一百公里左右的特拉提納迎靈。阿庇亞大道從特拉提納開始，幾乎就是一條線直通羅馬。已逝的日耳曼尼可斯就在家人與政府高官的護送之下，沿著這條路，往羅馬而去。

愈接近羅馬，夾道迎接的人數就愈多。群眾的嘆息聲鎮住了周遭，哀悼中焚燒物品的煙霧掩住了青天，這種現象，簡直就是全民的歇斯底里發作。

在阿庇亞大道的盡頭、羅馬城的外圍處，人們預料中的人物竟然沒有出現。日耳曼尼可斯的養父臺伯留，以及臺伯留的母親莉薇亞，還有日耳曼尼可斯的親生母親安東妮亞都沒有出來迎接。送葬的隊伍進入羅馬廣場的時候，臺伯留還是沒有現身。即使是在隔天的國喪典禮上，朗誦弔辭的也是他的義弟杜魯斯，臺伯留、莉薇亞和安東妮亞都缺席。日耳曼尼可斯和杜魯斯雖然被視為競爭對手，但是兩兄弟的感情其實很好，年紀較小二歲的杜魯斯，弔唁的話說來句句打動人心。但是就連進入靈廟的墓地時，臺伯留還是沒有出現。

臺伯留將他缺席國葬的理由公開如下：日耳曼尼可斯的親生母親安東妮亞因傷心過度臥病在床，所以他和莉薇亞不得不缺席，留下來照顧安東妮亞。

臺伯留非常厭惡出風頭，這或許是真的；而由於臺伯留崇尚「冷靜的專業人士」精神，因而對「熱情洋溢的領導人物」沒有好感，這也是可以理解的。但是，現下的情況跟個人的感情無關，是禮數的問題。更何況日耳曼尼可斯是整個東方地區的最高司令官，是個偉大的公職人員。臺伯留此時採取的態度，真的是失策，不容辯解。

人們是會回想、比較的。西元前九年，日耳曼尼可斯的親生父親杜魯斯因落馬而死於日耳曼之地時，奧古斯都還特意到五百公里外的北義大利帕微亞迎接，之後全程陪著遺體回到羅馬。想起這段往事，更可以體會到臺伯留大不同於先帝的無情性格。

這時候的羅馬人還沒像百年後的塔西圖斯一般，認為日耳曼尼可斯是臺伯留叫人毒殺的。毒殺是真的，但卻是總督皮索一意孤行所致。不過，臺伯留沒有出來迎靈，也不參加葬禮，羅馬人可看不過去了，他們決定自行哀悼日耳曼尼可斯之死，為他服喪。換成現代的說法，就是一起停業罷工。

整個羅馬停頓了下來——法庭無限延期，交易商人也把辦公室關了，商店也不開門，工人也不做工，學校也停課，只有神殿附近可以看見人群聚集。這種情況持續了一個月以上，臺伯留於是向首都的所有居民發布公告，全文如下：

「眾多的偉人為了祖國失去了性命，但是像這次痛心的哀悼，是以往不曾有人承受過的。人們對於日耳曼尼可斯之死的悲嘆，身為父親的我以及故人的所有親人，都感到莫大的光榮。但是，我們更應該遵守禮數，節哀順變。

身為稱霸世界國家的指導者和公民，是沒有權利像小國人民一般可以號啕大哭的。承受一切苦楚，讓淚水洗去悲戚，為死者服喪，這都是理所當然的行為。但是現在是我們抖擻精神、重新振作的時候了。神君凱撒也隱藏了他對獨生女去世的哀傷；而神君奧古斯都在面臨一而再的孫兒早逝時，仍舊繼續完成他的責任。

我用不著特意去舉最近的例子，但是羅馬國民幾度承受國家的軍團敗北，熬過多少將軍之死的悲傷，忍受多少羅馬史上重要家族的衰亡？

每一位領導者都有死亡的命運，而不滅的是國家。所以，你們應該回到自己的崗位上。你們期待的大地母神慶典就要來臨了。日常的每一天，是要兼顧到工作和享樂兩方面的。」

全民歇斯底里發作的情況於焉化解，人們回到崗位上工作，學校重新開課，母親們也開始專注於家事上。不過，有一件事百姓們卻沒有讓步，他們要求將總督皮索提到法庭上。如果只看輿論的動向，不用等候判決，皮索有罪已經是定局了。

審判皮索

當日耳曼尼可斯病倒之時，總督皮索並不在安提阿，而且他也沒有趕回安提阿。過了不久，就接到日耳曼尼可斯過世的消息。聽說皮索的妻子普蘭姬娜狂喜不已，如果事實真是如此，那這女人真是笨得可以。皮索和同行的兒子、友人和幕僚商量，看他是不是要回到敘利亞首都安提阿，成為日耳曼尼可斯死後沒有最高司令官的東方防禦體制總指揮，或是要回到羅馬，向皇帝以及元老院說明兩人爭執的緣由。幕僚主張前者，而他的兒子和友人卻勸他採取後者的方式。皮索本身也是元老院中重量級的人物，但是在他左右為難的時候，竟然開始對駐紮在敘利亞的四個軍團士兵採取懷柔政策。不過，這個懷柔政策的執行並不徹底，結果他還是決定回羅馬。

也就因為這事情的拖延，所以當皮索回到羅馬時，比阿古力琵娜遲了一步。更何況，他進入祖國義大利的路徑，竟然不是南部的布林迪西，而是從中部的安科納登陸，之後順弗拉米尼亞街道而下，中途還捨棄陸路，從臺伯河進入羅馬，繞了一大圈。他抵達羅馬時，正好是臺伯留發布公告、全民歇斯底里停止發作的時候。所以，他連檯面下向元老院議員們解釋的時間都沒有，一下子就被拉到被告席上。

在圍觀群眾叫囂處死皮索的元老院議場中，審判的工作開始進行。如果臺伯留是一個在乎輿論的統治者，審判的結果當然是順著輿論的走向比較有利。這麼一來，他沒有出來迎靈、沒有參加喪禮等問題可以一筆勾消，後世的羅馬人也一定不會在他身上冠上教唆毒殺的罪名。但是，臺伯留在審判一開始，就發表以下的演說：

「皮索是家父（奥古斯都）的友人，也曾擔任軍團長，在經過各位的認可之後，我派他到敘利亞，協助日耳曼尼可斯統治東方地區。所以，我要求各位在審判時，要保持冷靜。與日耳曼尼可斯不合的原因，是不是因為皮索本身的傲慢與好勝心造成的？此外，對英才早逝的欣喜，是不是只是單純的行止輕率而已，抑或這就是他犯罪的證據，請各位冷靜、慎重的判斷。皮索是在接獲包括軍團指揮權等的行省公務任命後派遣的公職人員，所以如果他有明確的越權行為，那就是有罪。又如果他沒有服從上司日耳曼尼可斯的命令，這也是有罪。如果他對日耳曼尼可斯的死，以及這個死帶給我的悲傷表示欣喜之意，我一定會憎恨他，禁止他出入我家。但是，對於這種個人的侮辱，我並不打算以『第一公民』的權威來復仇。

相對地，如果他罪證確鑿、理應受罰的話，不管直接下手的人是誰，一定會有適當的處置，給日耳曼尼可斯的孩子們和我們家人有個交代。

至於皮索在他管理的軍團內圖謀不軌，想要煽動軍團造反，這到底是不是事實，抑或是道聽途說的控訴人極度誇張的偽證，有必要查明。如果是後者，即使控訴人是我們的朋友，我們也得準備好批判他。如果真像眾人所言，日耳曼尼可斯是死於毒殺，他的遺體確實一絲不掛地暴露在中央廣場，使得外國人都看見了。而他的死因至今不明，這也是必須要在此時此刻解決的問題之一。

我個人已經為了逝子而流淚，今後恐怕也不會停止悲傷。但是，我向被控訴殺害吾子的被告保證，你可以獲得機會辯解，甚至你認為日耳曼尼可斯下達的命令中如有任何不妥之處，都可以說出來。我也希望各位不要聽信外頭的傳言，審慎地審判。唯有如此，才是對我的哀傷最適切的致意。

基於血緣或友情而要為被告辯護者，既然你們的權利已經獲得和原告一方相等的保障，你們也要秉持相同的誠意與才華，為被告辯護。

法律之前人人平等，但是對於日耳曼尼可斯的死，我給予一項特權，那就是，不在一般的法院審判，而在元老院的議場中審判，其餘一切均按照羅馬一般的審判程序進行。

各位議員，我最大的心願，就是希望各位能夠無視於杜魯斯的眼淚和我的傷悲以及周遭的一切聲音，務必冷靜的審判。」

眾人決定審判的時間要比一般的審判長，包括控訴理由的說明有兩天的時間，而辯護方也有三天的時間辯論，中間再經過六天裁量時間之後才判決。原告有凱奇納、維拉尼斯、維特里斯三人，他們都是日耳曼戰役中日耳曼尼可斯手下的軍團長，也是在日耳曼尼可斯被派往東方時自願要求同行的武將。他們舉出了下列事項，認定皮索有罪：

首先是允許駐紮敘利亞的四個軍團士兵們放縱。

其次是對各同盟國的國王蠻橫無禮。

這兩項因素導致整個東方區域的人們憎惡最高負責人日耳曼尼可斯，軍團內又毫無紀律可言，結果皮索大受軍團內不良份子歡迎，被稱為軍團之父，不過遭到軍團內有良知的士兵們鄙視，所以，他們才要彈劾皮索。

至於第三點，就是皮索使用魔術和毒藥，殺害了日耳曼尼可斯。原告強調，皮索的妻子普蘭姬娜深悉東洋魔法，興趣就是施展魔法。最後，他們還指出皮索教唆軍團士兵將攻擊目標鎖定本國，以此做結。

辯護方的論調跟原告這邊比起來，簡直是薄弱得不得了，他們無法否認別人批評皮索在軍團內所作的懷柔政策，也無法否認軍團紀律蕩然無存的情況。與各同盟國君主之間的不睦、君主們心中產生不滿情緒等，都是不爭的事實。臺伯留最為重視不服從命令的真假，雖然他們能夠反證皮索並沒有完全抗拒日耳曼尼可斯的所有命令，但也說不上忠實執行。在這樣的情況下，辯護方只能集中全力來反駁毒殺的事實了。

毒殺的證據根本不存在，原告一方所持的說法是，在安提阿總督官邸內舉辦的宴席上，皮索親自在日耳曼尼可斯的杯中下毒，但是這種說法實在沒有說服力。兩人不合是公認的事實，如果兩個人同桌，就連奴隸的視線也會落在皮索的身上。

元老院內氣氛的變化，使得議場外注視著審判過程的群眾也僵住了。眾人叫囂著，就算元老院判他無罪，也休想從我們手中逃脫。從這種情形來看，皮索是不可能從這議場全身而退了。最後他是躲在四周以布幕圍住的轎子內，在一隊近衛軍團士兵的護衛下，好不容易才能回到家中。不過，皮索還是在孩子們的鼓勵下，每天前往元老院，直到辯護的最後一天。

元老院議員們看他的視線一直充滿輕蔑和敵意。至於接連幾天都前來出席審判的臺伯留臉上，表情也從來不曾改變，既無怒氣，也無同情，自始至終都是旁人無法猜透的神情。同樣與丈夫都是眾人怒氣焦點的普蘭姬娜也開始與他保持距離，她轉向以往就很疼她的皇太后莉薇亞，希望皇太后能夠救得了她。

皮索決定自殺，因為為他辯護的人也告訴他，就算他的毒殺罪證不足，可免一死，但是不服從命令之罪也在所難逃。唯有自裁，才是拯救兒子們的唯一途徑。

判決之日一早，皮索被人發現早已刎頸自盡了。但是，無論被告生死，元老院還是做出了判決：

一、從官方記錄中，刪除皮索之名。

二、皮索的財產半數充公，剩餘的留給身在羅馬與事件無關的皮索長子葛尼斯，但是，從今以後，葛尼斯必須改姓。

三、剝奪與父親同往敘利亞的次子馬克斯的元老院議員資格，只能獲得父親資產中的五百萬塞斯泰契斯，並且逐出羅馬，十年內不得回來。

四、妻子普蘭姬娜由於皇太后莉薇亞力保，不問其罪。

皇帝有權在接到控訴後給予裁決。由於被告已死，再也沒有人控訴，但是臺伯留還是運用了這項權力，換言之，他使用了「最高裁判權」。

首先，針對刪除官方記錄中皮索的名字一事，臺伯留加以撤回，就連向羅馬宣戰的馬庫斯·安東尼的名字也保留在官方記錄中。他也撤回剝奪皮索次子馬克斯元老院議員資格的審判結果，也取消放逐十年的懲罰，同時許可他繼承父親所留下來的另一半遺產。臺伯留所持的理由，是因為為人子女者無法違背父親的意向。至於妻子普蘭姬娜的處置方式，則維持元老院的決議。

元老院雖然許可了臺伯留下達的「最高裁判權」，但議員中有兩名提出動議，要在供奉復仇之神馬爾斯的神殿內，替已故的日耳曼尼可斯設立黃金神像。臺伯留提出下列的理由加以拒絕：這種神化的作法，是用在戰勝其他國家時，自家人的悲劇應該與哀傷共同埋葬。

整個帝國人民最矚目的皮索審判，到此告一段落，輿論也沒有再要求什麼。但是，審判的內容讓後代的羅馬人對臺伯留是否參與毒殺產生了疑竇，同時也讓寡婦阿古力琵娜心中對臺伯留萌生恨意。以身上流著奧古斯都家族血液自豪的她，以前就把跟奧古斯都沒有血緣關係卻搶了皇位的臺伯留視為眼中釘，日耳曼尼可斯的死更加深了她的恨意。她深深相信，臺伯留是為了排擠皇位的競爭者，所以叫皮索殺害了自己的夫婿。

臺伯留沒有多餘的時間去顧慮到養子妻子心中在想些什麼，他的個性又是那種不在乎的類型。不過，是否放任「日耳曼尼可斯神話」繼續擴大，這可是會影響到國內安全的政治問題。這次的審判，可以說是法律的創始者——羅馬人面貌活現的一次審判，堪稱審判的典範。卻也正因為如此，勢必要在事後好好處理這個「神話」。

皮索審判結束了幾天以後，臺伯留要求元老院認可審判中原告一方口若懸河的凱奇納、維拉尼斯和維特里斯三人出任神祇官。日耳曼尼可斯的這三名部下原本屬於騎士階級，能擔任一般由元老院階級人物出任的神祇官，在羅馬，這代表了社會地位的提升。元老院當然許可。之後，臺伯留又重用這三人，尤其是其中的維特里斯，後來當羅馬又面臨必須在東方地區進行協調時，臺伯留又賦予他相當於西元十七年當時日耳曼尼可斯的大權，派他前往。要對日耳曼尼可斯派的人員進行懷柔的話，只要做到將三人升格為神祇官就足夠了，臺伯留之後仍舊加以重用，足以證明臺伯留善於運用人才的一面，也說明了臺伯留絕對不會依著自己的情緒來行動。

阿古力琵娜

奧古斯都逝世後，朱利斯一門中的凱撒家族家長，就是奧古斯都的養子臺伯留，他依照奧古斯都的安排，收日耳曼尼可斯為養子。羅馬法律中的家長權力，大得可以掌握全家的生殺予奪，也正因為權力之大，相對地也肩負了保護全家的義務。當他法律上的兒子日耳曼尼可斯死後，保護孫子的義務，就在法律上的祖父臺伯留身上。

臺伯留伴隨已故日耳曼尼可斯的長子尼祿來到元老院，要求元老院的議員們特別關照日耳曼尼可斯的遺孤。這個尼祿．凱撒的成年禮雖然已經舉辦過了，但是十四歲離擔任公職還有一大段距離。在羅馬要擔任重要公職，最快也要從二十五歲的合格年齡才能擔任審計官。不過，在那之前，可以先經歷一些較不重要的公職，以提升競選審計官時的條件。臺伯留要求的特別關照，包括：一、免除不重要的公職經驗，二、在達到合格年齡的五年前，也就是二十歲的時候，就承認他競選審計官的權利。

列席的元老院議員們馬上就了解臺伯留提出這些請求的用心。即使臺伯留不希望眾人稱他為皇帝，而喜歡大家以偽善的名稱「第一公民」來稱呼他，且極力地與元老院合作；但關於奧古斯都仍舊希望將羅馬帝國的最高統治權保留在朱利斯家族中的政治方式，臺伯留可說是最忠實的繼承人了。元老院的議員們都感受到臺伯留的用心，於是答應他的要求，因為外觀上羅馬似乎是共和體制，但實際上根本就是帝王政治，而這也已經是既成的事實。

就算是家族成員中的一份子，一旦與公職有關，就得經過元老院認可，這就是奧古斯都創設羅馬式帝王政治的模式，不過，奧古斯都倒是沒有動手修改羅馬傳承的家長權。於是，臺伯留行使家長權，決定了尼祿．凱撒的婚約，對方是杜魯斯的女兒尤莉亞。杜魯斯是臺伯留的親生兒子，他跟日耳曼尼可斯的妹妹結婚，所以尼祿．凱撒等於是跟姑姑的女兒結婚。羅馬的民眾對此相當滿意，因為他們認為，最敬愛的日耳曼尼可斯的遺孤因為這項婚約，等於是確定繼承了皇位一般。只不過，這一切都還不能消弭阿古力琵娜心中的怨恨。因為，在西元二十一年的時候，臺伯留雖然無意再當執政官，但是卻和杜魯斯競選，而且還當選上任。這清楚地證明了，這一切的所作所為都是為了提高杜魯斯的權威而設計的，這下子父子兩人都當上執政官了。上次臺伯留出任執政官是在西元十九年，而那時的另一名執政官正是日耳曼尼可斯。對阿古力琵娜而言，這代表親生兒子尼祿繼承皇位的可能性又降低了。

那一年，臺伯留已經六十二歲，這時候就算他發生什麼狀況也不足為奇。尼祿．凱撒十五，而杜魯斯三十三。如果重視政局的安定，希望皇位和平轉移的話，自然而然就是從臺伯留到杜魯斯再到尼祿。但是如果提到血緣的絕對關係時，無愧為奧古斯都之孫的阿古力琵娜可就不那麼認為了。杜魯斯的妻子在兩年前生下一對雙胞胎男孩，其中一名早夭，另外一名則已經兩歲了，他是臺伯留的長孫。阿古力琵娜非常擔心原本應該由自己的孩兒繼承的皇位，就此停留在臺伯留的家族中。阿古力琵娜的疑慮給了她絕佳的藉口，也就是皇位將由與奧古斯都無關的人繼承，這與奧古斯都生前的希望大相逕庭。這名兩歲的孩童相當於阿古力琵娜小姑的兒子，但是這兩歲小娃的父親杜魯斯卻是奧古斯都生前皇位繼承名單上不存在的人物。

阿古力琵娜的個性偏執，一旦腦筋裡想到了這件事，就占滿她的一切思緒，揮之不去。先前的憎惡加上現在的恐懼，這女人對於臺伯留的看法走到最後，就演變成可稱為「阿古力琵娜派」的人員結社。不過，在西元二十一年的時候，這個黨派和「日耳曼尼可斯神話」尚未結合。畢竟，當時的阿古力琵娜派，不過是集結了她周圍一群專說臺伯留壞話的女人而已。

阿古力琵娜

要集結這些女人，其實也不是什麼困難的工作，因為臺伯留在羅馬的上流階級社會中，本來就不受女性的歡迎。自從他三十六歲時與尤莉亞實質上離婚到現在，已經將近三十個年頭，臺伯留對女人是敬而遠之。如果他真有養女人的話，八卦史學家蘇埃托尼烏斯一定不會放過，所以應該可以說他並沒有接近女色。女人是很在乎男人的注目。更何況臺伯留的生活方式是不愛宴會、不好娛樂，真是名副其實的「禁慾主義者」，這也是他不得女性歡心的原因之一吧。

臺伯留也不是同性戀，也不是個不曾愛過女性的男人。或許他唯一愛過的，就是杜魯斯的母親薇普莎尼亞，卻因為奧古斯都的命令與她離婚，而和奧古斯都的女兒尤莉亞結連理。薇普莎尼亞在西元二〇年底去世，她和臺伯留之間，除了離婚不久時的偶遇之外，一直避免再和臺伯留相見。或許臺伯留腦海中，都還深深烙印著兩人三十年前的模樣吧。

西元二十一年，臺伯留自登基為皇以來，首度離開首都羅馬。倒也不是其他地區有什麼大事等著他，而是他要兒子杜魯斯與自己一同出任執政官，並以此向世間宣告，杜魯斯是皇位的第一繼承人，他要讓杜魯斯累積最高負責人的經驗。此時臺伯留的居住地是在拿坡里附近，待在當地坐鎮，從這裡可以走阿庇亞大道，一直線回到首都。

三十三歲的杜魯斯表現也不俗。原本元老院中年輕一輩與長者之間的意見不合情形愈趨嚴重，他身為年輕一輩的帶頭人物，在他的協調之下，也成功地化解雙方的對立。至於在公共事業中一掃承包商不法情事的，也是杜魯斯。除了軍團士兵負責工程的一般道路之外，羅馬的公共事業幾乎都發包給私營的「公司」進行，所以發包的國家公務員和得標的民間企業之間，就很容易產生曖昧的關係。執政官杜魯斯對這兩者都提出告訴，舉發不法情事，重新將競爭原理引進公司之間。因不法而膨脹的公共工程款，也在他的徹底執行下減少了。

不過，帝國的營運，可不是行政官員中最高職位的執政官能夠處理的，尤其是在維持帝國和平的相關議題上，就非得整個羅馬軍的最高司令官臺伯留親自出馬不可。北非和高盧發生的暴亂，負責處理的就不是執政官，而是皇帝的工作。

臺伯留必須二選一，看他是要回到首都親自督陣，或是要留在拿坡里附近，從遠處遙控。臺伯留選擇了後者。

一旦選擇後者，就要有迅速確實的情報收集能力，並確立指揮系統。臺伯留在這方面的才華，似乎堪稱完美。他依據帝國各地收集過來的情報，將適切的指示或建議寫在書簡中。帶著書簡的快馬信差，沿著阿庇亞大道北上馳騁的次數愈來愈多了。

沙漠之民

北非發生的騷動，指的是曾待在羅馬軍的補助部隊，並累積相當軍務經驗的男子塔克法理納斯率領沙漠之民侵略羅馬行省一事。對沙漠之民而言，他們可能是感受到羅馬擴大耕地的威脅吧。四處流動的民族，總是會對定居型的民族產生敵意；而移居型民族最主要賴以維生的方式，就是掠奪定居型民族。

原本羅馬政府派駐一個軍團以防備移居型民族的侵襲，但是當時的「非洲行省」（範圍涵蓋到現在的突尼西亞和利比亞西部）歸元老院管轄，也就是「元老院行省」之一，行省的總督由元老院議員間互相推舉產生。但是，這也是奧古斯都深謀遠慮的另一個好例子，即使這塊土地被認定為元老院行省，當總督前往統治時，他並沒有軍團的指揮權。就算政治是他的工作，軍事則是在他的職權之外。當地即便有軍團長期駐守，軍團的指揮權還是歸皇帝任命的軍團長掌握。換言之，就連規定為由元老院管轄的「元老院行省」，奧古斯都也藉著將文官武官分權的方式，實質上強化了皇帝的權力。

不過，這種體制能夠運作，是在沒有內敵或外敵的情況之下。原本可能成為內敵的迦太基居民因為重建他們的首都——港都迦太基以及水道、街道等基礎建設，可說是相當地羅馬化，才沒有造成問題。至於在外敵方面，東邊的埃及和西邊的茅利塔尼亞也在羅馬的霸權之下。唯獨需要擔心的，只有南邊的敵人。所謂南邊的敵人，指的就是沙漠之民，不過，只要他們沒有優秀的領導人物，充其量也不過就是一群強盜而已。只要完成警察的任務，根本就不需要軍隊；即使需要軍隊，只要一個軍團加上後援部隊，不消一萬名人員，

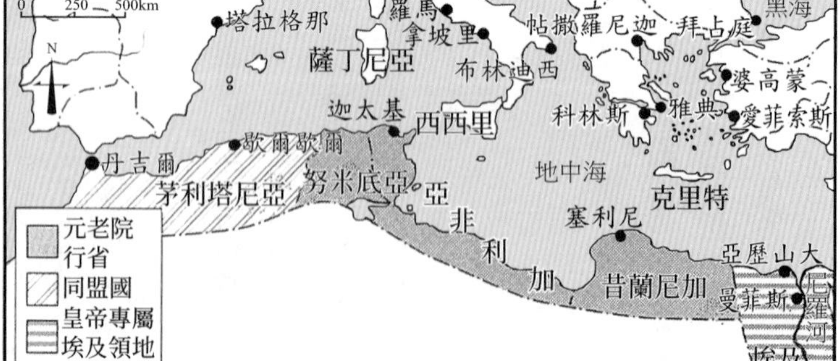

北非圖

就能具備足夠的防禦能力了。

但是，自從熟悉羅馬軍戰術的塔克法理納斯開始統率之後，原本各自獨立的強盜族群也軍事化了起來，單純靠警察般的防禦能力已經無法應付。在了解這項事實的二年前，臺伯留從負責防衛多瑙河的軍隊中移動一個軍團，讓他們改為駐守北非的海路。這個措施雖然把塔克法理納斯趕到沙漠的另一邊，但是只要這支援的軍團一離開非洲，情況又恢復原狀。

西元二十一年，臺伯留決心徹底解決這個問題，但是，他又不準備擴充二十五個負責整個帝國防禦責任的軍團數目，也沒打算抽出其中之一派駐北非，因為他希望能避免軍事費用的增加。所以臺伯留決定將急待解決問題的「北非行省」原本文武分離的制度加以修改。他派遣握有軍團指揮權的總督前往，把對抗侵略者的任務，由軍團長改為總督來擔任。這麼一來，行省內的指揮系統也就整合為一，從政治、軍事兩方面合力抵抗侵略者。這種體制，和必須經常和敵人對峙的萊茵河、多瑙河前線，以及面對帕提亞的敘利亞等「皇帝行省」的體制相同，只不過非洲的行省歸元老院管轄，而不是臺伯留握有決定權的「皇帝行省」。於是，臺伯留便向元老院要求，希望元老院提出能賦予軍團指揮權的總督人選。

針對臺伯留的要求，元老院不斷地研究，雖然討論得很熱烈，卻始終找不到一位合適的人選。其實元老院的議員們心裡想的，都是希望住在港都迦太基舒適的總督官邸裡，要他們住在沙漠的帳篷中，那就免談。討論的結果，臺伯留獲得的答案，竟然是交由皇帝全權處理。

臺伯留又在寫給元老院的書簡之中，列舉兩名他認為具備軍事才華的元老院議員名字，希望元老院從中選一。被列名的是雷比杜斯和普拉耶蘇斯，他們有權在元老院議場中發表自己的意見。雷比杜斯的家族是從共和政治時代起的名門，他以健康堪虞且女兒也尚未出嫁為由婉謝，並且委婉地讚許普拉耶蘇斯比較勝任後，結束發言。至於新任的元老院議員普拉耶蘇斯，不知是不是想到躲避只會讓人覺得他畏縮，於是表明只要大家選他，他就接受。當然，議員們心想這等於是了卻一個難題，欣喜不已，自然都將票投給了普拉耶蘇斯。北非沙漠之民的因應措施，也算是邁開了明確的第一步。就羅馬的軍事力量而言，只要方針明確，剩下的就只是時間的問題了。果然在二年之後，因為塔克法理納斯被逼到窮途末路而戰死沙場，沙漠之民的問題也得以解決。

杜魯伊德斯教

同一時期，高盧也發生叛亂，這次倒不是因為外敵的侵略，而是因為民眾不滿借款的高利率而引發的。義大利國內利率最高的上限被設定在百分之十二以下，但是在行省裡，似乎毫無限制。在七十年前的凱撒時代，就有貪婪的布魯圖斯，將利率訂到百分之四十八之高。先不論這種例子，在皇帝行省這樣「高風險」的金融市場中獲得「高獲利」，在經濟學理論上是可以預期的。同樣在高盧地區，羅馬化較快、較安全的南法地區屬於「元老院行省」，該地區便沒有發生叛亂。我們可以想像，南法行省與義大利本國相同，都是「低風險低獲利」的地方。

西元二十一年發生的叛亂是從羅馬人稱「長髮高盧」的族群中爆發出來的，他們在七十年前曾經被凱撒征服過，但是他們借貸的痛苦都是來自於羅馬徵收行省稅所致，把箭頭指向羅馬的中央政府，這也是理所當然的事。不過，這次的叛亂有一個有趣的現象，那就是所有叛亂主謀姓氏的第二個字都叫朱利斯，而且他們都是擁有羅馬公民權的人。

完成稱霸高盧大業的朱利斯·凱撒以善後的名義確立了高盧未來的統治方式，那時的政策之一，就是將自己的家族姓名和羅馬公民權贈與被征服的部族領袖。從羅馬式的邏輯來思考的話，贈與自己的家族姓名，就是等於把對方當成自己的"Clientes"（被保護者）。換成現代的說法，也就是「開分店」、「收來作小弟」的意思。也由於這項措施，使得「長髮高盧人」中屬於領導階級者，在往後的日子裡，幾乎每一個人都冠有朱利斯的姓氏。至於羅馬公民權和"Clientes"的關係，既是世襲的權利，也是一種義務。就算西元二十一年叛亂的三個主謀都是名叫朱利斯的高盧人，但是並不代表凱撒的高盧政策失敗，因為發動叛亂的，只有東部的高盧人，西部和南部的「朱利斯」並沒有揭竿造反。

那麼，為什麼東高盧會發生叛亂呢？如果是抗議借款的利率過高，姑且不論羅馬化腳步較快的南法地區，羅馬化程度和東高盧相近的西高盧理應也會發生叛亂，不是嗎？

雖然我們只能從片段的記錄中去推想，但是我認為，這跟學生以及高盧宗教界的祭司階級有關。

奧古斯都在西元前二〇年左右進行高盧重整的時候，他把「長髮高盧人」中最大部族黑杜伊的首都畢布拉庫特（現在的歐坦）改為學問之都。稱之為大學都市的話，我覺得不太恰當，它比較接近高中或大學城的感覺，因為這裡的教育機構，目的在提供高等教育給高盧的優秀學子，至於還想更上一層樓的人，也就是想唸研究所的人，則可以選擇到名師雲集的羅馬、雅典、羅德斯島或埃及的亞歷山大。

奧古斯都其實也不是頂愛學問的人，也不是對教育特別熱心。只不過，高盧民族宗教的祭司杜魯伊德斯以往是一手掌握了宗教、司法和教育，奧古斯都只是想把教育從其手中奪走罷了。當時的高等教育，就是學習希臘、羅馬式的思想。至於司法方面，則由羅馬派遣前來統治行省的總督管轄，等於又從杜魯伊德斯的手中拿走這項權力。高盧不像羅馬，他們有一個稱為杜魯伊德斯的獨立祭司階級，而他們之所以能擁有強大的影響力，就在於他們掌控了宗教、司法和教育的關係。

奧古斯都對付「杜魯伊德斯」，可不是這樣就作罷。他雖然沒有鎮壓杜魯伊德斯教，但是嚴禁羅馬公民皈依。只要是容許以人身供奉的宗教，無論是伊特魯里亞民族或迦太基人，羅馬人都認為這是非常野蠻的信仰，也深惡痛絕。

這項禁令使得高盧的杜魯伊德斯教祭司們失去了對高盧領導階級的影響力，因為這些領導階級幾乎都擁有羅馬公民權。祭司們眼見自己已經在存亡的危機邊緣，就想到把宗教和高盧的民族主義結合。要把血氣方剛的年輕人捲入民族自決的理想中，實在是易如反掌。這麼一來，對高利貸的不滿和高盧民族主義的合而為一，成為了高盧東部地區發動叛亂的導火線。

不過，造反者可真是估計錯誤。第一個錯誤在於他們預測萊茵河的防禦軍團，由於放棄征服日耳曼，再加上日耳曼尼可斯改任東方地區，萊茵河不再設置皇族的總司令官，所以勢必軍心渙散、士氣低落，但是沒想到他們的猜測卻錯得離譜。臺伯留做了適當的安排，軍團長階級都起用實力優秀的人才，不再依出身高低判斷。至於各基地在成為固定據點之後，無論是設備或機能上，都遠比日耳曼戰役時提升許多。駐防萊茵河沿岸擔任軍務的士兵們，不僅要防禦日耳曼人的侵略，還要維持後方高盧的安定，軍團本身也非常了解自己扮演的角色。所以他們不須等候臺伯留的命令，就能即時採取行動。

祭司們犯下的第二個估計錯誤，是他們預測：在和羅馬公民組成的軍團一同從事軍務的補助部隊中，高盧出身的士兵只要一知道同胞們叛亂的話，一定會脫隊回來協助抵抗。結果這項預估也是大錯特錯。擔任戡亂軍團前衛隊的高盧士兵們絲毫沒有違背軍紀，直向同胞攻擊。

第三個錯誤的估計，在於祭司們雖然沒有把南法地區算在參加的行列中，但竟然連西部和北部也沒有附和。結果，西元二十一年的叛亂就只侷限在高盧東部，更糟糕的是，竟然就是在萊茵河羅馬駐軍的身邊發動暴亂。

第四個錯誤是，他們太在意握有羅馬軍最高司令權的臺伯留年紀老邁和不在羅馬的事實。他們心想，老皇帝一定是待在氣候溫暖的南義大利，也不留心政務了吧。不過，這也難怪他們，因為連首都羅馬的百姓們都抱持同樣的看法，來批評臺伯留。

高盧的叛亂份子和羅馬的百姓們其實並不知道，臺伯留這個人重視責任分攤，喜歡眾人各自完成自己的任務。雖然他的確不在首都，但是臺伯留時時接收情報，只是沒有下達指令而已。自始至終，他都把主導權交給萊茵河防禦線的兩名司令官。

東高盧的叛亂，只用了八個軍團中的兩個軍團加上補助兵共二萬五千人，花不到半年的時間，就敉平超過四萬名的叛軍。三個主謀朱利斯都自裁身亡，許多學生也戰死沙場。

當戡亂結束時，臺伯留捎了一封信給元老院，對戰情做了報告。就連厭惡臺伯留的塔西圖斯

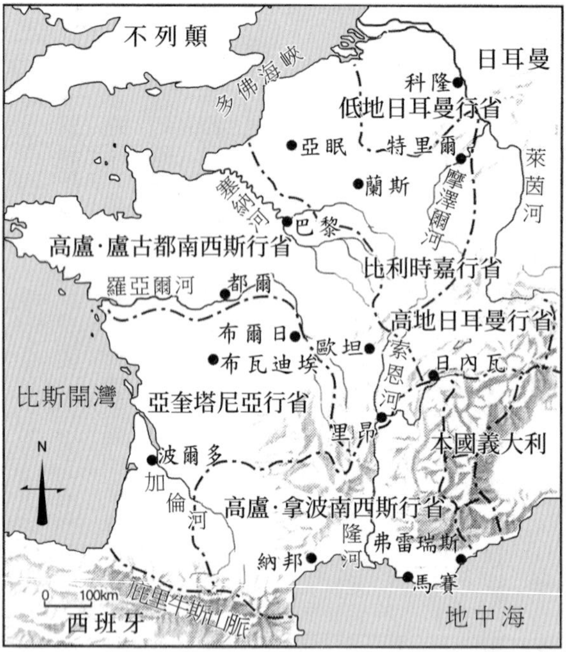

高盧全圖

也評之為「不隱瞞、不誇張」，可見這報告書的客觀性。報告書中，臺伯留將戡亂能在短期之內成功的理由，歸功於軍團長們的責任感與能力。至於眾人批評他明知叛亂發生卻不肯回到羅馬，戡亂過程中杜魯斯也不曾離開首都一步等事情，臺伯留解釋道：

「一兩件平民造反就得東奔西跑，這是污辱到最高領導者品格的作法。更何況要離開支配世界的都市羅馬而趕往現場，是荒唐可笑的事。」

鎮壓高盧叛亂是羅馬軍的一大戰績，於是元老院通過許可，全羅馬軍最高司令官臺伯留舉行凱旋儀式。不過，這在拉丁文中稱為“Ovatio”，比坐在四匹馬牽引的戰車出席的

"Triumphus"要來得低階，凱旋者必須騎馬蒞臨。

六十三歲的臺伯留立即寫了一封信給元老院，做了以下的回答，以示謝意：

「面對比高盧更加善戰的日耳曼民族，我都有眾多的勝績；少壯時也不知得過幾次"Triumphus"的光榮，而今我已年邁，要我歡歡喜喜地接受在羅馬城中騎馬散步的褒獎方式就不用了，對於榮譽，我還沒有那麼饑渴。」

忍不住要諷刺幾句，這就是臺伯留的個性。

歐坦城中的學校在叛亂中變成造反學生的根據地，但是在後來並沒有遭到關閉。至於貸款的利率是否有降低，史料中也沒有交代。不過，從記錄中再也看不到「長髮高盧人」爆發不滿情緒的結果來看，當時一定施行了某些措施。

除了歐坦城中高等教育機構繼續存在之外，另外還有一項確切的史實，就是臺伯留將「杜魯伊德斯」全面逐出高盧。高盧（由希臘文發音則譯為克爾特）民族宗教的祭司們逃到了不列顛（現在的英國），留在當地的巨石群(stonehenge)，據說就是這些人樹立的。

宗教觀

古羅馬時代的高盧地區包括現在的法國、比利時、瑞士、盧森堡、荷蘭東部和德國西部，在敘述如何從這一大片的區域逐出高盧（克爾特）民族宗教的祭司階級杜魯伊德斯前，我們不妨先來觀察一下皇帝臺伯留的宗教觀。因為，雖然與臺伯留沒有直接關係，但是在他治世時期的巴勒斯坦地區，耶穌基督開始活動，而當臺伯留治世即將告終的時候，耶穌就死在十字架上。

如果先講結論的話，我想臺伯留如果知道耶穌基督在不到十年的時間之內就說了一句名言：「凱撒的歸給凱撒，神的歸給神」，他一定比誰都贊同。政治與宗教分離，對朱利斯・凱撒或奧古斯都而言，都不過是個常理，根本不須再多加深究。如果他們倆在生前就知道死後會被神化，他們應該也不會覺得不妥吧。不同於一神教的神連信眾的生活方式都要規定，多神教中神明角色，就只是保護眾人而已。凱撒闢道通往帝王政治，而後來的奧古斯都更是將這條道路變成高速公路，這兩個人最適合擔任保護走在這條路上的羅馬人的工作。不過，留給臺伯留的任務，卻是要他好好地維修這條高速公路，不論他身後由誰繼承，他的職責就是不能讓高速公路又變回原來的鄉間小徑。辛苦的程度不減，但是任務的性質迥異，而臺伯留比誰都更清楚這一點。

臺伯留對於可能會使自己神化的任何事情都盡量避免，幾乎到了神經質的程度。七月稱為朱利斯，八月稱為奧古斯都，元老院提議比照，將九月改為臺伯留，不過他卻拒絕了。至於「國父」的稱號，他也沒有接受。有人提議在神殿中設立他的雕像，在沒有絕對的政治理由之下，他都婉拒；唯獨在神化習俗由來已久的東方行省，他才接受，但是其餘一切都加以謝絕。親生母親莉薇亞的地位和待遇，他也不准超越先后之上。直到他去世為止，他始終保持總歸會死的凡人心態。貫徹這種人生哲學的人物，竟是羅馬宗教界的第一人——「最高神祇官」。羅馬宗教的歷史中，從來不曾有過獨立的祭司階級。這兩件事情最能表現出羅馬人對於宗教的態度。所以，在羅馬，宗教與政治分離一直被認定是不辯自明的道理，這也是其來有自。

保護個人雖然是眾神的責任，但是眾人集結成為共同體 (Les public) 之後的「保護」工作，則是政治的責任。所以，許可宗教自由是理所當然，而羅馬領導人一貫的宗教觀，就是只要信教不致於造成社會不安即可。

在之前三個世紀不曾有人幻想過帝王政治的共和時代中，希臘傳來的戴奧尼索斯（酒神）信仰擄獲了羅馬女性的芳心。這宗教叫人暢飲葡萄酒，酒醉後狂舞，雖然算不上罪大惡極，但是元老院認為會對社會帶來不良的影響，因而徹底鎮壓，使得這個宗教絕跡。不過，在不斷征服其他民族的過程中，羅馬也無法抗拒相繼加入羅馬霸權下各民族原有的神明。即使自己不致於皈依，也不會下令禁止信徒們設置禮拜堂或神殿。許多不同國度的人都搬到帝國首都羅馬來居住，當然他們也會帶著自己的宗教前來。在紀元前後的一個世紀，相當是凱撒與奧古斯都的時代，可能是羅馬人宗教觀最開放的時代。埃及教、猶太教都在羅馬大聲歌頌完全的信仰自由，這也是因為宗教很守本份的緣故，並沒有想到要去侵略皇帝的管轄範圍。

就這樣的宗教觀而言，臺伯留和前兩位統治者一樣，都是合理主義者。有一次，臺伯河氾濫，公共建築物林立的城中心淹水，元老院匆忙通過議案，要打開西比拉的神書，請眾神救援。不過，臺伯留卻說，解決洪水問題是人類的工作，否決了這項提案，相對地，要求元老院設置緊急因應委員會。對羅馬人信仰的宗教，臺伯留還是貫徹他的合理主義，也正因為如此，他絕對不允許宗教入侵政治領域。

有一次，居住在臺伯河西岸的猶太人在某一年舉行的社區活動，在臺伯留的觀念裡，就算是侵略到政治領域了。皇帝發布臨時措施令，針對四千名居住在羅馬的猶太年輕人發布防禦山賊令，將他們送到薩丁尼亞島，並把其他的猶太人趕出羅馬。臨時措施令要立法，還得經過元老院的同意，臺伯留也沒有向元老院提出要求，或許是因為他也只認為這是臨時的權宜之策，不是長遠之計吧。果然幾年後，猶太人再度回到羅馬成立猶太人社區。猶太人被趕出義大利時，臺伯留對於居住在其他地區的猶太人，仍舊採行奧古斯都訂下的方法。譬如猶太教徒有將每年收入的十分之一捐給耶路撒冷聖殿的義務，臺伯留並沒有加以制止。另外，猶太教徒仍被屏除在羅馬軍隊的兵役之外，這是由於他們一旦去當了兵，就必須對最高司令官——皇帝宣誓效忠，跟他們宣誓效忠的唯一猶太之神互相矛盾。臺伯留也認同了他們的說法，於是他們得以免服兵役。猶太人如果捨棄猶太教的信仰，臺伯留就認可他可以從軍。除此之外，猶太人也可以擔任公職，在臺伯留的時代裡，甚至有猶太人晉升到擔任埃及的長官呢。

以會造成社會不安為由而被趕出義大利的，還不只有猶太教徒而已。同一時期，埃及的伊西絲（生育繁殖的女神）教徒也被驅逐。他們之所以遭到驅逐，原因在於他們要求信徒捐獻香油錢，而羅馬方面認為這樣的行徑超乎常情。曾經有些家庭就因為捐獻的香油錢過多而提出控告。此外，受到同樣批評的人，還有占星師，只不過他們發誓以後絕對不再接受占卜的報酬，才能免於被放逐。

總之，臺伯留認為宗教可以自由信仰，但是他厭惡藉由信仰之名將不相信的人也捲入宗教的作法。在猶太人的土地上，以及落腳在東方地區一帶的猶太人社區，臺伯留也會接受猶太人提出的要求，當猶太人說他們有自己的審判方式時，臺伯留就允許他們有內部的司法權。在各種宗教並存的羅馬帝國之內，所有的民族都能落實「凱撒的歸給凱撒，神的歸給神」，所以，我想最高興的人，應該就屬羅馬皇帝們吧，雖然其中有幾個皇帝例外。

災害對策

西元二十二年，臺伯留向元老院要求，賜與杜魯斯「護民官特權」。函送元老院的書簡中，記載了下列理由：首先是描述杜魯斯的能力，客觀得令人懷疑竟是出自親生父親的觀察結果；之後說到杜魯斯的婚姻生活美滿，已經是三個小孩的父親，年齡也與自己當初從奧古斯都手中接獲大權時相同；此外，杜魯斯更有長達八年的邊境防衛司令官經驗，享有舉行凱旋儀式的榮譽、二次的執政官經驗等等，從這些事蹟中，杜魯斯應是適當的人選，而他自己也絕非倉促決定的。最後臺伯留還提到，如果元老院贊同他的要求，賜與杜魯斯「護民官特權」的話，杜魯斯將可分攤他統治帝國的辛勞。

元老院無異議通過。已經六十三歲的臺伯留就此完成指定接班人的工作，也可說是訂下了穩定政局的計畫。那一年，杜魯斯三十四歲。

大局似乎底定，但是不免令人覺得不解。要登基為皇不僅需要元老院認可，指定皇位繼承人也得元老院點頭；皇帝的諭令也不過是臨時措施令，如果要永久立法，也必須經過元老院同意，否則不可能成為恆久法律。這就是奧古斯都創設的羅馬帝王政治。和中國的皇帝相比，羅馬皇帝的產生方式還真是令人難以理解。就連波斯等東方地區的君主政治也與羅馬不同。我想，唯有加上「羅馬式」這個形容詞，才能表達出羅馬的皇帝與他人不同之處。

在這種體制下，皇帝如何運作與元老院之間的關係，就變得非常重要了。奧古斯都為了這個關係傷透腦筋，臺伯留同樣不能忽視這個問題。

元老院的議員席次是六百人，雖然多數因公而散布帝國各處，但表決時還是有四五百位議員再三討論過之後，才會做出決定。往往要花上很長的時間，才能得到結果。這樣的體制，如果遇上必須馬上擬定對策的緊要關頭時，元老院的機能就跟停止運作沒有兩樣，所以，臺伯留想到了委員會的方式。他設置由五到十名元老院議員組成的對策委員會，在其討論皇帝的提案後，立即做出結論。這些委員會的委員不僅要負責決策，還肩負親自前往當地、落實執行的任務。在地震或火災等危機處理上，這個系統發揮了極大的作用。

西元十七年，大地震侵襲小亞細亞西南部。強烈地震之後又是祝融肆虐，這地區裡的都市撒狄、馬格尼西亞和非拉鐵非幾乎全毀。就連愛菲索斯也不能倖免於難。羅馬帝國疆域中有一塊「亞細亞行省」，歸元老院管轄。一般都是要經過元老院研議並擬定對策之後才可以付諸施行的，可是現在的狀況不可同日而語。

接獲通報之後，臺伯留立即要求設置對策委員會，並向委員會提出他心中的對策，請委員會通過。

一、從國庫支出一億塞斯泰契斯，以提供緊急援助及重建基礎建設。

二、免徵受害者五年的行省稅。

一億塞斯泰契斯相當於負責防衛整個羅馬帝國將士一年薪資的二分之一，而行省稅就相當於現代的國稅與地方稅。

換句話說，臺伯留的災害對策，就是由國家來負責緊急時所需的援助及社會資本的重建，雖然國家免徵受災者五年的行省稅，然而，個人要東山再起，就得靠自己的努力了。

臺伯留的災害對策並非單次性的，之後的羅馬皇帝在遇上天災時，都沿用同樣的政策。當然，緊急援助的金額和免徵行省稅的期限，都要視受災的程度而定，不過，都不曾短於三年。臺伯留的方式之所以能夠成為典範，是由於西元十七年小亞細亞西南部的重建成果卓越的關係。據說撒狄在三年之內就完成了重建的工作，人民又再度擁有繳交行省稅的能力了。

喪子

西元二十三年時，小亞細亞的災區重建逐步落實，擊退北非沙漠之民的工作也上了軌道，國內外似乎都沒有什麼大問題，凡事看來都很順利，偏偏在這個時候發生了不幸事件，連臺伯留都料想不到。才剛被大家公認為繼承人的杜魯斯，竟然在這個時候猝死。我們不難想見三十五歲的兒子去世，對六十四歲的父親而言，是何等的打擊；更何況，對身為皇帝的臺伯留而言，他是失去了繼承人，這不是出殯後就能解決的問題。縱使臺伯留身體硬朗不生病，但是羅馬人認定老的標準年紀——六十歲，他早在四年前就已經超過了。

臺伯留保持一貫的冷峻嚴格態度，根本無法看出他是一名剛剛喪子的父親。他在元老院議員們面前，要求元老院照顧日耳曼尼可斯的兩名遺孤。他請求所有的元老院議員都當自己是爸爸，來照顧十七歲的尼祿．凱撒和十六歲的杜魯斯．凱撒。

對於那些相信羅馬帝國應由身上流著奧古斯都血液者來繼承的人而言，他們相信「大政奉還」的日子應該不遠了。第一個有這種念頭的，就是奧古斯都的外孫女，也就是日耳曼尼可斯的妻子、尼祿．凱撒和杜魯斯．凱撒的母親——阿古力琵娜。

如果是個有智慧的女人，她的所言所行，應該比杜魯斯在世時還要謹慎才對。想想臺伯留的年紀，兒子登基也只是時間早晚的問題，只要耐心等候就是了。但是，阿古力琵娜卻採取了行動。

她開始把先前煽動婦女所結成的反臺伯留派，拓展到男性的世界裡。這事情一旦牽扯到崇拜日耳曼尼可斯的男人身上，無異於是和「日耳曼尼可斯神話」相結合。當臺伯留的親生兒子杜魯斯以繼承人的身份遊街時，還有當皇位被臺伯留家族奪走時，憎恨左右了阿古力琵娜的心神；但是在杜魯斯死去的那一刻，阿古力琵娜心中，除了原有的憎恨之外，還加上了高傲的氣勢。阿古力琵娜之所以更加的傲慢，就是因為她認為臺伯留手中已經無牌可玩了。

不過這時候，阿古力琵娜身旁還有人阻止她，那就是莉薇亞。莉薇亞和阿古力琵娜雖然沒有住在一起，但都是在帕拉提諾山丘上。莉薇亞是神君奧古斯都的妻子，擁有國母的稱號。她年事雖長，但在皇族內仍舊擁有極大的影響力。對阿古力琵娜而言，她雖是已故夫婿的親生祖母，但也是最厭惡的臺伯留的親生母親。眾多現代學者推測阿古力琵娜派集結就是從這個時期開始的，而集結的目的，並不在於推翻臺伯留好讓自己的孩子登基，而是要替自己繼承臺伯留的兒子鞏固地位。阿古力琵娜的這種打算，不得不在這個時候表明出來。

養子的媳婦採取這種行動，臺伯留心中作何感受？或許，他只有等待死亡的來臨吧。六十四歲的皇帝在喪子的同一年年底，竟然連四歲的雙胞胎孫子之一也夭折了。不論家中如何不幸，臺伯留絲毫無法卸下皇帝的任何責任，畢竟可以為他分攤部份工作的人已經離開人世了。也可能是因為埋頭於工作之中的話，就可以忘卻個人的不幸和不愉快吧。身為帝國的最高負責人，喪子之後的臺伯留還比以往過著更加忙碌而充實的日子。

安全防衛

羅馬人雖然不是第一個開闢街道的民族，但是想到將街道構築成為網路以提高道路機能，並且付諸實現的，就是羅馬人了。羅馬人也不是第一個制定法律的民族，但是最初想到將法律分為多樣的法律體系，讓國家具備法治機能，並且付諸實現的，也是羅馬人。這兩件事的共通點，就是要視實際需要給予「維修」，否則機能退化在所難免。這是人世間最現實的情況。法律上的「維修」，指的就是依據現況來修訂。任誰都肯定羅馬人是法律體系的創始者，但是羅馬人並不認為法律一旦制定後就永遠必須墨守成規。毋寧說，法律應該像街道一樣，在必要的時候，就應該「修理修復」。羅馬人的這種觀念，適用於各種體制。換句話說，不論是什麼樣的體制，都應該加以「修理修復」以符合現況；如果荒廢的話，體制本身會疲勞，終至瓦解。如果不加以維修，從長遠的眼光來看，將會造成非常不經濟的結果。這種道理，羅馬人早就知道了。不斷地追求效能，將具備的力量做靈活而巧妙的運用，目標才有可能達成。這種觀念是羅馬人的「哲學」，也因此才能戰勝與羅馬實力勢均力敵的迦太基和希臘。在羅馬人的觀念裡，就算是神君奧古斯都架構的體制，也絕非金科玉律。奧古斯都遺留下來的體制中，該留的就留，該改的就改，這種作法，與繼承奧古斯都的政治絲毫不會矛盾。因為視實際需要修改，才能永續維持架構者本人的意圖。只要適時修改，即能維持其效能。能夠架構出這種體制，就是構築者本身無上的榮耀。因為，這證明了他已經將完整的雛形底定下來。奧古斯都在這方面的才華，實在值得特別一提。

維修不是每個人都做得來的。什麼地方怎麼修改，需要對體制運作和機能維持具備理解能力以及執行的決策能力。當代的研究人員都公認臺伯留在這方面可以說是自凱撒以來，最適合擔任第三位羅馬領導者的人選。這種「修改」的絕佳例子，可以從以維護羅馬和平為目的的防禦系統改革中看到。

奧古斯都在西元九年以後訂下的帝國防衛基本型態，臺伯留絲毫沒有加以改變。由十五萬名羅馬公民組成二十五個軍團的主要戰力，加上不足十五萬行省人民所組成的補助部隊，總計近三十萬軍人來防衛國家安全。這種基本型態，或許是考量當時西元一世紀的人口和經濟的極限後擬定的吧，總之臺伯留沒有更動。就連第VI冊第二章的〈綜合戰略〉記述的軍團分布狀態，在經過十四年後的西元二十三年，也沒有絲毫的變動。臺伯留更改的，是幾處前線——最明顯的是萊茵河與多瑙河前線駐守軍團任務的變動。

在萊茵河前線方面，駐守上游的高地日耳曼四個軍團和負責下游的低地日耳曼四個軍團，這八個軍團的任務已經不像奧古斯都時代那樣，想要征服日耳曼的土地，將霸權擴張至易北河。他們的主要任務，變成死守萊茵河防禦線。臺伯留之所以沒有改變八個軍團的數目，可能是要保留「日耳曼軍團」的名稱，來對後方的高盧施加無形的壓力吧。遼闊的高盧地區，所有的安定維護工作，只靠羅馬派駐在里昂的一千名士兵而已。放棄易北河、撤防萊茵河，單從高盧徹底的羅馬化來看，這實在是非常聰明的抉擇。如果八個軍團都分布在易北河沿岸，萬一高盧出了狀況，要出動大兵前來，就得花上好長的一段時間呢。

多瑙河南岸一帶駐守七個軍團的分布型態，臺伯留也沒有更動，不過，這裡的情況要比萊茵河前線複雜得多。

凱撒將萊茵河定為帝國的防禦線，完成打下到萊茵河為止的疆土霸業，而臺伯留只要守成即可。至於多瑙河的話，當初也是凱撒想到要把這多瑙河前線作為帝國防禦線的，可是在他還沒能著手進行之前，就遭人殺害，所以一切的建設，都是在奧古斯都時代以後。奧古斯都不是那種會親自率領軍團在前線戰鬥的人物，戰鬥的責任交給了阿古力巴。阿古力巴死後，棒子交給了臺伯留。他們倆人都是出類拔萃的武將，但不是凱撒般的天才型人物。結果多瑙河防禦線的確立，是一座山、一條河地慢慢完成，從一開始的年代計算，耗費百年的歲月。

德國歷史學家毛姆森寫道：「對西元一世紀當時的羅馬而言，多瑙河是政治上的國界而非軍事上的國界」。換句話說，就是只把多瑙河定為防禦線，但是到多瑙河為止的疆域霸權卻尚未完全確立。毛姆森還寫到，當時的多瑙河就彷彿是奧古斯都時代的易北河。他的意思是，它不過是地圖上的國界罷了。羅馬軍隊出現在多瑙河沿岸的維也納和布達佩斯，是在臺伯留時代半個世紀以後的事情。

對羅馬史的研究人員而言，這是理所當然不過了，所以我認為毛姆森也沒必要刻意寫下。不過對羅馬人而言，多瑙河和易北河有一處根本上的差異，那就是，羅馬人放棄了易北河，但是卻沒有放棄多瑙河。雖然進度緩慢，但是羅馬還是逐步地確立多瑙河防禦線，這也可以從臺伯留更改防禦體制中一窺端倪。

發源於阿爾卑斯山、流入黑海的多瑙河南岸一帶，羅馬人把它分割如下：從上游而下，依序為拉耶提亞、諾里肯、旁諾尼亞、達爾馬提亞、莫埃西亞和色雷斯。原本臺伯留應該完成的任務，是在確立羅馬在此地的霸權，而不是全區的防禦，但是他卻在考慮如何將七個軍團安排在什麼地方。

首先是位處多瑙河最上游部份的拉耶提亞行省，這地方由於臺伯留本身軍事行動的成果，山岳地帶已經有羅馬人移入。從這裡到多瑙河的平原部份，包括波登湖和奧格斯堡也都歸羅馬版圖。此時多瑙河沿岸的雷根斯堡還沒有成為軍團的基地，但是在這裡，羅馬的霸權已經抵達多瑙河了。臺伯留在這塊行省連一個軍團都沒有配置，因為這裡和萊茵河上游駐守軍團的距離很近，就算有什麼情況，也可以立即派遣駐守在西北處不遠的軍團前來處理。

以流入多瑙河的因河為界，因河以東的諾里肯行省也沒有配置任何的軍團。這是由於薩爾茲堡也已經納入羅馬版圖，最困難的阿爾卑斯山區也已經被征服了，羅馬在此間的霸業，已經抵達多瑙河左近。在我的想像中，完成拉耶提亞和諾里肯霸業的臺伯留，是把這裡的安定維護工作，交給了只需固守萊茵河的「高地日耳曼軍」了吧。

至於下游的旁諾尼亞行省，臺伯留在此間配置了三個軍團，只等維也納、布達佩斯和貝爾格勒（南斯拉夫首都）等地的霸業完成。這一帶沒有山岳，至今也還不在羅馬的掌控之中，所以臺伯留才要設置重軍。羅馬軍在此的任務，攻擊更勝於防禦，而七個軍團中最強大的三個，就配置在這旁諾尼亞行省。

達爾馬提亞行省位居旁諾尼亞南方，不是多瑙河流域，但是臺伯留也在這裡配置了二個軍團。這是由於維護這裡的和平，與維護僅有亞德里亞海之隔的義大利本國和平，有著密不可分的

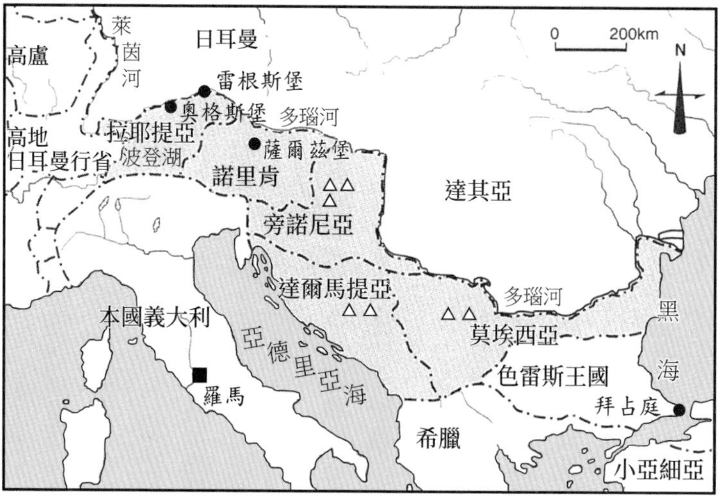

多瑙河流域圖，△為軍團配置數量標示

關係。除此之外，這個軍團的另一個用途，就是在必要時刻，可以支援駐守北邊的旁諾尼亞軍團。

多瑙河中游的莫埃西亞行省配置了二個軍團。這裡的霸權確立腳步最為遲緩，在這個階段上，軍團最主要的目的，不在攻擊多瑙河對岸，而是保護多瑙河南邊的希臘免受蠻族渡河侵襲。要永遠保持「霸權者」的地位，可真不是件簡單的工作。保護處於霸權之下的眾人，才能繼續保有他身為「霸權者」的權利。

多瑙河最下游的區域，當時還是色雷斯王國。臺伯留對於這個王國，採取東方地區亞美尼亞的相同模式來處理。這個王國實質上是羅馬的屬國，但形式上卻是獨立國家。臺伯留之所以會保持它的王國型態，或許是基於可以委託它防禦多瑙河下游的考量。

我們已經提過，臺伯留採用的策略，是與居住在多瑙河北邊的幾個部族確立友好關係。在多瑙河北邊擁有盟友的話，可以使得尚未完成的多瑙河南邊霸業能更快更容易地實現。所謂的「分割後統治」策略，是無論敵我都可以適用的。

臺伯留的軍事力量「重整」，並不僅止於軍團配置的決定而已。

在第VI冊第二章的〈綜合戰略〉一節中已經說過，羅馬的一個軍團，從軍團長到士兵、從技師、醫師到財務，總共人數約六千名，構成一個獨立的組織。朱利斯．凱撒經常將退伍軍人送到新開發地區殖民時，是把整個軍團移植過去的，因為羅馬軍團中幾乎囊括了一個共同體在機能運作上所需的人才。至於軍團中出現因年老、戰死或重傷而人數短缺的情況時，凱撒也沒有補足，因為他的目的在於攻擊。以攻擊為主要任務的軍事組織，需要有高度的同質性。但是，臺伯留所所重視的，卻是在防禦。防禦是要重質，但是更要重量，因為除了帕提亞王國之外，步入帝王政治之後的羅馬，敵人大多是以量求勝的蠻族。

臺伯留做的第一件事，就是完整補充短缺的人員。二十五個軍團，個個都必須是能充份發揮防禦功能的獨立組織。不過，也不光是把人數補足就了事，質的維持也不容忽略。讓社會邊緣人入伍，是會造成軍團中軍紀擾亂的危機。

此外，哪有一個士兵不想早日退伍的。臺伯留准許服完二十年兵役的士兵立即退伍，也貫徹依規定發放退休金的作法。因為不肯贊助鬥劍比賽而被人批評為小氣的臺伯留，對於這種款項倒是一點也不吝惜。

同樣地，也不能忘記充實羅馬軍力中不可或缺的補助兵，因為軍事的成果，要看主戰力和非主戰力如何區分善用。軍團長率領由同樣為羅馬公民組成的軍團，可要比率領行省人民組成的補助兵來得好帶多了。尤其是與日耳曼民族為敵的萊茵河防禦線各軍團補助部隊成員，雖然他們已經在萊茵河西岸居住很長的一段時間，但畢竟還是日耳曼人。更何況補助部隊沒有規定人數，所以都有故意壓低人數的傾向。

臺伯留制定補助兵的人員名額，人數與軍團相同，但是絕對不能超過軍團士兵的人數。當然，服役期滿的補助兵可以獲得羅馬的公民權，這是延續奧古斯都時代的作法。此外，臺伯留也知道「軍團士兵」和「補助兵」感到最不滿的地方，除了期滿還不能退伍之外，就是得要參與土木工程。知道歸知道，但是稱霸的當事人，也就是士兵們在稱霸的土地上從事鋪設橋梁或街道的工程，這可是羅馬的傳統。這麼一來，唯一能夠選擇的，就是不要讓他們從事過重的勞役。雖然沒有留下任何史實證明，但是我想臺伯留一定執行了。因為，連結現代的德國南部、奧地利、斯洛維尼亞和克羅埃西亞的羅馬街道網路，大多都是在他的治世時代完成的，而士兵們也不再因為對這些建設不滿而引發「罷工」。

臺伯留在此時做的「修改」，就是決定由軍團長擔任一切事務的執行負責人，因為他認為，唯有貫徹各自負責的方式，才能經營龐大的羅馬帝國。

如果採用各自負責的方式，理所當然地，接受委託的人選也就是很重要的問題。就連厭惡臺伯留的歷史學家塔西圖斯也只能這樣寫道：

「沒有一個皇帝能像他這樣精確巧妙地選任人才。」

臺伯留是個貫徹知人善用和實力主義的人。軍團長要有軍事能力；行政官要有行政能力；而任務中包括與他國交涉的行省總督則是起用名門貴族，因為這是從共和政體時代起身出名門就比較有利的關係。每一種人才選拔的標準各異，但是在知人善用和實力主義兩個條件上卻是始終如一。即使是出身行省的羅馬公民，也不會因為出身的關係而變得比較不利。曾經一度因為被認為是社會亂源而遭驅逐出義大利的猶太人，只要認定他是適用的人才，也可擔任埃及的長官。至於總督和軍團長級的人物，則實力優先主義的傾向非常明顯。姑且不論臺伯留之後卡利古拉、克勞狄斯、尼祿等各任皇帝的能力如何，光是從他們治世時代中負責軍事和統治行省的人物個個都是人才這一點來看，就夠嚇人的了。而且這些人要不就是受到臺伯留拔擢，要不就是這些人的兒子。

此外，能讓整個帝國的人民深信，只要有實力必定有可以發揮長才之處，這種作法自然也是功不可沒。不管組織架構得有多好，真正讓它有效運作的，還是得靠人。

塔西圖斯寫道，這一切，臺伯留在兒子杜魯斯去世之前就完成了。喪子之後的臺伯留則無心政務，將一切交給身邊的賽亞努斯。

不過，沒有任何史實可以證明臺伯留在喪子之前已經完成了所有的工作。此外，臺伯留所做的，應該是「修改」而非「改革」。光是制定還不夠，監督制定後是否落實執行，再依照執行時的必要情況，適時加以「修改」，要做到這個階段，才會有預期的效果產生。要做到這個階段，一年是不夠用的；而臺伯留回到羅馬和喪子之間也不過一年的時間而已。況且，塔西圖斯也不了解什麼是自負的人。

所謂自負的人，就是凡是嚴以律己的人。一個嚴以律己的人就算失去了一個兒子，他也不會容許自己屈服於悲戚之下。整日悲嘆、棄工作於不理，這是常人的作風，至於自認不是常人的人，死也不會這麼做。或許當他遭遇到最大的悲哀時，他反而會投身於只有他才能勝任的任務中。因為，這才是維持他自負的唯一途徑。當常人克服了悲哀回到工作上時，自負的人才會感覺到極度的疲勞吧。塔西圖斯引用了西元二十五年臺伯留在元老院的一番話，那是在他的兒子杜魯斯去世後兩年的事情。這番話是當有人讚揚臺伯留的政績，提議為他興建神殿時，臺伯留表達婉拒之意的。

「我只不過是個難以逃脫死亡命運的凡人，而我所做的工作，也是人類能夠做得到的。我努力不懈，為的是不玷污各位賜予我的崇高地位，這已經是非常辛苦的差事了。

後世會如何評斷我呢？我所做的一切是否不辱先祖之名？是否有助於維護各位元老院議員的立場？是否對維護帝國和平做出貢獻？還有，為了國家利益，即使受到批評，我仍舊不為所動、努力完成的作法，後世是否會給我正面的評價呢？

如果是，對我而言，那才是真正的神殿，也才是最美、永留人心的雕像。其餘的一切，就算是座大理石的神像，如果後世的評價不佳，那這個紀念物比蓋座墳場還沒有意義。我的唯一希望，是在眾神賜予我的有生之年中，除了精神上的寧靜之外，繼續賜給我了解人類法則的能力。」

這像是兩年前因喪子而情緒低落、拋開所有政務的人說的話嗎？這難道不能說是一個難以逃脫死亡命運的人想要盡己所能的一種宣示嗎？有一位現代的研究人員說道，下面的這一句拉丁格言，最適合用來形容皇帝臺伯留：

“FATA REGUNT ORBEM! CERTA STANT OMNIA LEGE”（不確定的事情是命運支配的領域；確定的事情，則是法律——人類的技術管轄的範圍）

我想，活在兩千年後的我們，一定有許多人會對臺伯留的看法產生共鳴。但是直接聽見臺伯留這番發言的元老院議員們，卻對此相當不諒解。臺伯留一直把自己當作是一個難以逃脫死亡命運的凡人，部份的議員認為這是他的謙遜，另外一群議員則認為是他對自己沒有自信的證據，剩餘的其他議員根本就認定是臺伯留精神上的劣根性。這些議員們異口同聲地說，身居最高階級的人應當希望自己永遠保持在更高的境界，而先皇奧古斯都在這方面就要比臺伯留高明。塔西圖斯自己評論道：

「最高權力者已經享受到許多的優惠，但是有一件事，卻更是他必須一直追求到死為止的。這件事，就是要留給世人關於自己最美好的回憶。輕視名聲者，等於就是忽略了道德。」

與其說這句話說明了古代與現代領導者的差異，倒不如說它發吾人深省，想像無論古今中外身為領導者的難處。臺伯留自認是一個難以逃脫死亡命運的凡人，所以他盡自己最大的能力來統治帝國，過程之順遂，連塔西圖斯都給予肯定。

國界在經過調配的軍團的駐守之下，滴水不漏。人們最大的期盼，就是擁有不用擔心敵人來襲的安全感。至於所謂的「和平」，也不光是代表國界的安全。像是住在不須擔憂外敵的帝國境內軍民，他們最關心的身邊事，就是走到外頭來，可以不用擔憂會遇上強盜或搶劫。臺伯留在這方面貫徹公眾安全第一的政策，連地方政府也做得很落實。因為臺伯留徹底嚴懲非法份子的緣故。

良政的最佳評估標準就是稅金。臺伯留也沒有再加徵任何新稅，以往的稅率也沒有提升，甚至連違反公正課徵業務的人，都給予嚴厲的懲罰。稅金只要維持在低水準，大部份的人都會乖乖繳納。至於採行帝王政治的羅馬，課徵稅金的業務是委託私人的代辦業者負責，如果要做到公平徵稅的話，留心過度徵收要比防止逃稅更為重要。

縱使臺伯留在政務上表現卓越，但是當他一回到家裡，就得面對命運之神的支配了。

與家庭的關係

以下要介紹塔西圖斯所描述的小故事，皆發生在西元二十六年時。

第一則小故事是肇端於一個叫做杜米提亞斯．阿福洛的人物，以通姦罪控告與臺伯留同一克勞狄斯家族出身的克勞狄亞．布魯克魯斯。根據奧古斯都訂定的法律，在羅馬帝國的政治體制下，通姦罪是可以判處放逐的。原本只是個普通的審判事件，就因為克勞狄亞相當於阿古力琵娜的表姊妹，也是她一票姊妹淘中的一個，所以更是激怒了阿古力琵娜。這對阿古力琵娜而言，就是臺伯留在幕後指使，故意要找麻煩。於是阿古力琵娜趕到臺伯留面前，將她忍受已久的不滿與厭惡一股腦兒地發洩出來。

那時候，臺伯留正巧跪在供奉神君奧古斯都的祭壇前，阿古力琵娜也不等臺伯留做完儀式，就開口道：

「你一面弔祭神君奧古斯都在天之靈，竟然還一面逼迫神君的親人啊！你敬仰的雕像中，哪有已故奧古斯都的聖靈存在！如今還能傳承神君奧古斯都聖靈的，絕不是在那神像身上，而是活著的我！身上流著神君尊貴血液的人，就只有我一個！我感受到了危險，所以穿著喪服。因為告發克勞狄亞，不過是對我下一波攻擊的前奏而已。就因為她對我忠誠，所以你們才要定她有罪。」

臺伯留從祭壇前站了起來，面對著因平日鬱悶而一發不可收拾的阿古力琵娜，他用力地捉住了她的手臂，以希臘文低聲地說：

「妳發怒的真正原因，在於我不讓妳統治國家。」

克勞狄亞．布魯克魯斯和她的通姦對象佛魯尼斯，二個人都被判有罪，當然，這麼一來，阿古力琵娜的怒火更加熾烈。

第二個故事，是在剛才這個事件之後不久發生的。臺伯留前來探視臥病在床的阿古力琵娜。阿古力琵娜在病榻中，向同屬凱撒家族的家長臺伯留流淚哭訴：

「請你同情我的孤獨，賜我一個丈夫吧。我的年紀也還處在女人最美的時候。對於貞潔的女子，唯一的安慰，就是正式的結婚。在這遼闊的羅馬中，大家都會認為，接納日耳曼尼可斯的妻子和孩子是極大的光榮的。」

臺伯留一句話也不回，掉頭就走出房間。就連塔西圖斯也做了以下的評語：阿古力琵娜的再婚不能等同於一個普通女子的再婚，而是會牽扯到統治帝國繼承人的問題。

第三則故事是發生在家人晚餐時。

那晚，阿古力琵娜雖然坐在餐桌旁，但始終不發一言，也沒有開動。臺伯留注意到後，就從盤子中取了一個水果，跟她說：「很新鮮，嚐嚐看」，然後拿給阿古力琵娜。阿古力琵娜雖然接了過來，但是沒有吃它，就交給了僕人。臺伯留對媳婦不直接說，反而是轉向母親莉薇亞，說道：

「她怕我下毒。從她的舉動中，就應該了解我為什麼會對她冷淡了。」

塔西圖斯寫到，這些家庭裡的小故事，都是從阿古力琵娜所寫的回憶錄中擷取而來的，不過這個阿古力琵娜，是故事中阿古力琵娜的女兒之一，名字相同，後來這個女兒成為卡利古拉皇帝的妹妹，也是克勞狄斯皇帝的妻子，最後是尼祿皇帝的母后。那麼說來，這等於是一個十歲的少女所觀察到的皇帝家族內的氣氛。對於年屆七十的臺伯留而言，家族以外（其實從他的出身階級來看應該還是屬於自家人）的元老院，也不是能讓他感到滿意的所在。

與元老院的關係

就被賦予強大的權力這一點而言，要想了解帝王政治時代的羅馬皇帝與元老院的關係，可以從現代美國總統與在野黨占過半數席次議會的關係看出端倪。跟前者相比，差異在於後者是由擁有投票權的公民選舉產生的。但是從那個時代到現在已經經過了二千年，如果沒有這一點進步，那麼人類哪有資格稱為人類呢。美國總統與議會的關係，特別是在總統所屬黨派與參、眾議院掌握過半數席次的黨派不同時，問題就會凸顯出來。這種情況，在古羅馬時代也是一樣的。

再提醒一次，皇帝還是可以一意孤行地推動施政，但是那只是被稱為皇帝通告或皇帝勅令的臨時措施令；如果要改制為羅馬人口中的「法律」，不管名稱是不是「元老院諍言」，總之都必須要經過元老院議決通過。

縱使「元老院諍言」是具備立法權的，如果元老院只是皇帝提出法案（政策）的橡皮章機關，那麼就等於他們沒有發揮立法機關的功能。這麼一來，皇帝或是「第一公民」與元老院之間的平衡關係就會瓦解。因為羅馬的元老院不是靠選舉產生的，所以才能掌握網羅各界重量級人物的優勢，但是元老院和皇帝之間的關係一旦瓦解，所造成的傷害也就更大，會等於國家的兩大勢力形成正面衝突的局面。順道一提，表面上與元老院同為國家主權者的一般羅馬公民，說穿了，其實可以把他們當成「擁皇派」。為了救濟貧民而執行的小麥免費配給是社會福利措施，贊助鬥劍比賽也是選舉運動之一。這一切都是皇帝為了收買擁皇派的懷柔政策。臺伯留為了健全財政而採行財政緊縮政策，不再贊助鬥劍比賽，卻沒有動小麥配給的腦筋。從這種跡象中就可以看出，小麥的免費配給不是單純以收買人心為目的的施政。臺伯留甚至沒有降低具備接受配給資格的人數，這足以證明這是一項社會福利。

元老院主導國家運轉的系統可以視為「元老院體制」，而這種體制會發生動脈硬化的現象，其實早在擊潰這個體制的朱利斯．凱撒出生三十年前，也就是從格拉古兄弟時代就已經知道了。在與迦太基一爭存亡的戰爭時代裡，這個「元老院體制」發揮了驚人的功能，但是終究無法脫離成功者最難避免的僵化情況。最初提出糾正的格拉古兄弟和最後擊潰這個體制的凱撒，其實也從來不曾想到要廢除元老院。元老院等於是羅馬人的歷史，也是傳統。簡單地想，共和政治時代的羅馬就是元老院主導體制，即使後來變成帝王政治，體制改由皇帝主導，元老院本身卻還是存在的。

對於皇帝與元老院的羅馬式微妙關係，朱利斯．凱撒又是如何因應的呢？

凱撒是以武力戰勝了元老院派擁護的龐培，他的個性上也沒什麼人前人後的分別。當凱撒成為最高權力者之後，接二連三地向元老院（議會）提出議案，要求元老院通過，敗北的元老院也只能照單全收。不過，凱撒不曉得是不是顧慮到皇帝主導的形式太過明顯，於是以身為元老院議員的友人們名義提議，也就是議員立法的形式，來請求元老院通過。不知道自己已經成為法案提案者之一的西塞羅，也提到後來得知時自己吃驚的情況。

殺害凱撒的，是布魯圖斯等元老院議員。暗殺者其實也並不是反對凱撒執行的政策，而只是想把「皇帝主導體制」變回以往的「元老院主導體制」而已。一般公民沒有參與暗殺凱撒的事實，說明了凱撒的暗殺事件是質問政治體制對錯的抗爭舉動，而非癥結於政策對錯的問題。

繼承凱撒的奧古斯都打敗布魯圖斯，擊潰安東尼，對元老院而言，他也是勝利者。奧古斯都沒有忽略如何應付元老院，但他也沒有改變皇帝主導的體制。年紀輕輕就成為最高權力者的奧古斯都，他擁有最大的武器——時間。他非常謹慎地選擇時機，讓情勢變得難以反對，有時甚至是趁元老院已經遺忘的時候提出法案，便立即獲得元老院的認可。奧古斯都治世時，號稱是與元老院關係最為良好的時代，這也不是因為元老院積極協助的關係，而是奧古斯都善於瞞天過海的緣故。

臺伯留可沒有前兩位靠武力獲勝的優勢，此外，他跟他們也沒有血緣關係。凱撒是名門的旁系出身；而奧古斯都雖然成為凱撒的養子，但出身卻是騎士階級，臺伯留才不是這種羅馬社會的外圍份子，他可是出身自元老院主導下一直是羅馬主流的克勞狄斯豪族。所以臺伯留認為「第一公民」與元老院應該合作經營羅馬，這也是天經地義的事。當臺伯留要把他這個觀念實現時，他是真心誠意的。只是我覺得他是真心誠意過了頭。

雙雄並立是理想而非現實。前二位領導人對元老院的統治能力一點也沒有抱持著幻想，所以也不會因為得知現實的情況而幻滅；臺伯留雖然也不算是幻想，但是對元老院的期許是太高了些。

當元老院舉行會議的時候，臺伯留既不帶護衛，也沒有跟班，往往都是他一個人獨自前來。他坐的位置在最前面，與其他的議員同樣。當執政官進入議場時，他也會和其他的議員一起起立迎接。他對議員的態度非常有禮貌，一直努力要保持與元老院合作、共同擬定國策。他剛開始統治的時候，就連像是軍團士兵服役期滿退伍的事宜是在他最高軍事司令官的管轄事務範圍之內，他還是要在獲得元老院認可之後才執行。

臺伯留數度在眾人面前說到自己的願望，是希望元老院的討論可以自由而踴躍。要是有人附和他人發言，臺伯留就會很明顯地擺出不悅的表情。要求闡明自己發言真正目的的，不是擔任主席的執政官，而是臺伯留。我們也曾經提過，他禁止「皇帝」的稱謂，而要求大家稱呼他為「第一公民」。

不論臺伯留是在請求元老院或提出反駁時，他的口氣永遠都很嚴厲；即使發言的內容是贊同，然而發言語氣的冷漠總讓聽著的議員感到被潑了冷水。臺伯留缺乏的，就是幽默感。凱撒有本事讓反對派也發笑，終至讓事情按照自己的計畫進行，但這種本事，臺伯留是沒有的。臺伯留的語氣變得極度難聽，是在議員們支吾其詞，忘了元老院是國策決策的機構，而想把一切責任交給皇帝的時候。碰到那種情況時，臺伯留彷彿就是用言語的利劍討伐他們似地，要他們體認元老院的權威與責任，言語上毫不寬貸。要是凱撒或奧古斯都的話，高興都還來不及呢。

元老院六百位議員並非完全失去了統治的能力。如果是曾經擔任過合格年齡為二十五歲的審計官者，到了三十歲時，就自動可以晉升到元老院裡。羅馬的元老院可以說是人才的寶庫，但是要經營龐大的帝國，經常都需要眾多的人才。至於人才的拔擢與知人善用的長才方面，連塔西圖斯都肯定臺伯留的「眼光獨到」。臺伯留如果認為這個人非常勝任時，他就長年不去更動他的勤務地點。任期定為一年的，只有法務官、執政官等中央政府高官，以及前往元老院行省出任的總督。

那麼，很自然地，首都羅馬元老院議場中常見的角色，大多數就是那些能力比較差的人了。由於羅馬的元老院等於是名門貴族雲集的共和政治時代的遺物，就算沒有實力，只要是身出名門、大眾所熟知的人物，都可以留在元老院裡。至於靠實力進入元老院的人，都受到臺伯留重用，大多派往駐守邊界，他們能夠滯留在羅馬的時間，也只有從原有的派駐地點至轉任前的短暫時光。

縱使元老院的議員中，大多數都只想到享有既得利益，然後到安全又闊綽的行省擔任總督後累積經歷，達成目標。然而，臺伯留還是不曾鬆懈，希望元老院能積極地參與國政。臺伯留不僅是毫不鬆懈，簡直就是全心全力過了頭。他為了彌補數百人討論後仍舊無法達成決議的缺點，想到以委員會的方式來提升議事效率。當然，委員是由元老院的議員們擔任的。

很多歷史學家認為，奧古斯都首創「第一公民」主導的羅馬政治體系，並非帝王政治，而是「元首政治」，所以政體並非由皇帝來統治，而是由公民的第一人來負責。至於「第一公民」與元老院就像是兩隻腳，互相配合，肩負國家政治的責任。如果真是「元首政治」，那麼就必須得符合上述的條件。但是，我不同意這種意見，原因在第VI冊描述奧古斯都時已經強調過了。「第一公民體制」不過是奧古斯都的障眼法，我確信他是想要設立帝王政治體系。但是，我也認為臺伯留剛開始的時候，可能也相信羅馬的政治體系乃是「元首政治」。他不像奧古斯都那樣表裡不一，而是打從心中相信元首政治體制的存在價值，進而努力過。

不過，元老院的現實總是辜負了他的期許。看看元老院議員們熱烈討論的議題，就不難理解臺伯留的失落與疲憊。我們舉一個例子來看看。議題是討論前往派駐地區時，應該獨自前往，還是可以帶妻子同行。

這是在一名議員提出禁止妻子同行前往派駐地區的法案時所引發的討論，不論被派去的總督是到有兼任軍務必要的皇帝行省，或是只要負責統治即可的元老院行省，都應禁止帶妻同行。這名提案的議員先是說明在他四十年的海外勤務中，妻子都留在羅馬家中，而他們仍舊生育了六個小孩，而且夫妻感情和睦，所以絕對不是出自於個人的理由而提案的。他先取悅議員們之後，才開始說明法案的主旨。

以往依法禁止妻子同行前往派駐地區，這也不是毫無理由的。因為，身為妻子的人，在太平時會因為奢華鋪張而打擾先生的工作；相對地，在戰爭時也會因為恐懼而影響到丈夫的心情。此外，女人與生俱來不重視紀律的特質，也會讓丈夫屬下的士兵變成毫無秩序的蠻族。另外，好逸惡勞也是女人的天性，這麼一來，會使得原本是以防禦邊境為任務的羅馬士兵，開始覺得自己的工作辛苦卻沒有價值，進而變成一群無用的人。

還有，一旦女人掌握了機會，就會變得殘酷、陰毒又愛攬權。以身為司令官妻子的身份支使百人隊長，要不就參觀軍事演練，甚至還插嘴討論軍事行動，這種例子都是眾所周知的事實。

即使在沒有軍事任務的元老院行省，也不乏因妻子同行而造成弊端的例子。元老院行省的總督經常在回歸祖國後，因違法亂用職權而遭到起訴，其中大多是由於總督夫人參與其中的緣故。行省的人民中，也有不少人以提供行省商機為名，藉機接近總督夫人。實際上負責統治行省的人，他不僅要服從上司（總督），更要服從總督夫人。所以總督夫人就日益坐大，愈來愈愛出風頭。

之前在西元前二一五年時制定的「歐比司法」和其他法律中，就規定嚴禁妻子隨行，所以這類型的弊端也就沒有出現。可是事隔二百五十年後的今日，除了邊境之外，行省的工作也變成太平的任務，或許就是因為這個緣故，不僅是總督，連其下的高官夫人們隨著夫婿前往派駐地區的情況，也變得司空見慣。結果，無論是在行省的軍團基地中，或是總督擔任大法官的司法庭上，女人們都擺出一副主人的模樣出現在眾人面前。

這項提案把元老院變成極度熱烈的討論場所，許多議員採取反對的立場，其中一人說明了反對的理由：

二百五十年前的嚴格規定，是因為當時局勢不同，為了因應羅馬周邊情勢，所以只好加以改變。以前是在戰鬥，征服他國土地成為行省時，當地居民的敵意是值得擔憂的。不過，現在可是太平世界。

至於現在依妻子們的需求而賦予她們的權限，也不致大到破壞家庭；對外而言，也不致於造成與協助羅馬統治者（指的是行省人民或同盟國的君主）的關係惡化。

而且，人生中有很多事，是由夫妻共同處理的，不論是在戰時或太平時代，這是不變的真理。當然，如果言行舉止會對統治行省造成弊端，那勢必要加以限制。但是，丈夫辛苦一天下班回來，在家中等候的妻子以溫柔來安慰和鼓舞夫婿，難道這也須以法律來規定嗎？

的確，女人中也不乏野心勃勃、充滿物欲者。不過，難道男人就完全不是如此嗎？可是男人依舊被賦予統治行省的責任，而行省卻是到處充滿讓人變壞的誘惑之地。男人們從行省卸任回歸之後，如果被控訴有不法情事，輿論就會斷定這是受到妻子的不良影響所致。那麼，所有的單身男子都應該是廉正清白的囉？被告發的原總督們是否也都帶著自己的妻子前往派駐地區了呢？

男人是不是把怠忽職守的責任全都歸咎到女人身上呢？就算妻子們想要利用夫婿的地位和權力，這責任其實應該是在做丈夫的人身上。

「歐比司法」是依據當時的情勢所制定的法律，但是我們的羅馬法律，在時代改變後，已經有許多地方被遺忘，應該值得我們加以修改，使它更周全。符合時代的需求，才能發揮法律的功能。一兩名丈夫的管教不良，也不須因此就以法律來限制所有的人員。

原本女人就是易受影響的，要不就是虛榮心驅使，要不就嚮往其他女人掌握的權勢或財富。這種類型的女人，即使經常跟她們住在一起，也很難讓婚姻生活穩定。如果還賦予長年分居的義務的話，夫妻之間的關係簡直就是跟離婚無異。這麼一來，單身前往行省任職的丈夫心中，如果老是掛念在羅馬的妻子，恐怕就會將必須專注於統治行省的任務草率了事。

贊同這種看法的，包括擔任主席的執政官在內。「擔任公職者，不論地位有多麼崇高，都無法避開遠遊他鄉的公務之旅。神君奧古斯都也多次前往西方地區或東方地區，妻子莉薇亞經常隨侍在側。我自己也曾因軍務長年旅居依利利昆，無法回來，由於是軍務的關係，無法攜妻子同往，任期中我常掛念妻子，所以難以聚精會神，這的確是事實。」

投票的結果，提議禁止妻子同行前往派駐地區的法案遭到否決。

臺伯留對於元老院此時的審議結果，以委婉的說法表達心中不同的看法：正因為這是切身的問題，所以熱烈討論是無庸置喙的，但是希望大家認真研究的，是國事的相關問題，而不是這種事情。因為，元老院雖然在討論妻子是否可以同行時討論熱烈，但是在談到推選討伐入侵行省蠻族的司令官時，卻是沒有建設性的發言，議員們個個閃爍其辭，經過漫長討論的結果，竟然是將所有決定都交給臺伯留處理。

其實最讓人覺得好奇的是，當初提出嚴禁妻子同行法案者，竟然是日耳曼尼可斯屬下擔任低地日耳曼軍團司令官，後來人事調動、隨日耳曼尼可斯前往東方地區的武將凱奇納。從日耳曼尼可斯妻子阿古力琵娜愛出風頭的個性來思考的話，不難想像他為什麼會提出這項法案。對臺伯留而言，無論在家庭內或外，她都是造成臺伯留精神疲憊的最大因素。

西元二十七年，六十八歲的皇帝臺伯留終於將在他心中籌劃多年的想法付諸實行。他離開首都，隱居到拿坡里灣內的小島卡布里上。

隱居卡布里

光是看到海拔三百五十公尺懸崖上鑿岩而成的巨大儲水槽，經過二千年後，至今仍舊保存完好，就可以想見當時一定是經過完善的籌備才執行的。大理石等所有建材，都必須從拿坡里運出，經過三十公里的海路才能抵達。

雖然臺伯留是隱居（遠離世俗定居）到這裡來，卻不是退隱（停止主要的應酬交濟活動，過著寧靜的生活），也不是退休（離開現在的職位或地位），雖然臺伯留住在卡布里島上，仍然繼續統治羅馬帝國。我苦笑地想說，這叫做「離家出走」。

如果可稱之為「離家出走」的話，臺伯留可是有「前科」的。從他三十六歲起的七年之內，他就抛開地位和家庭，隱居到羅德斯島上。不過，那時候他真的是退隱，也是退休。而當時奧古斯都還健在。不過，在事隔三十三年後的第二次「離家出走」，他無法棄帝國的統治工作於不顧。就算日耳曼尼可斯的二名遺孤具備了統治的能力，但畢竟還是只有二十歲和十九歲的年紀。此外，臺伯留本身大概也還沒有放手的打算吧。他在六年前就曾經離開羅馬，居住在拿坡里近郊，遙控帝國的統治工作。他確立了從整個帝國各地收集情報和傳達命令的體系，還以書簡送達元老院要求認可的方式來統治帝國，這種作法持續了一年的時間，並且也有統治的績效。或許臺伯留因此產生了信心，相信自己的這種作法可以超過一年以上。我想，正因為他產生了信心，所以他在卡布里島上興建設備俱全、適合長期居住的官邸，拋開氣氛詭異的家庭，離開不認真國事的元老院，隱居卡布里島上。

歷史學家塔西圖斯批評臺伯留的第一點，就說他是個偽君子。但是，我認為塔西圖斯所說的偽善，是像在字典裡所解釋的表面佯裝成善人但壞事做盡之意；不過，我總覺得臺伯留是個想什麼就說什麼的人。有時候，臺伯留的缺點就是他這始終表裡如一的個性。

不管凱撒的施政如何獨裁，他一直居住在喧鬧的羅馬廣場官邸中。奧古斯都居住的地方是比凱撒住所安靜一點，從他帕拉提諾山丘上的官邸，不用五分鐘，就能走到元老院所在的羅馬廣場。無論是羅馬上流階級的女性或元老院議員們的素質，並沒有因為從前兩位的時代進入臺伯留時代，就突然從優秀變得低劣。人類無論在哪個時代，都不會嘗試去改正缺點的。前兩位非常了解人性如此，所以也沒有寄與厚望。

決定要隱居的臺伯留大概會認為，不論是在什麼地方，以什麼方式，只要帝國統治的成果卓越不就好了嗎？只不過，這不是負責政治的人的思考模式，而是官僚的思考模式。

偽善的英文"Hypocrisy"與義大利文的"Ipocrisia"，其實語源都是來自希臘文。為了讓各位能更了解語源，把希臘文寫成拉丁文的話，就是"Hypokrisia"。

換句話說，這個字的創造者是古希臘人，但是他們在創造這個字的時候，心中想到的，並不是只有日文字典中所說的表面善行。他們把偽善分為上等與下等，而日本字典中所說的偽善，是希臘人指的下等者。

希臘人心目中的上等偽善，指的是為了公共利益的表面偽裝。希臘的哲學家們甚至認為，這種偽善是政治家必要的手段。它不是必要的惡，而是具有積極意義的「惡」。

有趣的是，古希臘的政治家中，只有伯里克里斯(Pericles)一人實踐了這種說法，他表面上佯裝是民主政治，但實質上卻獨裁三十年。如果他堪稱希臘在這方面的代表的話，那麼表面上佯裝共和政治、卻當了四十年皇帝的奧古斯都應該就是羅馬的代表了。更有趣的是，在二千五百年前至今的古代政治史中，這兩個人所獲得的評價比任何人都高。人們只要能感覺自己握有主權就心滿意足了，至於主權的行使與否，倒也未必真的很在意，只有在結果不佳的情況下，才會開口埋怨。

臺伯留的缺點，就是他的性格中沒有區分上等下等，無法偽善行事。希臘文中偽善這個字眼，來自於舞臺上演員的演技。換句話說，偽善就是一種表演。說得更通俗一點，就是擺擺樣子。無論公私，再也沒有比臺伯留的演技更糟糕的人了。他這種個性最戲劇化的表徵，就是隱居卡布里。也正因為如此，在西歐，由於長期受到塔西圖斯對臺伯留所下惡評的影響，直到一千六百年以後，才有沃特站出來為臺伯留辯護，也開始有羅馬史的研究權威毛姆森等較多的研究人員挺身為臺伯留翻案。但是這一群人也都一致認為，隱居卡布里是臺伯留犯下的致命錯誤。所謂政治，就是官僚式思維中，會被認為是不可能的「技巧」。大家不妨想像美國總統隱居到聯邦領海內的某個小島上統治美國聯邦和全世界的情況，第一個唱反調的一定是傳媒。就算塔西圖斯等歷史學家不是大眾傳播，但已經是當時的媒體了。

臺伯留這種個性最是惹塔西圖斯厭惡，因為他在隱居卡布里時，也沒有告訴家中任何一個人，更沒有向元老院宣布，只說他要出席設在先皇奧古斯都去世之地諾拉的神殿祭典，之後就離開了羅馬。誰也沒有想到，臺伯留會這麼一去，就十年內都不再回到首都。

如果不把臺伯留的舉動當成「退休」，只當作「離家出走」的話就很容易了解了。要離家出走的人，是不會事前告知的。

不知情的元老院議員和公民們都認為，臺伯留在神殿祭典結束後仍舊沒有回來，一定是打算在氣候溫暖的卡布里稍作休養後才要返回首都。他們不認為臺伯留放棄了統治，而且外在環境也不允許他放棄；而且他們也深信，不在首都就不能統治帝國，這是毋庸置疑的。

元老院的議員們至少還了解，要統治帝國，情報的收集是不可或缺的，而最適合收集情報的，就是號稱「全球首都」的羅馬。但是他們並不了解，情報收集的重要性不在速度的絕對性，而是早人一步獲得情報，依據所獲得的情報早人一步做出判斷，然後早人一步發布指令。情報收集的重要性與情報的速度應該是相對的考量，而不是絕對的關係。帝國邊境上捎來的報告，利用奧古斯都時代開發的公營郵政系統（其實就是在高速公路化的羅馬街道上不停地更替快馬傳遞）還得花上十天的時間。走海路的話，雖然容易受到海風的自然現象左右，但是如果順風的話，從埃及的亞歷山大到拿坡里灣的軍港米塞諾，只要九天的時間。在科學發達的現代，情報當然是即時可得，但是處理對策遲而未決，往往都是掌握情報者的問題，這是歷史的教訓。所以，只要情報收集和命令傳達系統能夠確立的話，理論上，無論身在何處，都應該可以善加利用。

在臺伯留隱居卡布里島之後，發生過兩件大事，而臺伯留對於事件處理之迅速與適切，真讓人只能讚美他的本事。

從羅馬沿著薩拉里亞大道往北十公里處有個小鎮，叫做菲德尼，在這裡發生了五千人死傷的悲劇。原因是小鎮中舉辦鬥劍比賽，不是為了選舉造勢，而是以營利為目的，結果木造的觀眾席竟然倒塌。原本場地只可以容納一萬人的，卻擠進了兩倍的人數。臺伯留厭惡鬥劍比賽，所以不再贊助；政府高官的選舉也從公民大會改到由元老院的議員互選，所以舉辦比試的目的也不再是選舉的造勢活動，這樣的情形已持續了十年。鬥劍比賽的那一天，渴望看到比賽的百姓們把場地擠得水泄不通。塔西圖斯說死傷人數在五萬之譜，但是中世紀抄本中數字的誤寫極多，最好減一個零，會比較接近事實。更何況，從菲德尼這個小鎮的規模來看，也沒有地方可以興建容納五萬人以上的龐大圓形競技場。可以容納的人數，應在一萬名左右。觀眾席倒塌的原因，除了擠進超過可容納人數的觀眾之外，主辦單位捨不得多花一點建設經費，也是原因之一。

得知事件的臺伯留早就下達指令，動員首都羅馬和鄰近城鎮的所有醫師前往治療傷者。他同時下達命令，要菲德尼以及鄰近所有城鎮的百姓家庭收留傷患。死者的喪葬費用也決定由公庫支出。臺伯留捎了一封信給元老院，要求通過下列兩項決議，也就是要求元老院立法：

一、鬥劍比賽主辦者的資格，規定須擁有四十萬塞斯泰契斯以上的財產。

二、觀眾席可以木造，但是建造地基時必須徹底整建，如果被認為整建的不夠徹底，則不許搭設觀眾席。

那一次比賽的主辦人，被判處放逐之刑。

當這事故的記憶猶新時，首都羅馬七座山丘之一的卻里歐就因為火災而燒得精光。這山丘上幾乎沒有公共建築，所以燒掉的全是人民的住宅。臺伯留知情後，立刻發放救援金，首都的居民們也效法皇帝，紛紛伸出救援之手，幫助受災者早日重建家園。這次並沒有採行免稅措施，因為受災者是羅馬公民權的所有人，他們原本就沒有被課徵直接稅。還好臺伯留及早因應，所以一開始批評皇帝不在首都的聲浪不久後就消弭，而元老院甚至還通過決議，要對臺伯留迅速而正確的處置表示感謝。

不過，不論處理得多麼迅速而正確，人們是不會因此而滿足的。居住在首都羅馬的百姓開始覺得，他們是被長期不在首都的臺伯留給拋棄了。元老院除了不滿之外，更覺得受到屈辱。臺伯留送來書簡，要求通過，這只代表元老院的權威完全失落。已經厭倦以「第一公民」的身份來執政的臺伯留決定，他不僅要做凌駕公民和元老院之上、奧古斯都一般的「實質」皇帝，就連「名份」上也要以皇帝的身份來統治。而且，即使他不在首都卻仍能治理國家，而且治理得愈好，就愈能證明元老院原本的存在價值已經喪失。再也沒有比自覺到自身的無力感更屈辱的事情了。於是，百姓和元老院的議員們各自有了他們的理由，對臺伯留的感覺也愈來愈惡劣。無論是誰，人總覺得被耳提面命會比被遙控好。但是，年事已經七十的臺伯留似乎一點也不在乎人心的轉變，因為他的個性本來就不受輿論動向的影響。

為了要維持與住在首都一樣的舒適生活，除了必要的佣人之外，只有不到十名的朋友與臺伯留一同前往卡布里島，其中並沒有任何女子以情人的身份或是友人妻子的立場隨行。元老院的議員也只有一名。這群人的組合僅有一個共通點，就是他們都精通臺伯留喜愛的天文學和希臘文學，卻沒有一個人可以和臺伯留商量政治或軍事。這一行人彷彿就像是遠離工作，在週末的鄉村裡圍著餐桌的一群人。這些人當中，也有臺伯留退隱羅德斯島時隨行前往者，應該可以算是臺伯留難得的至友吧。

如果您曾經從南方海面眺望座落於卡布里島東方懸崖上的別墅，您會不會想起羅德斯島中部林德斯懸崖上的神殿呢？這座神殿以純白的大理石打造，正下方是湛藍的海洋，可以說是希臘人審美觀的結晶。當然，今日羅德斯島

卡布里島上的約維斯別墅

上的神殿和卡布里島上的皇帝別墅都只剩下遺蹟，我們只能憑想像力在腦子裡還原它們，想見它們的壯麗。我想，臺伯留在羅德斯島上住了七年，他或許也想在卡布里島上住在相同感覺的房子裡吧？羅德斯島的神殿是神的住所，而卡布里島的別墅則是皇帝的住處。臺伯留對於可能神化的事情一向推拒，幾乎到了神經質的地步，但是一談到居住問題，那可是另當別論了。當我造訪林德斯的希臘神殿時，覺得要是能住在這裡，一定挺不錯的；而我每次來到卡布里島上的皇帝別墅時，心裡也是同樣的感想。臺伯留即使離家出走，選擇隱居地點的眼光倒是一流。不論是羅德斯島或卡布里島，在地中海上的眾多島嶼裡頭，它們的氣候最是溫暖，物產也最為豐富，周遭景緻之美，更是出類拔萃。更何況，他也不需要忍受住在鄉下的不便，因為住處的設備完善，足夠享受相當於首都羅馬官邸中的舒適生活。

我把這一番話告訴一名義大利人之後，他問我臺伯留是不是想當神，我很明確地回答說：「不是！」神殿是拜神的地方，不是入浴或按摩的所在，也不是用來品嚐葡萄酒、享受盛宴的，對於多神教的古代人而言，差異顯而易見。不過，希臘人是有美景的地方就蓋神殿，而羅馬人則熱衷於在風光明媚之處蓋別墅，讓難逃一死的凡人享受現世的生活，這兩者的差異，實在令人莞爾。臺伯留雖然喜歡希臘文學，可是他仍舊是個典型的羅馬人。

造訪林德斯的古城遺蹟時，我可是坐在驢子背上，走過碎石散亂的蜿蜒鄉村小道，一路搖搖晃晃地，好不容易才到達的。來回卡布里島的皇帝別墅，臺伯留靠的是什麼？騎在驢背上搖來晃去是農民的習慣，上流的羅馬人是不興此道的。莫非是坐在轎子裡，讓壯碩的奴隸扛著來往呢？臺伯留隱居卡布里島後，並不是一直躲在那裡，他還經常離開島上，到附近各處停留，就是沒有回去羅馬。卡布里雖然氣候溫暖，但是到了隆冬時，仍舊是相當的寒冷。

當我心裡想著這些事情的時候，正巧唸到一本研究書籍，是德歐朵．莫姆善所寫的《從凱撒到戴克里先的羅馬行省》（*Die Provinzen von Caesar bis Diocletian*）。書中記載，在希臘的奧林匹亞競技賽中第一個獲得優勝的羅馬人，就是臺伯留。換算成西元的話，那是西元後一年的事情，也是每四年一次的奧林匹亞競技賽第一九五次舉行。每一次的奧林匹亞競技賽中，各項比賽的優勝者姓名都會被記錄下來，而書中記載著臺伯留．克勞狄斯．尼祿，也就是臺伯留在成為奧古斯都養子之前的本名。而且，西元一年正好是臺伯留隱居羅德斯島的時期。羅馬方面沒有記錄，那麼他一定是以隱居中的個人身份參加的。他參加的項目是四匹馬的戰車競馳，這跟電影《賓漢》中唯一震撼的場景情況相同。這是臺伯留四十一歲那一年夏天的事。

如果真是如此，那麼傳說中他高人一等的身材，寬厚的胸肩，壯碩而勻稱的體格，銳利的眼光加上極佳的視力，還有出生後就不曾生病等等，都愈來愈讓人覺得可信。羅馬人一般都將葡萄酒摻入水或熱水飲用，而傳說中的臺伯留可是什麼都不加，而且還喝得很多，這或許是因為體力上的過人之處吧，更何況他又是羅馬人。從停船碼頭通往蓋在海拔三百公尺懸崖上別墅的路徑，他也絕計不會讓它一直保持碎石散亂、雨天就不能通行的鄉村小道，即使蜿蜒曲折，他一定把整條路鋪設完成。也說不定，七十多歲的臺伯留還是靠著自己的雙腳上下山的呢。因為我只要換上慢跑鞋，一樣可以跑上跑下的。

臺伯留雖然已經確保了舒適的住所與能夠享受知性談話的環境，但是他畢竟不是一個凡人，而是皇帝，是公眾人物。要徹底地完成公務，就要許多的「左右手」。不過，這些「左右手」們就因為比別人優異，所以很可能就會有一個缺點，就是他們的野心和他們的才華成正比。而且，任務愈重要，接受任務委託者所能行使的權力也就愈大。隱居卡布里島後，臺伯留的頭號「左右手」，就是近衛軍團的長官賽亞努斯。

賽亞努斯

路其斯．優里斯．賽亞努斯並不是羅馬社會中的第一階級「元老院階級」，而是第二階級「騎士階級」的出身。長住首都羅馬的「騎士階級」往往都是財經界的重要人物，屬於富裕階層，但是賽亞努斯卻屬於義大利眾多地方出身的「騎士階級」，算是羅馬社會中的中等地位。由於凱撒和奧古斯都持續推行起用「騎士階級」出身者，所以賽亞努斯的父親後來還晉升到唯一設置在義大利境內的「近衛軍團」的長官位置。西元十四年，奧古斯都去世，臺伯留繼承皇位，臺伯留隨即拔擢賽亞努斯，讓他與父親同樣官拜近衛軍團長官。隔年，他的父親升格為埃及長官，前往亞歷山大任職，於是臺伯留任命賽亞努斯一人為近衛軍團長官。以三十四歲的年紀就擔任這項職務，可說是首開先例。要成為聰明的「左右手」，還要具備多思考不插嘴的觀察能力。賽亞努斯這方面的才華，似乎也有過人之處。

臺伯留「離家出走」後，由於女主人莉薇亞也已經是八十多歲高齡，而臺伯留又沒有妻室，所以皇帝一家的主導權由邁入四十的阿古力琵娜掌權自是理所當然的事。偏偏阿古力琵娜不僅自許為流有帝國創始者奧古斯都血液的嫡生孫女，認定沒有血緣關係的臺伯留是皇位的篡奪者，並且還對臺伯留指使皮索毒害夫婿日耳曼尼可斯一事深信不疑。更糟糕的是，這個女人不懂得等候時機。

歷史學家塔西圖斯認為，臺伯留在隱居卡布里島後，命令賽亞努斯帶頭掃蕩「阿古力琵娜派」，是發自於內心對媳婦的憎恨。不過，大多數的現代研究學者倒是傾向阿古力琵娜與仍舊信奉「日耳曼尼可斯神話」的萊茵河日耳曼軍團聯繫，進而準備發動反臺伯留政變的說法。我認為兩者都算對。在穩固羅馬帝國的大目標之下，從臺伯留重視各司其職的人生哲學中來考量的話，再也沒有比動不動就拿奧古斯都的血緣關係大作文章、只知道出風頭的女人更令人厭煩的了。臺伯留被奧古斯都強迫，與他的獨生女尤莉亞結婚，而尤莉亞就是阿古力琵娜的母親，兩個人的婚姻之所以沒有維持多久，就是因為臺伯留受不了這類型的女子所致。

近衛軍團九千士兵的任務，是維護羅馬帝國本國義大利和帝國首都羅馬的秩序。皇帝的護衛，從凱撒時代起，就由萊茵河以西日耳曼出身的日耳曼兵擔任，如今已成為慣例，所以也不需要由近衛軍團來負責。以維護社會公正與秩序為責任的話，就接近今日日本備有機動小組的「治安廳」。這個機關的最高負責人，就是賽亞努斯。在臺伯留隱居卡布里島時，他在這個職位上，已經有十二個年頭了。或許賽亞努斯已經在等候被任命為埃及行省的長官，這是出身「騎士階級」能夠爬到的最高地位，他的父親已經做到了。但是，臺伯留的人才運用方針，除了實力主義之外，還有知人善用。他任命居住在埃及的猶太人擔任埃及長官，但卻沒有調動賽亞努斯的近衛軍團長官職務。

羅馬人畢竟是法治體系的創始人，賽亞努斯能夠使用的「武器」，除了類似機動小組的近衛軍團九千士兵之外，還有更厲害的「國家叛亂罪法」與「通姦罪法」兩項。

國家是公民的共同體，「國家叛亂罪法」制定的目的，就是要懲罰破壞國家安全與秩序者，這是從共和時代就存在的法律。這條法律最著名的審判案例，是西元前六十三年，哲學家西塞羅擔任檢察官，凱撒負責辯護的加帝藍審判事件。到了帝王政治的時候，奧古斯都修改了這條法律，冠上改訂者姓名，稱為「朱利斯國家叛亂罪法」，內容除了對「公民共同體的國家」之外，對「公民共同體的國家之長」，也就是被稱為「第一公民」的皇帝安全造成威脅者，可以適用這條「國家叛亂罪法」。無庸置疑，西元前四十四年凱撒遭人暗殺是修改這條法律的真正起因。「朱利斯國家叛亂罪法」在經過修訂之後，意圖暗殺皇帝者就等於意圖破壞國家，而這條法律與同為奧古斯都制定的「通姦罪法」就成了皇帝勢力對付反對派的強大「武器」。我們不能忘了，羅馬是個法治國家，在這個國家裡，要排除政敵，所使用的主要武器就是「法律」。如果被認定有罪，那麼國家叛亂罪會被處以死刑，而通姦罪則是放逐之刑。

既然是他立的法，在奧古斯都時代自然不乏適用這兩條法律的案例。皇帝的獨生女和孫女因通姦罪被放逐，而當時在任的執政官幕雷納則因國家叛亂罪被處死。幕雷納的罪名是意圖暗殺奧古斯都。

古羅馬司法的特色，在於沒有設置檢察官的公職。雖然有辯護人，但是檢察官要由告發的當事人自行擔任。在共和時代中最著名的律師西塞羅雖然為人辯護，但是真正使他成為法院之星的，是他告發他人時的活躍模樣。而且，當蘇拉擔任獨裁官之後，就認可告發者的權利，只要他勝訴，他就可以獲得被判有罪的被告四分之一的財產，當作像是原告給與的報酬。

我也贊同塔西圖斯等史學家們批評這種制度，使得人們可能為了報酬而隨便告發他人。但是，完全沒有使用這種制度的，只有凱撒一人，而奧古斯都也沒有廢除。臺伯留在眾人面前說道，奧古斯都的一言一行都是他的法律，所以他自然也承接了這個體制。臺伯留所作的「修改」，是讓人可以檢舉告發者的違法情事，藉以防範沒有證據卻隨便告發的弊端。但是，這種作法往往容易變成收爛攤，以前著名的西比奧審判（請參閱第II冊第第七章的〈西比奧審判〉），就證明了司法容易被利用來排除政敵的事實。

賽亞努斯的能力，的確適任警察性質的工作，一點也沒有辜負臺伯留的賞識。他深知臺伯留厭惡沒有證據就隨意告發他人，所以盡全力去鞏固證據。因此，他最擅長使用的伎倆，就是請君入甕。用最親暱的方式使人放心，當他人敞開心胸、吐露心事時，就叫僕人隔牆偷聽，然後讓這個僕人出庭擔任證人。他還為了讓眾人對原告這方人馬的可信賴度留下深刻的印象，往往使元老院議員參與告發。

在這樣的安排下，阿古力琵娜身邊的人，紛紛因國家叛亂罪或通姦罪而遭到排除。羅馬的上層階級人人自危，風聲鶴唳，甚至連自己的僕人也都不敢相信了。

之後，賽亞努斯又成功地離間阿古力琵娜的長子尼祿．凱撒和次子杜魯斯．凱撒，他用的餌，就是臺伯留死後的皇位繼承權。思想膚淺、只知沉溺於首都羅馬繁華社交圈的二十出頭小夥子，要讓他們倆產生敵對的心態，實在是輕而易舉。

同一時期，臺伯留仍在卡布里島上注意維護帝國的安全，執行他的任務。

居住在萊茵河下游東岸一帶，也就是羅馬霸權未及地區的日耳曼民族之一，揭竿而起要抗拒羅馬霸權。或許您會覺得奇怪，他們既然不是在羅馬霸權之下，為什麼要造反呢？其實這也是臺伯留對付日耳曼民族的方法之一，跟羅馬軍用動物皮革的買賣有關。問題肇端於商業理由，但是日耳曼人原本就對臺伯留規定不得居住在萊茵河東岸的帶狀無人地區有許多的不滿。低地日耳曼軍團出動鎮壓，雙方交戰激烈，最後雖然是羅馬方面獲勝，但是也折損了九百名士兵。

臺伯留下令，禁止任何以替這九百名士兵復仇為名的東進軍事活動，因為他根本沒有打算改變堅守萊茵河防禦線的戰略。

不過，駐守萊茵河的軍團士兵中，還有很多人相信，要不是日耳曼尼可斯被臺伯留調往東方地區，而能一直擔任駐守萊茵河八個軍團的總司令官的話，羅馬早就全面征服日耳曼地區了。也有許多研究學者認為，阿古力琵娜和她的長子尼祿·凱撒向這些官兵們伸出了拉攏的雙手。不過這是沒有史料足以證明下，歷史研究學者依推理而做出來的假設。被摒除在外的阿古力琵娜心中充滿憤怒和憎惡，這倒是不難想像。連百年後塔西圖斯都批評此時臺伯留竟然沒有舉兵討回這九百名士兵的血債，想見當時的軍團士兵們忿恨難消，自然也不在話下。因為防禦往往比攻擊更令人難以有好評。

這事件後不滿一年的西元二十九年，莉薇亞去世，享年八十五歲。而臺伯留隱居卡布里也已經有兩個年頭了。

這下子連百姓們也相信，臺伯留一定會回來。因為莉薇亞不僅是臺伯留的親生母親，更是先皇奧古斯都之妻。身兼兒子和皇帝的身份，臺伯留於公於私，都理應負責一切喪事的發落。

但是，臺伯留只從卡布里島上寄了一封信給元老院，要求故人的喪禮應簡單節約，也盡可能減少謚號的贈與，更休提神化，其母絕不樂見，所以萬萬不可。至於葬禮時親族代表的致弔辭，信中說明要十七歲的蓋烏斯宣讀。以綽號卡利古拉而聞名的蓋烏斯是阿古力琵娜的三男，也是英才早逝的親生兒子杜魯斯之孫，對已故的莉薇亞而言，就是她的曾孫。這封信的最後寫到，由於國事繁多，不容放手，以此作為缺席母親喪禮的理由。

的確，凱撒與奧古斯都不但沒有出席自己母親的喪禮，甚至在她們過世時還不在左近。不過，凱撒剛好是在高盧戰役中，而奧古斯都也身在號稱屋大維時代的內亂之中。國事的所有重責大任的確是在臺伯留的雙肩上，但是在卡布里島上過著太平日子的臺伯留可不能與前兩位相比擬。更何況，從卡布里到羅馬趕路的話，只要一天就到了。

仔細想想，喪禮其實為的不是死者，而是生者，所以對於真正深陷於悲痛之中的人而言，出席喪禮是件苦事。禮貌上回應他人慰藉的話語就已經夠叫人難受了，有時不僅想要大聲吶喊，叫大家別來多事，痛苦只得等到喪禮結束之後才會告一段落。或許，臺伯留就一個人在卡布里島上，眺望著眼前寬廣的蔚藍大海，悼念母親的去世。所謂的國事繁忙，任誰都知道是藉口。

不過，世間的反應，往往不會體會到個人感情的深處。從元老院到一般百姓，都一致認為臺伯留是個連對自己母親都極為薄情的人。只要展現自己有多麼關愛自己的母親，那麼幾乎所有的缺點都可以被原諒，這是古今中外恆久不變的人性常情。臺伯留不被他人了解，而他也沒想到要去了解他人。我同意幾位研究學者的論調，認為要維持帝國的安定，就必須毀滅阿古力琵娜派。但是，如果換成是我來執行的話，我可能會把掃蕩的執行時間再往後延。臺伯留雖有超群的軍事長才，但是在擬定策略的才華上，可就遠遠不及凱撒及奧古斯都了。

掃蕩阿古力琵娜派

莉薇亞的葬禮之後沒多久，依照慣例，臺伯留從卡布里寄到元老院的書信在元老院的議場中被宣讀出來。信中沒有提到阿古力琵娜與長子尼祿．凱撒計畫政變的事情，只說阿古力琵娜對他無法改變的敵意，以及年已二十三歲的尼祿．凱撒仍是過著放蕩的日子，尤其對尼祿喜好美少年的癖好喟嘆不已。臺伯留並沒有要求元老院審議這封信的內容，這只是一封抱怨的信件而已。

但是，元老院的議員們一語不發地聆聽完皇帝信件。任誰都了解這封信的真正意涵。皇族內的皇位之爭，終於浮上檯面，而這封信正表明了臺伯留要摧毀日耳曼尼可斯家族的意圖。

宣讀完後，一時間沒有人發言。後來終於有幾位議員提議，將這封信提為議題，不過卻沒有獲得太多人的同意。反對者之一說道，臺伯留言辭批判固然是明確的事實，但是信中並沒有說明臺伯留對我等有何要求。臺伯留派的一名議員也發言道，不妨日後再加入議程，或許其間皇帝的心意會有所轉變。元老院大多數人都傾向這個意見，決定日後再行審議。

得知這件事情的群眾聚集到元老院的議場來，圍著議場異口同聲地說，臺伯留批評日耳曼尼可斯一家人並非皇帝的真意，而群情譁然。身在卡布里的皇帝之所以會這麼認為，是因為近衛軍團長官賽亞努斯挑撥所致。此時群眾的憤怒，不是朝向臺伯留，而是向賽亞努斯爆發。在參加抗議的民眾之中，許多人扛著阿古力琵娜和尼祿的雕像，高喊不准任何人動他倆一根汗毛。這群人聚集在議會前，寸步也不肯移動。

臺伯留在接獲報告之後，立即又送了一封信給元老院，信中說道對元老院施加壓力的暴徒行徑絕對不能寬貸，將頒布皇帝敕令以禁止示威活動。接著又再次批評阿古力琵娜母子，也嚴詞責怪元老院想避開進行適切處理的任務，傷害到了皇帝的威權。

民眾的示威氣勢在毫不退讓的臺伯留態度之前煙消雲散，元老院也只好開始審議。國家重大案件的審判也是元老院的工作之一，所以元老院此時就變成了法院。在擔任陪審團的元老院議員們面前，臺伯留那名忠實又有能力的「左右手」賽亞努斯也許提出了許多的證據吧。

我之所以只寫「也許」，是因為皇帝臺伯留的相關史書中最詳細的一本——塔西圖斯著作的《編年史》，其中西元二十九年中到三十一年底的記載，在中世紀的時候喪失殆盡；而塔西圖斯以外的歷史學家們卻沒有記載這段審判的過程。不過，我們還是可以想像由元老院議員組成的檢方也好，辯護方也罷，控訴理由的說明和反論的情況一定相當熱烈，因為，除了皇帝臺伯留的殷切盼望之外，看看其他國家叛亂罪的審判案例，場場都是原告被告雙方依循法律、你來我往地熱烈辯論。審判皮索時也花費了極長的時間，審判阿古力琵娜母子時，勢必也有相當的考量。不過，這兩個案例有著天壤之別；後者在皇帝頒發勅令禁止示威活動後，就再也沒有外在的壓力了；而且，臺伯留的態度從一開始就擺明是原告。

西元二十九年底，阿古力琵娜母子確定有罪，阿古力琵娜流放旁德塔利亞島（現在的芬多帖拿），尼祿．凱撒則是流放蓬提亞島（現在的蓬薩）。由於他們犯的是擾亂國家安定之罪，所以兩人都被列為「國家之敵」。沒有被處以死刑，我想是因為他們只有反國家行徑的陰謀計畫，還沒有辦法證明他們要和日耳曼軍團相呼應，繼而採取具體行動。在古羅馬的審判中，這兩項的差異經常引發熱烈的討論。史上著名的加帝藍審判，無論是否有具體行動，都可以適用國家叛亂罪的罰則加以處死，當時三十七歲的朱利斯．凱撒就對此表達強烈的反對。至於主張死刑，甚至利用執政官的權力加以執行的西塞羅，在往後長久的日子裡，都得面對別人對於這種處置方式的批判。阿古力琵娜母子雖然沒有具體行動，但是的確在進行陰謀，所以我認為，流放應該是相當恰當的判決。因為，就如同凱撒在加帝藍審判中主張的一般，危險份子只要一個個加以從社會中隔離，就能趁它還是幼苗的時候清除乾淨。

但是，人民對於這樣的判決非常不滿。雖然沒有示威抗議，但是不關心法院辯論過程的尋常老百姓只認為，這次的審判是臺伯留厭惡親人的結果。公公彈劾自己的媳婦和孫子，這對相信家庭才是社會健全之基石的羅馬人而言，實在是令他們愁眉深鎖的一件事。

我想，臺伯留本人可能對這個審判結果相當滿意吧。因為，母子兩人流放的島嶼上，臺伯留早已叫人設置相當規模的儲水設備，儘管比不上卡布里別墅。阿古力琵娜流放的芬多帖拿島，以前是她的祖父奧古斯都流放阿古力琵娜的母親尤莉亞的地方，所以儲水設備就是從那時候留下來的，而臺伯留將它整建得更有規模。雖然遺蹟早已沉入海中了，但是其設備之完美足以讓人興嘆，唯有羅馬人才想得到也才做得到。

或許隱居在卡布里的臺伯留心裡也想著，連我都在島上生活了，其他人能有什麼怨言。因為，芬多帖拿島和蓬薩島也不是海上的孤島，從東方往西北西，卡布里、依斯基亞、芬多帖拿和蓬薩，是海上島和島之間距離約三十公里的一列島嶼。不過，就算不須擔心用水問題，四座島嶼居住的舒適度依然不同。

目前芬多帖拿和蓬薩也以卡布里和依斯基亞為目標，致力開發為觀光地點，然而島上的飯店都還停留在青年旅館級，原因是其正面受北風吹襲，景觀也比較單調，只能吸引純粹喜歡自然原始之風的人。景觀之所以美，是由於視線中有東西阻礙，才會形成絕景，但是如果只是被茫茫的一片大海環

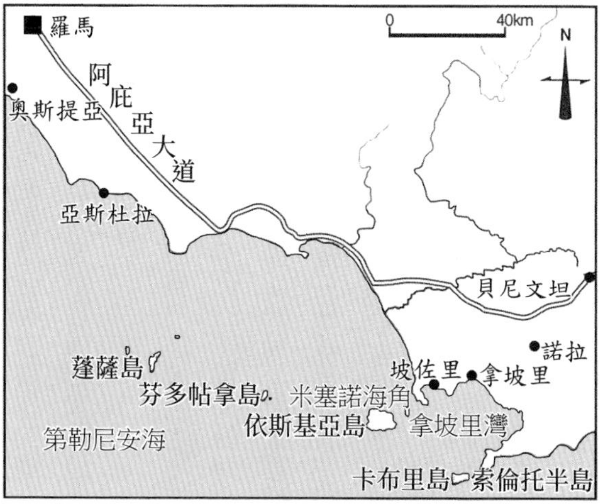

四島圖

繞，這只能說是單純地接觸到自然而已。依斯基亞最吸引人的地方是有溫泉湧出，要說到景觀之美，尚無法與卡布里匹敵。拿坡里灣左邊是米塞諾海角，右邊是索倫托半島，在這兩邊的屏障之下，拿坡里灣中卡布里島上的北風也變得柔和，再加上百看不厭的美景，讓卡布里島兩千年來都是地中海首屈一指的休閒勝地。當我造訪芬多帖拿島時，也覺得這是個滿適合專心寫作的地方，但是如果要我選擇它或卡布里島，我一定毫不猶豫地選擇卡布里。畢竟，自主性隱居和被迫流放之間，還是有差異的。

西元三〇年，當前一年底確定流放的阿古力琵娜和長子尼祿·凱撒都各自前往流放地之後，賽亞努斯收集證據的魔手，便伸向了次子杜魯斯·凱撒。不知是不是因為不合的哥哥失勢而興高采烈，抑或是因為二十二歲容易粗心大意，才讓賽亞努斯可以趁機利用杜魯斯的妻子蒐集證據。而依據賽亞努斯收集的證據，以國家叛亂罪告發杜魯斯·凱撒的，是當年兩名任職執政官中的一人。元老院判決有罪，杜魯斯也被列為國家之敵。這次既不是死刑，也不是隔離到某處的島嶼上，而是幽禁在帕拉提諾山丘上皇宮內的地下室。掃蕩阿古力琵娜勢力的動作仍然持續進行，但是竟然沒有任何人遭到處死。就連挑明了反臺伯留的阿及尼斯·葛斯也在被判有罪後，只被幽禁在執政官的官邸裡。同一年，流放蓬薩的長子尼祿·凱撒去世，有人傳說是由於他不服從警衛而遭殺害，也有人說他是因為絕望而自殺的。

帶頭進行掃蕩阿古力琵娜派勢力的賽亞努斯，在這一年，權勢似乎已經到了顛峰。隔年的西元三十一年，他就與臺伯留雙雙擔任執政官。自從臺伯留當上皇帝以後，只要他親自擔任執政官，而與他同事者，就有特別的意義。因為唯有在有必要提升他認定的接班人權威時，臺伯留才會出任執政官。西元十七年時的養子日耳曼尼可斯，以及西元二十一年日耳曼尼可斯死後晉升為繼承人的親生兒子杜魯斯，臺伯留都跟他們同時出任執政官。事隔九年之後，他再度與賽亞努斯同時出任執政官，這也難怪野心家賽亞努斯得意到了極點。

賽亞努斯滅亡

歷史學家塔西圖斯總愛批評臺伯留，說他的所作所為雖然無可厚非，但是辦事手段太過陰險。塔西圖斯指的是臺伯留肅清賽亞努斯並沒有錯，但是執行的過程就很狡詐。

話說回來，除了陰險之外，其他還能有什麼方法呢？對手可是個五十歲的壯年之人，而且擔任近衛軍團長官長達十五年之久。臺伯留雖然是全羅馬最高司令官，但是士兵最直接的服從對象不是他，而是他們的直屬司令官。跟這個指揮九千精銳已長達十五年的人物相比，皇帝就算是他的上司，但是身邊也只有極少數負責護衛的日耳曼兵。要是賽亞努斯得知臺伯留的動靜，那麼這個連要塞都算不上的卡布里島可真的是無從防禦。所以，臺伯留的行事勢必要謹慎而周延。我認為，臺伯留要摧毀賽亞努斯的作戰計畫，就是從他與賽亞努斯同時出任執政官的時候開始。

為什麼臺伯留大力拔擢賽亞努斯，如此重用他，卻又想要毀了他呢？

研究學者中，有些人做了以下的解釋。他們認為，臺伯留是要向世人昭告，掃蕩阿古力琵娜勢力是賽亞努斯獨斷決行的，跟隱居在卡布里的自己毫無關連。

我無法同意這種說法，因為，審判阿古力琵娜母子，就是從臺伯留的抨擊開始的，而且臺伯留也不在乎別人怎麼想，絲毫不隱瞞他對這對母子的不滿情緒。對臺伯留而言，賽亞努斯不過是收集證據時必要的「左右手」而已。如果他一開始就決定要在事後裝出一副不知情的模樣，又怎麼會不斷重複地從正面抨擊他們呢？

還有一部份的學者持以下的論調：因為對臺伯留的一些動作感到擔憂的賽亞努斯，除了花錢收買他的近衛軍團士兵之外，甚至也收買了消防隊員，想要拉攏他們。

似乎真的有這麼一回事，但這是賽亞努斯在東窗事發前不久才採取的行動。就像被塔西圖斯批評為陰險一樣，臺伯留的個性原本就很小心謹慎，要除掉他的接班人賽亞努斯，也決計不會是在一朝一夕之間作成的決定。一旦對方慌慌張張地開始做一些自尋死路的傻事時，臺伯留自然也就借題發揮了吧。

大多數的羅馬史專家們都主張下列的說法：臺伯留對賽亞努斯的野心感到惶恐，因此決定將他格殺。

或許是吧。只不過，我認為這是臺伯留對外的理由，他心中想的應該另有其事，也就是說，賽亞努斯的野心與臺伯留的貴族氣質相牴觸。

「朱利斯・凱撒是個會針對對象而改變說話方式的人。當面對元老院的議員們時，他就用適合這些人的語言，而當他面對的是士兵們的時候，他就選擇適合士兵們的說法。可能就連對女性，他也有因人而異的用詞吧。」這是小說《凱撒先生的事業》（*Die Geschäfte des Herrn Julius Caesar*）的作者貝處特・布雷比特的描述。不論什麼時候，凱撒永遠是凱撒。這種評語，不是來自於歷史學家，而是作家才會有的看法。不過，也只有「永遠是自己」，才能夠真正表現出貴族的氣質。臺伯留同樣也具備了這種貴族氣質，只可惜臺伯留天生沒有「見人說人話」的這種「技藝」，因為他實在是個不擅演戲的人。不過，正因為他確信自己的絕對優勢，從出身、成長以至於他原有的性格，都讓他具備了貴族的氣質。

然而，具備貴族的氣質與重視他人實力並且善用之，這兩件事並不矛盾，這就類似「見人說人話」的道理。起用人才是因為要他作為自己的「左右手」所以才起用，而不是要站在他人的立場替人考慮。換言之，拔擢人才是在為了實現自己的想法，那個人因而得到不錯的利益，也不過就是湊巧獲得報酬的結果罷了。

有這種觀念的人，是絕對不容許他拔擢起來當作「左右手」的人翻身想當「頭腦」的。就算自己可以降格跟他同事，但是絕對不允許他爬到自己的位置上來。

之所以會把賽亞努斯擺在身邊長達十五年之久，是因為他是個有能力又忠實的「左右手」，臺伯留一定不曾想過提拔賽亞努斯作為繼承人。賽亞努斯大概也不了解臺伯留真正的心意吧。

賽亞努斯的野心超越了「左右手」的第一個徵兆，要追溯到五年以前。那一年，賽亞努斯向當時仍在首都的臺伯留提出要求，希望臺伯留答應他跟二年前去世的親生兒子杜魯斯的遺孀莉薇亞成親。莉薇亞是日耳曼尼可斯的妹妹，所以相當於臺伯留的姪女，再加上她又是臺伯留親生兒子的妻室，所以是親上加親的皇族女子。一旦答應了賽亞努斯娶莉薇亞為妻的話，就表示要把賽亞努斯當作是皇族一員的意思。

臺伯留對此不置可否，他讓賽亞努斯永遠抱著希望。我認為，西元二十五年的臺伯留可能已經在醞釀隱居卡布里的事情了。要開鑿卡布里島上皇帝別墅的大岩石，作成龐大的儲水槽，絕對不是短時間可以完成的事，所以如果要隱居卡布里一兩年，從島上統治帝國的話，至少首都的治安也得託人管理。更何況當時掃蕩阿古力琵娜黨派的態勢已經很明顯了，這是要用人的時候，而賽亞努斯可以說是最合適的人選。

西元二十七年隱居卡布里，二十九、三〇年掃蕩阿古力琵娜勢力成功後，賽亞努斯的利用價值也就減少了。利用價值減少，野心就顯得礙事。

可惜的是，賽亞努斯以為他體察上意，成功地掃蕩阿古力琵娜勢力、竭盡心力之後的自己，利用價值一定大大地增加。而且臺伯留還親自出任執政官，為自己首任執政官撐腰。因此賽亞努斯深深以為，這就是自己已經成為臺伯留無可取代的接班人的最佳證明。

況且，臺伯留還讓賽亞努斯感覺到似乎就要被准許與莉薇亞的婚事了。不過，成為皇族一員的幻想，終究讓五十歲的賽亞努斯大意失荊州。

執政官的職務從西元三十一年的一月一日起，賽亞努斯此時自然是充滿了幹勁。同樣身為執政官的臺伯留仍舊隱居在卡布里島上，所以在首都羅馬，他是唯一的最高權位者，而且他還身兼指揮九千精銳的近衛軍團長官。就連從共和時代開始只有出身名門者才能擔任元老院議員的議員們也對賽亞努斯這位新官束手無策，眼見他精力充沛地辦事，只好先冷眼旁觀。不過，賽亞努斯卻超越了「左右手」不得超越的界限。

執政官賽亞努斯竟然親自檢舉希斯帕尼亞．塔拉哥南西斯行省的總督路奇斯．亞倫提斯。檢舉所持的理由是，濫用行省總督職權，從事不法行為。他之所以要檢舉路奇斯．亞倫提斯，有部份原因是由於他意識到臺伯留對於任職行省者的不法行徑是絕無寬貸的。不過，對於這項指控，臺伯留親自展開反擊。

照例從卡布里送到元老院的書信中，臺伯留說明了下列的理由：尊重行省人民委託他人控告總督的權利，但是任期中的檢舉可能會對行省的統治造成困擾。所以，這類型的檢舉行為，應在總督卸任回歸之後進行。可能是因為臺伯留想將不准在任期中檢舉制定為帝國政策，所以他在信中還附帶要求元老院通過立法。

原本就有許多議員對賽亞努斯反感，而臺伯留提出的意見又相當有道理，所以不准在任期中檢舉的法律，在獲得壓倒性的票數後通過立法。這讓賽亞努斯第一次覺得不安。

儘管如此，賽亞努斯還是現任的執政官。進入帝王政治時代之後，皇帝既然是整個帝國的最高負責人，那麼執政官就等於是首都羅馬與義大利的最高負責人，跟行省最高負責人總督是相同的地位。元老院管轄下的元老院行省總督，依照慣例，都是由曾經出任執政官者擔任。所以，剛完成的「禁止檢舉任期中總督法」也在適用範圍之內。換句話說，賽亞努斯也不用擔心他在執政官任期內的類似「反擊」。不過，七十二歲的臺伯留，如果借用英國某位研究學者的形容詞來說，就是"terrible"（可怕的），即拉丁文的"terribilis"，當從一月一日起、為期一年的執政官任期過了一半的時候，臺伯留辭去了執政官的職務。

而兩名執政官同去留，是當時的慣例。

永遠「可怕的」臺伯留

臺伯留一辭職，賽亞努斯也只好跟隨。西元三十一年的下半年，被選為「候補執政官」的另外兩個人就接替了他們倆的位置，繼任執政官職務。

賽亞努斯這下子可真的慌了。賽亞努斯似乎就是從這個時候開始，寫信給任職於行省的自己人，也開始用錢收買近衛軍團的士兵和消防隊員們。這種類似垂死掙扎的動作，都逐一被報告到卡布里島上的臺伯留處。不過，那時候的賽亞努斯仍是近衛軍團的長官。一旦有什麼狀況發生，他總是掌握著九千名精銳部隊的軍事力量，命令一下，還可能包圍卡布里呢。

另外，在卡布里島上的臺伯留已經下達密令，把卡利古拉叫到卡布里來，而在必要時，也會把他的哥哥杜魯斯·凱撒從幽禁的皇宮地下室內釋放出來。臺伯留當然不是擔心阿古力琵娜二個兒子的安危，他的目的，只是為了事前防範賽亞努斯拿人氣未衰的日耳曼尼可斯遺孤做號召，發動政變而已。此外，他還祕密地解除賽亞努斯近衛軍團長官的職務，任命新長官馬克羅 (Macro)，並派馬克羅前往羅馬。

十月十七日夜裡，馬克羅悄悄地進入羅馬，他首先來到首都東北部的近衛軍團營區，將全部的大隊長九個人召集起來，拿出臺伯留的任命書給他們看，宣布此刻起他已經是近衛軍團的負責人了。接下來，馬克羅拜訪了執政官之一的雷葛魯斯，親手將臺伯留的封印信件交給他，要他在明天早上的元老院會議上宣讀出來。之後，馬克羅就去見賽亞努斯，他先告訴賽亞努斯，自己已經被任命為新的近衛軍團長官，接著又告訴他另外一件事，彷彿是在壓制賽亞努斯對此做出任何反應。他說道，明天執政官在元老院會議宣讀的信件中，臺伯留將要求元老院把護民官特權賜予賽亞努斯。賽亞努斯高興之餘，忘記了自己被解職近衛軍團長官的意義。

元老院規定，如果沒有明確的理由而缺席會議的話，是會被罰款的，所以在第二天十月十八日，元老院的議員們都出席了。依照往例，會中又會宣讀臺伯留寄來的書簡，議員們前往議場時心想，還不是又要聽完宣讀之後投票通過而已，一切似乎都與平常沒有兩樣。議場中的席位沒有固定，先來的人先坐。但是，很自然地，最前排的位置總是會留給年長的議員或較有影響力者，即使他們姍姍來遲。當天，賽亞努斯可能也是想當然耳地坐在最前面的位置吧。

兩名執政官入場後，會議開始。執政官之一的雷葛魯斯打開昨夜收到的臺伯留信件，開口宣讀。

很可惜的，從中世紀流傳至今的塔西圖斯著作《編年史》，其中記載這時期的一部分內容湮滅失傳了，所以，今日的我們無從得知臺伯留信中到底寫了什麼。塔西圖斯以厭惡臺伯留著名，但是他也相當自許自己是個歷史學家兼專業的作家。以自己的語言表達好惡的情感，這是文藝業餘愛好者的作風，而不是專業人士的方式。歷史學家記述史實，之後加上評語，將自己的看法傳達給讀者。至於專業的作家，往往會避免發表個人的評論，只陳述史實，就能夠讓閱讀的人覺得書中人物的偉大或可惡。塔西圖斯之所以被認為是帝王政治時期最偉大的歷史學家，就是因為他非常善用這兩種方法。我閱讀塔西圖斯所作的註解或史實，但卻經常和他持相反的立場。雖然如此，他在傳達史實這方面，比任何人都值得信任。換句話說，我之所以相信他，是因為我相信他的專業精神。他的著作中有朱利斯．凱撒親筆留下的文章，或是拿他摘要碑文上史實的重點跟其他史學家相比較，就知道差異非常明顯。塔西圖斯所寫的是真的「摘要」，但是其他的史學家，尤其是加西阿斯．迪奧所寫的，幾乎就已經變成了他自己的著作，所以在他筆下的羅馬歷史人物，全都是相同的說話口氣，造成無法清楚了解這些人物性格的問題，就連朱利斯．凱撒的話語也不再簡潔明瞭，變成五十歲的平凡女人在說話。

塔西圖斯就不會如此，但是在閱讀他的著作時，腦筋裡可要記住他非常善用上述兩種方法，要不然，就很容易沉溺於他的敘述之中。我深信，自從沃特開始，近代為臺伯留翻案的動作，並不是找到了比塔西圖斯更值得信賴的歷史記錄，而是大家熟讀了塔西圖斯的著作之後才這麼做的。

資料付諸闕如的時候，雖然會使得研究成果不滿意，但是也只能靠著現有的東西忍耐一下。所以，我也只能以其他史學家的看法，來說明西元三十一年十月十八日元老院議場內所宣讀的臺伯留書簡。根據這些資料解釋，當天臺伯留的長篇書簡根本就是以消滅賽亞努斯為目的、是「結構完美的傑作」。

書簡先是從雞毛蒜皮的國政雜事開頭，接下來強調維護帝國安全的重要，然後在這裡插了一句話，說現在正面臨著危機。文章的語氣從這裡開始急轉直下。自己若要返回羅馬的話，單靠現有的警衛兵已經不夠安全，所以希望有一名執政官能夠隨侍保護。由於執政官也有近衛軍團的指揮權，所以這句話的意思就是說政情相當危險，必須要靠近衛軍團來防衛。原本以為書信內容稀鬆平常的議員們，這下子可都豎起了耳朵。議員們的態度完全改變，是在臺伯留的犀利話鋒轉向二位賽亞努斯派的議員身上時。臺伯留的嚴詞毫不保留地立刻指責賽亞努斯有多麼罪不可赦，所有的議員都將每一句重話聽進耳朵裡。賽亞努斯的罪名是國家叛亂罪，不僅陰謀顛覆國家，而且已經付諸實際行動。皇帝自己就是檢舉者，列舉出來的具體證據就是控告的理由。臺伯留的書簡，是以要求元老院處死主謀賽亞努斯並且立即執行做結。

面對事態驟變得連自己都不敢想像，很令賽亞努斯錯愕不已，有好一會兒還無法弄清楚自己發生了什麼事。元老院中以原本對賽亞努斯就很感冒的議員占多數，就在這段賽亞努斯仍無法回神的期間，通過了處死以及立即執行的決議。執政官在喊被宣告有罪的賽亞努斯的名字時，他似乎還是處於錯愕的狀態之中，也沒有回答，直到第三次時，才彷彿意識到有人在喊他的名子。

賽亞努斯被帶到羅馬廣場的牢裡，當天就被斬首。民眾得知後大聲歡呼，扛出因修復有功而設在龐培劇場一角的賽亞努斯立像，將它敲得粉碎泄憤。因為賽亞努斯的所作所為很接近祕密警察，所以民眾對他可是深惡痛絕。民眾還將怒氣發洩在被斬首示眾的賽亞努斯的屍體上，將其剁得稀爛後丟到臺伯河內。這段時間裡，近衛軍團的士兵們留在自己的軍營內，沒有人敢為老長官出面。不到一週的時間，包括他的長子在內的賽亞努斯派勢力，就因共謀的罪名而被處死。

對臺伯留來說，一切似乎進行得相當完美，也沒有發生經常會附帶引起的無謂流血事件。不過，從這時候起，也開始了他的地獄生活。

自從賽亞努斯提出要跟莉薇亞結婚的要求之後，他就和原來的妻子亞比卡塔離婚。亞比卡塔在得知兒子也被處死之後，絕望地自殺了。在她自殺之前，她寫了封信給臺伯留，送到卡布里島上。信中提到，她的前夫賽亞努斯和臺伯留親生兒子杜魯斯的妻子莉薇亞，其實早在杜魯斯還活著的時候，就已經有了姦情；八年前杜魯斯猝死，也是這對姦夫淫婦共謀下毒殺害的。甚至連怎麼殺害法，信中都有詳細的描述。此外，之所以會萌生殺害之意，不僅是因為要消滅阻礙兩人感情的障礙，另外是因為對賽亞努斯而言，杜魯斯分明不知道兩人的姦情，卻對他充滿敵意，這讓賽亞努斯覺得很不安。這件事，臺伯留倒也心裡有數，因為臺伯留重用賽亞努斯時，杜魯斯就經常當面抗議。

那年冬天，七十二歲的臺伯留並沒有依照慣例離開卡布里，回到本土上溫暖的南方過冬。整個冬天，他都沒有離開卡布里，一躲就是九個月。這段期間內，他也不准執政官來探望。

現代的研究學者都對臺伯留的統治才華給予極高的評價，他們寫到，成功消滅賽亞努斯的時刻，正是回歸羅馬、重新帶頭指揮羅馬帝國的好時機。就連塔西圖斯也認為臺伯留剛開始治世的前十年是毋庸置疑的德政，之後的七年是德政與惡政摻雜，最後的六年就是惡政。所謂最後的六年，指的就是從西元三十一年處死賽亞努斯開始，到西元三十七年他去世為止的六年時間。我們在後頭再來討論塔西圖斯所說的這六年是不是真的那麼糟，但是對一般百姓的心態而言，能使龐大帝國正常運作並不足以滿足他們，唯有帶頭指揮，才算是真正的領導者。如果臺伯留真的在乎這種輿論和後世的評價，那麼西元三十一年底的確是他返回羅馬的絕佳時機。又如果他真的這麼做了，或許也可以不用遭遇到最後六年是惡政的批評。

不過，臺伯留還是沒有回去。在經過二個月的沉默之後，他又開始以先前的方式，將書簡送到元老院。方式雖然相同，但是總有些不對勁了。臺伯留不再克制自己的憤怒情緒爆發，甚至可以說是「豁出去」了。他「豁出去」的態度是針對元老院階級，倒不是帝國的統治工作。人要是看得見後果，是不會隨便豁出去的。

在審判皮索那個時代，有一個人曾致力避免讓父親的罪波及其子，甚至還讓皮索的一個兒子在數年後出任執政官。不過，這個人已經不存在了。賽亞努斯三個孩子之中，除了已經被處決的長子之外，剩下的兩個中有一個是年紀還小的女孩，但是仍舊在皇帝的命令之下被殺害了。與賽亞努斯有曖昧關係，甚至有共謀毒殺親夫嫌疑的莉薇亞也被迫自殺。不過，臺伯留的怒火並沒有因為殺光賽亞努斯全家而消退。被視為賽亞努斯派的議員們個個難逃死劫，連這些人家中的奴隸們也被關進了監牢。塔西圖斯寫到，在記錄這次事件中一連串犧牲者的姓名時，噁心得幾乎想吐，但又不能不寫。羅馬社會的指導階層元老院，這下子可陷入了驚懼的漩渦之中。

不過，我們如果仔細研究塔西圖斯等史學家們認定是「暴君恐怖時代」中的各次審判，就會發覺一個奇妙的現象。這個事實就是，恐怖時代並不光是因為臺伯留的怒氣爆發而造成的，陷入驚懼中的議員們更加深了這個時代的恐怖。畢竟在元老院中舉行的這些審判屬於國家叛亂罪的審判，被告是元老院議員，而原告也是元老院議員，就連執政官彼此也反目成仇，彷彿在被告之前先告狀就對了。羅馬時代的這項「國家叛亂罪法」，就好比日本的「破壞活動防治法」（簡稱「破防法」）。拿著這個法律來告發，逐漸地變成先發制人的競賽，再也不是司法執行過程的問題了，就好比雪球愈滾愈大的道理一般。對於這種現象，臺伯留的態度與以前判若兩人，因為以前的他會積極地介入，要求法律的執行要講求勿枉勿縱。現在的他連刑務是否有妥當執行也不管了，結果就有人被關在牢裡而再也沒有被人想起。臺伯留豁出去的一年後，芬多帖拿島上流放中的阿古力琵娜和帕拉提諾山丘皇宮內幽禁的次子杜魯斯·凱撒相繼去世，這不也是臺伯留的冷漠影響到警衛士兵的一個例子嗎？

儘管塔西圖斯在記錄臺伯留造成的犧牲者名單時，說他光是寫這些姓名就覺得想吐，但是還是有其他的研究學者不覺得噁心，仔細地調查。這位義大利的研究學者叫做奇亞切里，根據他的研究資料顯示，臺伯留治世期間因國家叛亂罪而受到審判的人數為六十三人，但是這個數目並不是只有在「六年惡政」的時代中發生，還包括賽亞努斯掌權時代的審判人數在內。而且，塔西圖斯也不分是被處死或者是自殺身亡，就連自然過世的人也都算了進去。選擇自殺的人又可以分為兩類，一種是被告之後大感絕望，為了保護財產和家人才選擇自殺者；另外一種就是體力已衰，自知死期不遠，所以選擇自裁者。羅馬領導階層中的人士極度厭惡體力、智力、精神力量都衰退之後還苟延殘喘的模樣，所以他們選擇斷食等死的例子並不稀罕。像是西塞羅的好友阿提克斯，以及隨著臺伯留隱居卡布里的元老院議員涅瓦，都是選擇這種死法。

六十三人的數字算多算少的問題，其實並不單純。凱撒從來不曾使用過「國家叛亂罪法」，而奧古斯都四十年的治世期間，也不過用過兩三次，這麼說來的話，臺伯留的六十三個案例的確可以證明他的治世期間是恐怖時代了。但是凱撒在與元老院衝突時，可說是戰爭，殺戮極多，而奧古斯都又處於凱撒暗殺後的內亂時代，就把以西塞羅為首的三百名元老院議員，和屬於騎士階級的二千人歸類為布魯圖斯派，肅清這羅馬社會中第一和第二階級的二千三百人。其中的一百三十人，未經審判就立刻被處死，而免於死罪的人卻也難逃家產全數充公的命運。總而言之，雖然凱撒情非得已，而奧古斯都是採取從凱撒暗殺事件中學到的防備手段，不過在他們肅清反對派勢力之後，能讓他們倆聲名大噪的原因，竟然是他們發揮了「寬大為懷」的精神。

問題不在數字的多寡，我們必須考慮到戰爭時代與太平時代的差異。話雖如此，西元三十二年後的臺伯留就不再貫徹以往對於證據的要求了。以為他送來的書簡中會明確地指出他人控訴理由的曖昧之處，沒想到就連那些根本不構成控告理由的理由，他也不再介入，任由它去。

臺伯留造成「恐怖」的另外一個原因，我們不難想像，那是因為他想藉著這個機會掃蕩元老院中的不良份子。閱讀辯護的文章後，六十三名被處死者之中，只有幾個會讓人覺得殺了可惜。至於剩下的絕大部份，都能讓人贊同臺伯留喟嘆元老院議員素質低劣的看法。元老院議員的人數有六百名，即使在以選舉的方式選賢與能的現代，真的稱得上是賢能的人又有多少？重視數量並維持「品質」是很困難的，這是古今中外人世間不變的道理。不過，也不能因此就替臺伯留脫罪，因為奧古斯都就對這六百名議員採用了懷柔的方式，完成了他統治的工作。

不論是他「豁出去」的結果，或者是刻意地掃蕩元老院中的不良份子，實際上被犧牲為祭品的，是屬於元老院階級的人物，但是一般民眾對於臺伯留的憎惡卻是同樣的猛烈。

百姓們既沒有被處死，也沒有被沒收財產，但是臺伯留緊縮財政二十年的結果，使得大多數的人都覺得景氣不好，而且這種日子持續了好長的一段時間。公共事業也只有養護維修而已，絲毫沒有新的建設。奧古斯都時代就發放了好幾次的皇帝賞金，現在也好久沒聽說過了。此外，連百姓最喜歡的鬥劍比賽等各種活動，不僅皇帝不再贊助，還禁止別人主辦，這種渴望娛樂的歲月也持續了好久。還有，要是坐鎮首都號令全國的話也就罷了，偏偏皇帝躲在景色優美、氣候溫暖、綠意盎然的卡布里島，獨自享受舒適的生活。這樣還不夠，這老頭子還以國家叛亂罪的名義，致力粉碎羅馬建國以來象徵傳統與權威的元老院。以上就是當時百姓們對於臺伯留的看法。

如果這時候帝國的邊境受到蠻族入侵的威脅，或是與東方大國帕提亞的情勢一觸即發，要不就眾多行省中來幾個造反暴動，一般老百姓就會去關心這些「新聞」，哪還有空對老皇帝的日常言行穿鑿附會呢？偏偏臺伯留從登基以來就透過踏實的政策和不斷的監督，使得羅馬人在往後的二十年之內，都不用擔心這種「大事」會發生。但是，人們總是渴望「新聞」的。如果沒有「大事」可以關心，那麼就去關心「小事」吧。天下太平，就連主食的小麥也沒發生過糧食不足的情況。臺伯留治世二十三年之間，缺糧的情況只發生過一次。小麥價格暴漲，公民積怨爆發，演變為對政府的抗議活動。臺伯留立刻從卡布里島上送來短訊，清楚記載小麥的庫存量，所以小麥根本沒有理由漲價。這麼一來，抗議小麥價格調漲的活動也戛然而止。說穿了，臺伯留最後幾年被批評為惡政的原因，就是因為他先前努力德政的後果，真是夠諷刺的了。

流言

年邁的最高權力者住在卡布里島斷崖上聳立的白牆別墅裡，這怎麼會不刺激人們去想像他的日常生活呢？隱居卡布里十年，臺伯留從來不曾在公共場合出現過。他也不像奧古斯都一樣，會出席島上居民的祭典。卡布里島上少有水源，所以儲存雨水用的儲水槽除了皇帝的別墅之外，臺伯留也下令須給農民使用。但是，就算農民們用了這儲水槽，也從來沒有見過這位替他們建造儲水槽的皇帝。唯有停泊在停船碼頭的御用快艇，才讓他們知道皇帝還在島上。

離開卡布里回到本土上居住時，臺伯留乘坐的轎子四周仍是布簾低垂，也不許別人走近問候。能夠見到皇帝的人少之又少，其中大部份的人是前往任職地區就任的總督或皇帝的財務官，但是因為臺伯留的用人原則是知人善任，所以每一個人的任期通常會延長，結果，因職務而晉見皇帝的人便更少了。至於每年交替的「元老院行省」總督，由於人事權歸元老院掌控，所以沒有謁見皇帝親領指令的義務。換句話說，知道臺伯留生活起居的人數愈來愈少。愈是隱藏在神祕的面紗後面，令人幻想的空間也就愈大。

理智的塔西圖斯只寫到「以暴力將少年們帶到島上，施以淫褻行為」，而對於這種「新聞」特別關心的史學家蘇埃托尼烏斯，記述得可就詳盡多了。根據他的記載，臺伯留在卡布里島上做的壞事可以列舉如下：

第一、嗜酒。對於一般會在葡萄酒中摻水或加溫水來喝的希臘人或羅馬人而言，不喜歡摻任何東西就喝的方式，已經算是大酒桶了，當然，臺伯留喝掉的量自然也不在話下。

第二、發明淫褻的性行為遊戲。將各地收集而來的少年男女兩人分成一組，每一組再加入一位高人指點，然後三個人在臺伯留面前表演性行為。之所以要分組，是因為各組都被分到不同的題目，要以不同的體位進行性交。蘇埃托尼烏斯認為，這些行為的目的，是要刺激臺伯留已經衰退的性欲。

第三、臺伯留發明了一種新玩法，就是在總面積達七千平方公尺的官邸用地內，把裝扮成牧神或精靈的少男少女們藏在各處的森林或洞穴中，臺伯留只要到了他們面前，他們就要做愛給臺伯留看。雖然總面積七千平方公尺的確是事實，但是裡頭只有林木，哪來的森林和洞穴。

第四、臺伯留還選了年紀特別小的男生和女生，叫他們做「小魚兒」，他泡在寬敞的羅馬式浴缸內，讓「小魚兒」們在他的大腿內游來游去，享受「小魚兒」們的舌頭和牙齒觸舔他性器的愉悅。記載中還說臺伯留老而彌堅，性欲旺盛，在把牲品獻給眾神的祭典中，因被幫忙的奴隸的美貌吸引，祭典還沒結束，就帶著奴隸到別的房間裡胡搞。

就連現在住在拿坡里的在地人也相信所謂的「臺伯留傳說」，說這些臺伯留淫亂行為的犧牲者們，他們的命運，就是當他們的任務結束之後，全部都會被從海拔三百公尺的懸崖上推落，無一倖免。

對於這些「惡行」，現代的歷史研究學者大多是一笑置之。論及臺伯留的古代史學家總共有十人，包括兩名希臘出身和兩名猶太人。撇開支持臺伯留的羅馬人帕特路克魯斯和猶太人斐洛不談，大普林尼和塞內加雖然也描述臺伯留的性格自閉，但是都沒有說到他品德惡劣。希臘人普魯塔克也曾提到他在卡布里島的孤單歲月，但同樣地也沒有說到他的品行問題。猶太人約瑟夫也沒有提及。羅馬的諷刺作家朱維納里斯雖然嘲笑卡布里島上的老皇帝被占星術士們圍繞著，但是也沒有說到他在性事方面的惡行。總而言之，對這些事有著詳細記載的唯一史學家，就是出生在臺伯留死後三十多年，記錄時也已是臺伯留過世百年之後的羅馬人蘇埃托尼烏斯。塔西圖斯以數行的篇幅，記錄這是世間的流言。後世的加西阿斯·迪奧寫得比較詳細一點，但是也比不上蘇埃托尼烏斯。更何況，蘇埃托尼烏斯所寫的《皇帝傳》，跟現代的色情八卦雜誌也有類似之處。

被傳為喜歡和「小魚兒」們一起洗澡的，還有奧古斯都，讓人不禁認為，這種性行為是古羅馬男人的憧憬。自己做不到的事情投射到他人身上，這是人之常情。總之，在現代人眼中被視為「禁欲」的臺伯留，他的生活方式反而刺激了大家的幻想，不是嗎？

金融危機

就最高權力者的冷靜而論，七十四歲的臺伯留可是寶刀未老，這可以從西元三十三年他處理席捲羅馬的金融危機中明顯看出。

當年金融危機的肇因，是在已經變成互相攻訐的元老院中，有人控告某議員放高利貸所引起的。告發的理由不是因為那名議員違反了法定年利率百分之十二的上限，而是檢舉他違背「朱利斯·凱撒法」。所謂的「朱利斯·凱撒法」，就是規定所有的金融業者必須將資金中一定比例的金額對義大利本國融資。雖然不清楚這所謂的「一定比例」到底指的是多少，但也許凱撒認為，若不加以管理就會造成國內的空洞化，因此制定了該法律。畢竟在他那個年代，本國的利率上限為百分之十二，但是行省的利率卻沒有人管理，就有像布魯圖斯一般收取百分之四十八暴利的元老院議員。如果是百分之十二與四十八的差異的話，別說是布魯圖斯了，其他人也勢必把資金外移。凱撒制定法律的目的，就是要在情況難以控制之前趕快加以限制。

「朱利斯．凱撒法」能夠有效地運作，倒不是因為羅馬的金融業者都很守法。金錢是依據金錢的邏輯運作的。就算融資給行省的報酬高，勢必也伴隨著高風險；相對地，本國內的融資雖然報酬低，但是風險也相對地較低。

「和平」持續了六十年之久，融資給行省的風險也就自然而然地降低了。但是，「風險」降低，「報酬」卻沒有降低，結果，「朱利斯．凱撒法」就形同虛設，也沒有人要遵守「一定比例」的約束。屬於富裕階級的元老院議員們，很多人就私底下靠金融業獲取利益。

形同虛設並不等於廢止，所以只要違反「朱利斯．凱撒法」，照樣可以被拿來當作檢舉的理由。元老院鬧翻了，因為一旦開庭審議，那麼絕大多數的元老院議員都是有罪。

眾人請臺伯留提出對策，於是臺伯留下令，給與一年半的期限，要求眾人自行調整資產以符合「一定比例」。

金融業者為了符合「一定比例」的要求，開始四處催討，同時停止新的融資申請。這樣一來，就造成貨幣供給量不足的結果，受到打擊最大的，不在行省，而是本國的債務人。這可能是因為行省大多是規模龐大的農園，而本國則是因為凱撒制定的「農園法」，所以農園都以中小規模居多。金融危機中首當其衝者，不是大企業，而是中小企業，也造成原本就已經逐漸降低的本國土地價格，一下子就大幅滑落。為了償還債務，地主都售地求現，而土地價格滑落，就接二連三地有人宣告破產。走到這地步，已經是完全的危機狀態，只有國家出面才能解決了。

臺伯留決定從國庫中支出一億塞斯泰契斯來支援，換作現代化的講法，就是「投入公共資金」。不過，「公共資金」並不是透過金融業者投入，而是先設置委員會，由「公」的委員會借給「私」的債務人，不經金融業者之手。這種由「公」至「私」的融資以三年為期，期間沒有利息的負擔，但是條件是債務人必須以價值債務二倍的不動產作為擔保，抵押給債權人（國家）。

政策一實施，西元三十三年的金融危機總算是解除了。金融業者們也不知是不是已經能夠符合「一定比例」的要求，或是想到可能會失去可靠的融資對象，紛紛開始再度融資。

不過，這一切並沒有獲得根本的解決。塔西圖斯認為原因在於法律中司空見慣的常態，就是在一開始的時候大家都遵守，可是慢慢地就會遺忘。我覺得，在整個羅馬帝國的經濟結構變化下，金融勢必也會受到影響。有些學者的說法是，本國內一般的利率在百分之五左右，因風險變化而稍作調整，至於行省的利率則是在百分之十到十五左右。按照他們的說法，本國與行省之間的確有二到三倍的利率差。至於對行省融資，也因為羅馬人自己達到的「羅馬和平」，使得行省雖不及本國的低風險，但也已經不是高風險，充其量只不過是中間程度而已。低風險低報酬跟中風險高報酬，任誰都能比較出來好壞。羅馬的金融業者只要能符合「一定比例」的要求，就會把超過一定比例的金額不斷地融資給歐洲或非洲，這都是遵循「金錢」理論的關係。也正因為他們這麼做，才提升了行省的經濟實力，也幫助維持了整個羅馬帝國的「和平」。西元三十三年發生的金融危機，其實並不是本國「空洞化」的前兆，應該說是本國與行省的「對等化」，說得更明確一點，就是本國與行省利率差縮小的前兆。我深信，義大利本國國民與行省人民之間的勝敗「對等化」，正是羅馬帝國主義與後來英國、日本等帝國主義最大的不同點。

金融危機才一結束，東方又發生需要臺伯留決斷的事件。東方地區再度發生問題，這已經事隔十七年了。西元十八年，阿爾塔克瑟斯登上亞美尼亞王位之後，由於國王勤政愛民，加上羅馬的後援，使得亞美尼亞王國太平無事。但是在國王逝世之後，帕提亞介入，成為問題的主因。帕提亞希望將王族中的一人安排為亞美尼亞的國王，藉此來疏離亞美尼亞與羅馬的關係。

帕提亞認為隱居在卡布里的老邁皇帝應該沒有精力再介入東方情事了，但是，臺伯留到了七十六歲的時候，還是臺伯留。

一得知帕提亞的舉動之後，臺伯留即刻派遣維特里斯 (Vetelius) 前往東方。臺伯留根本不想把東方安定關鍵的亞美尼亞王國讓給帕提亞。空缺的亞美尼亞王位，臺伯留就把原本被送來當作人質、後來在羅馬長大的提里達特斯送回去。新王登基時不可與帕提亞發生戰爭，這是維特里斯接受的任務。維特里斯授命擔任敘利亞行省總督，此外還被授與整個東方地區的最高指揮權，跟十七年前的日耳曼尼可斯一樣。

此時的維特里斯又是臺伯留善用人才的另一個好例子，因為臺伯留沒有動用到駐紮敘利亞行省的四個軍團，只是旁觀帕提亞等東方各君主專制國家彼此刀劍相向，坐收漁翁之利，便成功地讓提里達特斯登上王位。

臺伯留最大的希望，就是和亞美尼亞建立友好關係，因為亞美尼亞是東方君主國家中，唯一具有牽制大國帕提亞的力量者。亞美尼亞既沒有向羅馬納貢，也沒有供給兵源的義務。登基為王者必須是親羅馬派，這就是羅馬對亞美尼亞的政策。

完成使命的維特里斯往敘利亞行省總督官邸所在的安提阿而去，這時候他做的另外一件事，就是把擔任十年猶太長官的本丟．彼拉多 (Pontius Pilate) 卸職，並送回義大利。彼拉多並非是因為將耶穌基督釘在十字架上之罪而被召喚回國受審，而是身為猶太地區長官卻怠忽職守，就羅馬行政官的立場而言，是值得檢舉的。或許猶太人社會中與耶穌基督有關的動亂，就是彼拉多惡政的結果所致。臺伯留允許其他民族的任何信仰，但是卻不允許因此造成社會不安。總之，本丟．彼拉多的審判，是以怠忽職守的行政官身份受審，而不是為了一個名叫耶穌的年輕木工之死而被控訴。

西元三十六年，也就是彼拉多被召喚回國的同一年，大火襲擊羅馬七座山丘之一的阿凡提諾山丘，起火點在大競技場觀眾席下的一家店鋪。這座競技場是朱利斯．凱撒重建的，觀眾席有三層，可容納十五萬人。當時只有一樓是石造，上面的二層是木造。石造部份的下方擠滿了各種店家，客人就是前來大競技場的觀眾。

店家之一著火後，不僅燒光了並排的店鋪，還延燒到大競技場的木造部份，再加上當時吹北風，火勢蔓延到阿凡提諾。阿凡提諾山丘是閒靜的高級住宅區。一般而言，古羅馬人都會擁有兩座房子，他們不會要求都市中的住所能夠享有寧靜。所以在比其他山丘離市中心稍遠的阿凡提諾，除了幾座共和政治時代就留下來的神殿之外，就是百姓們居住的地區。因此，這次火災中受害的，除了大競技場和神殿等公共建築物之外，就是百姓的居所了。

這次，臺伯留的處置也是又快又徹底。他立即撥出一百萬塞斯泰契斯的救助金，並設置由五名元老院議員組成的委員會，作為受災調查與災後重建的協商與執行負責人。這五名元老院議員中，有四位是臺伯留任命，另外一名由執政官任命。臺伯留任命的四個人，包括三年前被流放後死於芬多帖拿島上的阿古力琵娜的三名女婿，以及臺伯留的孫女婿。換句話說，重建委員會成員中，有四個人是由皇族擔任。這種安排，的確在短時間之內，讓首都公民和元老院暫時忘記了「臺伯留拋棄了我們」的想法。這是他難得出於政治考量的人事安排，向來昂然不在乎輿論的臺伯留，到了這個時期，應該也累壞了吧。

最後的日子

要在史實中尋找臺伯留疲憊的徵兆，其實可以從他以絕對冷峻的方式消滅賽亞努斯後不久的西元三十二年看出。

那一年，元老院頻繁出現以國家叛亂罪名相互攻訐的情況，臺伯留友人之一的元老院議員科塔也挨告了，罪名是科塔在用餐的時候提到了臺伯留和他家人的事情。其實科塔也不是批評，只不過是說了幾句老實話而已，就被當成是有損皇帝權威的行為。臺伯留為此從卡布里島上寄了書簡回來，內容如下：

「各位元老院議員，如果我知道我要寫什麼、怎麼寫，或是明白今天我應該寫什麼的話，即使眾神要我體驗連日來我所感受到死亡般痛苦以上之苦痛，我也會甘之如飴。」

這個開頭之後，臺伯留說到與科塔長年的友誼，並讚譽科塔對國家的貢獻後，如下做結：

「用餐時候的會話竟被拿來當作檢舉的材料，實在令人感嘆。」

只不過，這開頭的部份到了塔西圖斯的手裡，又被解讀為「臺伯留自己就是他犯下窮凶極惡罪行的犧牲者」，「他的罪行以及他犯罪的事實造成他深切的罪惡感，使得他不得不自我表白。」

我倒是有著不同的看法。我不認為這是臺伯留因為深切的罪惡感而做的自我表白，而是他對於元老院素質之低劣，簡直叫人無法相信這是羅馬帝國的領導階層，所以才表示了他的深度絕望。面對的是拿餐桌上毫無惡意的話題當作國家叛亂罪證據的元老院，就算不是臺伯留，也會不知道「要寫什麼、怎麼寫，或是今天應該寫什麼」。總之，對手愈笨，要傳達事情就會加倍的困難。

至於「連日來所感受到死亡般的痛苦」這句話，也是一個承擔所有責任的人偶爾會吐露的心聲。這難道不算是一種自怨自憐嗎？喟嘆為什麼一切都得自己想，這是凡事都只能靠自己計畫並執行的人偶爾會陷入的低潮，只要能夠掙脫出這時的低潮，這個人又會以幾乎忘了自怨自憐的能量，再次恢復到「凡事靠自己計畫並執行」的狀態。毫不保留地吐露心聲之後，臺伯留就在隔年的金融危機時、再下一年起的兩年內解決東方問題時，以及之後的災後重建時，都繼續維持他獨自計畫執行的統治模式。

話說回來，以前的臺伯留雖然會用傷人的極度諷刺來表達內心之意，但是死也不可能表露出絕望或自怨自憐之情。而在此時的臺伯留真的老了，也真的累了。

從西元三十六年到三十七年的冬季，七十七歲的臺伯留避開了西北風嚴寒的卡布里，選擇矗立於拿坡里灣西邊米塞諾海角上的別墅過冬。這裡不僅可以免受寒冷的北風和西北風吹襲，正面還可以眺望維蘇威火山，景緻絕美。這座別墅現在是歸皇帝所有，建造者是共和政治時代末期的武將之一，即是以生活豪奢、喜愛美食而聞名的路克魯斯。今天我們只能看到遺蹟，但是不難想像這座別墅反映出路克魯斯的貴族品味，一定是座華麗、高雅的海邊別墅。臺伯留似乎也很喜歡這個別墅，經常選擇這裡作為避寒之地。

不過，從西元三十六年到三十七年的冬季，可不是一般的冬天。七十七歲的皇帝，知道自己死期將近。有生之年從來不曾生病，也不聽醫生的建議，一切都按照自己的意思活過來，所以體力衰退已經到了極限的事情，他比誰都清楚。龐大的羅馬帝國，臺伯留就是憑藉著責任感來統治的。他心裡頭也一定了解，順利交班給繼承人的重要性。可望承接臺伯留而成為第三代皇帝的人選有三，依年齡大小排列的話，依序為四十五歲的克勞狄斯、二十四歲的卡利古拉，以及臺伯留十六歲的嫡孫葛梅魯斯 (Gemerus)。

臺伯留把年紀上最合適的克勞狄斯剔除於候補名單之外，雖然克勞狄斯是臺伯留的親姪子，但是臺伯留到奧古斯都家當養子時，克勞狄斯的哥哥日耳曼尼可斯也進入朱利斯家中作為臺伯留的養子，所以現在臺伯留老家克勞狄斯家族的家長，就是這位克勞狄斯。如果把他當作皇位的繼承人，就等於違背了先皇奧古斯都只讓朱利斯家族男子繼承皇位的心意。正因為自己屬於克勞狄斯家族，所以要讓這家族的人成為皇位的繼承者，是臺伯留做不出的事。

反正臺伯留也沒有選擇權，他死後的皇位繼承人，要不就是奧古斯都定好的臺伯留接班人——日耳曼尼可斯唯一的遺孤卡利古拉，要不就是因為是臺伯留孫子而進入朱利斯家門的葛梅魯斯。

死神在西元三十七年三月十六日降臨。一個世紀以後的歷史學家塔西圖斯說臺伯留的死法可以說是「可怕的臺伯留」的方式——因枕頭窒息而死；但是，臺伯留死時才十多歲的博物學家普林尼卻認為臺伯留是死於衰老，我也認為如此。臺伯留，享年七十七歲又四個月。

不論塔西圖斯這共和政治擁護者如何地批判，羅馬帝國是由凱撒規畫、奧古斯都架構、臺伯留奠定基礎，這是不變的事實。

雖然有些研究學者批評臺伯留沒有任何新的政治建設，但是沒有新的政治建設才是最重要的。奧古斯都架構的完美帝王政治體系，繼承者的作法如果不對，就只是一時的改革而已。臺伯留繼承奧古斯都，全神貫注於鞏固奧古斯都所架構的體制，所以往後不論誰來統治羅馬帝國，基礎都已經奠定。

不過，臺伯留這麼不起眼的努力，是很難獲得讚美的。再加上他性格上的缺點，實在沒有為他辯護的餘地。偏偏這些性格上的缺點，經常會以政治上不當言行的方式呈現出來。羅馬公民們得知臺伯留逝世後，薄海歡騰，高喊「把臺伯留丟到臺伯河裡去！」

還好，在臺伯留死後不久，就有人對他的政績給予正確的評價。可惜在羅馬公民或元老院的議員之中，臺伯留就是少了這種人幫忙。這個人是埃及行省首都亞歷山大的人民斐洛，他是個沒有羅馬公民權的猶太人。由於他學富五車，不僅被稱為「猶太的柏拉圖」，更是亞歷山大中猶太人社群的代表。我們要了解他如何評估臺伯留，可以從他的著作中去尋找：

「皇帝臺伯留死後，蓋烏斯（通稱卡利古拉）所繼承的帝國是個幅員遼闊的羅馬帝國，幾乎包括全世界所有的陸地與海洋。這個帝國中，無論大大小小的『鬥爭』都已經成為過去，原因在於整個帝國都施行了公正的法律所致。無論帝國的東西南北，所有的陸地與海洋，都在羅馬帝國之名下，形成和諧的統一體。帝國之內，蠻族與開化之民相融合，征服者與被征服者相融合，為了維護雙方祈求的和平，人人各司其職。

日常生活的現況也不禁叫人讚嘆。在人們累積的財富之中，黃金和白銀既是貨幣也是工藝品，四處可見。涵蓋整個帝國的通商網路，讓財富與物產的交流更加頻繁。軍事力量方面，也有完整的步兵、騎兵和海軍。帝國之內，四處皆可安全地居住。因此，整個帝國就是一個統一體。從幼發拉底河到萊茵河之間的帝國疆域，似乎也要把日升日落的地方都包括進來。這一切的美好，不僅只有住在羅馬的公民有權享受，歐洲之民，亞洲之民，換句話說，全帝國的居民都可以享受到這些美好。蓋烏斯（卡利古拉）是第一個有幸能繼承這樣美好帝國的人，不管是個人規模或是帝國規模，也不論是財富、權力或繁華的基礎，根本無須求新，因為一切都已存在。幸福就在門外等候，唯一必須要做的，就是打開門，讓幸福進來。」

臺伯留雖然曾經以會造成社會不安為理由，將猶太人社會暫時從義大利本國驅逐，但是如果他在天之靈知道自己死後竟然有一名猶太人這樣地寫他，心中不知作何感受？

近代歷史研究學者為臺伯留翻案的趨勢，並非因為經過一千八百年後人類的觀念有了改變，而其實是拜考古學發達之賜。以往只能依賴古代歷史學家的著作，現在可以參考羅馬帝國各地發掘出來的眾多碑文和其他歷史資料。其中做得最嚴謹、最徹底的，就是以歷史著作獲得諾貝爾文學獎的十九世紀德國歷史學家毛姆森。毛姆森給臺伯留的評語是「羅馬最好的皇帝之一」。

謹將敘述皇帝臺伯留的這一章，獻給一九九六年逝世的國際政治學者高坂正堯先生。高坂先生在世時說過，羅馬皇帝之中，他最能與臺伯留產生共鳴。在我問清理由之前，高坂先生就已去世，但是在寫完臺伯留之後，我大抵明白了理由。

第二章

皇帝卡利古拉

在位期間：

西元三十七年三月十八日～四十一年一月二十四日

年輕的新皇帝

整個羅馬帝國，尤其是義大利本國和首都羅馬的居民們，以彷彿是漫長沉悶的冬季之後、春天到來的喜悅心情，來迎接臺伯留之死與卡利古拉的登基。繼承七十七歲老皇帝的，是二十四歲又七個月的俊美青年。光是這一點，就足以振奮人心了，但是，其實還不只如此。

深信皇位應由流著神君奧古斯都血液者來繼承的人，眼見父母都與奧古斯都有著血緣關係的卡利古拉登基，認為這下子總算是「大政歸還」，因而欣喜不已。

至於站在與皇帝對峙立場的元老院，他們也非常歡迎卡利古拉繼承皇位。他們想起卡利古拉的父親日耳曼尼可斯站在元老院這一方的立場，就認為卡利古拉應該不會像臺伯留那樣，隨意寄封信到元老院來，要求元老院通過，即不會採行根本無視於元老院權威的統治方式。除此之外，卡利古拉年紀尚輕，元老院的議員們心想，應該很容易由元老院來掌控大局。

一般公民大表歡迎更是不在話下。公民間仍舊根深蒂固的「日耳曼尼可斯神話」彷彿已經成真，令他們雀躍不已。況且，民眾早已厭倦臺伯留禁止鬥劍比賽等的財政緊縮政策，正渴望快樂的來臨。

士兵們，尤其是駐守萊茵河防禦線的八個軍團，把卡利古拉登基當作是自己的喜事一般地興高采烈。新皇帝在蹣跚學步時，就在萊茵河沿岸的軍事基地中度過，穿著士兵們為他特別訂製的「卡力買」（羅馬軍靴）玩耍。也因為這個原因，所以士兵們都不叫他蓋烏斯，而暱稱他為「卡利古拉」（小軍靴）。他們的總司令官日耳曼尼可斯膝下育有三個男孩，而軍團士兵們的幸運娃娃，就是排行老三的卡利古拉，現在，他當上了皇帝。當卡利古拉登基時，也沒有發生像臺伯留即位時軍團兵士要求加薪和改善待遇的抗議行為。這種行為，往往是針對身上有弱點的對手才會發起的。臺伯留繼承皇位的弱點，就在於他身上沒有流著奧古斯都的血液，但是卡利古拉可沒有這項困擾。

沒有任何一個皇帝能像西元三十七年登基的卡利古拉一樣，受到萬民的愛戴。換句話說，就是沒有一個人能在毫無敵人的情況之下成為帝國的最高權力者。而且，百姓慶賀卡利古拉登基的喜悅，是最直接單純的喜悅。

人心求變的情況可以分成兩種，一種是希望脫離危險狀態的求新，另外一種則是沒什麼特別的必要，只是想要一些新鮮的改變。前者的祈求者心中既不幸福，也沒有餘裕；相對地，後者是又幸福又富裕。歡迎卡利古拉登基的百姓心態，就是屬於後者。猶太人斐洛就曾寫到：「幸福就在門外等候，唯一必須要做的，就是打開門，讓幸福進來。」

卡利古拉被帶到羅馬帝國最高統治負責人的位子上，成為臺伯留打下基礎後，得以享受羅馬帝國永久幸福的象徵。包括斐洛在內，幾乎所有的人都相信如此。

臺伯留在拿坡里以西米塞諾之地斷了氣，是西元三十七年三月十六日的事。

第二天，三月十七日，整個羅馬都得知皇帝的死訊。

而三月十八日，元老院就通過，馬上將所有的權力賦予卡利古拉。他們甚至還沒有看見卡利古拉伴隨著臺伯留的遺體返回首都，就把統治帝國的全權交付給他。

三月二十八日，先皇遺體抵達羅馬。伴隨遺體回到羅馬的卡利古拉，在阿庇亞大道終點恭候大駕的兩名執政官陪同之下，來到元老院。議場中，除了仍在行省服務的議員之外，其餘所有的議員都在等候這名還要五個月才滿二十五歲的年輕人。他們告訴這名年輕人，他被賦予十天前通過的帝國統治權力。要成為羅馬的皇帝，必須要有元老院和公民的認可。這一天，元老院給與正式的「認可」；而公民的承認，則是以卡利古拉進入首都時，公民歡迎的呼聲與拋來的花朵作為公民「認可」的證據。

卡利古拉獲得的帝國統治權力，內容如下：

「第一公民」——雖然這是意為羅馬公民第一人的非正式名稱，但是它指的是能支配行省人民的羅馬公民權所有者中的第一人，實質上就是最高支配者。名稱之所以如此謙虛，只不過是奧古斯都顧慮到以公民平等理念為基礎的共和政治時代傳統、發揮他深謀遠慮特質的一個例子罷了。因此，居住在行省的人民跟這種羅馬特殊的情事沒有什麼關連，所以他們不會使用「第一公民」的稱號，大多是以後來變成「皇帝」別號的「凱撒」來稱呼。

「皇帝」——這原本是士兵們讚揚指揮官能力的一種稱呼，在凱撒之後，就變成意指羅馬最高司令官的名稱。等於卡利古拉在獲得這個名稱之後，就得到了羅馬所有軍事力量的指揮權。

「護民官特權」——如果說皇帝擁有軍事上的權力，那麼護民官就擁有政事上的權力。護民官掌握政策立案的權力，即使遭到元老院否決，他仍舊能夠行使否決權（VETO）來否定元老院的決議。

總而言之，元老院將象徵性的尊稱、軍事上的最高指揮權以及政事上的所有權力，都賦予了這名還不滿二十五歲的年輕人，只因為他身上流著帝國創始者奧古斯都的血液。這等於是把統治龐大羅馬帝國的工作，全部交給了他。

元老院甚至還決議，要在五個月後卡利古拉滿二十五歲時，再送他一個禮物，那就是「國父」的尊稱。

朱利斯．凱撒是在五十五歲遭到暗殺的幾個月前，獲贈這個尊稱的。

奧古斯都被封為「國父」，是他在擔任最高統治者達三十年之後，也就是六十一歲那一年的事。

臺伯留在他的治世時代中，曾經三次獲贈這個尊稱，但是他三次都婉拒了。

卡利古拉在他二十五歲的生日當天獲得這個稱號，他也竟似理所當然地接受了。而「國父」這個稱號，不能僅憑元老院的決議就可以頒贈，必須要有公民的要求，然後元老院以接受公民要求的方式，通過之後才贈與的。這件事，又再度證明了舉國上下支持卡利古拉。

卡利古拉在即位後這麼短的時間內，就獲得元老院以及公民給與的大權與榮耀，就算他不甚了解統治到底是什麼意義，從他看過臺伯留統治時代後半期的經歷而言，他也應該完全了解什麼樣的統治方式會招來惡評。

卡利古拉雖然沒有要求，但卻接連獲得大權與榮耀，在他的元老院「施政方針演說」中，他宣示將以完全不同於臺伯留時代的統治方式來治國。當然，元老院議員與一般公民自然是拍手叫好。卡利古拉也是個辯才無礙之人，演說的內容讓聆聽者飄飄然。年輕新皇帝的保證有以下幾項：

一、由於政治因素而被放逐國外者，全數允許回國。

二、全面廢除通稱「密告者」的情報人員制度，日後有此行為者將受嚴懲。

但是，這麼一來，就會連帝國各地提供給皇帝的情報收集系統也廢除了，可是當時沒有人注意到這個弊端。卡利古拉的「施政方針演說」還有下文：

三、每年羅馬中央政府要職執政官、法務官、審計官、按察官等的選舉，雖然臺伯留將它移到元老院內進行，在此決定要還給公民大會選舉。

光是在義大利本國之內，擁有投票權者，就超過五百萬人。要在這樣的情況下進行直接選舉，早就是有名無實。因此，卡利古拉這張支票，名義上是尊重擁有投票權者，事實上並不是基於政治的考量。如果是元老院議員之間互相推選的話，就不需要選舉活動，但是如果是在公民大會中選舉的話，選舉活動自然在所難免。而所謂的選舉活動，好比宴饗擁有投票權者，或是舉辦鬥劍比賽以爭取支持等。這麼一來，參選者想到競選經費，無不大傷腦筋，但是不須參選的一般公民，自然很歡迎這類活動的舉辦。

四、廢除飽受批評的稅金。

有稅金就會被人批評，但是卡利古拉宣示廢除的，是以妨礙經濟活動為理由的百分之一營業稅。這個營業稅是奧古斯都為了籌措防禦經費而設置的，而臺伯留即使在要求減稅的強大聲浪之下，仍舊維持了這項稅金的徵收。卡利古拉的廢除宣言中，並沒有提到替代財源，或許是他根本就沒有考慮到這件事吧。

五、允許在臺伯留時代以發表反社會言論而被流放的作家們回國，並准許他們的作品發行。

不過，沒有史料記載當時的作家及作品。

六、允許被臺伯留放逐的演員們回國。

臺伯留厭惡因「影迷」們彼此衝突而造成的混亂，所以就拿這個作為理由，把著名的演員趕出義大利。

七、「第一公民」將住在首都羅馬，並一定出席元老院的所有會議。

這樣的宣示，從元老院到一般百姓，自然是讚不絕口。先皇臺伯留是個想起來就令人討厭的人物，人們現在把他完全地遺忘。遺體回到羅馬的五天之後，就火化埋在「皇帝廟」裡，這時候，再也沒有人像得知臺伯留駕崩時一般，叫囂著「把臺伯留丟到臺伯河裡去！」國喪在彷彿晴朗冬日的寂靜中毫無延誤地結束，和嚴峻孤獨的臺伯留人生的終點很相稱，這也是眾人對他已經毫不關心的證據。

臺伯留的遺言中，除了給公民及士兵們的遺贈金分配部份外，其餘都沒有被當成一回事了。置之不理的並不是卡利古拉，而是元老院。臺伯留在遺言中提到，將皇位繼承權賜予卡利古拉與自己的孫子葛梅魯斯兩人，但是元老院卻把它改為卡利古拉一人；反而是卡利古拉把沒有獲得皇位繼承權的葛梅魯斯收為自己的養子。收為養子，其實就是繼承下一任皇位的第一人選的意思。元老院用盡了所有的方法來忘記臺伯留，而對於卡利古拉的全面傾倒，其實也是對臺伯留憎惡的反動，卡利古拉自己也完全了解情況。

我們一般都會以為，不論是皇帝或是國王，都要在加冕典禮之後才算是登上皇位。但是，羅馬的皇帝卻沒有加冕儀式。由於奧古斯都的深謀遠慮開創了羅馬獨特的帝王政治，所以表面上皇帝只是公民的第一人，自然就沒有能看出與其他公民明顯差異的「皇冠」。羅馬皇帝，說成是「無冕王」還更容易了解一些。錢幣上所見的皇帝側臉肖像，大半都是「無冕王」的模樣。

不過，跟其他經過加冕儀式才成為國王或君主的國家相比，羅馬皇帝的權威和權力都要更強大。然而在刻成雕像或錢幣時，頭上空無一物往往也不好看。羅馬的錢幣不僅是在羅馬帝國境內，就連住在周邊的蠻族也是求之若渴，這是因為羅馬的錢幣是當時可信度相當高的國際錢幣。因此，羅馬皇帝的模樣，經常是頭戴以月桂樹或橡樹葉子裝飾的月桂冠或公民冠出現。不管這個「冠」是以真的葉子做成，或是黃金打造，總之並不太像是「頭冠」，只是比較接近以葉子裝飾的緞帶。由於這個頭冠在頸子的地方會以緞帶打個結，就男性粗大的脖子上配上緞帶結的模樣來看，實在不適合講究威嚴的皇帝，所以在東方色彩較為濃厚的後代皇帝，其頭冠的形式也有了改變，不過在羅馬帝王時代的初期和中期，皇冠的主要形式，都是緞帶式的。也說不上來為什麼，這種「頭冠」就是很適合他們。至於沒有加冕典禮，只要從獲得元老院和公民認可的那一刻起，就算是治世的開始，這一點也充份表現出羅馬人講究合理性的特質。

基於這個理由，卡利古拉既沒有加冕儀式，也沒有登基典禮，人也不在首都，就從元老院授與全權的三月十八日起，開始統治帝國。當卡利古拉在元老院中做完「施政方針演說」，替先皇辦好葬禮之後的第一件事，就是要博得向來重視家族的羅馬人的共鳴。

年輕的新皇帝也不去理會暴風雨已經接近的消息，還是登上了備好在羅馬外港奧斯提亞的船，不管風勢驟變，他仍舊下令開船。卡利古拉的目的地，是要去芬多帖拿和蓬薩兩座島上，取回流放時死於此地的母親阿古力琵娜和哥哥尼祿．凱撒的骨灰。

迎接卡利古拉懷抱骨灰罈回歸羅馬的，是公民的熱淚與狂熱；熱淚是為了日耳曼尼可斯的妻與子死於非命而流，而狂熱則是公民對於年輕的國家最高權力者重視家庭所產生的共鳴。兩人的骨灰葬在「皇帝廟」裡，卡利古拉則發行了刻有這件事情過程的錢幣。這個舉動，證明了卡利古拉充份了解他這番作為的政治意義。

卡利古拉藉著這個契機，從鎖鏈中解脫。不過，從臺伯留這條鎖鏈中獲得解脫的，不僅只有卡利古拉一個人，元老院和公民亦復如此。我認為，這種行徑也是解讀日後卡利古拉統治方式的一把鑰匙。

成長背景

卡利古拉從臺伯留承接過來的帝國，既無擔憂外患的必要，內憂也在萌芽階段就被摘除；國家的財政在沒有提高稅率或增加新稅的情況之下，也整頓得相當健全；至於在經費方面，除了必要的開支之外，還累積了二億七千萬塞斯泰契斯的盈餘。意味著「從鎖鏈中被解脫」的單字，在拉丁文中有，在可以說是拉丁文的長子的義大利文中也有。不過，一般而言，一個字都會有好幾種意義，同樣地，這個字也有衍生的意涵，可以表示「為所欲為」，或是「行為乖張」。

從卡利古拉出生以來的日子來想像，在享受自鎖鏈中解脫的快感之後，想要為所欲為，這也是情有可原。雖然只有二十五歲，但是他這半輩子可說是波濤洶湧。

奧古斯都去世前二年的西元十二年八月三十一日，卡利古拉誕生於羅馬南方五十公里的安提姆（現在的安幾歐）。今日的安幾歐只不過是個小漁村，但是在古羅馬時代，這裡可是上流階級豪宅林立的優雅港都。卡利古拉後的第二個皇帝尼祿，也是誕生於此。從羅馬的外港奧斯提亞搭船的話，距離近在咫尺；沿阿庇亞大道南下，途中轉到正南方的道路上，也是瞬息可至，這個海邊的都市，地理位置就是這麼的方便，風景又是如此的美麗。

孩提時代的卡利古拉很像幼年時期的奧古斯都，長得非常可愛。傳聞奧古斯都在自己的房間裡擺了一個卡利古拉的雕像，每次回到房裡，都要親吻它。卡利古拉是奧古斯都的孫女阿古力琵娜的孩子，所以等於是他的曾孫。

不過，卡利古拉卻無法長期待在安幾歐或羅馬，因為他被摟在母親的懷裡一同前往遙遠的萊茵河沿岸的軍團基地。卡利古拉還不滿二歲時，就離開了羅馬，而且還不到一個月的時間，曾祖父奧古斯都就去世了，由臺伯留繼任皇帝。

因為臺伯留繼任皇帝而引發的萊茵河駐防軍團暴動，我們已經在臺伯留那一章中做了介紹，也提到二歲的卡利古拉成為幫助父親日耳曼尼可斯脫離鎮暴之苦的潤滑劑。二歲到四歲的卡利古拉可以說是軍團士兵們的幸運符，在邊境的防禦軍團基地中成長。大家不叫他的本名蓋烏斯，而暱稱為卡利古拉（小軍靴），也是從這個時候開始。

在他滿五歲之前不久，因為父親日耳曼尼可斯要舉行凱旋儀式，他隨著父母回到羅馬。凱旋儀式定在首都羅馬舉行。五月二十六日的凱旋儀式讓整個羅馬沸騰起來，儀式中，父親駕著由四匹白馬牽引的戰車，卡利古拉就和兩個哥哥——十歲的尼祿·凱撒和九歲的杜魯斯·凱撒一同坐在車上。三十一歲的日耳曼尼可斯之所以受到公民們的愛戴，身為好家庭的爸爸就是原因之一。

那年年底，五歲的卡利古拉隨著父親調往東方地區任職。他橫越希臘，轉進小亞細亞，往敘利亞的安提阿而去，體驗這漫長的旅途。母親阿古力琵娜因為夫婿出公差必定要隨侍在側，但基於教育上的理由，將兩個哥哥留在羅馬，只帶了卡利古拉同行。因為日耳曼尼可斯地位的崇高，以及他旺盛的好奇心所致，這趟安步當車的旅行，對幼兒而言，應該也是非常有趣的。旅途中他們停留在愛琴海中的小島上，而懷孕中的阿古力琵娜就在這裡產下女兒。

在安提阿的總督官邸生活還不滿一年，隔年六歲的卡利古拉就跟著父母踏上埃及之旅。從埃及回到敘利亞不到半年的時間，才剛滿三十三歲的日耳曼尼可斯就死於西元十九年十月十日。對卡利古拉來說，他是在七歲的時候喪父的。現代都認為日耳曼尼可斯的死因是瘧疾，但當時從倒下到死去的十天之內都不曾離開夫婿病床半步的阿古力琵娜，以及死去的日耳曼尼可斯自己，都認為這是敘利亞總督皮索下毒所致。後來年幼的卡利古拉，便隨著認定皮索的背後黑手就是臺伯留的母親，循著海路回到羅馬。

其實，身為羅馬帝國領導階層後代的孩子們自幼失怙的情況並不罕見。因為自幼喪父或是父親一直因公待在海外的情況很普遍，所以孩子們的教育和守護家庭，就成了母親們的工作。不過，卡利古拉的母親與眾不同。在抱著父親骨灰的母親牽引下回歸祖國後的七年之內，也就是卡利古拉七歲到十四歲的這段性格形成時期，卡利古拉是在對臺伯留充滿憎恨的母親身邊度過的。法律上的祖父臺伯留和親生母親阿古力琵娜之間關係日益惡化的家庭，就是少年卡利古拉的成長環境。

卡利古拉十五歲那年，臺伯留隱居卡布里島，兩年後，卡利古拉的曾祖母即先皇奧古斯都的遺孀莉薇亞過世。莉薇亞之死，對阿古力琵娜和她的孩子們而言，表示他們失去了唯一能夠替他們牽制臺伯留的人了。

那一年因國家叛亂罪而被判有罪的母親阿古力琵娜和大哥尼祿・凱撒分別被流放到芬多帖拿島和蓬薩島。隔年，二哥杜魯斯・凱撒也因為同樣的罪名而被幽禁在皇宮的地下室。

母親被流放之後，卡利古拉寄養在祖母安東妮亞家裡。安東妮亞人如其名，父親是被埃及豔后克麗奧佩脫拉迷惑後向祖國宣戰的馬庫斯・安東尼，母親則是奧古斯都的姊姊歐古塔薇亞。後來安東妮亞就嫁給了臺伯留的弟弟杜魯斯，她的個性不像浮誇的父親，反倒繼承了母親踏實的性格，年紀輕輕就失去了丈夫，但是既沒有再婚，也沒有緋聞，奧古斯都和臺伯留都看中了她性格上的特質，安排安東妮亞的家作為屬國（羅馬帝國的說法是同盟國）王子們在羅馬當人質時的接待家庭。所以，卡利古拉寄養在此，就結交了色雷斯的王子、猶太王子等國際色彩濃厚的學友兼玩伴。或許對卡利古拉而言，從十七歲到十九歲的這段時間，是他一生中最幸福的時刻，因為他從這些異國王子身上，受到了極大的影響。不過，就在這個時候，流放在蓬薩島的大哥尼祿・凱撒去世了。

西元三十一年，在皇帝臺伯留下令肅清近衛軍團長官賽亞努斯之前不久，卡利古拉在臺伯留的命令之下，被召喚到卡布里島。卡利古拉就在卡布里島上完成了准許日後穿著長袍的成年禮。十九歲才參加成年禮，比一般人是要慢了些，普通成年禮是在十六歲，慢的話也是十七歲時就舉行。不過，那個時期若根據臺伯留告發的理由，正是卡利古拉的監護人阿古力琵娜為結合反臺伯留勢力而奔波的時期。或許是這個原因，才使得母親忘了她的第三個兒子要舉辦成年禮。

成年禮雖然比一般人晚，但是成年後的二年，二十一歲的卡利古拉就被選為審計官，等於他踏出了公職生涯的第一步，這也是生為羅馬領導階級者的責任之一。那一年，他娶了第一任的妻子。不過，同年年初，被幽禁在帕拉提諾山丘上皇宮地下室的二哥杜魯斯·凱撒去世，秋天時，流放於芬多帖拿島上的母親阿古力琵娜也撒手人寰。

和第一任妻子的婚姻生活只維持了三年，因為西元三十六年，也就是羅馬七大山丘之一的阿凡提諾發生大火的那一年，年輕的妻子就因為難產而死，孩子也沒能救活。

之後沒幾個月，西元三十七年三月十六日，皇帝臺伯留駕崩。未滿二十五歲的單身年輕人，在沒有妻子牽絆的情況下，集所有的權力和眾人的敬愛於一身。這位年輕的最高權力者可不想如前一任的皇帝一樣，寧可沒有人氣，也要顧慮羅馬帝國的利益。不過，這種說法，好像卡利古拉沒什麼責任感，其實完全不是這麼一回事。他只不過是了解大眾的需求，然後去滿足他們而已，問題只在於國家財政是否容許他這麼做。偏偏即位不久的卡利古拉，擁有臺伯留留給他的二億七千萬塞斯泰契斯盈餘。

治世之始

在獲得元老院和公民賦予全權成為皇帝之後的卡利古拉公開表示，將廢除百分之一的營業稅（即如現代的消費稅）。不過並沒有立即全面停止徵收，而是在西元三十七年降低為百分之〇·五，西元三十八年才開始全面停徵。反正是廢除稅金，人人拍手歡迎的情況自然不在話下。

六月一日，遵照臺伯留的遺言，將遺贈金分配給下層的公民和士兵們，每人三百塞斯泰契斯。

在七月十九日的時候，發放第二次的遺贈金，這次是因為上一次臺伯留怠忽職守而沒有發放的莉薇亞遺贈金，金額同樣是三百塞斯泰契斯。兩次的遺贈金發放，士兵們等於是獲得了相當於年薪一半以上的賞金。

這些遺贈金是莉薇亞和臺伯留的個人財產，所以不是國庫的支出。不過，這兩個人的遺產繼承人都是卡利古拉，姑且不論臺伯留是公眾人物，就連與世人無直接關連的莉薇亞遺言，卡利古拉都遵照辦理，這使得人民認定他們的皇帝，是一位無心累積財富又熱心公益的人。

當然，八月三十一日的卡利古拉生日，等於是所有公民的喜事。卡利古拉也沒有把這一天當作是單純的生日。已經建造完成卻尚未舉行祭祀大典的神君奧古斯都神廟，卡利古拉也在這一天同時舉辦祭祀大典。祭祀大典向來由兼任最高神祇官的皇帝進行，只因臺伯留不想回首都羅馬，所以延遲至今。舉行祭祀大典的卡利古拉，在元老院和公民的眼中，彷彿是由奧古斯都直接將皇位傳給了卡利古拉，而臺伯留的治世時代好像被眾人遺忘了。在這種氣氛之下，卡利古拉提議，希望將自己三月十八日的登基之日定為國定假日，元老院和公民自然是全面贊成。元老院也像是順水推舟似地，在九月二十七日接受公民的請求，通過將「國父」的尊稱正式頒贈給卡利古拉，卡利古拉也理所當然地接受。這下子，這名二十五歲的年輕人，等於獲得了接近凱撒和奧古斯都兩位「神君」的榮耀。

從卡利古拉回到羅馬的三月二十八日到九月二十七日獲頒「國父」稱號的這七個月間，首都羅馬每天都像是慶典一般的熱鬧。連日來，各地都有鬥劍比賽或是四匹馬的戰車競馳，要不就是體育競賽或戲劇的演出。百姓的服裝也由一般自然色的短衣改為節慶用漂白的白色或帶有其他顏色的短衣，參加神殿中舉行的牲禮祭典，祈求卡利古拉治世時好運連連；女人和孩子們也頭戴花冠，在街上徜徉。公民為了競賽而狂熱，替自己喜歡的選手加油，聲嘶力竭之後才拖著疲憊的身軀踏上歸途。每個人都是一臉幸福的表情，畢竟冗長的嚴冬過去了，而爛漫的春天終於來了。只不過，這個「春天」可造成了龐大的國庫支出。

大病

十月，以往總是出現在眾人之前享受歡呼的卡利古拉，突然不見了。

卡利古拉年紀輕，瘦歸瘦，但是身體健康，從來不曾生病過。但是，這一次他卻因為高燒而爬不起來，叫眾人跌破眼鏡。我猜想，這可能是因為他剛當上皇帝的興奮加上七個月來日以繼夜地狂歡慶祝，才會造成他病倒的結果。眾人聽說卡利古拉發高燒，立即想起他的父親日耳曼尼可斯死前的情形。除了首都羅馬和義大利本國之外，連遙遠的行省，甚至是身為一神教徒而無法宣誓對皇帝效忠、也不須服役的猶太人，都舉行牲禮祭典，祈求卡利古拉早日康復。

登基才七個月，除了發紅包之外就只有舉辦慶典、贊助活動舉行的卡利古拉，為什麼能夠獲得眾人的好感呢？對於這個疑問，埃及首都亞歷山大猶太人社會中的領導者，也因為學識淵博而被稱為「猶太的柏拉圖」的斐洛就以下列的敘述來回答。

「卡利古拉重病的消息，不多久就傳遍了整個帝國。人們在得知消息之後，不僅拋棄了先前滿足人生的良好娛樂，就連賭博這種不良的嗜好也戒除了。取而代之的，是家家戶戶的不安、擔憂、驚慌與失意，彷彿整個帝國都隨著他一同病倒。不過，侵襲整個帝國的這場病，要比卡利古拉的病情還要嚴重。因為後者只是給予肉體上的打擊，而前者卻打擊了一切。氣力、和平、希望、幸福，以及能夠享受這一切美好的堅定信仰，擔心這一切就從明天起都將被剝奪的不安與憂鬱，使得人們生病了。昨日的和平和幸福，從明天起將變成無政府狀態、饑饉、戰爭、破壞，耕種的人不見蹤影而使耕地荒蕪、財產被沒收、無法無天狀態下殺人綁架橫行、分明不是出身奴隸卻被捉去當僕役，悲嘆命運乖舛，至死方休。

要將眾人從這一切的不幸中拯救出來，唯有卡利古拉康復一途，而帝國中的百姓也都知道。無論是哪個城市，只要有人從羅馬來，人們就會先問他卡利古拉的病情；當他們得知卡利古拉有好轉的跡象時，人們就在街上歡欣起舞。因為，卡利古拉病癒，意味著解除了帝國人民對未來的憂慮。」

再也沒有任何資料，能比這名猶太人的記載更能顯示羅馬帝王政治造福人民的情況了。朱利斯·凱撒畫好藍圖，奧古斯都構築，臺伯留為羅馬的帝王政治奠定基礎，而卡利古拉就繼承了這個羅馬。連被支配者都祈求卡利古拉早日康復，是因為人們害怕卡利古拉之死等於羅馬帝王政治之死。登基後的七個月時間裡，卡利古拉在政治上毫無作為，可見舉國上下祈求他早日康復，絕對不是出自於人民對卡利古拉皇帝政績的讚美。卡利古拉不過是在彰顯羅馬的帝王政治，而「政治上毫無作為」，就結果而言，反而比較好。

卡利古拉登基時宣誓要採行不同於臺伯留的統治方式，而所謂不同的統治方式，僅侷限於廢除徵稅、舉辦慶典或贊助活動舉行等博取人心的花俏行事而已，至於一般老百姓不會關心的行省統治或邊界防禦等部份，他是絲毫也沒有更動臺伯留的治理方法。不管首都七個月的慶典如何喧騰，行省和帝國防禦線上，都是臺伯留所起用的人才，沒有任何的調動。引用歷史學家毛姆森的話，這些人才就是「臺伯留的門下」。我想，卡利古拉在與晚年的臺伯留共同生活六年的時間內，一定了解了這件事情的重要性。不論是總督或軍團長，人事權是最能夠實際體會影響力大小的權力。所以，掌握人事權的人一旦交換，他手下的眾人勢必也跟著異動。不過，在卡利古拉短短的四年治世時代裡，他卻沒有把臺伯留定下的人事做任何的更動。想想卡利古拉喜歡誇示權力的個性，這個例子實在難得，對帝國而言也是極其幸運。

許多歷史學家都認為西元三十七年秋季的一場病，使得前後的卡利古拉性格大變，我倒並不這麼認為。卡利古拉只不過是在生病前許多事情想做而不敢做，在恢復健康之後，就毫不保留地執行而已。

因為不受歡迎而深受孤獨之苦的臺伯留，晚年的蒼涼情景，卡利古拉就在他身邊一覽無遺，那時他心裡頭大概是在想著，自己絕對不要去體驗那種滋味吧。未滿二十五歲就繼承了臺伯留的帝位，卡利古拉的性格，其實是細膩、易受影響又容易受傷的。失眠經常困擾著他，可是現在的他，卻掌握了一切；權威和權力，甚至還享受到作為被支配者的其他民族對他這位支配者的愛戴。

擁有一切的人最害怕的，就是喪失現有的一切。不像拒人於千里之外的臺伯留，卡利古拉集中全力去維持現有的一切。或許是舉國上下為了祈求他早日康復而焚燒牲禮所造成的黑煙和味道，給了卡利古拉勇氣，讓他拋開了以往有所保留的個性。因為他生病前的有所保留，並不是因為他不知道他的這些作為能否博得人心，只不過是顧慮到世間的反應，所以才有些躊躇。不過，現在很明顯的是，所有人都站在卡利古拉這一邊。

康復之後，最高權力者做的第一件事，就是下令除去養子葛梅魯斯。在先皇臺伯留的遺言中，葛梅魯斯同樣擁有皇位的繼承權，在臺伯留死後不到八個月的時間，他就被殺害了。對於二十五歲的皇帝殺害十八歲的皇位繼承人，歡天喜地迎接皇帝康復的世間百姓也給與完全地默認。

神化

從西元三十七年冬季到西元三十八年初夏的七個月時間裡，可說是年輕的最高權力者最是陶醉在權力之中的時期。二十五歲的卡利古拉心中的「權力」，並不是凱撒、奧古斯都或臺伯留腦海中的「權力」——羅馬式的權力，而是少年時期學友兼好友的王子們教他的東方式權力。

他們既然身為東方專制君主的孩子，當他們回到祖國登上王位，頭上自然有王冠閃耀。既然被稱為王，宦臣百姓在他面前自然就得大禮鞠躬。不過，他們是否能夠回歸祖國繼承王位的關鍵，卻掌握在卡利古拉手裡，而卡利古拉是「無冕王」。稱他為「皇帝」的，只有士兵們，連一般百姓也只稱呼他為「第一公民」，更別說要他們卑躬屈膝地向他行大禮了。東方習慣君主專制，而

「無冕王」則是奧古斯都衡量西方異於東方的歷史和傳統的情形下所開創的「羅馬獨特的皇帝」形式。就因為「無冕」，卡利古拉反而不了解它的地位還在「有冠」的國王之上，所以他才會對「王冠」的有無如此介意。

卡利古拉針對這個不合理的差異，想到了一個解決的辦法，那就是變成比王位還高的神格，而且還不是羅馬多神教中的眾神之一。希臘和羅馬的多神教中，眾神之間還有階級制度存在，最高的神祇是朱比特（希臘是宙斯），之下是海神尼普頓（波塞頓），接著是天后茱諾（赫拉）、智慧女神密涅瓦（雅典娜）、愛與美女神維納斯（阿芙洛黛蒂）等三女神，再加上戰神馬爾斯（阿瑞斯）和阿波羅兩名男神，這些屬於一級的神祇。死後被神化的凱撒或奧古斯都，頂多也只能到二級或三級。卡利古拉因為自己身上流著神君奧古斯都的血液，所以也自認為神，不過他可不甘於成為第三級的神明。當然，他也不打算成為一神教的神。卡利古拉也是希臘、羅馬文明的產物，他希望自己能跟最高神祇朱比特結合為一。

希臘羅馬神像的雕刻，都是以上半身裸露又沒有穿鞋子的樣子出現。如果想要展現凡人神化後的英姿，或是只想告訴別人，這是個在模特兒死後的作品，要不就光腳赤裸上身，要不就像著名的「第一門的奧古斯都像」一般，以身著盔甲的赤腳造型呈現。卡利古拉還活著就把自己神化，還以這種形象出現在眾人面前。

卡利古拉赤裸著上半身，光著腳丫子，頭髮和鬍鬚也似乎在模仿宙斯似地染成金色，當他出現在元老院時，議員們鴉雀無聲。有些時候，他又會改變裝束，在短衣之上披上繡有東方味寶石的披風，出現在公共場合。他也曾經手執象徵宙斯的黃金製閃電，也曾經模仿海神拿著三叉戟。現代的我們經常看到流行歌手或是起而仿效的年輕人奇異的裝扮，所以見怪不怪，但是身為羅馬的領導者，形象上自然要求要穩健剛毅、老成持重。所以他的裝扮不僅讓元老院的議員們吃驚，也讓一般公民跌破眼鏡。議員們心想，莫非是被大病給搞瘋了。

不過，他的這種行徑，一開始的時候，倒也沒有引起批評，甚至有些年輕人或百姓還為他鼓掌，認為他「很有趣」。卡利古拉和年輕人跟庶民之間，在興趣上也頗為類似。

快樂

卡利古拉解禁的娛樂，以鬥劍比賽和戰車競馳兩項為代表，這兩者都是百姓們最狂熱的競技。職業鬥劍士中，有的是奴隸出身，這種一對一的比賽，傳說是伊特魯里亞民族的體育項目。當羅馬稱霸伊特魯里亞之後，這項競技就傳入了羅馬。這種運動經常進行到某一方死亡才停止，而羅馬人對這種運動的態度可以分為三類：一、因殘酷而厭惡，二、雖然殘酷，但是想要觀賞鬥士劍士的劍術，所以喜歡，以及三、因為殘酷所以喜歡。撇開個人好惡不談，除了凱撒和奧古斯都拿這種娛樂來作為掌握人心的手段，換句話說，就是博得民心的政策之外，臺伯留屬於一，而知識份子西塞羅、塞內加和小普林尼屬於二，而三則是羅馬的百姓和卡利古拉。

卡利古拉突發奇想，把原本職業鬥劍士一對一的比賽，改為職業對重刑犯的業餘組對抗。當沒有受過劍術訓練的人參與其中的時候，殘忍的程度自然提升，百姓的瘋狂歡迎自然可以理解，而贊助這種比賽進行的，就是卡利古拉。

至於戰車競馳的方面，由於是由四匹馬拖著裝飾華麗的戰車來比賽，所以不是任誰都可以參加的。參加競馳不僅要耗費龐大的開銷，還需要有高超的技術來駕馭四匹馬兒。所以，在羅馬能參加戰車競馳的，要不就是屬於富裕階級、習慣駕馬者，要不就是職業隊伍兩種，跟現代的F1方程式賽車頗有異曲同工之妙。

職業隊伍的話，是由出錢的老闆、管理戰車和馬匹的人員以及駕著戰車出場比賽的選手組成。職業隊伍總共有四隊，分為綠、藍、白、紅四隊。卡利古拉是「綠」隊的忠實支持者，他也經常出席每次比賽結束後在馬廄裡舉行的慶功宴。如果獲得優勝，卡利古拉有時候還會賞二百萬塞斯泰契斯作為慶賀。身為皇帝但卻是個十足的戰車競馳迷，這一點也是引起百姓共鳴的地方。

不過，如果自己也有戰車的話，難免也想試試看。可是卡利古拉又沒有臺伯留年輕時到希臘的奧林匹亞參加競技的自信，所以他就在後來興建為基督教大本營的聖彼得大教堂的地點（現在的梵諦岡），蓋了一座私人用的競技場，讓自己駕著四馬戰車盡情馳騁。因為這裡必須從城中心越過臺伯河才能抵達，所以興建私人用的競技場時，一點問題也沒有。

戰車競馳用的「競技場」(Circus)和體育競技用的「競技場」(Stadium)，基本上都是長橢圓形。只不過，希臘式的一“Stadion”（一百八十五公尺）以及邊長固定的“Stadium”，都沒有“Circus”來得長，也就是沒有那麼大型。就算跟能容納十五萬人的「大競技場」無從比較，卡利古拉的私人用“Circus”長度也達五百公尺，相當於現今聖彼得大教堂到聖彼得廣場的距離。“Circus”和“Stadium”的第二個差異，在於有無中央帶狀地區。“Circus”因為戰車要繞行好幾圈，所以中間必

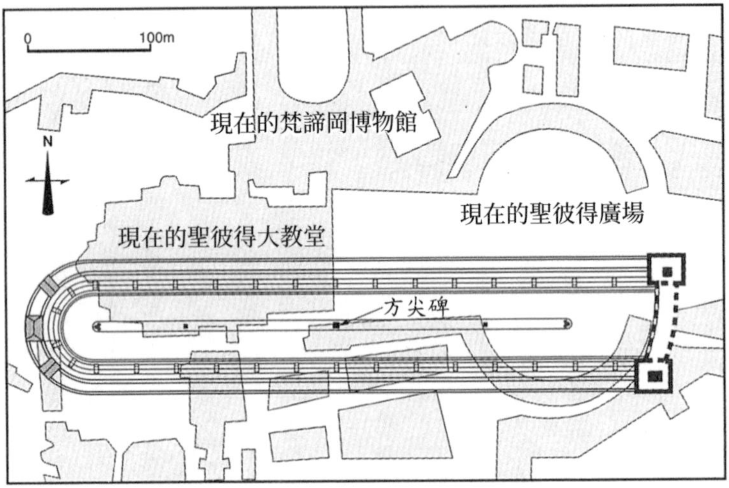

卡利古拉的競技場

戰車競馳（取自電影《賓漢》）

須保留。

西元前三〇年打敗克麗奧佩脫拉征服埃及的奧古斯都，曾把方尖碑從埃及搬運回來，擺在「大競技場」的中央。卡利古拉既然也蓋了"Circus"，雖然是私人用，但是他還是認為，在中央部份的帶狀地區各端，應該豎起方尖碑。他命人打造大型船隻，可以不須切斷石柱，就原封不動地把方尖碑從埃及搬運回羅馬來。卡利古拉的一切作為，都是要花掉許多經費的。這些高二十五公尺的方尖碑其現在的位置已經移動了一百公尺左右，佇立在聖彼得大教堂前的廣場中央。

卡利古拉時代的羅馬，一改臺伯留時代的景象，各種娛樂運動盛行，可是後來也被批評為「麵包與馬戲團」。

所謂的「麵包」，指的是主食小麥粉的免費配給系統，這是依據共和政治時代的「小麥法」施行的，目的在於救濟貧民，可以說是一種社會福利政策。在這個政策施行之下，已經有數百年沒有發生過多人餓死的情況了。古羅馬時代的政治，尤其是帝王政治時代的羅馬，絕對不是捨棄弱勢族群的統治方式。

"Circus"的拉丁文唸作「其爾庫斯」，英文唸作「瑟克斯」。如果要把現在義大利的足球比賽全面禁止，不管政府有多麼好，也不管施政的績效有多麼高，我們可以斷言，勢必會遭到極大的反對聲浪。問題雖然只是皇帝到底應不應該贊助這一類的活動，但是可說是平民主義的羅馬帝王政治體制下，舉辦這些活動乃是民之所欲。不理會民之所欲的臺伯留如果參加現代「總統大選」

的話，鐵定落選，這就是最好的證明。不過，不論是「麵包」或「馬戲團」，問題就在舉辦的程度是不是在國家財政可以允許的範圍之內。

所幸卡利古拉治世前期，還有臺伯留留下來的盈餘，所以這個問題還沒有切身之痛。也就因為如此，所以人們只要顧著享受卡利古拉提供的娛樂就好了。心滿意足的人對於卡利古拉的所作所為，自然是認同有加。

卡利古拉決定要把「奧古斯塔」的尊稱頒贈給剛過世的祖母安東妮亞，這個尊稱的唯一前例是頒給奧古斯都遺孀莉薇亞。在元老院認可之後，付諸實行。卡利古拉之所以要這麼做，可能是基於為了回報祖母的養育之恩，在他青春期遭逢母親被流放的悲慘歲月中，是安東妮亞將他養育成人。馬庫斯·安東尼和異國的女王克麗奧佩脫拉合作，向羅馬挑戰，而安東妮亞就是馬庫斯·安東尼的女兒。後來，奧古斯都打敗安東尼，成為唯一的最高權力者，他對安東妮亞的態度，不是以舊敵的女兒來看待，而重視她是自己的外甥女，當作一家人來對待。對女性而言，「奧古斯塔」就等於男性的「奧古斯都」尊稱。當作自家人來看待跟頒贈「奧古斯塔」的尊稱是兩回事，層次完全不同。換做奧古斯都的話，他一定不會做到這種程度；而臺伯留的話，是壓根兒不會這麼做。因為，這種事情並不是想給就給的私人感情問題，而是攸關國體的大事。畢竟「奧古斯都」代表的是皇帝的意思，「奧古斯塔」指的就是皇后。

不管是什麼事情，總該有個限度。可是，卡利古拉卻不知節制。

妙的是，卡利古拉竟然沒有替他那死於流放之地的母親阿古力琵娜平反，因為國家叛亂罪的控訴狀雖然可以燒毀，但是元老院做出的有罪判決卻是無法改變，他只能把死於非命的母親和哥哥的骨灰，埋葬在「皇帝廟」內。

二十五歲的卡利古拉有三個妹妹，分別是二十二歲的阿古力琵娜、二十歲的杜爾希拉和十九歲的尤莉亞·莉薇亞，三個人都是由晚年的臺伯留代為安排，和名門出身的男士結婚。卡利古拉在當皇帝的誓詞裡把三個妹妹的名字加在自己名字的後頭。羅馬的傳統是不給婦女公眾地位的，就連長年伴隨著奧古斯都的莉薇亞獲頒「奧古斯塔」之名，也是在奧古斯都的遺言裡頭。卡利古拉打破了羅馬的這項傳統。以往不論她們的家屬身份跟最高權力者是多麼的親密，能發揮多大的權力，畢竟女人永遠只能活躍於家族之內。現在，卡利古拉讓女人們也能享受公開的地位。性格乖僻的人，往往膽子也比較小；而這種膽小的人不太會在人群中開拓黨羽，反倒是想要拉攏明顯站在自己陣線的人來包圍住自己。這種性格的人有一個特徵，就是他們的同黨等於他們的血親。而厚待妹妹們的卡利古拉，對自己的妻妾們反倒是出奇的冷淡。

卡利古拉從二十一歲到二十七歲的六年之間，跟四個女人結婚，其中一人過世，二人離婚，而他二十八歲去世時陪葬的，是第四任的太太凱索妮亞。卡利古拉這一輩子中有母親和妹妹的影子，但卻沒有妻子的蹤影。

一般錢幣上頭刻的都是皇帝的肖像，但是卡利古拉的三個妹妹也受到同等的待遇，這三位羅馬的「第一夫人」的地位還高於皇帝的妻子們。按照性格將這三人分類的話，敘述如下：

好勝貌美腦筋好的野心家阿古力琵娜、溫柔纖細具古典美的杜爾希拉、樸實不起眼的尤莉亞·莉薇亞。集五歲年長的哥哥寵愛於一身的，是杜爾希拉。

卡利古拉自認為神，所以他覺得哥哥愛妹妹在人世間即使不被容許，但是在神的世界裡應該就沒有關係。因為，在我即是神的埃及皇家中，舉凡像埃及豔后克麗奧佩脫拉和她的弟弟的關係，姊弟或兄妹的結婚是稀鬆平常的事。

杜爾希拉死於西元三十八年的初夏。無論是誰，二十一歲就撒手人寰實在是件令人痛心的事，而對卡利古拉而言，更是極大的打擊。他放下一切，只帶著少數的護衛，騎著馬離開了首都。卡利古拉沒有參加喪禮，也不知道他為什麼要前去西西里。或許是他在恍惚中鞭策著馬兒，不知不覺地就往南而行，警覺過來時，竟然已經來到了西西里。生平第一次見到的墨西拿海峽，以及浮在海面上的西西里島，似乎幫助卡利古拉恢復了冷靜。不過，恢復的也只有冷靜，杜爾希拉之死並沒有改變卡利古拉。回到羅馬後的卡利古拉，立刻將杜爾希拉神格化。以往在死後能夠被神化的榮譽，只有凱撒和奧古斯都兩人曾經獲得，現在，二十一歲的年輕女子也躋身其中。

沒有史料能夠顯示公民們對卡利古拉的看法，就連塔西圖斯著的《編年史》中，唯獨卡利古拉那一章，在中世紀的時候完全散逸。如果從其他歷史學家的記述中拾取比較可信的部份，一般公民的反應似乎也沒有什麼變化。害怕喪失人氣的卡利古拉不改初衷，仍舊像剛登基時贊助鬥劍士比賽和戰車競馳等娛樂項目，同時也強迫其他有權有勢的人士提供這些活動。

卡利古拉也知道，公共事業，也就是現代的基礎建設，在獲得公民好感的效果上，與提供娛樂活動相同。

卡利古拉公開表示，將在已經有七條水道供水的羅馬，建設新的水道。羅馬成為世界首都已經半個世紀，人口也不斷地增加，而供應豐沛的水源，也是防止疾病發生的對策。不過，跟其他現有的水道相比，這項水道建設計畫實在是一項野心勃勃的土木工程。因為，從水源地到羅馬全長七十公里的距離中，有十公里以上將建設為高架水道。工程從西元三十八年開工，五十二年竣工，取完工者之名，定為「克勞狄斯水道」；另外一條也是由卡利古拉動土開工的「亞尼歐・諾福斯」。加上原有的七條水道，共九條水道供水，等於每天可以供應每一位羅馬公民九公升的水。附帶一提的是，二千年後今日羅馬居民的供水量只有這時候的二分之一，搞不好甚至只有三分之一呢。

卡利古拉還知道，本國義大利已經捨棄糧食自給自足路線時日已久，但是確保糧食則是獲得民眾穩定支持的重要因素。臺伯留任命的「水道廳長官」是個很有能力的人物，而同樣是臺伯留任命的「糧食廳長官」也是非同小可，所以從來沒有人抱怨小麥不足或是售價提高。可是，卡利古拉還是想要表現一下，於是執行了他在西西里時想到的方案。由於從產地埃及運達羅馬時非得經過墨西拿海峽不可，所以他想到要在海峽邊興建避難港。隔開義大利半島與西西里島的墨西拿海峽由於海流湍急，號稱是一大難關。因此這項工程的目的，就是要讓載滿小麥的船隻在遭遇暴風雨時，能夠輕易地避開。

這種以充實基礎建設為目的的公共事業，公民自然是給予極高的評價，因為一來羅馬人了解基礎建設的重要性，二來又能創造新的就業機會，有刺激景氣的效果。但是，一般「基礎建設」往往都要長期進行，除了開工和竣工時皇帝會出現之外，平時可是非常不起眼的工作，換句話說，就是缺乏話題性。卡利古拉可不喜歡這樣。

那時候，西元三十八年十月，首都羅馬發生大火。史料中並沒有說明此時的災區是在羅馬的何處，不過當時羅馬的火災並不稀奇的原因，是因為雖然房子的牆壁和柱子是石造的，但是為了減輕天花板和屋簷的重量，往往都使用木材。羅馬建築的弱點就在於此。

卡利古拉得知火災之後，自然是奮勇指揮滅火。二十六歲的他，體力還算不錯。

卡利古拉並且靈機一動，決定由國家全額負擔火災造成的損失，公民當然歡天喜地，不過這項措施也是不久後國家財政崩潰的原因之一。總之，卡利古拉博取人心的政策都有一個特色，就是希望做些史無前例的事情，讓眾人耳目一新。

從拿坡里向東可達龐貝；向西則是綿延的海岸線，從其中商港坡佐里到軍港米塞諾，沿途都是羅馬上流社會人士的別墅。氣候溫暖加上溫泉資源，還有美麗的景觀，所以能在這一帶擁有別墅的，可說是身為羅馬上流社會人士的證明。坡佐里因為是商港，所以左近地區充滿活力，而海灣對面的巴伊亞則是優雅的高級別墅地帶。卡利古拉宣示，他要騎馬走過連結坡佐里和巴伊亞的海路。

如果換成現代的數字，距離是五．四公里。卡利古拉命人將眾多的船隻徵調過來，横擺連成一串，以桅桿為中心點，左右掛上木板，然後在上頭倒土鋪出一條平整的道路。

當天因為看到皇帝昭告而聚集的人民，把坡佐里和巴伊亞的碼頭擠得水泄不通，甚至連載滿看熱鬧者的小船，也把附近的海域填滿。

將船隻連結而成的這條海上五公里道路，卡利古拉往返馳騁。因達成羅馬和平的奧古斯都喜愛而聞名，同時在軍隊中拯救同袍的士兵所能獲得的最高榮譽，就是「公民冠」；而卡利古拉在過海時的裝扮，就是頭戴以鮮綠橡樹葉編成的「公民冠」，身披黃金刺繡斗篷，左手拿著騎兵的圓形小盾，右手控馬。去程即以此羅馬士兵的裝扮而行。

回程時的演出更是叫人嘆為觀止。他身上穿的，是叫人從埃及取來、號稱是亞歷山大大帝的黃金製盔甲。他乘坐的不是馬匹，而是由兩匹馬拖引的戰車。因為亞歷山大大帝曾經打敗波斯，

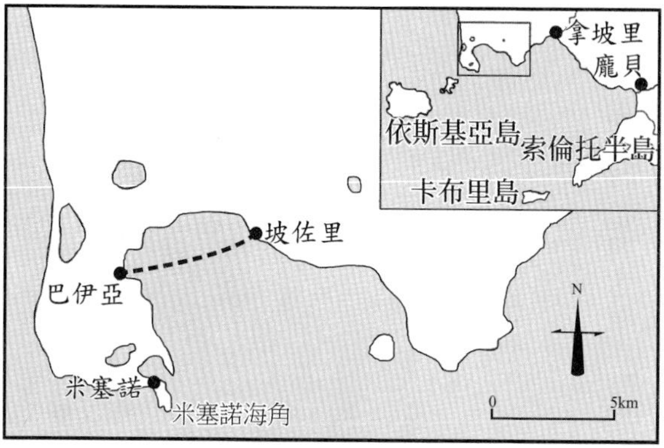

卡利古拉的「海上道路」

而此時被送來羅馬當作人質的帕提亞王子又是波斯達雷歐斯的子孫，所以卡利古拉就叫王子乘坐另一部戰車走在前頭，他自己就假扮成亞歷山大大帝，從後頭追趕。這是一次鉅細靡遺的表演。當然，無論是去程或是回程，追隨在卡利古拉背後的，是身上火紅色斗篷隨海風飄揚、騎著馬兒的卡利古拉玩伴，和一隊近衛軍團的騎兵。觀眾們報以熱烈的歡呼聲。雖然表演結束後，除了話題以外，什麼也沒留下，就好似「泡沫」一般。不過親眼目睹的人，或是道聽途說的人都津津樂道，像是在讚嘆象徵皇帝的年輕和羅馬帝國繁榮的美麗煙火似地，持續了好長一段時間。這就是卡利古拉的目的，即使耗費大筆經費，只要能達到目的就好。

想要彰顯自己雖然沒有皇冠，但是地位在有王冠者之

卡利古拉

上的用意，以及永遠希望是人們話題焦點的想法，促使卡利古拉去做一些破天荒的舉動，不只上述的事例而已。

羅馬時代的史學家們記載，一般槳只有三層，可是卡利古拉卻打造了十層槳的大型船隻。帆布是絢爛的絲綢，在不同的陽光角度下，顏色會產生變化。船上有浴室、沙龍和寢室，甲板上有迴廊。翠綠的樹木和豐盈的果實布滿了整艘船，人們身在其中，享受奢華的筵席。

卡利古拉時代一千四百年後的義大利文藝復興時期，被稱為萬能天才的李奧納多．達文西的前輩的里昂．帕提斯塔．阿爾貝魯提想要一窺中世紀傳說的真相，就去尋找羅馬南下阿庇亞大道三十公里處、尼米湖底的羅馬沉船。不過，因為那時候潛水的方法還不發達，所以功虧一簣；十八世紀時又有人嘗試了一次，那次也未能成功。到了二十世紀，簡直就是對古羅馬時期瘋狂的墨索里尼一意孤行，再次大張旗鼓地展開搜尋。由於已經是考古學的全盛時期，雖然經過了一千九百年，終於從乾涸的湖底，找到了二艘船隻。兩艘船的船底都極為平坦，顯示船隻不是用來航行，而是以浮於水面上為目的。一艘長六十七公尺、寬二十公尺，另一艘則比較大型，長七十一公尺、寬二十一公尺。從船上發現很多用來鋪設地板的各色大理石、馬賽克和雕像，還有許多銅製的航行用具和烹調用的器具。

義大利的法西斯政府興建了一座博物館，用來收藏這些古物，但是很遺憾地，在第二次世界大戰的戰火中，船體焚燒殆盡，至今只留下沒有燒掉的大理石、馬賽克和銅製品。

目前還沒有史料可以證明這兩艘船隻是卡利古拉下令打造的。無論是在卡利古拉之前或之後，富裕的羅馬讓皇帝們可以盡情地做一些前所未聞的事情而不致國用匱乏，但是絕大部份的建設都是為了滿足公共用途。卡利古拉最擅長的，就是公器私用，而且這些浪費都只令人覺得是他一時興起的產物。

話說回來，二千年後的今日，尼米湖的湖面上倒映著翠綠的樹木，恬適寧靜。在這小小的湖面上，接近別墅般的豪華遊艇靜靜地划過水面，船上舉行的宴會，是何等的愉悅呀？卡利古拉是從哪裡來的點子？臺伯河流經羅馬市，當時河中的島嶼就已經建造成船隻的模樣。帶給他靈感的，是這些臺伯河中的島嶼，或是幼年時候隨著父親日耳曼尼可斯造訪埃及時體驗過的、也是女王克麗奧佩脫拉遺產之一的尼羅河上華麗的遊船呢？

在遭到焚毀以前的研究中，就已經知道這二艘從尼米湖中發現的羅馬船隻，既不是被燒掉的，也不是被破壞後才沉沒的，它們是被故意弄沉的。卡利古拉在被殺害之後不久，所有與他有關的一切都遭到廢棄，豪華的湖上遊艇可能就是在那個時候被弄沉的。沒有任何史實顯示，卡利古拉之後的皇帝有人使用過這些船隻享樂。

籌措財源

卡利古拉登基還不滿三年，不僅皇帝的私有財產，就連國家財政也宣告破產。臺伯留留下來的二億七千萬塞斯泰契斯盈餘，也因為卡利古拉提供各種娛樂活動，早就用罄。之後雖然挖東牆補西牆，但是在治世邁進第三年之前，各種彌補的方法也變得黔驢技窮。不過，卡利古拉還是無法改變以往的作為。

首先，「浪費」這個行為，就是不管是哪一種浪費，都只會愈來愈過火。第二點，一般的公民們也習慣了卡利古拉的海派作風，而卡利古拉本身也害怕「財盡情亦斷」。所以，二十六歲的卡利古拉最關心的事情，就是怎麼開闢財源，他非常清楚，自己的支持基礎不在元老院，而是一般公民，也正因為如此，所以錢是不可或缺的。

既然無法節流，那麼要脫離財政破產的局面，就只有開源一途。

整個帝國的經濟力量，就只能用「繁榮」這個字來形容。如果有統計圖表的話，七十年的太平盛世和這期間遍布整個帝國的基礎建設，再加上共和政治時代起的羅馬傳統——給與各民族各都市絕大自主權的統治原則，經濟實力一定是呈現向右上方上揚的成長趨勢。

稅收方面，即使就靠自然增收，也必定是成長的局面。偏偏最能直接反映經濟成長的營業稅，雖然只有百分之一的稅率，卡利古拉竟然把它給廢除了。

卡利古拉再怎麼愛花錢，也沒有想到要提升百分之十的行省稅率。就算行省人民是被支配者，但是一旦要提升課徵稅率時，行省人民必定揭竿而起。雖然是不成文的規定，但是在古代，無論在君主專制國家，或是容許自治的「自由都市」，直接稅率百分之十乃是常識。此外，萬一發生了暴動，還得派出軍團鎮壓，更會增加開銷。

維持散漫的財政卻又要馬上健全財政，當人們面臨這種難題的時候，最常見的現象就是採取姑息手段。現在，貧困匱乏的就只剩卡利古拉一人，其他的人仍舊很富裕，就算不富裕也不致窮困。不過，卡利古拉還是沒有虧待真正的窮人，繼續維持救濟貧民的小麥免費配給制度。

看看卡利古拉籌措財源的政策，倒是一點也不讓人覺得悲慘，只會讓人苦笑。卡利古拉真可以說是這方面的點子王。

卡利古拉把皇帝家中的家具用品類、寶石，甚至連幫傭的奴隸，也都拿出來拍賣。不過，拍賣會場不在首都羅馬，而是在相當於行省高盧首都的城市里昂舉行。要是有人問到，為什麼不在羅馬，而選在里昂舉行呢？我想答案可以分為三個要點。

第一、在羅馬舉行的話，實在太丟臉。

第二、卡利古拉希望盡可能地把賣價提高。家具用品類、寶石或奴隸，如果以實際的價格去賣，收入當然高不到哪裡去。當時不論是奧古斯都、臺伯留甚至卡利古拉，或者是皇族的女子們，上流階級並不見得比販賣奴隸的新興暴發戶擁有更多的奢侈品。所以如果想賣好價錢，就只好賣奧古斯都用過的床，或是莉薇亞愛用的寶石飾品，或是一出生就在皇家裡頭幫傭的奴隸等等，換句現代化的說法，就是善用具有附加價值的東西。

若是考慮到效果，卡利古拉自然會選擇賣給因距離遙遠而更加對皇族尊敬與憧憬的行省人民，而不是看慣了皇帝家族的首都羅馬人。

第三、話說回來，就算對皇族更尊敬和憧憬，可是，沒錢的人想買也買不起。對於專程從羅馬越過阿爾卑斯山到里昂、加上這筆運輸費用後的昂貴家具，還能夠付得起好價錢購買的人，才是卡利古拉要賣的對象。聽說高盧各地都有人前來參加拍賣會，證明了有的人就是有本事以高價買下具有附加價值的物品。這也同時證明了，加上行省之後的全帝國經濟實力，的確有上升的趨勢。

躺在奧古斯都用過的床上時，富裕的行省人民心裡在想些什麼呢？而卡利古拉面臨的缺錢狀態，靠這種方式籌措財源，根本無濟於事。

雖然卡利古拉沒有想過要提高增收行省人民原本收益百分之十的稅收，但是他徹底消滅了任何導致行省稅收減少的可能。換句話說，就是實質上不再許可行省人民獲得羅馬公民權，因為，一旦成了羅馬公民，他們就再也沒有繳交行省稅的義務了。

卡利古拉又決定，行省人民已經擁有羅馬公民權者，只能將他的公民權傳給他的兒子。以往在凱撒和奧古斯都時代，行省人民只要獲得羅馬公民權之後，就適用於他的親戚家屬，認定這是一項可以流傳給子孫的世襲權利。因為不許傳給直系男孩以外的人，所以出身行省、忿忿難平的羅馬公民就出示凱撒或奧古斯都給與的"Diplōma"（證明書）表達抗議。卡利古拉則說那些老證書無效，一點也不加以理會。

卡利古拉會許可羅馬公民權傳給直系的男孩，原因就在他了解確保羅馬軍的兵源要比增加行省的稅收重要。行省人民只要服二十五年的「補助兵」役，就能獲得羅馬公民權，那麼他的兒子自然也就具有羅馬公民權，而具有羅馬公民權者就有資格志願參加「軍團兵」。羅馬就是以這種方式堅持志願役，達成確保兵源的目標，卡利古拉對此也不能視若無睹。

卡利古拉缺錢的情況還是沒有獲得改善，這當然歸咎於他沒有節流的關係。於是，卡利古拉想到了設置新稅，不過，稅制的基本體系是神君奧古斯都創設的，當然不能加以破壞，他能做的，就是微幅的修正。

羅馬的民事訴訟中規定，在審判一開始的時候，就必須繳交訴訟金額的四十分之一，也就是百分之二·五給國庫。如果是在審判的過程中撤銷告訴的話，法律中也規定可以免除繳交的義務。卡利古拉就把這種體制加以修改，無論審判的情形如何，一律都得繳交。

至於羅馬市內銷售的燃料，也決定加以課徵一定的稅金，至於稅率多少，史料中無從考據。他還訂定了色情行業和妓女也必須被課以收入百分之幾的稅金，至於稅率方面，同樣也不可考。還有搬運貨物的工人，也被課以每日收入八分之一的稅金。

蘇埃托尼烏斯將卡利古拉籌措財源的窘相生動而有趣地加以列舉，不過大部份都是當時來路不明的誇大言辭，百年之後，蘇埃托尼烏斯才把這些片段加以整理。雖然大多難以置信，但是傳說卡利古拉連遺書都管到了，如果從羅馬的實際情況來考量的話，其實不失為非常務實的籌錢方式。

羅馬人之間經常指定平時尊敬的人作為遺產繼承人，正因為如此，奧古斯都提出的遺產稅構想，就是在六等親以內的親戚得以免徵遺產稅。這當然又是另一項可以徵收的稅金。卡利古拉強制在遺產繼承人中必須加上他的名字，而可繼承的遺產，除了現金之外，還包括了不動產等資產、奴隸和鬥劍士等「活資產」在內。當然，卡利古拉一旦繼承到了之後，立刻就拿去拍賣，他一點也沒有忘記要拿去變現。在奧古斯都的法令中，六等親以外的人繼承時，必須繳交百分之五的繼承稅給國庫，但是卡利古拉交了沒有，就不可考了。

但是這裡頭有問題產生。奧古斯都創設的遺產稅，只課徵具有羅馬公民權者。卡利古拉動手修改，等於就是把他的手伸進羅馬公民的荷包裡。

課徵燃料稅或是向搬運貨物的工人徵收稅款，要不就是色情行業或妓女的課稅等，因為他們絕大部份都不是羅馬公民權的所有人，所以這些稅金都被認為是向被支配者課徵的，身為支配者的羅馬公民權所有人自然不會覺得不滿。不過，動手修改遺產稅，就對身為支配者的羅馬公民權所有人造成直接衝擊。

羅馬人是法治的民族，他們非常尊重私有財產，不論富貴貧賤，即使是一張床，他們也習慣將它清楚地列在遺產中。所以卡利古拉的所作所為，眾人都認為是侵害私有財產權。

卡利古拉忘記了比這個還重要的事。人類只要是在不用動到自己荷包的範圍之內，管它是國家或個人提供雜耍團或娛樂活動，一併欣喜歡迎，也不吝支持這些活動的贊助者；但是這一切如果是要動用到自己的荷包，以往的支持立即化為烏有。卡利古拉忘了這個現實。公民對於剛登基時的卡利古拉給予狂熱的支持，現在開始逐漸地冷卻。這種情況讓卡利古拉難以忍受。

前進高盧

登基為皇兩年之後，西元三十九年秋季，二十七歲的卡利古拉突然出發前往高盧，從那個時候開始到西元四十年夏季回到首都為止的七個月時間內，卡利古拉到底做了什麼，古代的歷史學家們是有留下記錄，但是也不知道是不是他們不太關心，所以沒有說明卡利古拉為什麼要做這些事情。至於後代的研究學者們，充其量也都僅是推測而已。研究學者們認為，卡利古拉已經掌握一切了，他欠缺的，只有軍事上的榮譽，或許這就是他想要得到的吧。我想，或許是吧。人類在要有所作為的時候，往往都是為了彌補自己不足的部份。卡利古拉並不喜歡被稱作羅馬公民中的「第一公民」，至於想要的「皇帝」稱號則是士兵們讚賞戰勝的司令官的尊稱。凱撒自然不在話下，奧古斯都和臺伯留都被稱為"Imperator"（皇帝；大將軍），只有卡利古拉不是。如果卡利古拉也要名副其實地成為「皇帝」，那麼在登基不久、還享有狂熱支持的時候趕快進行的話，成功機率也比較高。只不過那段時期，他是日以繼夜地在慶典中度過。登基兩年半後的卡利古拉，除了欠缺軍事上的榮譽之外，我想最缺乏的還是「錢」。

當時的羅馬擁有最強的軍事力量，主力是十五萬的軍團兵，以及人數相當的補助兵。就連東方大國帕提亞也相信，在面對羅馬時，即使零星的戰鬥中或許有機會獲勝，但是在戰爭時勢必敗北。而有權力決定強大軍事力量動向的人，就是最高司令官卡利古拉。

總計三十萬的軍隊勢力，在奧古斯都的策略中，是維護「羅馬和平」的必要防禦戰力，他的遺訓中也禁止擴大羅馬帝國的疆域，相信卡利古拉也不會違背吧。

而所謂的防禦線，光是靠駐守當地、將來襲的敵人擊退是無法維持。必須先擊退將要來襲的敵人，然後乘勝追擊，深入敵人內地，打擊敵人的根據地，然後再返回防禦線，重新構築防禦體制。要不然，就不算是完成了「防禦」的工作。

臺伯留將萊茵河西岸串連在一起的羅馬軍團基地，由奧古斯都時代單純的冬營基地，改為形成帝國防禦體系基礎的常駐基地。這種策略，並不是要讓住在萊茵河東岸的日耳曼民族認為羅馬軍不會越過萊茵河來犯；相對地，這是臺伯留向日耳曼民族的意志宣示，如果他們敢輕舉妄動，想要侵略萊茵河以西，羅馬軍團將不辭辛苦越過萊茵河反擊。因為，在臺伯留決定從日耳曼之地撤軍之後的二十年歲月裡，雖然動用的軍事力量還算保守，但是羅馬軍團仍經常越過萊茵河攻擊。

以萊茵河作為羅馬帝國防禦線這件事，在卡利古拉時代其實也還沒有形成共識。奧古斯都在他死前都還幻想著稱霸到易北河為止的日耳曼之地，雖然他的遺訓中禁止將帝國的疆域再擴大，但是卻沒有說清楚，到底帝國的疆域指的是到易北河，還是萊茵河。就連出生於卡利古拉時代十年後的歷史學家塔西圖斯都還深深以為，征服日耳曼之地到易北河為止的區域，要是交給日耳曼尼可斯來辦的話，早就應該成功了，就因為臺伯留嫉妒日耳曼尼可斯在軍事上的成就，所以讓日耳曼尼可斯無法完成稱霸大業，功虧一簣。日耳曼尼可斯是代表「日耳曼征服者」的綽號，卡利古拉就是日耳曼尼可斯的兒子。西元三十九年，當時的卡利古拉想到要去征服日耳曼，其實也並不是什麼不可思議的事情。如果能夠完成父親未完的志業，就再也沒有比這項成就更高的軍事榮譽，而且戰利品和將日耳曼變成行省之後增加的行省稅，都能夠一次為卡利古拉解決他當時所面臨的缺錢窘境。

進入高盧以後，卡利古拉在里昂停留片刻，就造訪了萊茵河前線。不過，也不曉得他是不是接受了臺伯留任命後一直沒有更動過的軍團長忠告，雖然他有權力調動八個軍團和補助部隊共計近十萬的兵力，而首都的公民也勢必會歡呼支持進攻日耳曼的軍事活動，但卡利古拉竟然沒做就回來了。他還是有舉行小規模的軍事行動。在今日，我們經常在敵人的眼前舉行大規模的軍事演習，而卡利古拉在西元三十九年十月所作的，就是這一類的軍事活動。最高司令官卡利古拉面對滿山滿谷的士兵發表演說，以「為了將來與敵軍對峙，請把你們現在的精力和士氣保留下來」做結。

不得不放棄進攻日耳曼的卡利古拉，將目標轉向不列顛。自從朱利斯．凱撒進攻不列顛以來，近百年都是無人理會的情況。羅馬方面之所以能不加理會，就是因為不管它也不會出問題的關係。奧古斯都和臺伯留都只要多佛海峽附近，也就是高盧附近（即現今的肯特地方）的各個部族能與羅馬保持友好關係，他們就覺得心滿意足了。

其實，卡利古拉會想到要進攻不列顛，也不是沒有原因的。有幾名不列顛人在爭奪部族主導權時敗北，逃到高盧境內，要求羅馬的軍事介入。不過，這與羅馬「被攻擊的話就回攻」的傳統教戰觀念並不吻合。也就是說，卡利古拉進攻不列顛，充其量也不過是毫無理由的一時興起而已。

不過，就算是皇帝的一時興起，要成行的話，還有很多障礙。第一個問題就是，進攻時所需的軍隊要從哪裡調來。高盧地區只有駐守里昂的千名士兵；如果要從萊茵河調軍，前線又不能無人駐守，八個軍團中頂多只能調動二個。伊比利半島雖然也有三個軍團，但頂多只能調度一個軍團。於是，卡利古拉決定招募相當於二個軍團人數的志願兵。當然這些戰爭費用的支出，又使得讓卡利古拉最頭痛的問題再度浮現。

羅馬軍備戰的傳統，是先準備好士兵人數、武器和軍糧等確定因素，而不是精神、士氣等不確定因素。羅馬軍號稱是以後勤單位獲勝，所以確保補給線就是司令官最重要的任務。也就是說，開戰需要龐大的軍事費用，而最早面臨這個現實問題的，就是司令官。卡利古拉就是因為想到勝利後的戰利品和收為行省之後的行省稅，所以才轉而進攻不列顛，可是一想到軍事費用，他又不得不放棄他的夢想。造成國庫阮囊羞澀的主因，其實就在放縱財政的卡利古拉自己身上。

也可能是不甘願就此撤退，所以卡利古拉才會在多佛海峽前展示軍力。蘇埃托尼烏斯寫到，卡利古拉叫士兵們撿拾散落在沙灘上的貝殼。我想，其實這不是卡利古拉下令叫士兵們撿貝殼的，一定是被帶到高盧北部偏遠之地的士兵們發現除了閱兵典禮之外，真的是無事可做，所以就撿撿貝殼吧。卡利古拉只是校閱列隊在沙灘上的軍隊，還有叫人在海角前端設置燈塔而已。

二個月後的西元四〇年五月底，卡利古拉回到羅馬，不過他沒有回到被稱為「波梅里姆」的城中心，在八月三十一日舉行凱旋儀式之前，他暫住郊外。羅馬自古就有一項風俗，凱旋將軍在凱旋儀式之前，是不可以回到城中的，所以卡利古拉就遵守了這個傳統。不過，這次的凱旋儀式，也不是乘坐由四匹白馬牽引的戰車，而是稱為「簡化凱旋儀式」的騎馬式凱旋典禮。元老院對於卡利古拉向來是言聽計從，不過對於一個只做了軍事演習和閱兵典禮就回來的人，實在無法准許他舉行正式的凱旋儀式。即便如此，卡利古拉似乎很滿足。雖然僅僅是簡化的凱旋儀式，但是卡利古拉故意把典禮安排在他二十八歲的生日那天舉行。縱使是簡化的凱旋儀式，他還是可以接受前來參加的士兵稱呼他為「皇帝」。等這一切都過去之後，卡利古拉最關心的，就是集中精神盡快籌措財源。因為七個月的行省巡行，只讓原本就缺錢的窘境更是雪上加霜。

所謂的盡快籌措財源，其實就是從富貴之家下手。富貴之家指的就等於元老院階級，而能派得上用場的，即為「國家叛亂罪法」。原本元老院的恐怖時代應該隨著臺伯留的去世而告終，沒想到現在又重新開始。因為謀殺卡利古拉的罪名，二個妹妹被流放，去世的妹妹杜爾希拉的前夫雷比杜斯和高地日耳曼軍團司令官哥圖里克斯被迫自殺。卡利古拉和元老院的關係，從登基後狂熱的歡迎逐漸冷卻，原本至少還保持著協調的關係，但是到此時已經變成完全的對立。甚至連一般百姓應該很歡迎跟自己無緣的有錢人受到打擊的，可是他們也開始同情元老院階級。人們在獲得太多之後，就會開始覺得厭煩。一般公民對於卡利古拉，已經開始感到厭煩了。

財源的籌措捉襟見肘，再加上他可能發現了公民已從狂熱中清醒過來，於是卡利古拉想到要去東方地區視察。東方地區以富裕聞名，而且比起西方的人民更歡迎日耳曼尼可斯之子卡利古拉登基為皇。或許卡利古拉心中的如意算盤，就是以為在東方地區比較容易籌錢吧。

不過，讓卡利古拉神經緊張的問題終於浮現在他的面前了。其實，這也是他自己一言一行所造成的「咎由自取」。

羅馬人與猶太人

古羅馬時代的羅馬和猶太關係問題，在近代的研究立場，大多站在猶太這邊。一言以蔽之，這段歷史其實就是尊重自由的猶太民族頑強抵抗統治者羅馬的史實。如果採用這個假設，那麼除了猶太以外的其他民族，是否就沒有頑強反抗支配者羅馬了呢？對於這個問題，勢必要有個答案。

希臘人、高盧人、西班牙人、不列顛人和東方地區的各個民族雖然不是沒有反抗，但是不致於頑強；為什麼只有猶太人會頑強抵抗呢？如果找不到答案，這個假設也就不成立了。

是不是因為前幾者尊重自由的意識薄弱，而後者較強呢？

或者是，包括羅馬人在內的前者，對於「自由」的定義，和後者的猶太人不同呢？

猶太周邊簡圖

羅馬人的統治精神，就誠如出生於羅馬帝王政治時代的希臘人普魯塔克所言一般：「連敗者也與自己同化」。敗者中的一個民族——猶太人，拒絕了與羅馬人同化。他們不僅拒絕與勝者羅馬人同化，也拒絕與其他民族同化，這又是為什麼？

因為他們的宗教——猶太教不允許他們如此。相當於猶太民族憲法的摩西「十誡」，開宗明義地點出猶太人戒條的第一條，就是「除了我之外，不得崇拜其他的神」。既然是一神教，那麼它的神祇就不能是個寬容的神，因為他們不容許承認猶太教之外的神明。在多神教支配的時代中，雖然是處於弱勢，但是為了要堅定信仰，理所當然地，就是相信耶和華選擇了猶太民族成為神的子民，這就是他們唯一的精神依靠。他們的這種思想，加上期待救世主出現的希望，成為他們在巴比倫或埃及時代身為奴隸的悲慘歲月時的精神食糧。猶太人回到巴勒斯坦之後，也沒有改變他們的信念。古代猶太人的孤立傾向非常明顯，簡直僅次於希臘民族。在小有規模的都市裡，一定會有猶太人社區，但是同樣在一個都市之中，猶太人又不會跟其他的居民融合在一起。也不是猶太人不與其他民族交流；居住在都市中的猶太人，大多以金融和通商為業，所以這些方面的交流頻繁，他們本身的能力也強。不過，除了這種交流之外，也就是同化或融合方面，他們一點也沒興趣，因為，其他的民族有不同的神祇。亞歷山大大帝以後的東方支配者希臘人，以及之後繼承的羅馬人都是多神教的民族，擁有承認其他民族神明的特色。

在多神教世界的古代中，猶太民族只能說是個異類，如果他們只在山間的窮鄉僻壤過著放羊的孤立生活，或許還不會造成問題，可是他們偏偏想要住在都市裡。因為，財富就在都市中。

羅馬人和猶太人對於法律的觀念也不相同。

對猶太人而言，法律就好像摩西的「十誡」一般，是神賦予人民，要人民遵守的法律。其實可能是摩西在隱密處刻在石片上的東西，當他展示給眾人看時，如果不說是神的旨意，非得遵守不可，眾人大概也不會理會他。不過，既然說是神給的，那麼人類就不能加以改變。

至於羅馬人觀念中的「法律」，是由人類構思，至於要不要立法，則是在元老院和公民大會時，由人類來決定。所以，不符合現實狀況的，當然要加以修改。

羅馬也有跟「十誡」頗為類似的法律，不過不是由神明的旨意，而是人類訂定下來的。這法律就是在西元前四四九年公布的「十二銅表法」，內容包含十二個項目，恰如其名。不過，羅馬只花了不到二百年的光陰，就使這「十二銅表法」變得有名無實。在不斷修法以使法律切合現實的過程中，往往會使得這個法律找不出它原本的面貌。

我們或許可以說，羅馬人是拿法律配合人類，而猶太人是令人類配合法律。猶太人的「法律」只適用於猶太人之間，但是羅馬人的「法律」卻適用於整個羅馬帝國，甚至這種法律觀念還一直流傳到現代。羅馬人心目中的「法律」並非宗教，它只是法律而已。也正因為如此，即使宗教信仰不同的民族之間，也可以跨越時代，創造出適合他們自己使用的基本構想，後世就稱這種觀念為「羅馬法的精神」。

羅馬在同化居住於帝國內的不同種族時，使用的方式是賦予羅馬公民權；當時擁有羅馬公民權者可以獲得免除繳交行省稅的現實利益，然而最不想成為羅馬公民的，就是這古代的「奇葩」——猶太民族。在凱撒訂定的法律之中，醫師與教師沒有民族的分別，一律賦予羅馬公民權，這也隨著帝王政治時代的演進而普及整個帝國。猶太人雖然是非常優秀的民族，醫師教師眾多，但是實際上使用這項優惠的人數出奇的少。因為他們知道，一旦成為羅馬人之後，就必須遵守羅馬的法律。

基於同樣的理由，希望加入羅馬軍團的猶太人數也是極少。當上士兵之後，就必須宣誓對最高司令官皇帝效忠。但是，猶太教徒宣誓效忠的對象，只有他們的神，如果有所違背，他們深信會遭天譴。

羅馬方面也容許他們的「特殊情況」，所以只給整個猶太民族免服兵役的特惠。不過，這項優惠也妨礙了猶太民族與羅馬世界的同化。

最能有效產生羅馬公民的，就是羅馬軍團，只要服役滿二十五年的補助兵，軍團就會給與他羅馬公民權。以簡單的方法計算，每二十五年就會產生十五萬的羅馬公民。在這個產生羅馬公民的系統之中，猶太人算是特異份子。

猶太人自己選擇在羅馬世界中當個特異份子，這不是因為羅馬人的逼迫，而是猶太人自己的選擇。在亞歷山大大帝的東地中海世界希臘化的策略之下，跟霸主希臘人相比，猶太人一直都是二等民族，他們的社會地位，在霸主轉為羅馬人之後，也一直都沒有改變。因為，一等民族不僅要保護自己，還得要保護他人。如果拒絕這個責任，就算像是猶太人一般的優秀，也只能甘心接受二等民族的地位。

當然，還是會有部份的例外存在，而例外比率較高者，往往是居住於城市中的猶太人，尤其以猶太人的高知識份子的比例為多。不過，就連現代的以色列人，都還認為這些人是叛徒。

「普遍」與「特殊」的關係，換句話說，就是羅馬人與猶太人開始發生直接關係，可以追溯到西元前六十三年龐培占領耶路撒冷的時候。

龐培打敗了潘特斯王米斯里達茲，以和平條約牽制帕提亞王國的舉動，再以不流血的方式滅亡了敘利亞的塞流卡斯 (Seleucus) 王朝，替希臘文化時代拉上了布幕，他要求猶太人，如果想在羅馬霸權之下繼續保持獨立國的型態，就必須重新檢討猶太教祭司階級政教合一的統治方式。猶太民族拒絕了他的要求，於是龐培進軍耶路撒冷。由於他沒有親自指揮，只派了部份兵力攻擊而已，所以沒有立刻攻下耶路撒冷，但是在三個月之後，耶城還是淪陷了。勝利者龐培獨自一人進入聖殿，這不是出於他要誇示勝利者的身份，而是基於對猶太教聖殿的好奇心。不過，禁止崇拜偶像的猶太教聖殿之中，殿裡空空蕩蕩。龐培走出聖殿後的感言天真可愛，他說：「裡面什麼也沒有。」

可是，得知事情之後的猶太人狂怒不已。原因在於不是猶太教徒，是不得進入耶路撒冷的聖殿的，更何況龐培還走進了至聖所，這神聖之地，一年也只准許大祭司進入一次。羅馬和希臘的神殿是可以自由進入的，龐培原本以為他只要不帶侍從、不帶武器，就算是遵守禮儀了，但是在猶太人的眼裡，他是個褻瀆耶和華的罪人。

所謂的「普遍」，並不是要求別人和自己一樣，而是能夠接納「特殊」，才算是真正的「普遍」，而且，往往每次都要看情形而定。羅馬人在這方面，真的可以說是專家中的專家。

西元前四十八年，追逐法爾沙拉斯戰役中敗北的龐培而來到埃及亞歷山大的朱利斯·凱撒開始著手，將支配者羅馬與被支配者猶太民族的關係明朗化。對象包括了他在亞歷山大停留時居住在該城市的猶太人，以及隔年西元前四十七年離開亞歷山大以「我來、我見、我征服」結束與法爾那西斯征戰前路過的巴勒斯坦和敘利亞的猶太人。

他的作法可以分為兩大項，每一項都接納了猶太人的請求。第一點是從亞歷山大大帝征服後，三百年來在東方世界中形成支配階級的希臘人社會裡，猶太民族一直處於極為不利的地位，對於他們，凱撒賦予他們經濟上同等的權利。第二點可以說是「免除公務」的優惠，他允許猶太教徒免於從事軍務等所有公務。除了羅馬人之外，猶太人社群在凱撒去世時，流下的眼淚比其他任何一個民族都多，這是由於他們失去了第一個承認他們立場的支配者兼保護者。不過，猶太人也在央求凱撒認可自己的特殊性時，失去了普遍化的大好機會。不久之後，高盧人、西班牙人的元老院議員和行省總督接連出現，而希臘人、埃及人的元老院議員人數也持續增多，到最後，甚至有人當上皇帝，但是猶太人中就是沒有這種例子。要別人承認自己「特殊」，就等於自己斷了通往「普遍」的道路一樣。

奧古斯都在繼承凱撒之後，他的猶太民族政策承襲了凱撒的路線，為了帝國的統治，他可以不惜捨名求實，真不虧為務實的羅馬人。他的猶太民族政策，除了他原本就務實的個性之外，一定是運用了實際詳查過當地且通曉常識的人——阿古力巴的建言。猶太王族中也有許多人的名字中有阿古力巴，就是從這個時期開始的，這也可以算是猶太民族對這位奧古斯都「左右手」感謝與敬意的表達。至於羅馬的務實主義路線能夠發揮長達三十年之久的效力，猶太方面務實政治的優秀人士自然也是功不可沒。

雖然不是純種的猶太人，但是在熾烈的權力鬥爭中獲勝、掌握猶太主權的希律王，果然是個名副其實的厲害人物。當龐培是勝利者的時候就依附龐培，當凱撒戰勝龐培重建猶太王國時，又立刻跑到凱撒跟前，向凱撒要求朱利斯的家門名稱，成為凱撒的「小老弟」。當凱撒死於暗殺時，他又基於東方勢力強大的理由，轉為歸順暗殺凱撒的主謀布魯圖斯和加西阿斯。不過，後來凱撒派的安東尼與還叫做屋大維的奧古斯都，與這兩個反凱撒派的人物在腓利比對決時，他又保持得非常冷靜，絕不參戰。後來在安東尼與屋大維的權力鬥爭中，他又以東方勢力強大為由，站在安東尼這邊。安東尼覺得如虎添翼，所以不論埃及豔后克麗奧佩脫拉怎麼央求，安東尼就是沒有把猶太王國添加在送給她的禮物清單中。

安東尼一旦敗北，希律王立刻改變宣示效忠的對象，轉向更名為奧古斯都的屋大維。奧古斯都對於迅速來訪的希律，承認他是羅馬的盟友，也承認他的猶太王位。小國掌權者的忠誠度因情況而變化，這種保命策略，再也沒有比希律更值得模仿的典範了。不過，羅馬這邊也不是因為希律的幾項親羅馬政策，包括興建凱撒里亞（凱撒之都）和讓他的兩個兒子到羅馬留學，就高興得承認了他的王位。奧古斯都的政策，也是在看清了這個男人的利用價值之後，才下的決定。

第一、希律是個完完全全專制的君主。猶太的專制君主，表示他不讓猶太教的祭司接觸國家政治。羅馬人沒有設置獨立的祭司階級，就是因為他們不相信宗教不會介入政治。

第二、對希律而言，最重要的就是保住王位，所以駐守東方地區的羅馬軍團就是他不可或缺的；而對於奧古斯都而言，最重要的是確立帝國東方一帶的和平與秩序，那麼，位於羅馬直轄領土敘利亞與埃及連接線上的猶太王國，最好能夠親羅馬，這才能使得雙方在保持冷靜的情況之下，讓互動的關係運作協調。

第三、以現代的口吻來說的話，就是跨國企業的老闆奧古斯都認為，國情特殊的猶太國家即當地的分公司社長，最好還是選擇當地人來擔任。而且希律是個非常希臘化的，也就是很西化的東方人，所以他非常能夠了解奧古斯都的政策。

第四、奧古斯都也非常了解一個事實，那就是要統治在帝國東方一帶形成社區網的猶太民族，往往都要看他們心靈的故鄉——耶路撒冷的動向而定。猶太教徒不論住在何處，他們都有義務捐出部份收入給耶路撒冷的聖殿。金錢匯集，就表示掌握財源的祭司階級權力增強。奧古斯都需要有人能夠以強權來壓制容易變成民族主義溫床的猶太祭司階級。只要耶路撒冷安定，整個東方地區的猶太人社群也會隨著安定。

在這種狀況之下，三十年的歲月流逝。期間羅馬沒有跟猶太人發生直接的關係，成功地把這特殊的民族環抱於帝國之內。但是，西元四年希律王之死引起了變化。

希律大王將猶太王國一分為三，分別留給他的三個兒子。王國北部給腓力，王國南部給希律．安提帕，以首都耶路撒冷為中心的中央部份則留給亞基老。前兩者的統治權繼承進行無礙，問題出在耶路撒冷。

要求恢復祭司階級神權統治的耶路撒冷猶太人先是免除了希律任命的大祭司，接著他們開始驅逐猶太教徒以外的居民離開他們的「聖都」。猶太教的聖都血流成河，年紀尚輕的亞基老只得向敘利亞行省總督請求出兵。這時期的敘利亞總督是維爾斯，也就是五年後在日耳曼森林中與三個軍團一起全軍覆沒的人物。總督維爾斯並沒有採取出動軍團鎮壓的強硬手段，他建議揭竿而起的激進派猶太人代表到羅馬去，向皇帝稟明他們希望廢除王政、恢復祭司執政的要求，五十名代表因而前往羅馬陳情。

但是，從巴勒斯坦到義大利走的是海路，來回的旅途加上在羅馬停留的日子，要花上半年的時間。這期間，激進派可沒能乖乖地等候著。不知是為了要確立既成的事實，或是一旦開始就停不下來的狂徒宿命使然，耶路撒冷的猶太人和非猶太人之間的衝突日益惡化。終於，維爾斯不得不發動軍團來加以鎮壓。結果，還是只有靠希律大王最常使用的手段——訴諸武力，才能使得耶路撒冷的秩序恢復。

六十六歲的奧古斯都在羅馬帕拉提諾山丘上的阿波羅神殿前接見了代表們。站在通往神殿石階上的皇帝，聆聽著階下五十名並排站好的代表訴說。這五十名代表的背後，還有奧古斯都允許集中住在羅馬臺伯河對岸十四區的八千名猶太人。奧古斯都一定再次體認到，耶路撒冷的命運對居住在海外的猶太人而言，仍舊是最重要的大事。

不過，皇帝還是沒有接納猶太人的要求。他拒絕的理由是，尊重希律大王的遺言，是他身為大王指名的遺言執行負責人的責任。其實，奧古斯都真正的打算，是不承認神權統治。奧古斯都雖然拒絕廢除王政，但是以稅賦的減輕作為回答，因為在希律大王時代，稅率非常高。

對於帶著這個答案回國的代表們，人們表示不滿，暴動再度掀起。奧古斯都只好放棄這個沒有收拾能力的年輕國王亞基老。不到兩年的時間，住在耶路撒冷的猶太人實現了他們的願望，那就是廢除王政。不過，奧古斯都完全不想讓猶太教的祭司們統治國家。羅馬決定將希律大王留給亞基老的猶太中部地區，納入直接管轄範圍，只把這個地區的行政權，留給由耶路撒冷權力階級組成的猶太公會。換句話說，就是把內政的自治權，留給了猶太人。

經過這段波折，西元六年以後，耶路撒冷和猶太中部就成了羅馬的行省，但是它的地位只能算是B級的行省。因為，被派來這裡的長官，是羅馬第二階級的「騎士階級」出身者，他的直屬上司不像其他行省一般是皇帝，而是負責敘利亞行省的總督，等於耶路撒冷變成了敘利亞行省的一部份。

將以耶路撒冷為中心的中央部份編為B級，並不是因為奧古斯都輕視這塊地方。奧古斯都以及其後的臺伯留在認為沒有適當的繼承者時，經常都會先將那個區域作為行省，直到下一位繼承人長大為止。等於是現代企業中，先從總公司派人前往，等到當地人中有適合的人選時，再把棒子交給他。他並沒有捨棄猶太人治理猶太的作法。

猶太長官的官邸也不設在耶路撒冷，而是設在通商都市凱撒里亞。這裡的希臘裔居民較多，猶太人也以穩健派占多數。羅馬在凱撒里亞的軍事力量，也只有三千名左右的兵力駐守，而且還不是羅馬公民的軍團兵，而是在敘利亞招募來的希臘裔志願補助兵，在與多操希臘文的猶太民族的接觸上，語言就沒有了障礙。當然，這一切的安排，都是考慮到不要刺激猶太人而做的。

不過，由於觀念上的差異而造成的摩擦，是在所難免的。在行省化之後，羅馬人為了掌握確實的狀況，於是進行了人口與資產的調查。從來沒有這種習慣的猶太人覺得，這是為了要將他們變成奴隸而做的。繳交行省稅的義務，如果是交給身邊的國王也就罷了，但是卻要交給遠處的皇帝，這實在讓猶太人難以接受，他們無法理解花錢保護自己和其他民族安全的必要性。「凱撒的歸給凱撒，神的歸給神」，耶穌基督的這句話，就是要回應這個問題：「為什麼我們猶太人要繳稅給羅馬人？」換句話說，就是除了捐給猶太教的聖殿之外，為什麼還要交給羅馬人呢？從這裡我們也可以看出，了解宗教無法取代安全防衛的猶太人，實在少之又少。

在轉變為行省的這段艱辛時期，猶太人竟然沒有發動暴動，這是因為兩個要素發揮了正面功效的關係。

首先是猶太民族可以分為兩大類，一類是住在沒有岩石的海洋都市、思想開明的猶太人；另一類是由農民或耶路撒冷下層階級所組成的激進派猶太教徒。前者大多從事工業、金融或商業，他們歡迎羅馬的直接統治所帶來的良好秩序，也了解羅馬人進行調查和徵收行省稅的必要性。

第二個因素是，為了完成將猶太行省化的困難工作，奧古斯都起用了能力極強的敘利亞總督奎里努斯。

他首先再一次確認以穩健派猶太人占絕大多數的海港都市的自治權，這麼一來，猶太中部地區，不僅是耶路撒冷而已，像是凱撒里亞等在內政上擁有自治權的都市就紛紛形成。這項政策的第一個目的，在於實施羅馬統治的原則「分割統治」，第二個目的是極力排除耶路撒冷的影響力。換句話說，目的就在於分化激進派與穩健派。

總督奎里努斯也沒有忽略耶路撒冷的特殊性。神權統治的最大特色，就在於宗教人士介入司法，這從猶太教的立場而言，人們依照神給與的法律來裁判乃是天經地義的事。於是，羅馬方面在耶路撒冷成為羅馬的直接統治範圍之後，仍舊允許祭司階級負責司法。

當然，擁有羅馬公民權的人就有服從羅馬法律的義務，犯罪時也要受到羅馬法律的制裁。相對地，沒有羅馬公民權的猶太教徒則服從猶太法律，犯罪時依照猶太法律來審判。在摩西的十誡中，後半部就有規定禁止殺人、姦淫、竊盜、偽證等項目。這在羅馬法律中也有相同的禁令，所以由猶太法律來處置也並無不妥。唯獨判刑為死刑的時候，規定必須要有「皇帝的代理人」——派駐猶太的「長官」許可，否則不得執行。

耶穌基督被處死時，也是經過由耶路撒冷的祭司們組成的法院判決，由當時的猶太長官本丟・彼拉多 (Pontius Pilate) 許可後執行的。長官彼拉多屈服在祭司們的壓力之下，以洗手的象徵性動作，表示這是你們（猶太人）決定的事情，不歸我們（羅馬方面）管轄，而決定了耶穌的死刑。如果彼拉多沒有屈服於猶太方面的壓力之下，而依據自己代表的羅馬法律來行動的話，可能就不會有耶穌被釘死在十字架上的事情發生了。因為，在猶太教中「妄稱神名」是要處以極刑的，但是在多神的羅馬，這根本不構成犯罪。此外，如果是以可能造成社會不安為由，而且只是單純的假設，沒有真正造成危機的話，羅馬法律中也只處以流放之刑。不過，如果耶穌沒有被釘死在十字架上，而是流放到黑海一帶的話，可能就不會產生日後基督教擴大的情況了。彼拉多對於這件事情的處置，給祖國羅馬帶來了不良的影響。

彼拉多擔任猶太長官職務時，總督奎里努斯已經去世。而奎里努斯的猶太人政策，一方面充份地顧慮到猶太人的特殊性，一方面又堅守羅馬的普遍性。

羅馬帝國的金幣與銀幣的鑄造權在於皇帝，但是使用頻率最高的銅幣，其鑄造權除了屬於帝國之外，擁有自治權的都市也同樣可以鑄造。像雅典、斯巴達等「自由都市」都擁有這項鑄造權，而帝國首都羅馬的銅幣鑄造權則是歸元老院。至於在羅馬直接管轄下的行省，就沒有這項權力了，因為，行省的錢幣都是使用羅馬的錢幣，而這些錢幣上幾乎都刻有皇帝的肖像。

猶太既然成為行省，他們使用的錢幣自然就不再是希律王時代由國王下令鑄造的錢幣，而是使用羅馬鑄造的錢幣。不過，猶太教是禁止崇拜偶像的。在摩西的十誡之中也明確地記載著，禁止雕刻偶像。

於是總督奎里努斯在猶太行省發行了沒有皇帝肖像的錢幣，不過只限於使用頻率最高的銅幣。至於金幣和銀幣，由於一般百姓幾乎不太容易接觸到，所以沒有改變。

此外，為了尊重猶太教禁止非猶太教徒進入耶路撒冷聖殿參拜，所以規定觸犯者將處以死刑。不僅是猶太教，一向對於東方宗教保持距離的奧古斯都和他的妻子莉薇亞，唯獨對耶路撒冷的聖殿捐出許多的供品。

在猶太成為行省之後，可能會刺激到猶太人的因素之一，就是支配者羅馬展現出來的軍事力量，所以羅馬就沒有把軍隊的駐紮地設在耶路撒冷，而是在距離一百公里外的凱撒里亞。除此之外，還特別規定駐紮在凱撒里亞基地的羅馬士兵有事非得前往耶路撒冷不可時，也必須將象徵皇帝權力的軍旗留在凱撒里亞之後才能出動。

敘利亞總督奎里努斯帶頭執行的奧古斯都猶太政策，後來繼承人臺伯留也沒有修改。不，應該說臺伯留執行得更徹底。臺伯留繼承皇位之後，奎里努斯似乎還留在敘利亞總督的位子上。

臺伯留甚至下令，將羅馬方面捐到耶路撒冷聖殿中沒有皇家標記的供品，移到蓋在凱撒里亞供奉先皇神君奧古斯都的神殿內，這是顧慮到猶太教徒的感受，為免讓他們擔憂非猶太教的供品會玷汙了耶路撒冷的聖殿。此外，猶太教大祭司在祭典時穿著的衣服，原本也是由羅馬方面保管，放在耶路撒冷宮殿內，但是臺伯留下令，將它還給猶太人自行保管。以往每當祭典舉行前，祭司們前來借用時，因為是異教徒羅馬人保管的關係，都必須再花上七天的時間來去除上頭的「不潔淨」。

完成猶太行省化這項艱鉅工作的普比里斯・蘇比丘斯・奎里努斯於西元二十一年去世，臺伯留皇帝以對祖國貢獻良多為由，以國葬之禮厚遇。奎里努斯出身貧賤階級，在軍團中獲得賞識，被選為執政官，曾任日耳曼、非洲和敘利亞等地之要職，死時又得國喪之禮，這是在重視出身階級的元老院主導共和政治時代中無法想像的事情。對於出身低的優秀人才而言，凱撒創設、奧古斯都確立、臺伯留奠下基礎的帝王政治時期，實在是個幸運的時代。

奎里努斯去世之後，由於臺伯留沒有忽略猶太民族的統治，所以一切都還算進行得相當順利。當然，在歷屆與耶路撒冷的猶太人直接接觸的猶太長官之中，還是有人對於猶太民族的特殊性毫無所知，以至於在統治上做出錯誤判斷。只要臺伯留得知，他便會立即換人，所以擔任猶太長官者必須要有所醒悟，可能隨時被召喚回國受審。從西元二十六年開始擔任十年猶太長官的本丟・彼拉多就是個好例子。他遭到卸任的理由是讓拿著軍旗的部隊進入耶路撒冷城，以及必須對發生多起的居民騷動負責。

其實，猶太人不滿的原因未必全在羅馬方面。經常處於弱勢的民族要從被害意識中解放，實在不是件簡單的事。正因為這類型的人唯一擁有的是被害意識，所以在面對強者時，往往都會反應過度。在其他行省不會造成問題的，在與猶太人之間都會釀成問題。

臺伯留不僅承接了奧古斯都的猶太民族政策，而且執行得更徹底，對象不僅侷限於居住在以耶路撒冷為中心的猶太中部的猶太人，連整個帝國內的猶太人都在這項民族政策的涵蓋範圍之內。臺伯留不光是擴大了對象範圍而已，他還考慮到東西方的差異，所以是以個案的形式來處理。

而這種「個案處理」的方式，和「分割統治」同樣都是統治羅馬世界的基本方針，二者彼此也有密切的關係。

臺伯留之所以會徹底執行奧古斯都創設的猶太民族政策，絕對不是因為奧古斯都沒有徹底執行的緣故，而是奧古斯都時代中不須面對的問題，到了臺伯留時代，就非得面對不可了。原因除了猶太民族只遵從宗教律法的特殊性之外，猶太人還有另外一項特性。

希臘人與猶太人

希臘文中意指離開祖國移居他國的"Diaspora"在現代往往被認為是猶太民族特有的現象，但是，除了強制遷徙到巴比倫和埃及的例子之外，說到離開祖國移居他國，希臘民族還是前輩呢。羅馬人在各地興建名為"colonia"的殖民都市，這是政策上的移居，而不是人民自主性移居所產生的民族現象。就自主性移居而言，希臘民族堪稱先驅，猶太民族則居其後。

不過，希臘人和猶太人的遷徙是有根本上的不同的。

希臘人是在空無一物的地方建設新都市，然後以那裡為基地，發展手工業或通商以累積財富。相對地，猶太人則是移居到現有的繁華都市，然後再靠手工業、通商或金融業來累積財富。西元前一〇〇〇年，希臘人就開始移民，在地中海世界中，無分東西方，各地都興建了希臘人的都市，但是卻沒有猶太人興建的都市。因為，猶太民族是不會移民到沒有散發財富味道的地方的。

到了西元前後交接的時期，即使地中海世界中的東方地區各都市裡都形成了大規模的猶太人

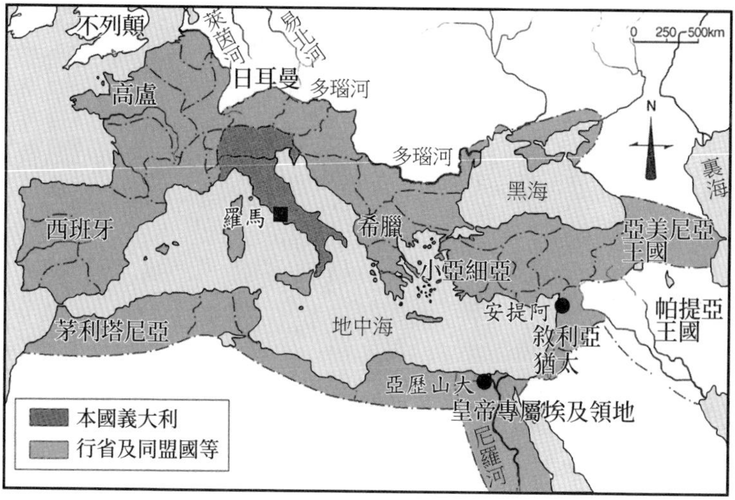

羅馬世界的三大都市

社區，但是在羅馬等西方地區的各都市中，卻沒有類似東方地區規模的猶太人社區。因為，羅馬雖然是霸權國家的首都，但是西方地區鮮少有散發出「財富味道」的地方。

確立羅馬和平和普及基礎建設，帶來西方經濟力量提升的結果。以往失衡的東西方經濟實力，現在也變得平衡。或許有人會以為是財富集中到了支配者羅馬這邊來了，但是事實上並非如此。羅馬帝王政治時代的三大都市是羅馬、亞歷山大和安提阿，但是其中屬於西方地區的，只有羅馬一處，亞歷山大和安提阿都屬於東方地區。身為支配者的羅馬人就算重視整個帝國的財富流通，但是對他們而言，將財富集中到羅馬來並不那麼重要。就連行省稅也不是被支配者給支配者羅馬的貢金，而是以保護被支配者居住在帝國境內安全為目的的保全費用。

不論如何，從奧古斯都時代開始逐漸提升的西方經濟實力，畢竟引起了猶太人的注意，而此時的西方地區也真正具備了猶太民族移民的條件。這時期登基為皇的就是臺伯留。

臺伯留與猶太人

臺伯留非常了解猶太民族的特殊性，這可以從他繼續錄用敘利亞總督奎里努斯，以及採取各種措施避免刺激耶路撒冷的猶太人等事情中獲得證明。不過，也就是因為了解，所以臺伯留也深知特殊的猶太民族可能對以普遍為主的羅馬帝國帶來的危險性。如何才能使只遵守神明法律的人民和依循人類法律的民族共存？若棄之不理，只會增加危險而已。東方地區裡，好比節慶般定期發生的希臘裔居民與猶太裔居民的衝突，就是最好的例證。希臘民族既是多神教的民族，而且在法律是人類創造的觀念上，與羅馬人最為接近，同時也是最不抗拒與羅馬人同化的種族。

臺伯留的面前，呈現了如下的事實：

總人口百萬的亞歷山大居民分五區居住，其中三區是希臘裔，剩餘的二區是猶太裔。羅馬的人口調查因為沒有保存下來，我們只能靠推測，不過，居住在百萬人口都市亞歷山大的猶太裔居民，人數應該超過四十萬。另外一個東方的百萬人口都市安提阿，情況應該類似。

至於在羅馬方面，行政區域分成十四區之中，只允許猶太裔人集中居住於其中一區，而且原本移居到羅馬的猶太人就不多。這也是因為羅馬開始散發出「財富的味道」，也不過是近半個世紀以來的事情。研究學者們推測，當時居住在羅馬的猶太人口，應該在二萬左右。一百萬中的四十萬，與一百萬中的二萬，這其中的意涵，應該隱藏著容許特殊又貫徹普遍的解決方案。

奧古斯都認可耶路撒冷的猶太人在猶太人社群內行使司法權，臺伯留也允許東方地區各都市的猶太人社群行使同樣的權力。一切比照耶路撒冷，只有執行死刑時，必須經過羅馬人的總督或長官的許可。換句話說，等於承認了東方地區的猶太人得依神的法律來進行審判的權力。

臺伯留還認可猶太人祈求已久的週六安息日，這也可以說是明智的決斷。對希臘人或羅馬人而言，休假等於是獻給眾神的節日，人們會放下手邊的工作，參加祭拜典禮，觀賞祭神用的競技賽或戲劇等。跟這種觀念的人相比，猶太人除了向神禱告之外，其他什麼事也不做，難怪猶太人會覺得希臘人和羅馬人的休假日真是奇怪。不過，對猶太人而言，摩西十誡中第四條既然規定「當紀念安息日，守為聖日」，如果不遵守的話，就會遭天譴。羅馬人身為支配者，竟然會允許每週六自己在工作，猶太人卻「什麼也不做」的習慣。這是因為猶太人在百萬人口中占了四十萬的既成事實，讓臺伯留的東方政策不得不如此。

至於猶太裔居民只占百萬人中二萬的西方地區，臺伯留採行的政策，是在事情還沒有變得無法改變的既成事實前，先採行防患未然的策略。這項政策並不是要禁止或限制猶太人移居，而是猶太人雖然享有移居的自由，但是也必須甘於接受西方地區異於東方的不利立場。因為摩西的十誡中規定了每週六「什麼都不做」，所以臺伯留承認了這一點，但是不允許猶太人社區中依循猶太法律的司法權。如果要移居西方地區，即使是猶太教徒，也必須徹底遵從羅馬法律。這項政策因其人口在百萬之中只占二萬人，所以能順利執行。

不過，無論是東西方，包括耶路撒冷在內，臺伯留強迫各都市中的猶太社會接受下述條件。臺伯留承認猶太人信教的自由、移居的自由和其他猶太教特有的習慣，但是絕對不允許以反羅馬為目的的行為或造成社會不安的行徑。居住在羅馬世界裡的猶太人，萬萬不可忘記這項禁規。西元十九年，當總督奎里努斯在猶太對猶太教徒進行懷柔政策的同時，臺伯留以造成社會不安為由，強制所有居住於羅馬的猶太人暫時離開義大利。羅馬人對於異教徒的政策是承認他們的信仰自由，但是絕對不允許他們演變為社會不安的原因。這種異教徒政策，就是由臺伯留確立的。

臺伯留在猶太人特多的帝國東方地區，承襲了凱撒和奧古斯都執行的路線。基於歷史等種種因緣，使得希臘人與猶太人的對立關係日益惡化，臺伯留的策略就是堅守調停者的立場，絕對不袒護任何一方，因為，如果沒有這兩個民族的話，帝國的東方地區，根本就等於不存在。

臺伯留應該非常明白猶太民族與希臘人不同，不願意與羅馬人同化，所以要經營猶太地區的「公司」時，最好的辦法就是選擇當地人來擔任「社長」，可是尚無適當的人選。適任人選之一的希律王孫阿古力巴雖然也很有能力，但是缺乏責任感，這是臺伯留給他的評價。所以，臺伯留也只能維持由敘利亞總督指揮下的「長官」直接統治的模式。

以上就是到臺伯留去世之前，羅馬人和猶太人之間的關係。住在亞歷山大的猶太人斐洛，會如此地讚賞羅馬帝王政治（請參照第一章之中〈最後的日子〉），也足以證明居住在帝國境內的猶太人非常滿意從凱撒、奧古斯都到臺伯留為止一個世紀的羅馬人統治。卡利古拉也承襲了這項政策，而斐洛等猶太人更深信，卡利古拉正因為身上流有奧古斯都的血液，所以一定更能承襲這項羅馬的傳統。

卡利古拉與猶太人

人類心中或多或少都存有種族的偏見，但是要意識到它的存在，就必須具備下列兩個條件：第一是兩者每天見面、共同生活的關係，第二則是利害關係不一致。跟居住於地中海世界中東方地區猶太人長期處於對立狀態的，不是羅馬人，而是希臘人。這兩個民族實在都很優秀，但是就因為優秀的關係，所以在各方面都互相對立。經濟能力上的比較自然不在話下，在學問的世界裡同樣也是處於競爭關係。唯一沒有競爭的領域，大概只有海運業吧。畢竟希臘人航海的才華堪稱技壓群雄。

在亞歷山大大帝揭開序幕的希臘化時代的三個世紀中，這兩個民族，可以分為支配者的希臘人和被支配者的猶太人。雖然表面上的形式如此，但是這也幫助了二個民族之間保持明確的上下關係。但是在克麗奧佩脫拉敗亡後，希臘人支配的最後基地也成為羅馬的疆域，從西元前三〇年開始，唯一的支配者就只有羅馬人，而同樣身為被支配者的希臘人和猶太人就變成「同居」的形式。

長久以來的支配者與被支配者的關係，加上彼此的利害衝突，這兩項因素累積起來的對立情緒怎是一朝一夕能夠化解的。此外，在羅馬霸權之下，這兩個民族的選擇，可以說是非常的兩極化：選擇與羅馬人同化的希臘人，以及拒絕同化的猶太人。

羅馬人有著非常奇異的特性，就是可以將輸給自己的人同化，但是他們竟然承認特殊份子猶太人的特殊性，把猶太人納入自己的支配體制下。凱撒、奧古斯都以至於臺伯留的這一個世紀，對猶太人而言，應該要比以前希臘人統治時代來得好過的多。猶太人如此歡迎卡利古拉登基，也證明了他們多麼希望羅馬人繼續施行帝王政治的統治方式。

可惜的是，卡利古拉並不了解羅馬皇帝的「無冕王」才是超越諸王的真義，只想到要超越諸王，就只有成為「神明」一途。

這下子，猶太人可傷腦筋了。卡利古拉大病時，猶太人祈求他早日康復，但是他們絕對無法認同卡利古拉是神明。相對地，希臘人是多神教的民族，所以多一個神明也沒什麼大不了的。對於公開表示自己是神明的卡利古拉該如何應對，猶太人和希臘人的對立情緒再度引爆。而這種對立的關係在埃及的亞歷山大爆發的原因，就在於帝國東方地區中，亞歷山大在會中的希臘人和猶太人的力量最勢均力敵的關係所致。

卡利古拉登基一年後的西元三十八年，亞歷山大爆發動亂，追究整個事件的經過，起因於希臘人藉卡利古拉之名，引燃對猶太人的敵對情緒。換句話說，是由希臘人開始挑釁的。

只要是停泊在港灣中猶太人所擁有的船隻，全部都被放火打劫，甚至連猶太人集中居住地區的百姓也不得倖免，被搜刮殆盡。只要走出居住地區一步，就因為這個原因而遭到殺害。希臘裔的居民甚至將卡利古拉的雕像搬到猶太教的會堂之內，嘲笑害怕因崇拜偶像而遭天譴的猶太人。

解決居民之間的紛爭，是派駐埃及的皇帝代理長官的任務。這個時期的埃及長官是臺伯留任命的佛拉庫斯，他改變以往的德政作風，採取實際的行動。他沒有扮演調停的角色，而是站在希臘人這邊，認為即位雖然才一年的年輕皇帝卡利古拉，他的治世期間必定相當長遠，而且大家也都知道卡利古拉自奉為「神」，所以要鎮壓也奉卡利古拉為神的希臘裔居民實在不太可能。由於埃及長官帶頭指揮，使得亞歷山大的這場暴動變成對猶太居民的全面鎮壓。

先是星期六的安息日遭到廢除，之後是以往在五區之中有二區可以居住的猶太人，因為以沒有權力居住在景觀美麗的地區為由，全部被趕到一區之中。猶太人被趕走的區域中，四百間的房舍遭到縱火焚毀，會堂也付之一炬，三十六名的祭司們被帶到競技場中，在希臘裔居民的嘲笑聲中遭到鞭打。

猶太人經營的工廠也被封閉，通商也停頓，就連販售日用品的商店，也因為害怕希臘人而關閉。就在這種情況之下，號稱東方第一大城的亞歷山大，泰半的經濟陷入了停頓狀態。

這麼一來，猶太人社群只好直接向羅馬皇帝投訴。羅馬的法律中，承認這種情況之下的直接投訴，所以亞歷山大的猶太人居民決定行使這項權利。猶太人大概很習慣二十三年來未曾改變過的臺伯留對猶太人的政策吧。就算卡利古拉自稱為神，但是他畢竟是統治帝國的最高負責人。猶太人希望在謁見皇帝之後，能請皇帝扮演調停者的角色。

前往羅馬的使節團首席代表，決定由學富五車、在猶太人社群中人望極高、號稱「猶太的柏拉圖」的斐洛擔任。雖然年屆七十，但還是被認為是最佳人選，原因就在於他是最忠誠的猶太教徒，卻又不吝惜承認希臘、羅馬文明的優點，堅信羅馬帝王政治下猶太民族存活的可能性，是個穩健派的都市型猶太人。此外，他個人的家境也相當富裕，可以負擔所有使節團員的派遣費用。

斐洛兼備的優點還不只這些，他還具備了羅馬方面會產生好感的家庭環境。他的親弟弟蓋烏斯．朱利斯．亞歷山佐斯是個富裕的金融家，從姓名中就可以知道他是個羅馬公民，他也是卡利古拉祖母安東妮亞資產的管理者。祖母的遺產幾乎都是由卡利古拉繼承，而他就是皇帝在東方地區的私有財產管理人。家族中另外一名成為羅馬公民的人物，叫做馬庫斯．朱利斯．亞歷山佐斯，他也是財經界的重量級人物，他跟猶太王之一的阿古力巴一世的女兒蓓蕾妮絲結婚，也由於這個婚姻關係，使得他和卡利古拉的摯友猶太王希律．阿古力巴成為姻親。

斐洛的一個兒子也選擇成為羅馬公民，他叫做臺伯留．朱利斯．亞歷山佐斯，從事軍務，在父親擔任使節的那一年，他的軍階是羅馬軍團的大隊長。這名猶太裔人士日後出人頭地，後來在克勞狄斯皇帝時代擔任猶太長官，尼祿皇帝時擔任埃及長官，維斯帕先皇帝時代晉升為近衛軍團的長官。與羅馬人同化的猶太人，雖然人數鮮少，但是還是存在的。

以斐洛為首席代表的猶太使節團抵達羅馬時，是西元三十八年的初冬。原本眾人以為卡利古拉會立即召見他們，可是卻不見通知送達。他們透過當時人在羅馬的希律．阿古力巴請求，但是皇帝給的回答是要他們等候希臘方面的使節團抵達後一併接見。因為當時一般都會避免在冬季航海，所以不急著向皇帝投訴的希臘人勢必會晚一點出發。如果秋天沒有走成，那勢必就要等到春天，看來希臘使節團抵達羅馬的時日，應該是在隔年西元三十九年的春季。亞歷山大的希臘人社群也選擇學者作為使節團的首席代表，名叫亞比昂，是位著名的哲學家，批評他人時嘴巴很毒的臺伯留，就說他是「只會耍嘴皮子的學者」。斐洛倒是不怕亞比昂的舌燦蓮花，但是在羅馬的長久等待中，他開始對於應該身為調停者的卡利古拉感到不安。

好不容易終於等到希臘的使節團抵達、皇帝願意接見的時刻了。猶太與希臘雙方代表接受召見的地方，是在羅馬七座山丘之一艾斯奎里諾山上通稱「麥克納斯庭園」的皇帝私宅內。奧古斯都的親信麥克納斯在去世時，將所有財產留給奧古斯都，所以這塊能將整個羅馬市盡收眼底的景觀之地也就成為皇帝的私有地了。卡利古拉原本計畫在這裡招待羅馬的上流公民，欣賞戲劇表演。當他前往視察準備工作進行狀況時，順便叫希臘和猶太雙方的使節團到這「麥克納斯庭園」來。也就是因為這個緣故，所以他們不是在固定的會場中對坐，而是三方都站著。我就把斐洛記載這天會見的全程經過翻譯出來。此時的卡利古拉即將滿二十七歲。

「我們被引導到皇帝的面前，敬畏之意讓我們低下頭來，雙手向前伸，口呼『可敬的吾皇陛下』。皇帝以極度諷刺的語氣回答道：『就是你們哪。其他的民族都認同我就是神明，而唯獨只有你們，因為信仰某人之故，禁止你們口呼其他神明的名號，所以就不承認我是神明囉。』卡利古拉說完之後，抬頭仰望，雙手舉起，對神大放厥辭，用詞之惡劣，是我們猶太教徒不能聽的。

皇帝對於希臘使節團的態度跟對我們的態度完全相反，對他們的親切彷彿就是在諷刺我們一般。希臘人於是歡喜不已，以誇張的動作和噁心而卑微的話語奉承皇帝。希臘使節團員之一的依西杜魯斯甚至說道：『主人，您如果知道了這群傢伙在亞歷山大的醜態，我敢說，您一定會更加地憤怒。亞歷山大的居民舉行祭禮，祈求您的病恙能夠早日恢復，只有這群傢伙，也就是猶太裔的居民們說神明不允許，所以沒有為您祈禱。』

我們猶太使節團異口同聲地反駁道：

『優秀的蓋烏斯（卡利古拉的本名）啊！依西杜魯斯的批評，不過是毫無根據的中傷而已。我們也有以牲禮祈求您的康復，而且還不是像他們那樣只用了幾頭，我們用了一百多頭的家畜來祈求。而且，我們的祭禮還是循規蹈矩地進行的。祭禮要做得好，不是在祭壇前宰殺牲禮用的家畜，然後將他們的血撒在祭壇周圍，肉就帶回家中吃掉；而是在宰殺之後，等到牲禮燒完為止，這才算是真正的牲禮祭典。

更何況，我們舉辦的次數不只一次。在您登基之後的二年之內，我們就舉辦過三次的牲禮祭典，第一次是在您繼承帝國時，第二次是在您病倒、全國人民也隨著您一起生病的時候，第三次就是在與日耳曼人戰鬥時，我們舉辦了牲禮祭典，以祈求您的勝利。』

對於我們熱誠的辯白，卡利古拉回答道：『就算你們真的舉行過牲禮祭典好了。但是牲禮祭典是獻給神明的。你們信奉的宗教卻說神只有一個。你們真的是在獻給唯一神明的牲禮祭典中，祈求另外一位神明長命百歲嗎？』

卡利古拉一面說，一面檢查著庭園中設在各處的表演場地，絲毫沒有停下腳步。他逐一檢查每一處紳士淑女觀賞的表演場地，樓上樓下來來回回不停地走，做得不好的地方，他立即下令修改。他下令修改，就表示要花費更多的錢。

我們跟隨在他的背後走著，不斷上下樓梯、來回地走。這期間，希臘使節們毫不客氣地繼續批評和嘲笑我們。但是，對於卡利古拉偶爾的發問，他們沒有辦法說出個道理，所以皇帝和希臘使節團之間的對話，也是零零落落的。

卡利古拉突然轉而詢問我們：『你們為什麼避開豬肉？』

這個問題又引起希臘方面的嘲笑。不過，我們認真地回答道：『各個民族有著不同的法律。不同的法律，就有不同的禁止項目。希臘人也不例外，就像他們不吃山羊，儘管山羊量多、價格又便宜。』

卡利古拉大笑後說道：『這還不容易回答，因為難吃嘛。』

皇帝接見我們，就在這種氣氛下進行，但是這只讓我們更加困惑，心情更加消沉。卡利古拉接著又問道：

『猶太人現在行使的政治權限是什麼？』

當我們開始說明的時候，他垂聽我們的說明，也展現願意理解我們立場的態度，但是，好景不常。當我們的說明快要談到重點時，一面檢查的他，就走進了庭園中央的寬廣表演場中。因為卡利古拉開始下達命令，所以我們只得住口。他下令將四周的窗戶綴上如玻璃般白色稀有石頭磨成的薄片，這樣就可以從外頭採光，同時還可以使裡頭的觀眾免於受到強風或陽光的傷害。他下達命令之後，又轉向我們說：『你們剛才說了什麼？』

我們拾起說到一半的話題，重新開始說明。然而卡利古拉依舊沒有停下腳步，才一踏進下一個表演館，就再度下達改裝的命令。這次是命令將表演館牆壁的繪畫改換成其他圖畫。命令完後，似乎要慎重聆聽我們的意見時，不料是對我們說：『我想你們猶太人並不像希臘人說得那麼壞，但是的確是個不幸又愚蠢的民族，因為你們不相信我繼承了神明的本質。』他說完這句話後，就拂袖而去，而我們也只好退下了。」

在描寫卡利古拉的實際為人方面，無論是羅馬人的歷史學家，或是後世的作家們筆下，都沒有這位活在同一時代的猶太人寫得傳神。二千年後阿貝爾．卡繆的戲劇《卡利古拉》中，或是一九七〇年代美義兩國所拍攝的《羅馬帝國豔情史》電影中化身為性與暴力怪物的卡利古拉，都是拿蘇埃托尼烏斯在卡利古拉作古百年之後，將街頭巷尾的傳言收集起來而編寫的《皇帝傳》中的卡利古拉形象來作題材。但是，不論幸與不幸，卡利古拉都不是怪物，腦筋也不差。他的不幸，甚至是整個帝國的不幸，在於一個還不知道政治為何物的年輕人必須肩負起政治責任的問題上。其實，卡利古拉也是很有批評眼光的。他還曾經開玩笑說，要任命愛馬因其塔杜斯為元老院議員，可見他早就看透了元老院從政能力的衰退。可是，這件事流傳到後世，就變成了他把馬兒任命為元老院議員的瘋狂行為了。

不過，批評與實踐畢竟是兩回事。實踐統治，其實就像是人們口中所說的「沒有消息就是好消息」，是非常踏實不浮誇的工作，但同時還要講究一貫性。臨機應變雖好，但是容易流於三分鐘熱度，對於政治的實踐者而言，等於是替自己挖好墳墓。

以斐洛為首席代表的猶太使節團的成果，只能說有失也有得。猶太人不利的環境沒有獲得改善，這算是失敗的一面，但是卡利古拉任命的新長官不許亞歷山大的希臘人更加蠻橫，這一點就算是成功了。埃及的亞歷山大與敘利亞的安提阿齊名，是羅馬帝國東方地區的經濟重鎮。亞歷山大之所以能夠發揮「城市」的機能，猶太裔居民的活躍是不可或缺的因素。

斐洛回到亞歷山大後不久，卡利古拉就前往行省，他在萊茵河沿岸和連接多佛海峽的高盧做了哪些事情，我們已經在前頭說明過了。之後他回到羅馬，舉行了簡單的凱旋儀式。不過，在這段時間之中，巴勒斯坦又發生了事件，使得卡利古拉再度注意到猶太人。

勢力對決

萊茵河前線舉行軍事演習迎接皇帝，之後又在羅馬舉行凱旋儀式，這麼大的手筆，傳到帝國東方的猶太地區時，似乎已經成了卡利古拉戰勝了日耳曼民族的消息。希臘裔居民欣喜若狂，準備要設置供奉卡利古拉的祭壇，並要在祭壇上舉行牲禮祭典。

這一下可刺激到了猶太民族。憤怒的猶太群眾大舉襲來，將大理石造的祭壇打得粉碎。這件事當然向回到羅馬的卡利古拉做了報告。

原本就對猶太教徒沒有好感的卡利古拉，在接到報告之後果然震怒，他激動地決定訴諸武力來解決，這種事在現代的電視新聞播報的話，一定是頭條新聞，在報紙上也一定是頭版頭條。卡利古拉寄了一封信給管轄猶太的敘利亞總督貝特洛尼斯，命令他打造以卡利古拉為模特兒的最高神祇朱比特的神像，並豎立在耶路撒冷的聖殿中。

貝特洛尼斯是先皇臺伯留起用的行政官之一，看到卡利古拉的命令時大吃一驚。而且，卡利古拉這項命令還不只寫在給貝特洛尼斯的信中，他也對外公開表示，所以猶太人自然也就知道了。

整個猶太地區進入抗議狀態，男女老幼形成龐大的群眾，聚集在行政官的官邸前，要求他應該想盡辦法，避免褻瀆神的行為發生。亞歷山大和安提阿等海外的猶太人社群對於這個消息，也隱藏不住擔憂之色，因為耶路撒冷的聖殿，對他們而言，是「神聖之地」。如果坐視不管，恐怕會引起整個猶太民族的暴動。

總督貝特洛尼斯選擇了採用障眼法的方式，他祕密地命令提魯斯工廠慢慢打造神像，但對於猶太人的要求，他則是以無言地點頭方式回答，不留下證據。抗議及示威活動於是停了下來。

卡利古拉等著自己的命令趕快實現，但是再怎麼等，就是等不到報告指出嚴禁崇拜偶像的猶太教聖殿裡豎立起神像的消息，也沒有消息傳來神像已經完成。卡利古拉又寄了一封信給總督貝特洛尼斯。

「看來你選擇了猶太人的禮物，而不是我的命令。也就等於是說，你選擇了獲取他們的好感，而不是執行你肩負的任務。這等於是不服從皇帝，而身為皇帝的我決定，無論是現在或未來，都有必要將不從皇命的結果昭告天下，所以我認為最好的解決方式，就是由你自己決定如何處置你自己。」

換句話說，卡利古拉就是命令貝特洛尼斯自殺。但是，在這個時代，從羅馬到安提阿要花上一個月的時間。當卡利古拉下達自殺的命令還在地中海上向東而行的海路上時，下達命令的這個人就撒手人寰了。

總督貝特洛尼斯撿回了一條命，羅馬皇帝和猶太民族之間的全面對決也因此而消失。不過，因為卡利古拉而產生的帝國統治上的「裂痕」，不僅只存在於猶太問題之上。

跟帕提亞王國的友好關係，又因為亞美尼亞王國偏羅馬或偏帕提亞而開始步入危機。敘利亞總督貝特洛尼斯也不得不在與帕提亞交界處的幼發拉底河畔，派駐二個軍團。

位於北非西方，七十年來一直都是羅馬可信賴的同盟國茅利塔尼亞王國也因為卡利古拉輕率的作為而發生了問題。

茅利塔尼亞王國幅員遼闊，相當於現在的摩洛哥與阿爾及利亞西部，奧古斯都時代，即使王族繼承無人，奧古斯都也沒有把這裡化為行省，一直採取和它保持同盟國的關係。他讓被凱撒打敗的努米底亞最後一任國王猶巴的兒子和馬庫斯·安東尼與克麗奧佩脫拉的女兒結婚，並把茅利塔尼亞王國交由他們統治。卡利古拉時代中，茅利塔尼亞的國王是這兩個人所生的特洛梅斯。這個國王的外祖父，就是馬庫斯·安東尼，也就是卡利古拉的曾祖父。卡利古拉登基為皇之後，說什麼也無法忍受與自己有同樣血緣的人擔任友好國兼同盟國、但實際上是屬國的國王。於是卡利古拉把他召喚到羅馬之後，就加以殺害，並宣示要將茅利塔尼亞王國納為行省。茅利塔尼亞人群起反抗，掀起反羅馬運動。統治帝國時難免在某些地方會發生問題，但是向來不須羅馬人擔憂的茅利塔尼亞這下子也出問題了。

卡利古拉的治世不僅是讓國家財政崩潰，在外交方面也是處處出現裂痕。

反卡利古拉的行動

恐怖組織的活動並不是因為文明不發達才會產生的，也不會因為參選落敗而採取恐怖活動，而是因為權力集中於一個人手上，大家都認為只要殺了他，政局就會改觀，所以才會發生恐怖活動。

從西元四〇年到四十一年，卡利古拉周遭的環境，就像夢一般，從登基時的狂熱急速地冷卻，這期間也不過就三年半而已。就羅馬從事公職的資格年齡三十歲來講，卡利古拉都還不到這個年紀呢。

公民在享受社會福利的「麵包」和博取民心的「馬戲團」兩大優惠，再加上他們原本就不在意外交上的失敗的話，支持度應該都能保持在高水準但竟然會下滑，原因就在於課徵燃料稅的關係。或許對卡利古拉而言，這是他不把停止徵收的營業稅重新開徵的替代稅款，但是燒菜做飯都少不了燃料。就連接受小麥免費配給的貧民，也得生火煮飯。雖然有鬥劍比賽或各種活動可以免費欣賞，但是抗議燃料課稅也是人之常情。人民聚集在競技場中抗議，卡利古拉也只能派出近衛軍團前往鎮壓了。

卡利古拉在外交等所有的帝國統治上犯下的錯誤，有能力掌握情報、分析了解的元老院自然不會不知情，但是元老院卻彷彿是被蛇盯住的青蛙一般動也不敢動，原因如下：

第一、卡利古拉動用國家叛亂罪法的攻擊對象，幾乎就是鎖定了元老院，害怕明天大禍臨頭的恐懼，讓他們動彈不得。

第二、他們猜測，如果身為日耳曼尼可斯之子的卡利古拉有什麼不測，至今「日耳曼尼可斯神話」仍舊存在的萊茵河前線駐防軍隊，絕對不會善罷甘休的。

本名蓋烏斯的羅馬帝國第三代皇帝，對於意思是「小軍靴」的「卡利古拉」稱號非常反感。不過，在羅馬軍隊中勢力最強大的萊茵河沿岸軍團基地中，幼年時的蓋烏斯就是士兵們的幸運符，所以，即使他當上了皇帝，他還是「小軍靴」，也是集士兵希望於一身而英年早逝的日耳曼尼可斯的兒子。

元老院階級之所以沒有發生反卡利古拉活動的第三個原因，是因為他們自己也沒有清楚的打算，不知道打敗卡利古拉之後，帝國應該如何統治。元老院議員中，有部份的人士是屬於共和主義派，他們還夢想著共和政治能夠復活；但是，進入帝王政治已經七十年了，幾乎所有的議員，都是在奧古斯都創設的「羅馬和平」體制下長大成人的。對他們而言，要廢除帝王政治、重新恢復共和政治，這樣的作法實在太不務實。不過，卡利古拉在政治上的缺失，已經到了不能不理的程度。

第四個理由是，要扳倒卡利古拉並不是一件簡單的事情。卡利古拉的周邊警戒森嚴。奧古斯都在凱撒遭到暗殺之後學聰明了，將凱撒解散的日耳曼士兵貼身警衛體制重新恢復，這就是奧古斯都長命百歲的原因。卡利古拉更擴大到讓近衛軍團的士兵也來當他的保鏢。近衛軍團號稱羅馬軍的菁英，是從帝國各地的駐防軍團中挑選出來的。卡利古拉還從父親日耳曼尼可斯麾下的日耳曼軍團中拔擢人才，讓他們擔任近衛軍團的隊長，藉以保護自己的安全。換句話說，卡利古拉就是由「日耳曼尼可斯神話」的信仰者保護。不論元老院的議員們多有勇氣，這麼一來，他們也不敢輕舉妄動了。

不過，最後殺害卡利古拉的，竟然是卡利古拉認為對自己最效忠的「日耳曼尼可斯神話」的信仰者。

遇害

西元四十一年一月二十四日，皇宮所在的帕拉提諾山丘上，舉行了帕拉提諾祭拜神君奧古斯都的慶典。一般而言，祭典在牲禮祭拜儀式之後，就會有戲劇表演或競技賽。帕拉提諾祭典的第五天，也是戲劇上演的日子。

先皇臺伯留風評不佳的原因之一，就在於他不肯出席這一類的活動。卡利古拉了然於心，所以不論是戲劇或是競技比賽，卡利古拉一定露臉。當天，他也從頭到尾熱情地觀賞上午的表演活動。

到了中午一點多的時候，卡利古拉起身準備要去用午餐。從會場到皇宮，有一條短程地下道連接。正當卡利古拉就要走完地下道的時候，近衛軍團大隊長卡西斯．克雷亞就從卡利古拉背後往他的脖子上砍去；另一名近衛軍團大隊長科爾涅里斯．薩比努斯也從正面拿著劍，朝著搖搖欲墜的卡利古拉的胸口，深深地刺了進去。說時遲那時快，克雷亞毫不猶豫地舉起了劍，往倒下的卡利古拉頭部斬去。

當日耳曼人的保鏢們趕到時，不僅皇帝遇刺，就連皇帝的第四任妻子凱索妮亞也是心口中劍，沒了呼吸。一歲的女兒杜爾希拉也被人從奶媽的懷中奪走，甩到地下道的牆上而夭折。通稱卡利古拉的蓋烏斯・朱利斯・凱撒・日耳曼尼可斯的統治時代，維持了三年又十個月六天，享年二十八歲又五個月。

卡利古拉遇害的真正原因，由於當事人都沒有留下任何記錄就過世了，所以歷史的研究學者們也只能靠推測。這些專家們認為，殺害卡利古拉等於是開了近衛軍團介入皇帝交替的先例，而且大多數的研究人員都認定，這些近衛軍團士兵是受到了金錢的左右。我贊成前半部的說法，但是無法苟同受到金錢擺布的論調。

的確，近衛軍團的士兵們因為殺了卡利古拉、幫助克勞狄斯登上皇位的理由，每人收到一萬五千塞斯泰契斯的報酬獎金，但是，這些事情是在殺害卡利古拉之後才發生的。

而且，近衛軍團九個大隊的九千名士兵也不是集體參加了謀殺皇帝的行動，只有其中的二個大隊參與。更何況，二個大隊也不是二千人都動手。事實上，是由率領這二個大隊的大隊長和二十名左右的士兵，決定謀殺自己宣誓要效忠的皇帝。

還有，直接動手的二名大隊長，別說是拿到報酬賞金了，他們被以謀殺皇帝的罪名判刑，最後是從容就死。他們手下的士兵和以團結聞名的近衛軍團其他士兵們，都沒有為了這二位大隊長之死而顯現反抗的情緒。所以，從這些跡象來看，還能說士兵們是受到了金錢的左右嗎？

卡西斯·克雷亞是刺殺卡利古拉的主謀之一，也是實際動手的人，在歷史資料中，記載著他在二十七年前的西元十四年當時，是駐守萊茵河日耳曼軍團的百人隊長。

提起西元十四年，就是奧古斯都駕崩、臺伯留登基的那一年，也是士兵們以為皇位交替就是替自己爭取優惠的好時機而群起暴動，造成萊茵河軍團基地動盪的年代。當時的卡利古拉可說是間接地幫助了鎮壓士兵們的暴亂，這在臺伯留的章節中已經做過了介紹。當時保護日耳曼軍團總司令日耳曼尼可斯一家人，手執寶劍擋住化為暴徒的士兵們的，就是當時擔任百人隊長的克雷亞。

號稱羅馬軍團脊椎的百人隊長，一般是率領八十名的士兵，相當於現代軍隊中的中隊長。不過，在羅馬的軍隊編制中，他們只算是低階軍官。軍官的資歷一般都從指揮八百名士兵的大隊長開始計算。名門子弟或是與權力階級有關連的人，他們在入伍後，經過一段適應期，就可以一下子晉升到大隊長的階級。即使是猶太人，如果是像有力人士斐洛的孩子，也是不須經過百人隊長，就直接擔任大隊長的職務。所以，無論是軍團長或大隊長，如果曾經擔任過百人隊長，就可以確定他在軍隊之中，是「一步一腳印」慢慢爬升的。

沒有關係、沒有背景的人，從十七歲志願入伍開始，也要等到三十歲左右，才能晉升到百人隊長。克雷亞如果在西元十四年時是三十歲左右的話，那麼西元四十一年的時候，應該已經五十五歲以上了。五十五歲以上擔任近衛軍團的大隊長，就「一步一腳印」的人而言，算是升遷順利了。至於近衛軍團士兵服滿十六年的兵役後可以退伍，這也只適用於普通的士兵，大隊長這種將校級人物並不適用。所以雖然五十多歲了還是現役軍人，一點也不奇怪，只不過，超過六十歲以上，除非是軍團長，否則一般也都除役了。

從西元十四年到四十一年之間，沒有關於卡西斯．克雷亞的消息。不過，從十四年到十六年的兩年之內，正當恢復秩序的日耳曼八個軍團總司令日耳曼尼可斯渡過萊茵河，跟日耳曼民族打得不可開交。遠征期從春天到秋季，冬天則是回到萊茵河沿岸的基地。在士兵動亂時揚名立萬的百人隊長克雷亞隨著日耳曼尼可斯二年內來回遠征，這是可以想像得到的。冬季不適合作戰，所以在軍團基地中，被士兵們稱作「小軍靴」的總司令官的兒子卡利古拉，穿著士兵們特製的幼兒用軍靴，在營區中慢慢長大。

至於西元十七年在首都羅馬舉行的日耳曼尼可斯凱旋儀式上，克雷亞也非常可能參與其中。所謂的凱旋儀式，不只是慶祝凱旋將軍的戰績，也是為了慰勞將軍手下立下汗馬功勞士兵的辛苦。將軍和士兵們藉著舉行凱旋儀式，共同分享榮耀。日耳曼尼可斯又是個溫和敦厚之人，他不會忘了拔刀護衛自己家人的克雷亞，所以他一定也是凱旋將軍在選擇帶誰回去參加儀式時的人選。

那一年秋天，日耳曼尼可斯出發東行，克雷亞或許也在其中。臺伯留派遣日耳曼尼可斯前往東方地區解決問題，在他的隨行人員名單中，有許多都是軍團長或大隊長等日耳曼尼可斯的親信，等於是萊茵河沿岸的司令部整個搬到幼發拉底河一般。

如果克雷亞也在同行之列的話，那麼他應該也會伴隨著日耳曼尼可斯及其妻阿古力琵娜和兒子卡利古拉一同前往埃及之旅。至於從埃及回到敘利亞後不久就發生了日耳曼尼可斯發病與去世等大事，阿古力琵娜懷抱先生的骨灰，牽著七歲的卡利古拉回到祖國，踏上了祖國的土地，這一切的一切，克雷亞也都應該在場。

之後，就毫無克雷亞的消息，即使要發揮想像力，至少也要有點史料來作參考。不過，失去了總司令官的士兵們，也只有軍隊一個地方可去。克雷亞可能就是回到萊茵河沿岸的軍團基地了吧。臺伯留集中全力，將帝國北邊的防禦線設在萊茵河和多瑙河。像克雷亞這種優秀又忠誠的軍事專家，是確立防禦線這種踏實但重要的工作上不可或缺的人才。

近衛軍團大隊長是每一個軍團士兵都羨慕的地位，晉升到這個職務時，就可以回到首都工作。我想，克雷亞回到首都時，應該是在「小軍靴」登基為皇之後的事情。自此之後，克雷亞的工作就是擔任卡利古拉的貼身護衛。無論是里昂、萊茵河前線基地或是面臨多佛海峽的高盧北部，卡利古拉所到之處，克雷亞如影隨形，這已經變成了克雷亞的日常生活模式，而這種日常生活模式眼看就要屆滿四年。

傳說卡利古拉經常說沒有妻室的克雷亞是同性戀，所以蘇埃托尼烏斯就認為這是克雷亞憎恨卡利古拉的原因，進而演變為謀殺。但是宣誓要效忠皇帝後來卻殺害他，這種程度的憎恨實在難以構成充足的理由。考慮卡利古拉還不成熟的個性，撒嬌的成份可能要比歧視譏笑來得高。而且自幼失怙又無緣與母親在一起的卡利古拉，面對年齡與父親相近的克雷亞，應該會把他當作父親一樣地看待吧。

可是，皇帝蓋烏斯的一舉一動都讓忠誠的克雷亞痛心。我想，年屆六十、除役後只有孤獨生活等候著的克雷亞，心中彷彿就是父親要大義滅親一般，殺了這不肖的兒子，舉劍刺向「小軍靴」。這就像自家人的醜事，要由自家人來處置一般。

殺了卡利古拉之後，克雷亞命令手下將害怕得躲起來的克勞狄斯帶回近衛軍團的營區，讓他接受士兵們對他獻上「皇帝」的歡呼。卡利古拉雖然是日耳曼尼可斯的兒子，但是克勞狄斯也是日耳曼尼可斯的弟弟，換句話說，都是「一家人」。而且，克雷亞在元老院能夠做出任何反應之前，先將這整件事變成既成事實。因為羅馬人的家庭意識中家長具有極大的權力，所以克雷亞才能快刀斬亂麻。

不得不承認既成事實的元老院趕緊通過承認克勞狄斯為繼任皇帝，至於克雷亞被以殺害皇帝的罪名求處死刑時，則是不發一語從容就死。同袍薩比努斯也追隨克雷亞之後，自殺身亡。兩個人都是大隊長，手下有二千名士兵，想要動員也不是不可能。更何況，他們是扳倒暴君卡利古拉、讓克勞狄斯登上皇位的功勞者，可是他們卻保持緘默，從容就義。我想，他們可能是在一開始，就抱了必死的決心，才干犯大罪的。至於分給近衛軍團所有士兵每人一萬五千塞斯泰契斯的賞金，無非是要避免士兵們對處死二位大隊長的抗議罷了。

不過，這些都是我的推測，史實中有著明確記載的，只有以下的事項：

西元四十一年一月二十四日，皇帝蓋烏斯遇刺，妻子與女兒也遇難。

下手的人是近衛軍團大隊長卡西斯．克雷亞和科爾涅里斯．薩比努斯，以及少數的近衛軍團士兵。完全沒有證據顯示元老院議員參與其中。

皇帝遇害後不久，皇帝的叔父就被人找到，帶回近衛軍團營區，接受「皇帝」的歡呼。元老院也不得不追加承認。

克雷亞和薩比努斯毫不反抗地就死，沒有任何參與謀殺的士兵遭受審問。公民對於卡利古拉之死反應極其冷淡。雖然沒有人提議將卡利古拉丟到臺伯河中，但是也沒有人為他哭泣。

卡利古拉的遺體在艾斯奎里諾山丘庭園的一角急速火化後埋葬，並沒有葬在皇族的墓地「皇帝廟」中。至於埋葬在何處，不得而知。

卡利古拉要求製造完成後分送帝國各地的塑像，眼見所及都遭到破壞。至今留存的卡利古拉塑像少之又少，原因就在於他遇害之後，立即遭人破壞。羅馬人將皇帝卡利古拉留下的痕跡徹底抹去，彷彿是要盡快忘卻這場夢魘。之後，從沒料想到有這麼一天的五十歲新皇帝，開始了他的統治。

第三章

皇帝克勞狄斯

在位期間：

西元四十一年一月二十四日～五十四年十月十三日

意外的皇位

第四任的皇帝克勞狄斯是臺伯留的姪子，也是日耳曼尼可斯的弟弟，更是卡利古拉的叔父，於西元前一〇年八月一日出生於現在法國的里昂。他的出生地不是羅馬化（羅馬人口中的文明化）發達的南法高盧地區，而是羅馬人稱之為「長髮高盧」的落後地區——法國中北部。當時他的父親杜魯斯是日耳曼戰役的總司令官，也是除了南法地區之外整個高盧行省的總督，所以這位總司令官兼總督的人物，自然帶著全家人住在高盧行省的首都魯格杜努姆（現在的里昂）。

克勞狄斯的母親是安東妮亞，從名字上也可以看得出來，是馬庫斯．安東尼（Marcus Antonius，莎士比亞戲劇中的英文唸法是馬可斯．安東尼）和奧古斯都的姊姊歐古塔薇亞生下的女兒。奧古斯都打敗了和埃及女王克麗奧佩脫拉結合的安東尼，但是把他的兒女視為己出，養育成人，並且幫他們找到落腳之處。安東妮亞就在奧古斯都的安排下，嫁給了奧古斯都妻子莉薇亞的拖油瓶兒子之一杜魯斯。對皇帝克勞狄斯而言，共和政治時代末期權力鬥爭的兩個主角，安東尼是外祖父，而另一位奧古斯都則是外祖母的弟弟。

所以，克勞狄斯的身上也算是流著奧古斯都的血液，年少的卡利古拉能夠登上皇位，完全是基於其他的理由，而不像古代歷史學家們所說的，是因為克勞狄斯肉體上有缺陷的原因所致。

在第IV冊中我們已經提過，晚年時的奧古斯都已經失去所有跟他有血緣關係的繼承人，所以在收臺伯留為養子時，他同時要求臺伯留收日耳曼尼可斯為養子。臺伯留也是莉薇亞帶著嫁到奧古斯都家中的孩子之一，所以跟奧古斯都自然沒有血緣關係。但是，日耳曼尼可斯以及他的弟弟克勞狄斯，藉由歐古塔薇亞的關係，和奧古斯都血脈相連。堅持要有自己血緣的人才能繼承皇位的奧古斯都，藉著讓臺伯留收日耳曼尼可斯為養子的方式，企圖讓臺伯留之後的皇位能夠回到自己血親的手上。由於日耳曼尼可斯早逝，臺伯留的下一個皇位繼承人變成卡利古拉，這也是因為卡利古拉是日耳曼尼可斯的孩子的緣故。

換句話說，皇帝的位子，不管是不是養父子關係，從奧古斯都、臺伯留到卡利古拉，都是在朱利斯家族的男子手中。

至於克勞狄斯的兄長日耳曼尼可斯被臺伯留收為養子，而臺伯留又是奧古斯都的養子，所以也成了朱利斯家族的人，所以克勞狄斯變成自共和政治時代以來就是名門豪族的克勞狄斯家族中唯一的男子。換句話說，克勞狄斯還是屬於克勞狄斯家族，而不是朱利斯家族。克勞狄斯也不是沒有覬覦皇位的野心，只是以他的立場，就算有野心也沒有用。

生前的奧古斯都和臺伯留都沒有承認克勞狄斯是皇帝繼承人之一的原因，就在於克勞狄斯不是朱利斯家族的成員之一。奧古斯都堅持皇位必須保留在朱利斯家族的男子手中，而臺伯留最重視的也是遵守奧古斯都的遺志，所以這也是他們從來不曾考慮由克勞狄斯繼承皇位的理由之一。

但是，卡利古拉四年的統治期間，讓奧古斯都打錯了算盤。再加上朱利斯家族之中，也沒有男孩子來繼承。如果不想回到共和政治而繼續保持帝王政治的話，就要找一個人繼承皇位。在近衛軍團大隊長克雷亞的腦筋裡一定也還保留著一個根深蒂固的觀念，那就是繼承皇位的人身上一定要流著神君奧古斯都的血液。克勞狄斯雖然不屬於朱利斯家族，但是透過母親和外祖母的關係，還是跟奧古斯都連在一起。

登基為皇的克勞狄斯，真正的全名是臺伯留．克勞狄斯．凱撒．奧古斯都．日耳曼尼可斯。

臺伯留是個人的名字，克勞狄斯是家門的名稱，至於凱撒和奧古斯都是以後所有的皇帝都繼承的稱號，所以可以說是「皇帝名」，而意指日耳曼征服者的日耳曼尼可斯，是送給他的父親杜魯斯的暱稱，跟西比奧．亞非利加努斯（非洲征服者西比奧）中的亞非利加努斯一樣，在羅馬是可以將這個名字傳給子孫的，所以等於是現代的姓，古代稱為家名。

請大家注意的是，凱撒、奧古斯都、臺伯留和卡利古拉都有的「朱利斯」這個家門名稱，克勞狄斯卻沒有，他的家門名稱是「克勞狄斯」。依照凱撒描繪的藍圖，奧古斯都架構了帝王政治的羅馬帝國，在這段歷史之中，從第一代皇帝奧古斯都開始，一直到臺伯留、卡利古拉、克勞狄斯以及第五代的皇帝尼祿為止，為期一世紀的時間之內，稱為「朱利斯．克勞狄斯王朝時代」，意思就是由出身朱利斯一族和克勞狄斯一族的皇帝所統治的時代。奧古斯都、臺伯留和卡利古拉屬於朱利斯家族，而克勞狄斯和他收為養子的尼祿則是出身克勞狄斯家族的皇帝。這兩個家族並不是沒有牽連的；臺伯留的老家就是克勞狄斯，而克勞狄斯和尼祿也都因為母親的關係而和奧古斯都有著血緣的聯繫。這也是為什麼統稱為「朱利斯．克勞狄斯王朝時代」，而不分稱為「朱利斯王朝時代」、「克勞狄斯王朝時代」的原因。「朱利斯」和「克勞狄斯」兩個家族的另一個共通點，就是他們都是從羅馬建國初期起的名門貴族。

我為什麼要這麼嘮嘮叨叨地重複說明家族王朝的原因，在於羅馬帝王政治就是由這些因緣來形成統治者的正當性的。

所謂統治者的正當性，對被統治者而言，就是要讓他們了解被統治的理由。舉凡直接選舉中的得票數，或是間接投票方式的國會記名投票，總統和首相就是憑藉著這些條件來獲得統治者的正當性。在還沒有這種選舉的羅馬帝王政治時代中，要登上皇位，需要元老院和公民的同意，這就說明了，即使進入帝王政治時代，羅馬人還是很重視統治者的正當性的。理由當然也是簡單明瞭，因為不論是哪一種政治體制，如果被統治者沒有達成共識的話，就無法進行統治的工作。從這個角度來觀察，「共識」就是等於「同意」的意思。

奧古斯都執著於血緣繼承，因為他認為這是穩定政局的必備要素。縱使刺殺現任皇帝這等駭人聽聞的事件才剛發生不久，克勞狄斯能夠出乎意外地順利登上皇位，就是因為克勞狄斯雖然不屬於朱利斯家族，但是他的身上仍舊流著奧古斯都的血液。這也證明了進入帝王政治之後七十年，元老院和一般公民都對奧古斯都架構的帝王政治體系有了共識；要不然，就算近衛軍團創造的既成事實多麼天衣無縫，日後克勞狄斯的統治也不可能持續十三年之久。

歷史家皇帝

古羅馬時代的觀念是健全的精神存在於健全的肉體之上，但是這一次，羅馬人可是讓一個肉體上有著明顯缺陷的人當上了自己的皇帝。

不曉得是不是幼年時得了小兒麻痺的結果，克勞狄斯走路時，經常是拖著右腳走的。他的體型左右不對稱，想鍛鍊也無從鍛鍊起，體格貧弱，走起路來雙膝發抖，步伐蹣跚。他還習慣甩頭，緊張時更有口吃的毛病。個子也比平均身高矮，再加上姿勢不良，頭小、倒三角臉、下巴尖，外加狹窄的額頭上刻著三條深深的皺紋。

硬要給他一句評語的話，充其量也只能說，雖然有手有腳，但可惜留有遺憾。如果將自己的身體稍微加以改變就可以讓自己不悅的心情獲得改善的話，克勞狄斯應該是不缺經費來改變自己的，但是他這個人對這種事情卻是毫不關心。

皇族的女性們不愛克勞狄斯，這也不難理解，但是在克勞狄斯二十三歲時去世的奧古斯都，似乎發現了姊姊兒子的長處。至於臺伯留的話，原本對於親戚就很不熱絡，所以自然不會對克勞狄斯以特殊待遇對待，但是也沒有惡整他。而克勞狄斯最大的保護者，就是他的兄長日耳曼尼可斯。

出生於皇室家族，在帕拉提諾山丘上豪宅中成長的孩子們，他們的學友兼玩伴，就是跟他們一起住在家裡的各同盟國的王子們。雖然是人質，但是除了不能任意回到祖國之外，其他倒沒什麼，性質就好像大英帝國殖民地的權力階級子弟留學英國，或是獲得富布賴特獎學金 (Fulbright scholarships) 留學美國一般。不過，孩子們的世界也是出乎意料的殘酷，所以身上有著像克勞狄斯一般缺陷的小孩特別容易被他人欺負，而大他五歲的兄長保護了他。日耳曼尼可斯不僅受奧古斯都喜愛，就連女性們對他也是愛慕萬分，並且是個責任感極強的小孩。他或許認為，弟弟身體上有缺陷，而且一歲時就失去了父親，所以一定要好好保護他。於是克勞狄斯在兄長的保護之下，才能在幼年期跟青春期度過穩定的精神生活。或許就是這個因素使克勞狄斯當上皇帝之後，也能夠在統治時展現「健全的精神可以存在於不健全的肉體上」的一大原因吧。

不過，奧古斯都或臺伯留即使在克勞狄斯長大成人之後，也沒有讓他擔任國家的公職，反而是認可他投注於年少時就熱愛的歷史研究和著作中。若不是卡利古拉遇害，克勞狄斯一輩子可能都埋在「歷史」之中呢。

克勞狄斯的歷史研究和著作的老師，傳聞是晚年的提圖斯·李維斯 (Titus Livius)。關於這位提圖斯·李維斯，我在第I冊《羅馬不是一天造成的》最後的參考文獻中，有著如下的說明：

李維斯 (Titus Livius, 59 B.C.～17 A.D.)，《羅馬史》(*Ab urbe condita libri*)〔三十二歲那一年發行十卷，終其一生共出版了一百四十二卷，被羅馬人喻為羅馬歷史的金字塔，內容記述時間從羅馬建國起到西元前九年，現在只留存三分之一多，有許多部份在中世紀時被銷毀，這對羅馬史研究者而言，無異是一大憾事。〕

這位李維斯就是克勞狄斯青年時期的歷史研究和著作的老師。

羅馬的提圖斯·李維斯可說是和打造了希臘歷史金字塔的希臘人修昔的底斯一樣，正因為生長於動盪的時代，所以對歷史更為關切。關切歷史並沒有懷古的意涵，對「人性」的關懷才是決定性因素。出生於動盪的時代，自然要比出生在太平時代，更會對各種言行所表達出來的人性感興趣，尤其是那些具有十足的觀察力和分析力、又不是位居領導者地位的局外人更是如此。

李維斯十歲那年，朱利斯．凱撒越過盧比孔河，內戰時代開始。

十一歲那年，由堅持元老院主導共和政體派擁立的龐培率領大軍，與凱撒率領打倒元老院體制派的大軍，在希臘法爾沙拉斯平原開戰。敗北的龐培逃往埃及，在埃及遇害。

十二歲那年，凱撒就任獨裁官。

十三歲那年，凱撒追趕逃竄的龐培餘黨，將戰線移到北非，在塔普索斯戰役中再度獲勝。共和政體派擁護者小加圖自殺。

十四歲那年，凱撒在西班牙的孟達會戰中勝利，給共和政體派致命的一擊。

十五歲那年，凱撒就任終身獨裁官，實質上的帝王政治於焉開始。三月十五日，布魯圖斯領導的十四名元老院議員在元老院議場內刺殺凱撒。

十六歲那年，刺殺凱撒的主謀布魯圖斯和加西阿斯由於形勢不利，逃往希臘，準備與凱撒派的安東尼與屋大維決一勝負。共和意識型態的代表人物西塞羅在羅馬遇害。

十七歲那年，反凱撒派與凱撒派在希臘的腓利比平原發生激烈的戰爭，凱撒派獲勝，布魯圖斯與加西阿斯敗北自殺。

之後，凱撒派（打倒元老院體制派）又內鬨，分裂為安東尼與屋大維兩派，開始權力鬥爭，一直到李維斯二十八歲那年的亞克興角海戰之後才塵埃落定。第二年，安東尼與克麗奧佩脫拉自殺身亡，就剩下凱撒的養子屋大維一人獨大。

李維斯三十二歲那年，改名為奧古斯都的屋大維宣示要恢復到共和政體，但是，事實上這不過是他要確立帝王政治的第一步而已。

奧古斯都出生於西元前六十三年，死於西元十四年；李維斯出生於西元前五十九年，死於西元十七年。皇帝與歷史學家在時代的局內人或局外人的立場上雖然不同，但是幾乎可以說是同一時代的人物。李維斯真可說是親身體驗到凱撒越過盧比孔河，以至奧古斯都確立的「羅馬和平」。

共一四二卷記錄從建國到西元前九年為止七百四十四年歷史的《羅馬史》，與作者李維斯同一時代的部份，也就是從共和政體到帝王政治的轉移時期的記載，只留下些許的片段。這實在令羅馬史的研究人員扼腕，之所以如此，是因為李維斯雖然生於奧古斯都的時代，卻是個共和政治主義者。如果這些歷史資料真的有留存下來的話，我們應該可以從共和政治主義者的觀點，來看奧古斯都如何讓眾人以為共和政治將會復活，而卻又奧妙地將政體轉為帝王政治。

在這一四二卷的歷史書全數存在的古代，奧古斯都曾在讀過這些史書之後，稱李維斯為「龐培的支持者」。雖然奧古斯都諷刺李維斯，但是這位建立帝王政治的人物，卻沒有想要禁止這名龐培支持者所寫的歷史書發行。共和政體派的代表人物西塞羅的文集發行，也是奧古斯都時代的事情。與羅馬名門宗師兼皇帝的奧古斯都有血緣關係的克勞狄斯，縱使在進入青年期後師奉「龐培支持者」，也沒有人把這件事當作醜聞來看。

看過克勞狄斯描寫自己從小到五十歲被找來當皇帝為止的一系列作品，可以想見他受到李維斯影響之深，不禁微微苦笑。

首先是篇幅長達二〇卷的《伊特魯里亞史》，之後是八卷的《迦太基史》。前者描寫伊特魯里亞民族先是稱霸中部義大利，後來慢慢地被羅馬霸權侵噬，最後完全被羅馬吸收同化；後者則是描寫茁壯後的迦太基與羅馬正面衝突，在三次布尼克戰役之後，終於臣服於羅馬。雖然兩部有些差異，但是兩個民族的共通點，就是他們都是戰敗的一方。克勞狄斯這個時期最專注於記錄歷史，他雖然在勝利者羅馬這方的環境中生活成長，但是卻對於敗北者歷史特別關心。

接下來他寫的是失敗政治家西塞羅的傳記。這個傳記的特色，就在為西塞羅辯護。不知是不是這部傳記的延伸，或是受到恩師的影響，克勞狄斯開始著手寫作同一時代的歷史，即凱撒遇害後再度引起動亂的時代。克勞狄斯似乎打算以《內戰記》作為書名，但是這部歷史書也只能在寫完二卷之後停筆。據說是由於母親安東妮亞的忠告，所以他才停筆的。畢竟局外人李維斯的立場和克勞狄斯不同，因為這時期大多數的內戰主角，無論是安東尼或奧古斯都，都和克勞狄斯有著血緣的關係。喜歡站在輸家這邊的克勞狄斯，似乎把布魯圖斯和安東尼都寫得蠻好的，而身為安東尼女兒的安東妮亞是克勞狄斯的母親，她很擔心這個著作發行會對兒子的立場造成不利的影響。

無法繼續撰寫《內戰記》來記載同一時期的歷史，克勞狄斯仍舊無法割捨對於同時代歷史的關切，因而完成了共計四十一卷的《和平記》。既然書名訂為和平時代的記錄，那麼想必是在描寫奧古斯都樹立的羅馬和平，因為在那之前，羅馬並沒有足以稱為「和平」的時代。

羅馬皇帝所寫的歷史記錄，從歷史學的價值來看，簡直就是一級史料，可惜的是，這些著作完全散逸，沒有留下隻字片語。學者們認為，從克勞狄斯留下的演講或碑文等的文體來推測，他應該是調查工作做得很詳細，知識也很豐富，但是缺乏將歷史的敘述升華為文學作品的靈光乍現與耐人尋味兩大因素。學者們也評論到，由於是「學者的著作」，所以沒有傳到後世。關於他們的評價，應該鑾可以置信。

雖然沒有辦法寫出足以流傳後世的歷史作品，但是在潛心從事歷史研究和著作的前半輩子，對於日後成為皇帝的克勞狄斯而言，仍舊有著相當大的幫助。在他當皇帝之前，除了經歷過幾個月因為卡利古拉不假思索就指名他出任的執政官職之外，他是毫無軍務或政務經驗的。雖然是透過書本，但是累積到五十歲的知識，在面對一切都是新鮮的事物時，也的確發揮了作用。歷史家皇帝於焉誕生。

治世之始

西元四十一年一月二十四日下午一時，第三代皇帝卡利古拉遇害，未滿四年暴風雨似的治世告終。

刺殺皇帝的主謀，也是直接下手的近衛軍團大隊長克雷亞和他的同袍第一件做的事，不是占領帕拉提諾山丘上的皇宮，也不像凱撒遇刺時的布魯圖斯和他的同袍一樣，占據卡匹杜里諾山丘上的最高神祇朱比特神殿以表示自己行動的正當性。他們找出害怕得躲起來的克勞狄斯，帶著他

（與其說是擁立，倒不如說是挾持還比較貼切），回到首都東北的近衛軍團營區。

因為他們知道，雖然是由兩名大隊長加上約二十人犯下刺殺現任皇帝的大罪，但是加上其他七名大隊長及騎兵，大約一萬名的近衛軍團士兵都會支持他們。近衛軍的「支持」，指的是即使皇帝換人，他們還是會支持帝王政治，也就是要取代卡利古拉者，必須是奧古斯都的血親，這也正是決定刺殺行動的克雷亞心中的打算。

而克雷亞把克勞狄斯帶回近衛軍團的營區當作人質，就是要針對唯一可能反對繼續維持帝王政治的元老院。

人質有兩種用法，一種是如果違背自己的意思就殺害人質的脅迫方式；另外一種則是如果違背自己的意思，就擁戴手邊的人質做號召、揮軍掃蕩反對勢力的嚇阻方式。

區區克勞狄斯，既不是羅馬名門宗師，也不是具有影響力的人物，充其量不過是個專注於歷史記述的五十歲老人，就算他被殺了，元老院根本不痛不癢，所以克雷亞的克勞狄斯牌打法，自然是採取後者的嚇阻方式。當首都警察們得知近衛軍團紛紛擁戴克勞狄斯時，立刻從卡利古拉遇害後支持元老院的立場見風轉舵。這下子，近衛軍團九個大隊一萬人和首都警察三個大隊三千人的動向已定，這等於首都羅馬和本國義大利所配置的所有軍事力量，都站在維持帝王政治這一邊了。

在卡利古拉遇害後，共和政體主義者眼見良機不可失，立即在元老院議場召開緊急會議，原本於會中口若懸河的他們，由於人數較少，現在又碰上了這項既成事實，也只能閉上嘴巴。不過，就這樣屈服於近衛軍團的威脅之下，元老院也是威嚴掃地。更何況，如果把近衛軍團操縱的玩偶當成是帝國的最高領導者，羅馬帝國的未來也不禁令人擔憂。

於是在一月二十四日晚上，擔任元老院使者的二名護民官來到克勞狄斯跟前。他們被派來的目的，就是和身在近衛軍團營區中的克勞狄斯見面，直接從他的口中，聽聽他的看法。

二名使者帶來的元老院書函中包括下列兩項：

㈠如果願意回到個人的生活，今天一整天的行為可以不追究責任。

㈡如果想要成為「第一公民」，必須獲得元老院的認可。

第二項中已經可以嗅到元老院有意維持帝王政治的氣氛了。

雖然是被人勉強帶來的，但是克勞狄斯毫不猶豫地選擇了第二項。然後，他對使者說道，他從來沒有想到自己會成為「第一公民」，不過既然有人給了他這個位置，他是不會臨陣脫逃的。

這並不是因為克勞狄斯突然興起了權力欲。影響羅馬菁英份子最深的哲學，不是蘇格拉底之前的希臘哲學，也不是蘇格拉底自己的哲學，而是希臘哲學中後起的斯多噶學派哲學。斯多噶學派的哲學講述世界國家的重要性，而不是封閉的城邦，他們也把奉獻公益當作是菁英份子的責任，這點深深打動了羅馬菁英份子的心。克勞狄斯也是菁英階級中的一份子，而且更是半輩子以來探索人性、從事歷史研究和著作的人物。現在面臨意料之外的處境，他心中奉獻公益的精神油然而生。這時候的他，已經不是被人操縱的玩偶了。

當天晚上，元老院一致通過將卡利古拉所有的一切權限都賦予克勞狄斯：「第一公民」、全羅馬軍之最高司令官、凡事都可以行使否決權的護民官特權、羅馬宗教中地位最崇高的最高神祇官，以及繼承凱撒與奧古斯都之名的權力。換句話說，他們就是承認克勞狄斯為皇帝，因為只有「皇帝」才能具備以上所有的各種權利。在卡利古拉這個年輕小夥子之後，或許五十歲的年紀是個鑽令人安心的因素吧。

登基為皇的克勞狄斯所做的第一件事，就是將下手行刺卡利古拉的人犯處刑。既然是要維持帝王政治，就不能讓刺殺皇帝的人逍遙法外。不過，克勞狄斯下達的，只有處決大隊長克雷亞的一項命令，另一位大隊長薩比努斯知名度沒有克雷亞高，所以克勞狄斯似乎是想睜一隻眼閉一隻眼。至於將近二十名的士兵，雖然他們也參與了行刺皇帝一事，但是由於他們沒有直接下手，所以就不加以追究。

下手殺了「小軍靴」的卡西斯．克雷亞在毫不牽累他人的情況下，從容就死，這是他親眼見到日耳曼尼可斯的弟弟克勞狄斯就位之後才受刑的。我想，他是以自己的生命來換取殺死昏君的結果，死的時候應該是心安理得的。同袍薩比努斯雖然已經免於死罪，但是仍舊選擇了自裁。同袍間的情誼，似乎是外界無法了解的。二位「主犯」既然都已經服刑，行刺卡利古拉一事也就算告一段落，一點也不拖泥帶水。

不斷重複地寫，就連我都有一點想要略過了，但是因為非常重要，所以一定要再重複一次。

羅馬即使進入了帝王政治時代，但是“S.P.Q.R.”(Senatus Populusque Romanus)「元老院及羅馬公民」是主權者的立場卻一直沒有改變。皇帝是要由元老院以及羅馬公民這些「有權者」來委託他統治的，所以羅馬皇帝開始治世的時候，是不會舉辦加冕儀式的，他是從元老院和公民許可要委託他統治時，才開始他的統治工作的。

不過，在通訊還不發達的那個時代，幅員遼闊、涵蓋歐洲、中近東以及北非之地的羅馬帝國，「有權者」反映意見的程度有限，也就是說，能夠反映意見的「有權者」人數實在很少。如果當時就進行輿論調查，了解皇帝的支持率的話，恐怕呈現的也只是元老院和首都羅馬以及義大利本國居民的「聲音」而已。

「有權者」的條件是具備羅馬公民權，不過，就算行省人民不是「有權者」，因而沒有立場委託他人統治自己，然而就被統治者的立場而言，他們和羅馬公民的地位是相同的。行省人民的人數可能在羅馬公民的十倍以上，當然不會乖乖地被統治。如果行省的總督施行暴政的話，羅馬的中央政府賦予行省人民控訴的權利，甚至曾經有反抗暴政而發生過暴動，所以他們也不是完全沒有反映「聲音」的機會。

如果當時就做了輿論調查，而且調查的對象擴大到行省人民的話，在首都和本國人氣低落的臺伯留支持率一定會大翻身。不過對於歷代皇帝來說，在本國義大利和首都羅馬的支持率高低，還是等於風評好壞的指標。

除了宗教上的理由而無法稱凱撒與奧古斯都為「神君」的猶太教徒之外，羅馬公民和行省人民之所以會一直稱這兩個人為「神君」，是因為他們從羅馬公民和行省人民處成功地獲得極高的支持率所致。而這二人之後的臺伯留與卡利古拉，前者犧牲了首都居民的支持以重視整個帝國的利益，結果風評極差；後者則是太過重視首都居民的支持而陷入財政崩潰的危機，以至於毀了自己。

決定要當皇帝的克勞狄斯心中，一定把從建國以來的羅馬歷史、羅馬人拿來借鏡的希臘城邦時代歷史，加上亞歷山大大帝創造的希臘化時代歷史等一再地反芻過了。其實關心歷史，就等於是不完全相信包括自己在內的眾人的原創力。換言之，他不會認為「歷史是自己創造出來的」，而是認為「歷史是人類創造出來的」。所以，拿先人的例子作為參考，他也不以為意。西元四十一年當上皇帝的這位「歷史家」在這些先人之中，他尤其拿凱撒與奧古斯都作為自己施政的典範。

不過，他對元老院的宣示中，只提到要以奧古斯都一人為施政的典範，卻沒有提到凱撒。原因就在於，他宣示的對象是元老院。凱撒雖然保留了元老院，但卻是打倒以元老院主導、寡頭制為特色的共和政體的人。相對地，奧古斯都宣示要恢復共和政體，縱使事實上是帝王政治，卻始終佯裝尊重元老院參與國政的權力。他宣示要恢復奧古斯都的統治方式，自然不用擔心元老院會對此反彈了。

他一句話也沒有提到先人之一的臺伯留的名字，除了臺伯留是個風評極差的皇帝之外，他還在隱居卡布里島後繼續統治帝國，是個完全不把元老院放在眼裡的人。

雖然克勞狄斯沒有公然拿凱撒和臺伯留作為施政的典範，但是他的統治方式，仍舊受到他們兩人極大的影響，尤其在財政以及行省的統治上，臺伯留式的治世特色尤其明顯。因為，如果優先考量公益的話，唯有遵循臺伯留的統治方式。

雖然目標相同，但是在達到目標的過程之中，深受當事人器量大小的影響。克勞狄斯雖然用意良善，也有充份履行的意願，但是他總是少了身為領導者的某種條件。

五十歲在羅馬人眼中，是到達成熟顛峰的年齡，但是克勞狄斯治世之始也莫過爾爾。到他宣示要恢復到奧古斯都的統治方式之前，一切都還算順遂，但是，接下來克勞狄斯又提倡恢復羅馬自古以來的優良傳統，提議制定下列法案來落實：

羅馬公民應隨時穿著「托加」長袍。

我們不難了解克勞狄斯的用意，因為先帝卡利古拉衣著怪異，現代社會中也只有流行歌手們才會做出花俏的打扮。第IV冊第二章的〈成年禮〉中介紹過托加長袍，是相當莊重而威風凜凜的服裝，並不適合每天的日常生活。撇開元老院議員和律師等需要經常保持威嚴的人士不談，擁有羅馬公民權的人之中，也有無產階級存在，身上要是穿著托加長袍，叫他們如何工作？就算能夠了解穿著托加長袍的用意，但是問題並沒有嚴重到必須要立法的程度。元老院議員們從新皇帝的口中聽到這個要求時，雖然本身經常穿著托加長袍，但是臉上還是不禁浮出冷笑。不過，充滿輕蔑的爆笑倒是沒有發生，這算是元老院議員們對新皇帝的禮貌。

充滿議場的冷笑，還是讓克勞狄斯失去了冷靜。第一次在元老院演說，他口吃的毛病就犯了。

一開始口吃，就死命地想把話說好，愈是努力，嘴角就堆滿了白色的口沫。向來不在乎儀表的克勞狄斯也不加以處理，結果這口沫就變成口水，從嘴角流下，到最後，連自己在說些什麼也搞不清楚。皇帝克勞狄斯的首度演講，就在這種情況之下結束。

不過，他還能開始治世而沒有中斷，原因有二：

第一是克勞狄斯對於奉獻公益的熱情，完全不會因為第一次演說失敗而受挫。

第二點就是，在元老院議員之中，雖然只占少數，但還是有人在目睹皇帝的醜態之後，仍然願意為新皇帝的執政奉獻心力。新皇帝運氣好，這些議員人數雖然少，但都是具有影響力又有才華的人，他們熟知帝王政治是有效的帝國統治體系，所以願意協助克勞狄斯。這一派議員的代表人物，是臺伯留起用的人才之一——魯奇斯．維特里斯。換句話說，克勞狄斯幸好還可沿用臺伯留所起用的人才，這一點大大地幫助了克勞狄斯，讓他在外交與軍事的「施政」上能夠成功。

信賴的恢復

克勞狄斯「施政」的首要目標，是恢復民眾在未滿四年的卡利古拉統治後對帝王政治的信任。

克勞狄斯宣示，要中止以「國家叛亂罪」為理由的處刑。他不是要廢除這條法律，因為這條法律是奧古斯都制定的。克勞狄斯宣示保留法律，但不行使，至於因為這條法律而被處以流放的人，克勞狄斯也允許他們回國。

因為這次的機會而回到祖國的眾人之中，包括了被流放到芬多帖拿島上的卡利古拉二個妹妹。其中之一的阿古力琵娜一點也看不出來是流放外島的消瘦模樣，反倒是精神奕奕地回到本國。羅馬人追求生活舒適乃是天經地義的事，所以即使是流放之地，如驅逐大阿古力琵娜時，臺伯留除了安排興建儲水槽之外，還特別命人挖了一座「活魚池」，引海水進來，讓風浪大、無法出海的日子照樣有魚可吃。那年二十六歲的阿古力琵娜，是皇帝卡利古拉的妹妹，後來成為克勞狄斯的皇后，最後成為尼祿皇帝的母親。在歷史上，為了和她同名的母親能有所區別，所以稱她為「小阿古力琵娜」，她在體驗一年的島上生活之後，回國時已經成為身手敏捷的游泳健將了。

新皇帝宣示不行使「國家叛亂罪法」，而這條法律最主要的執法對象即元老院議員們，自然是最歡迎的了。

除此之外，克勞狄斯又推出了一項博取元老院歡心的政策。他將選舉執政官等帝國中央政府要職的工作，從公民大會再度移回到元老院，就像臺伯留時代那樣。議員們因此不需要再為競選經費傷腦筋，自然是表達歡迎。不過，克勞狄斯遵循臺伯留的統治方式也只到此為止，對於選舉活動中各項娛樂，他非但沒有禁止皇帝等富裕階級贊助，反而加以獎勵。民眾對於將選舉移回元老院中進行一事可能產生的不滿情緒，也藉由這種作法來得到抑制。不過，克勞狄斯的政策轉換，個人的嗜好成份可能大於政治上的理由。臺伯留向來厭惡這種娛樂，但是克勞狄斯恰與其相反，樂此不疲。如同有些看來老實的學者卻酷愛拳擊或職業摔角，克勞狄斯也是這種類型的人。

克勞狄斯最清楚自己的使命，那就是處理卡利古拉施政錯誤的後果。

首先，他必須重建因卡利古拉的浪費而處於破產狀態的國庫。克勞狄斯也沒有想到要用增稅的方式來重建財政，但是也不打算採用臺伯留那種緊縮財政的方法，或許是他想要避免重蹈臺伯留遭受批評的覆轍吧。克勞狄斯身為歷史學家，當然熟知羅馬的傳統，重視公共利益，進行基礎建設，這才是領導者的職責所在。

卡利古拉動工的二條大規模水道工程，克勞狄斯以卡利古拉缺乏的堅定意志重新動工。工程的承包商們也不用再像卡利古拉時代那樣擔心工程款經常下不來的情況，可以專心於工程的進行。克勞狄斯又向二大公共事業挑戰，這是朱利斯．凱撒企畫，但是後頭的接班人沒有一個進行的大工程。其中之一，就是將羅馬的外港奧斯提亞整建為地中海最棒的港口，第二項工程，就是把義大利中部費茲諾的湖水抽乾，變成可以耕種的農地。

既不節流也不開源，國家財政何以重建，實在令人懷疑，但是克勞狄斯認為，這一切都是可能的。他的根據不在於專業的經濟知識，而完全基於常識的考量。

一、他重新開徵卡利古拉廢除的「百分之一營業稅」。

這個稅金是奧古斯都制定的，克勞狄斯既然宣示要恢復神君奧古斯都的統治方式，恢復這個稅金自然是理所當然。不過，就算是神君制定的稅金，天底下沒有一項稅金是會獲得好口碑的。卡利古拉為了博取民心而廢除這項稅金，現在要恢復開徵，從繳付者的立場來看，跟開徵新稅沒有差別。所以，克勞狄斯就把卡利古拉課徵的燃料稅等種種繁雜稅金一併廢除。這麼一來，稅制本身也恢復到卡利古拉時代以前的簡單明瞭。

二、必要的開支，克勞狄斯一項也沒有刪減，但是對於不必要的經費，就全數刪除。

令人瞠目結舌的大筆開銷，這下子煙消雲散。戲劇、雜耍團、競技賽和鬥劍比賽照舊舉辦，因為這是必要的經費支出；相對地，對於卡利古拉打造來搬運埃及二十五公尺方尖碑的大型船隻，克勞狄斯也為了省下維修費用，將船上裝滿岩石後沉入海底，作為奧斯提亞港灣工程的堤防地基。

向來不在乎儀表的克勞狄斯，對於住所也不講究。因為沒有人想住在奧古斯都簡樸的房子裡面，所以臺伯留就同樣在帕拉提諾山丘上蓋了新居，但是工程也在他隱居卡布里之後停頓下來。完成這項建築工程的是卡利古拉，而克勞狄斯就住到那裡頭，這樣已經讓他心滿意足了。對於中飽私囊，克勞狄斯也是沒什麼概念的。

光是這種程度的節流，不禁令人懷疑如何能夠重建財政，但是事實上，僅只如此的節流就有了相當的成果。

臺伯留在西元十四年即位時，必須採取嚴格的財政緊縮政策，而克勞狄斯即位時，是西元四十一年。在不到三十年的太平盛世與充實的基礎建設之下，整個羅馬帝國的經濟力量大幅度地提升了。

羅馬帝國的所有稅金都不是固定的金額，而是採用百分比制度：營業稅是百分之一、遺產稅百分之五、關稅也是百分之五、行省人民繳納的行省稅是百分之十，至於東洋進口的奢侈品關稅是百分之二十五。經濟力量提升，不用調整稅率，稅收自然增加。到了克勞狄斯時代時，財政的重建光是靠自然的稅收增加就足以站穩，羅馬帝國這大一統經濟圈已經開始運作了。

要靠稅金自然增加來站穩，首先稅金收入的管道必須要暢通。如果坐視徵稅者的違法行徑，這管道就會阻塞。克勞狄斯雖然貴為皇帝，明知過度露臉一定會引來非議，但是他還是非常熱衷到法院參加審判，原因就在於要避免管道阻塞。殺人案件或強盜案件，克勞狄斯是把全權交給他人處理，但是稅務公正是德政的基礎，所以他深信這絕對值得皇帝好好監督。這一點，克勞狄斯完全繼承了臺伯留的特質。

卡利古拉暴政後果之二，就是在不到四年的短短治世期間之內，所引發令人喟嘆的失敗外交問題。首先要處理的是北非茅利塔尼亞王國的問題，其次是猶太問題，第三是卡利古拉在多佛海峽集結大軍卻又撤回所導致的不列顛問題。

北非

對羅馬而言，解決茅利塔尼亞的問題，不只侷限於北非一帶，還攸關位處直布羅陀海峽對岸的伊比利半島的安全問題，刻不容緩。

卡利古拉輕率的行徑，使得羅馬忠實的同盟國發生叛亂，但是在卡利古拉殺死國王之後，竟然沒有人能夠接替，所以只好投入軍隊來鎮壓叛亂了。克勞狄斯沒有想到要用和平的方式來解決，這不是因為茅利塔尼亞沒有足以談判的對象，而是羅馬方面決計不肯跟反羅馬派的人談判。羅馬的中央政府許可對方派遣使節團前來說明緣由，但是不採取這種方式就訴諸武力的話，羅馬自然是以牙還牙，這就是羅馬的作法。卡利古拉留下茅利塔尼亞王國叛亂的爛包袱，克勞狄斯卻在不到一年的時間之內就戡平。從今而後，這裡也是以「帝國主義」之名來統治，即以非常羅馬化的方式治理。

基於統治發生叛亂之地的理由，舊茅利塔尼亞王國被一分為二：「茅利塔尼亞．汀吉塔納」（汀吉斯的茅利塔尼亞），以及「茅利塔尼亞．凱撒恩西斯」（凱薩里亞的茅利塔尼亞）兩處。這兩塊地區都變成了羅馬的行省，前者的首都是汀吉斯（現在的丹吉爾），後者的首都是凱撒里亞（凱撒里亞後來變成阿拉伯式的名稱歇爾歇爾）。

在這兩塊由羅馬指派長官統治的行省裡，克勞狄斯導入以往朱利斯．凱撒在北非施行的統治模式。他讓大量的除役者和羅馬公民的自願者搬到此地，建設殖民都市，並以羅馬式的街道連接這些都市來振興產業。這樣的建設帶來豐碩的成果。這兩塊行省加上更向東而行的原努米底亞王國的「努

茅利塔尼亞分割後的北非

米底亞行省」、原迦太基的「亞非利加行省」，還有涵蓋派駐克里特長官管轄之「昔蘭尼加行省」在內的整個西北非，這些地方後來生產的小麥，相當於首都羅馬與義大利本國所需的三分之一。

先前曾經提過，埃及一處就供應了所需小麥量的三分之一，不過，這個數字是在克勞狄斯重新開發整個北非西側之後才產生的，以前進口到羅馬的埃及產小麥所占的比重還要更高。單靠一地來掌握生命線，對於主食小麥仰賴進口的國家而言，實在不是聰明的作法。北非之地能夠提供三分之一的產量，等於羅馬有了三條生命線，包括埃及、北非，以及幾乎可以說是本國生產的西西里島上所生產的部份。

北非，其實真正指的是以南方沙漠為界線的北非地中海沿岸地區，它的進步不只是產業的振興，羅馬化的發展也極為快速。當經濟力量提升時，連帶地會需要人才。需要人才的不只是在經濟面上，他們還得要負起守護剛起步的經濟的責任。換句話說，對於在軍事上才華洋溢的人才可以說是宦途大開。還有，要讓軍事和經濟順利運轉時，行政方面的人才也是不可或缺的。這種人才需求的趨勢，帶動了迦太基裔居民融入到羅馬的統治系統之中。

羅馬在西元前一四六年滅了迦太基，在三年的攻城戰之後，終於攻陷首都，並遍撒海鹽，把這裡變成了不毛之地。西元前四十六年，朱利斯．凱撒把這座曾經是地中海地區繁華的大城從荒蕪中重新整建，而且還復名為迦太基，這曾是羅馬人無法忘記的宿敵之名。九十年之後，雖然說是羅馬的行省，但其實是農業大國，也是通商大國的迦太基再度甦醒。正因為羅馬式的這種「帝國統治方式」，才能使得一百五十年之後，在此地誕生了一位羅馬皇帝。

猶太問題

卡利古拉留下的另外一個爛攤子，就是猶太人問題。對於這些拒絕羅馬化的人，皇帝克勞狄斯決定要用個案處理的方式來應付。因為，猶太人的問題並不是單一存在的，除了居住在以耶路撒冷為中心的猶太地區居民之外，還有跟希臘裔居民同住在亞歷山大等都市內的猶太人，他們的問題都得分開處理。對於前者，克勞狄斯遵循奧古斯都的猶太人政策，至於後者，他就採用了臺伯留的方式。

對於居住在以耶路撒冷為中心的猶太地區的猶太人，在事隔三十五年之後，克勞狄斯決定再度讓猶太人的國王來統治他們。這就好像海外分公司的社長不是由總公司指派，而是請當地人出任一般。被賦予統治猶太人大任的，是出身於希律大王家族的成員，在西方的名字叫朱利斯·阿古力巴，在猶太的名字叫希律·阿古力巴。他是個才華洋溢的人物，這是好處也是缺點。小時候在羅馬當人質，是卡利古拉的好朋友，跟克勞狄斯也有頗深的交情。

這位才華洋溢的猶太王子，卻沒有獲得臺伯留的信賴。臺伯留如果真的要讓這名男子登上猶太的王位，他早就做了；他之所以沒有這麼做，原因在於他不相信這男子是個值得信賴的盟友。相對地，到五十歲為止，克勞狄斯都是「象牙塔裡面的人」。克勞狄斯性格中的一個特色，就是很輕易地就會相信他人。

順道一提的是，卡利古拉以武力解決猶太問題的表徵，也就是打造神似自己的朱比特神像並下令搬入耶路撒冷聖殿內一事，隨著卡利古拉之死而風平浪靜。以拖延戰術來抗拒卡利古拉命令的敘利亞總督貝特洛尼斯，也在服滿任期之後歸國。

居住在亞歷山大的希臘裔和猶太裔居民的敵對關係，已經嚴重到由猶太的哲學家斐洛率領使節團，直接向卡利古拉投訴；而克勞狄斯就採用臺伯留的方式來解決這個問題。羅馬是兩邊都不護，貫徹居中調停的角色。

即位後不久，克勞狄斯立刻寄出一封名為「給亞歷山大居民的信」的公文，從這封公文的名稱，就可以看出羅馬皇帝對於這個問題的「態度」。

公文的收信人名稱，既不是居住在亞歷山大的希臘人，也不是居住在亞歷山大的猶太人，而是「亞歷山大居民」，這就代表了居住在東地中海最大都市亞歷山大的所有希臘裔和猶太裔居民，應該屏除民族的偏見，成為「亞歷山大的居民」。這也等於克勞狄斯宣示，產業通商都市亞歷山大的繁榮，必須要在希臘裔居民和猶太裔居民共存共榮的前提之下才可能成為事實，為此，羅馬也將不辭辛勞地居中調停。以更簡單的記述來擷取要點的話，就是要心有不滿的人，在向對方發作之前，先到羅馬來告狀的意思。克勞狄斯也說道，兩個民族能否共存共榮，還要看這宗教與生活習慣都各自不同的人民是否能擁有「寬容」的精神而定。無論是希臘人或猶太人，他都希望他們能對彼此寬容。

具體而言，三年前爆發暴動的結果，蒙受損害的猶太人資產將不予賠償。因為，如果求償的話，要負起理賠責任的，就只有加害者希臘人，如果這樣決定的話，反而會再度引發暴動。

不過，對於猶太裔居民，克勞狄斯再次與他們確認臺伯留所做過的一切承諾。

㈠亞歷山大五區之中，有二區可作為猶太人民居住區的權利。
㈡有信仰的自由，以及許可每年捐款給耶路撒冷聖殿。
㈢猶太人居住區內擁有裁判權，但唯有死刑必須獲得埃及長官許可。
㈣每週六為安息日。
㈤免除軍務等公職。

既然是採用臺伯留的方式，自然就等於再次確認從凱撒、奧古斯都、臺伯留一貫的羅馬作法——猶太人與希臘人享有商務上同樣的平等。不過，第五項上，羅馬是因為顧及猶太教的特殊性所以才加以許可的。對希臘裔的居民來說，這種「寬容」，完全是因為羅馬方面承認了，所以自己才不得不贊成。

沙漠中有強盜出沒，紅海中則有海盜活動。驅逐這些不法之徒、維護「和平」，就是霸權國家羅馬的責任。駐紮埃及的二個軍團，是由羅馬人的軍團長率領，由擁有羅馬公民權的士兵組成。不過，羅馬軍是由主力的軍團兵和人數相當的補助兵共同組成。羅馬方面積極採用當地人擔任補助兵。實際上，在維護埃及「和平」中扮演重要角色的補助兵之中，小隊長和中隊的指揮官階級，絕大多數都是希臘裔埃及人。在這些希臘裔居民的眼中，對於商務上享受同樣的平等，但卻可以宗教的理由而不須為維護「和平」出一份心力的猶太裔居民，一定感到相當的不滿，換成現代的說法，就是猶太人「躲在別人的雨傘之下」。將東地中海地區一分為二的希臘與猶太的敵對意識，要單靠「寬容」來解決，實在是不太可能。

明知如此，克勞狄斯還是以公開的方式表明態度，亞歷山大總算恢復了平靜。這倒不是因為克勞狄斯的力說，使得希臘裔和猶太裔都體認到自己是「亞歷山大居民」的事實，只是他們都屈服在公文最後皇帝所寫的威脅語氣之下。明理的人永遠居於少數，而對於其他的多數，威脅往往具有最好的效果。威脅的好處，在於使多數人都屈服在具有強大軍事力量者之下時，明理的少數派立場隨即轉為強勢。克勞狄斯的「給亞歷山大居民的信」最後一行寫道：

「羅馬『第一公民』明理的作法今後是否會持續，就看各位的表現了。」

克勞狄斯登基不久之後就開始著手處理猶太問題，在此算是告一段落，但是，其中有一處是克勞狄斯的估計錯誤。就像臺伯留生前就已經看透的，希律．阿古力巴具有野心，他是不會滿足於擔任羅馬同盟國君主就作罷的。派駐鄰國敘利亞的行省總督，現在可不能偷懶，忽略了監視這猶太王的一舉一動。

希律．阿古力巴接受的領土幾乎與奧古斯都認可的希律大王時代相同，不過可能就是因為他和克勞狄斯之間的個人關係非常密切，再加上克勞狄斯向來怯懦，所以希律．阿古力巴一定以為自己可以為所欲為。他開始興建城牆圍住耶路撒冷的市街，這是希律大王去世後奧古斯都下令禁止的。敘利亞總督得知之後，必須以堅決的態度來「建議」猶太王破壞這道城牆。

希律·阿古力巴改變策略，他招待羅馬帝國東方各王國的國王前來開會。克勞狄斯接獲敘利亞總督報告後，下達嚴正的勸告，使得這次的舉動又在成形之前化為烏有。羅馬跟這些王國是個別同盟的關係，而這些王國可說是羅馬和最大假想敵帕提亞王國之間的緩衝地。羅馬方面並不允許這些國家之間彼此締結同盟關係。

雖然有些小狀況，但是由猶太之王統治猶太民族，還算是進行得相當順利。統治三年之後，希律·阿古力巴去世。我想，克勞狄斯的心情，大概是一則以喜，一則以憂吧。憂的是希律·阿古力巴的兒子年紀太小，還不能繼承亡父的皇位，所以只能放棄藉由猶太之王來統治猶太的策略；喜的是優秀的希律·阿古力巴對於以誠意待人的克勞狄斯而言，已經不再帶來威脅了。

結果，西元四十一年到四十四年的三年猶太王統治之後，以耶路撒冷為中心的猶太地區，再度回到以往的羅馬直接管轄的體制，也就是皇帝任命的猶太長官，在直接上司敘利亞總督之下統治猶太。

克勞狄斯既然把體制恢復到臺伯留的方式，那麼內容自然也得依照臺伯留的模式來作。無論是容易讓人連想到支配者羅馬的人或物，都盡可能地排除。長官也派駐在凱撒里亞，營區也在凱撒里亞。由於皇帝的雕像可能會被說成是偶像崇拜，因此這些雕像和軍旗等也都一律不准帶進耶路撒冷。

在幾年之內，歷任的長官之中，還是有些無知又粗神經的長官，所以羅馬人和猶太人之間也不是毫無摩擦的；不過，巴勒斯坦這中東的火藥庫，還是享受了二十年的和平。從希律大王死後，猶太成為羅馬直接管轄的西元六年開始計算的話，雖然是在異教徒羅馬人的支配之下，但是猶太卻實際上度過了六十年的太平歲月。

遠征不列顛

卡利古拉的最後一個爛攤子，就是不列顛問題。這倒也不是僅僅因為卡利古拉發動大軍在多佛海峽邊，結果也沒出船就撤軍，所以不能善罷甘休的緣故。五十年前奧古斯都時代不須處理的事情，到了西元一世紀中克勞狄斯的統治時代，就得要加以處理，這才是克勞狄斯遠征不列顛的真正原因。

當時羅馬人稱現在的英國為不列塔尼亞(Britannia)，如果換成英文的唸法的話，就是不列顛(Britain)。如同國名由來所示，現在的英國跟國土的四分之三一直都在羅馬帝國境外的德國不同，它有一段被羅馬征服過的歷史。如果用英國學者最喜歡的說法來說，英國人因為屬於羅馬世界，所以不像日耳曼（德國）人那麼野蠻。

不列顛與羅馬的接觸，是在西元前五十五年跟隔年的前五十四年，可以追溯到朱利斯·凱撒率領羅馬軍遠征開始。從克勞狄斯的年代來說，已經是百年之前的過去了。

當時凱撒的意圖，並不是要征服不列顛。對稱霸整個高盧的凱撒而言，他只要能夠阻止反羅馬的高盧人越過多佛海峽逃到不列顛，也就足夠了。此外，屬於高盧人種族之一的貝爾葛（比利時）人也大量地遷徙至不列顛定居，所以凱撒的另外一個目的，就是要防範這些人和高盧東北部的高盧人、不列顛的高盧裔不列顛人組成共同戰線。

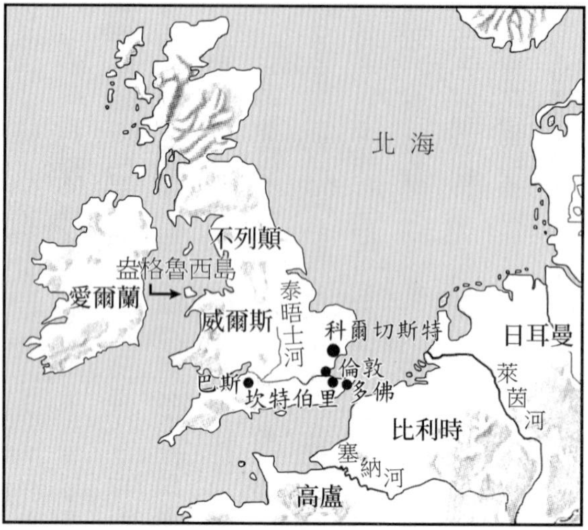

不列顛

同一時期，凱撒也決定渡過萊茵河攻擊日耳曼人。他攻擊不列顛的理由，就跟攻擊日耳曼人一樣，不是以稱霸為目的，而是要牽制敵人的動向。不過，就結果而言，凱撒到最後還是想要征服不列顛。不列顛不同於日耳曼，因為日耳曼還可一直延伸到東邊，但是不列顛卻是一座島嶼。

在那個時候，凱撒的策略奏效，整個高盧（現在的法國、比利時、盧森堡、荷蘭南部、德國西部和瑞士）都在羅馬霸權的掌控之下。奧古斯都繼承了這種局勢，而在他四十年的統治時代中，羅馬支配高盧的情況更為確實，而且不列顛人也一點都沒有干預。多佛海峽彼岸、與高盧相對的肯特地方百姓，甚至還維持著與已經成為羅馬行省的高盧居民的生意往來，與羅馬稱霸之前沒有兩樣。奧古斯都自然沒有必要對穩定的不列顛動兵。

到了臺伯留時代，羅馬與不列顛之間間接接觸的情況也沒有改變。不過，雖然在臺伯留時代還沒有浮上檯面，但是檯面之下已經產生了變化。

羅馬人稱為高盧人的克爾特（Celt）民族，在現代克爾特（希臘文）與高盧（拉丁文）的區分方法——羅馬征服之前，稱為克爾特；羅馬征服之後則叫做高盧。至於像是愛爾蘭人這種沒有被羅馬統治過的民族，也被他們稱為克爾特。克爾特民族信奉的民族宗教是杜魯伊德斯教，有專門的祭司階級，掌管宗教和司法、教育，對高盧民族的各部族領袖也有極大的影響力。雖然他們是多神教，但是從宗教與信眾的關係來看，這與一神教的猶太人類似。羅馬人沒有設置專門的祭司，他們認為司法、教育和軍事都應該由人類自行思考後行事，所以他們自然無法接受克爾特祭司的作法。而且，克爾特人的宗教有以活人供祭的習俗。羅馬人雖然深受伊特魯里亞民族的影響，但是唯獨不接受活人供祭的作法。羅馬人厭惡迦太基人的原因之一，就是因為迦太基人會拿幼兒來作為祭品。

不過，羅馬也沒有鎮壓被征服之後的高盧人民宗教——杜魯伊德斯教。他們只是把以往受到祭司階級影響的範圍，一一地縮小。

朱利斯．凱撒將羅馬公民權賦予屈服於自己之下的高盧各部落酋長。羅馬公民權是可以世襲的，而且一旦身為羅馬公民，不論民族或部落，都有服從羅馬法律的義務。

這麼一來，雖然只有高盧的上層階級，但是在法律之上，他們已經和羅馬人平等了。不過，凱撒仍舊許可這些部族的酋長們繼續擁有部族的支配權，一如他們在被征服之前一樣。結果，部族酋長之下的部落人民雖然沒有羅馬公民權，但是實質上也得遵守羅馬的法律。這種支配其他民族的策略，實在不愧於現實主義的羅馬人之名，堪稱絕妙。這下子，杜魯伊德斯教祭司也就失去了手中原本握有的影響力和司法權。

接下來，祭司的教育權也被剝奪，因為奧古斯都在高盧中部的比普拉克特（靠近現在的歐坦）設置了高等教育機構。未來可能成為部落之長的少年們從高盧全國匯集於此，學習希臘、羅馬的教育課程；如果還有人想繼續深造，他們也有管道繼續前往羅馬或雅典求學。

祭司們手中只剩下初級教育權而已了，可是，部族酋長們熱衷求取羅馬公民權，並且，從志願擔任羅馬軍隊中補助兵者，到想要從商者，高盧人世界中，從上至下一片拉丁文學習風，所以祭司所做的教育，也不能再像以往一樣，給予克爾特民族自古以來的傳統教育，而只能以實用的讀寫算盤等作為教育的施教內容。當然，讀跟寫都是拉丁文，而計算中使用的數字也是拉丁數字。如果祭司階級們能夠將自己的存在價值只定位在宗教裡面，那麼或許他們還能夠在高盧的下層階級之間存活。但是，祭司們的危機意識把他們自己逼上絕路，進而轉化為對羅馬的反抗。

臺伯留治世初期發生的叛亂，是高盧地區杜魯伊德斯教祭司們最後的抵抗，叛亂不久後就被敉平。皇帝臺伯留非常重視這次歐坦學生們也捲入其中的暴動，於是他以破壞社會安定秩序為由，將杜魯伊德斯教的祭司們從高盧地區驅逐。這些人於是逃到羅馬人支配不到的不列顛。雖然這裡和高盧只隔了一條狹窄的海峽，但是卻幾乎花了他們二十年的歲月，來把這裡打造成克爾特民族宗教的大本營。而如果再坐視不管，恐怕會給羅馬統治高盧的情勢帶來極大的影響。

從朱利斯．凱撒開始，經過一個世紀之後，皇帝克勞狄斯再度遠征不列顛，就是基於上述的情勢。

臺伯留和克勞狄斯就任皇帝的第一句話，就是表明要繼承奧古斯都的政治，臺伯留甚至還說，奧古斯都的政治對他而言，就是「法律」。不過，這並不表示他要全盤抄襲奧古斯都的統治方式。他們畢竟都是羅馬人，不像猶太人認為人類應該配合法律，而是法律應該配合人類。換句話說，所謂的「法律」，必須視情況加以修改。

在奧古斯都去世、主導權落入自己手中的時候，臺伯留把奧古斯都畢生征服日耳曼之地的夢想，全部付諸流水；克勞狄斯則是違背奧古斯都不得再擴張領土的遺訓，決意征服不列顛。不過，我想他們倆人一定不覺得自己違背了奧古斯都的「政治」吧？因為他們根本沒有偏離奧古斯都以帝國防衛為第一考量的基本路線。

我有時候會想，把大軍集結到多佛海峽邊的卡利古拉，心裡到底在想些什麼？古代的歷史學家們認為這只不過是卡利古拉一時興起，就把這問題輕而易舉地帶過，但是，卡利古拉既不是狂人，腦筋也不差，那時候壞了卡利古拉大事的，是肇因於他奢侈浪費所造成的國家財政崩潰。克勞狄斯時代遠征不列顛，是在他登基二年之後的事情，這與他重建國家財政後效果展現出來的時間一致。

除此之外，還有一項利多。一年前的西元四十二年，不列顛各部族中最強大的部族酋長克諾貝里努斯在長期的統治之後，終於撒手人寰。這位國王領有疆土的首都，是在現代的倫敦（羅馬人統治之後稱為倫帝尼姆）東北約一百公里的坎洛杜努姆（現在的科爾切斯特）。克諾貝里努斯之死，動搖了長治久安的不列顛。他的弟弟和兒子們捲入繼承者爭奪戰，相互出兵攻擊，範圍達到當時稱為貝爾葛（今之比利時）沿岸的高盧東北海岸地帶，因為參與爭奪者之中，有一個人的領土就在那邊。

雖然是東北部，但是既然是高盧之地，就歸羅馬霸權掌控。羅馬和這些小領地之主之間，是"Clientes"的關係。羅馬是保護者，小領土之主是被保護者，被保護者有服從保護者的義務，而保護者有幫助被保護者的責任，這也就是羅馬式的相互安全防衛系統。羅馬進攻不列顛，這下子可有了冠冕堂皇的理由了。

從來沒有軍務經驗的克勞狄斯，懂得要把這種事情交給軍事的專家來做。被任命為不列顛遠征總司令官的，是奧爾斯．布勞提斯。他是跟五十三歲的克勞狄斯同年齡的武將，在被任命為不列顛遠征總司令官之前，擔任旁諾尼亞總督，也由於逐步完成確立多瑙河防禦線這項困難工作而聲名大噪。

分配給總司令官布勞提斯的兵力，除了四個軍團二萬四千名士兵之外，再加上高盧以及萊茵河以西日耳曼或西班牙出身的補助兵，共計四萬名的精銳部隊。九十七年前凱撒第二次遠征不列顛時的兵力，是五個軍團三萬人加補助兵二千人共三萬二千人。就兵力而言，兩者相差不多，但是目的卻完全不一樣。九十七年前是要攻擊敵人，封鎖他們的活動，但是西元四十三年的遠征目的在於征服。凱撒當初的高盧戰役同樣也是以征服為目的，但是那時候他只有四個軍團，所以他下令在開戰之前，就重新編制二個軍團。長達八年的高盧戰役，就是靠十個軍團六萬兵力打下來的。

的確，就土地的面積而言，幅員遼闊的高盧是不列顛的三倍以上，但決定如何進行征服的，卻是最高司令官的工作。「戰場之人」凱撒採用的策略，是集中兵力、在短時間之內一決勝負；

「書齋之人」克勞狄斯則是決定在不勉強的情況之下，盡可能地投入兵力，慢慢地推進。結果，高盧戰役包括戰後的處理，花了八年的時間，但是不列顛戰役卻花了二十年。

克勞狄斯的作法，也不能全都歸咎於他對軍事的無知。克勞狄斯時代的羅馬與凱撒的時代不同，他必須要讓軍團長期駐紮在帝國所有的防禦線上。在這個現實的情況之下，「能在不勉強的情況下投入的兵力」，就只有四個軍團。克勞狄斯既然是要征服不列顛，所以是四個精銳軍團盡出，對他而言，也有走鋼索的苦處。

首先，克勞狄斯決定從被任命為前線總司令官布勞提斯前任職所在的旁諾尼亞，派出一個軍團到不列顛去，這麼一來，駐守多瑙河防禦線的軍團，就由七個減少為六個。

之後又決定，從駐守萊茵河的八個軍團之中，調派三個軍團前往不列顛。不過，面對萊茵河以東的日耳曼民族，在調走三個軍團之後，剩餘的五個軍團的實力並不足以保護羅馬帝國，於是又重新編制二個軍團。新編制的二個軍團就被派到萊茵河沿岸駐守。因為，遠征不列顛主要戰力的四個軍團，必須要精銳盡出。在這種情況之下，克勞狄斯才會使出這種下下策。

就算處境艱苦，克勞狄斯也不過用了比奧古斯都時代的二十五個軍團多二個的兵力，就征服了不列顛，將這片土地納入羅馬帝國版圖之中。納入版圖之後，就需要有三個軍團長期駐守。換句話說，萊茵河和多瑙河這兩條羅馬帝國最重要的防禦線，在各少了一個軍團的兵力之下，還是可以完成駐守的任務，這也正說明了皇帝臺伯留確立防禦系統的效果，在此刻完全地呈現出來。在萊茵河和多瑙河的防禦系統上，克勞狄斯忠實地遵循臺伯留的方式。

無論是越過多佛海峽，或是從不列顛東南部登陸，布勞提斯率領的四萬羅馬軍都順利地達成。不列顛人的武裝和戰鬥方式，和凱撒時代並沒有多大差異。總司令官布勞提斯決定先攻擊已故克諾貝里努斯二個兒子防守的科爾切斯特，因為他認為，如果能一開始就攻破不列顛最強大的部族，那麼稱霸不列顛就容易得多了。

第一場真正的戰鬥，是在泰晤士河之南，羅馬軍大獲全勝。不過，羅馬軍沒有立即越過泰晤士河，因為他們在等候皇帝克勞狄斯從羅馬趕來。

元老院中少數了解皇帝克勞狄斯的議員之中，有一位相當具有影響力的議員維特里斯，皇帝把事情交代給他之後，就走海路到馬賽，在高盧登陸之後，安步當車地順道一遊出生之地里昂，終於抵達在泰晤士河畔靜候的羅馬軍處。簇擁皇帝越過泰晤士河，以及一直到科爾切斯特為止的路上，與其說是深入敵軍之地，還不如說是走在已經征服的土地上，絲毫不見敵人的蹤影。克諾貝里努斯二名兒子之一死於泰晤士河畔的戰鬥之中，而另一名則是逃到威爾斯地方去了。大軍順利地進入科爾切斯特城。

克勞狄斯在這裡制定了不列顛行省化時必要的基本政策，不過，其實這時候羅馬征服的，不過是不列顛的一小區域。反正，擬定基本政策的是皇帝，而執行的是將軍們的任務。更何況，不列顛行省化的基本政策，其實跟其他地方是一樣的。靠除役的士兵們來建設殖民都市，原住民的地區則給予「地方自治權」，然後再把這些殖民都市作為「核心」，以羅馬式的街道網串連，這就是羅馬行省統治的基本路線。於是，身為羅馬公民的除役官兵移民至科爾切斯特，建設移民都市一事於焉定案。

做好這些決策之後，其餘的就交給將軍們，克勞狄斯就這麼離開了不列顛。他待在不列顛的時間，於離開首都的六個月之內，只有十六天而已。

克勞狄斯回到羅馬後，得悉元老院許可他舉行凱旋儀式。由於是正式的凱旋儀式，所以身為大將軍的克勞狄斯，必須駕馭四匹白馬牽引的戰車。可是，克勞狄斯的身體怎能做到？或許他是叫隨從駕車，他就坐在上頭，面對群眾的歡呼，揮手致意了事吧。

元老院又賦予皇帝克勞狄斯唯一的兒子「不列塔尼庫斯」的稱謂權利，意思是不列顛征服者。不列塔尼庫斯當時還只是個三歲的小娃娃。

皇帝離開之後，布勞提斯指揮羅馬軍，重新展開稱霸不列顛之戰。強將手下無弱兵。本身有本事的人，對其他有本事的人也都比較能慧眼識英雄吧。布勞提斯手下的軍團長之一後來就成了皇帝，他就是維斯帕先。

羅馬軍進攻不列顛，從科爾切斯特所在的耶瑟克斯地方更往北行，一直擴大到諾福克地方。在控制這塊地區之後，羅馬軍又將戰線移往泰晤士河之南。把現在的坎特伯里、倫敦、巴斯連成一線，羅馬軍征服不列顛的第二波攻勢，就是從這條線往南攻擊。當羅馬士兵們在巴斯（羅馬時代稱為亞奎·索里斯）發現溫泉時，簡直是欣喜若狂，這是因為羅馬人酷愛溫泉之故。從義大利前來的人所感受到的不列顛，正如同塔西圖斯所說，是「天地間充滿水氣」。即使時至今日，義大利製的鞋子到了英國，幾天之後就會完蛋。被迫在這塊土地上生活的羅馬人，巴斯的溫泉讓他們的精神能為之一振。

不列顛戰役開打四年之後的西元四十七年，奧爾斯．布勞提斯將總司令官的職位交給繼任者後，回到羅馬。克勞狄斯與元老院決定以騎馬式的簡化凱旋儀式，來回報這位實質上的大將軍。布勞提斯離開之後，不列顛戰役的戰場又移到威爾斯地方。羅馬人稱為摩納島的盎格魯西島，幾乎就與威爾斯地方連接在一塊，而盎格魯西島正是杜魯伊德斯教祭司們抵抗羅馬軍隊來襲的逃亡據點。不過，將反羅馬的祭司們從英格蘭和威爾斯地方驅逐到愛爾蘭的，是在下一任皇帝尼祿時代的事情。

祕書官系統

如果將歷史現象做兩大分類的話，可以分成著名的史實和不著名的史實兩種。說得現代化一點，就是差在有沒有變成新聞。不過，就好像民間企業不能只靠開記者會發表新聞就能立足一般，帝國的經營也不能光做歷史年表中會記載的事情，要不然遲早都會瓦解。所以，經營帝國的工作中，絕大部份都是一般稱為行政的低調、不起眼的作業。如果是這樣，一定有人會認為，把工作交給手下的將軍、總督或長官去做就好了，但是這些人也只是完成被交代的事務，所以就得有人來向他們下達命令。殖民都市要設在哪裡，哪一座原住民的都市要承認他們的地方自治權，哪幾個行省要全線鋪設成為羅馬式街道作為高速公路，這些都不是行政的部份，而歸政治的領域。所以，受元老院和羅馬公民之託進行統治的「第一公民」，就得負起決策的責任。

從現代的地圖來看，古羅馬帝國的疆域涵蓋了歐洲的中央與西部、中近東以及北非。光是一般的工作，數量就大得驚人，而且，辛苦之餘還沒什麼回報，因為這些接連不斷的工作，幾乎都不會成為新聞。對於負責的人而言，如果沒有相當的認知與覺悟，往往是無法堅持到最後的。

不過，在成為意料之外的皇帝前，克勞狄斯過了五十年歷史研究和著作的歲月，他非常了解不可能成為新聞的工作有其必要性。他除了進行會成為新聞的不列顛遠征之外，其餘一切可能造成話題的事情，他一概沒有嘗試。萊茵河方面維持守勢，多瑙河也只管確立防衛系統。不過這位第四代皇帝不同於出身克勞狄斯家門的第二代皇帝臺伯留，正欠缺昂然貴族精神的認知。這位心地善良的皇帝，打從心底乞求元老院提供協助。在要求元老院立法通過審判系統改革方案的會議中，皇帝說道：

「我構思的這項改革方案，必須要經過各位的同意，才能變成法律。所以，我希望各位能自由而認真的討論之後再表決。如果不贊成這個方案的話，請在這裡提出替代方案。如果擬定替代方案需要較多的時間，那也可以慢慢來。因為，各位議員，只有一位身為主席的執政官對我的方案提出意見，其餘的議員只有大喊『贊成』，而走出議場之後，卻說『我已經表示過我的意見了』，這樣的作為，實在不符合元老院的權威。」

剛登基時克勞狄斯受到元老院議員們的冷笑，現在都不見了。克勞狄斯已經習慣在公眾場合發表演講，也不再口吃，再加上像維特里斯這種不惜協助皇帝的議員人數愈來愈多了。不過，可說是「皇帝立法」的皇帝提案要成為國家的法律，是必須要經過元老院的通過，無論是「終身獨裁官」的凱撒，或是在公眾場合一貫以「第一公民」自稱的奧古斯都，甚至是隱居到卡布里島上仍舊繼續統治帝國的臺伯留都遵守了這種體制，這也是羅馬帝王政治的基礎。所以，從決定國家政策的角度來看，身為行政最高負責人的皇帝，他的所作所為如果是政治的話，那麼相當於立法機關的元老院，他們的工作也是政治了。如果這就是羅馬帝王政治的體制的話，要讓這體制有效率地運作，就必須要有一個單位能夠正確又忠實地執行皇帝與元老院的既定政策。換言之，也就是需要另外一個官方組織。

隨著帝王政治時代的演進，帝國的營運也愈來愈複雜。在複雜的情況之中，如果要維持統治的能力，就只能讓各項功能分別組織化。

隱居在卡布里島上繼續統治帝國的臺伯留，已經完成了各項功能的組織化工作。看看今日卡布里島上的遺蹟，不論是在皇帝居住的別墅附近或遠處，島上有多處相當規模的官舍。只不過，臺伯留行事隱密，所以無從得知這些官舍分別是什麼樣的組織。

臺伯留的外甥克勞狄斯是個凡事公開的人，於是將輔助自己統治的祕書官系統化暗為明。

不過，當時既沒有官僚的培育機構，就連產生官僚的社會階級也不存在。在這種情況之下，就得思考什麼樣的組織才能在這種環境之中充份運作。結果，在羅馬社會中，富裕而有影響力的家庭就是答案。

沒有奴隸的羅馬人家庭，根本無法想像羅馬權勢家庭中奴隸是如何有系統地組織的。他們可分為奴隸和被稱為解放奴隸的原奴隸階級，就是這些人支撐著羅馬的權勢家庭。在這些佣人的最高地位者稱為「家宰」(maior domus)，是義大利文「執事」(maggiordomo) 的語源，一般都是由解放奴隸擔任這個職位的。佣人奴隸的小孩跟著主人的小孩一塊學習，這種習慣也是來自於維持這個體系的必要性所產生，真可說是善用人力資源的明智之舉。

沒有人想過五十歲的克勞狄斯會成為皇帝，所以他的周圍自然就沒有派閥或智囊團。又因為他本身身體上的缺陷，所以也沒有人對他表示尊重。成為皇帝之後的克勞狄斯，依然會口吃，而且嘴角還會滴口水，如果真要找一個肯服從他的助手，那就只好從自己家中的佣人著手。換句話說，他是帶著自己家中的佣人走進皇宮的。皇宮就好像首相官邸一樣，克勞狄斯家中優秀的奴隸或解放奴隸形成了祕書官組織，布滿了整個官邸。而當時優秀的原奴隸階級，幾乎都是希臘人的天下。

納爾奇索斯、帕拉斯等等的名字，一聽就知道不是希臘的自由公民，反倒像是美少年奴隸的名字。他們的年紀要不就跟主人克勞狄斯相同，要不就比他小個幾歲。五十多歲的納爾奇索斯是個出類拔萃的幕僚，提拔他的克勞狄斯也相當的滿意。這些原奴隸階級者肩負的任務，可以分為以下幾項：

"abepistulis"——直譯的話，就是「書信官」的意思。以羅馬人使用的拉丁文或是帝國東方地區通用的希臘文寫成的所有報告書，都會集中到這個部門來。他們的工作就是拆信、閱讀、研究討論，之後連同自己的意見，一併向皇帝報告，請皇帝裁示。如果是公告或臨時措施法等的情況時，也會委託「學術課」製作文牘，然後將收到的文牘加以公布。如果不是臨時措施法，而是恆久性法律時，則以皇帝立法的形式，向元老院提出，請求表決。

語意上是「書信官」，但是羅馬史的研究學者一致認為，他們相當於內閣的祕書長。在由政治家出任祕書長的日本，「書信官」就相當於最高幕僚——副祕書長。

克勞狄斯就命令家中佣人之一的原奴隸階級納爾奇索斯，擔任這個部門的負責人。

由於工作上的需要，納爾奇索斯比任何人都常晉見皇帝，他的任務中，還有一件重要的工作，也就是協助皇帝安排行程。除了家人之外，任何人如果不經過納爾奇索斯的安排，就見不著皇帝。

"arationibus"——直譯的話，就是「會計課」。這個部門負責的工作，相當於財政部，接管一切與財務有關的業務。克勞狄斯任命原奴隸階級的帕拉斯出任部門首長，其下有各科負責每一項國稅，包括負責元老院行省的行省稅科、負責皇帝行省的行省稅科、收取百分之五的奴隸解放稅科、百分之五的遺產稅科、百分之一的營業稅科，以及皇帝私有領土埃及的稅收科等。每一科的負責人都是由被稱為解放奴隸的原奴隸階級者擔任，而他們手下工作的事務幕僚也都是奴隸。

"alibelis"——直譯的話，只能說是「文書課」，其實，他們的工作是受理全帝國各地寄給皇帝的請願和陳情文件的傳達單位。克勞狄斯任命自家的原奴隸階級卡里斯杜斯擔任這個單位的首長。不論送來什麼樣的請願書，只要卡里斯杜斯認為沒有傳達給皇帝之必要，克勞狄斯就不會知曉。經過卡里斯杜斯這一層濾網之後，陳情或請願才會呈遞到皇帝手中，由皇帝克勞狄斯和卡里斯杜斯共商對策之後，將回答的旨意轉達給下一個部門。

"subscriptio"——直譯的話，只能說是「筆記課」，他們把皇帝對於請願或陳情所作成的答覆轉為文字，這就是他們的工作。

"acognitionibus"——字面的意思是「知識課」，指的就是「書庫課」。總而言之，整理所有寄到皇帝手邊的文件，在必要時得以隨時取出參考。特別是司法類的文件，整理得彷彿是法務部的文件室，反映出克勞狄斯對於司法的高度關切。

"astudiis"——意譯的話，就是「學術課」，這個部門反映出克勞狄斯喜好研究的特質，相當有趣。不過，這個部門的工作不是在幫助皇帝的研究工作，而是擬定皇帝名義的布告文牘。演說用的講稿是自認頗有學識的克勞狄斯自己寫的，但是像是要刻在大理石、花崗岩或銅板上的公告文牘，就得假借真正學富五車的奴隸之手了。

這就是克勞狄斯設置的祕書官系統，目的就在於讓皇帝的工作能夠有效率地完成。同時，對於健康狀況絕對稱不上良好的克勞狄斯而言，這個制度就是設計來減輕他雙肩上沉重的最高統治者負擔的。

這個祕書官系統的確也發揮了極大的作用。克勞狄斯出生於高盧的里昂，但是出生一年後，由於父親杜魯斯病逝於日耳曼之地，於是他就跟著母親安東妮亞回到羅馬。從那之後，到五十歲之前，由於身體上的缺陷，使他無從接觸軍務或政務，所以克勞狄斯都不曾離開過本國義大利一步。我想，他的活動範圍大概也只侷限於羅馬到拿坡里之間吧。恐怕他都不了解義大利北部，以及拿坡里以南的義大利南部等地方。在他登基為皇之後，離開本國的機會，也不過就那麼一次。從羅馬外港奧斯提亞搭船前往南法的馬賽，然後橫貫高盧，越過多佛海峽抵達不列顛，來回的六個月時間，可說是克勞狄斯唯一一次體驗行省生活的經驗。不過，儘管如此，身為統治者的克勞狄斯可是放眼全帝國的。

由於德國的偉大歷史學家毛姆森開啟了採集並刊行帝國各地的碑文之風，後世的我們才能了解到羅馬皇帝們留下的不著名史實，也就是一般行政的成果。古代的歷史學家因為只注意著名的史實，所以總斷定臺伯留和克勞狄斯的不是，不過，藉由這種研究的發展，終於讓他們倆獲得平反。光就克勞狄斯而言，他下令鋪設的街道、他決定的殖民都市、他重整的同盟國網路、沒有適當王族繼承人時的行省化政策等等，都落實到幅員遼闊的帝國各地。自己未曾見過、未曾到過之處，都能夠給予確切的處置，這一定是靠著他五十歲前從書本中累積的知識而來。不過，書本中的知識也必須要落實到現實之中，才能成為真正的體認。體認的哲學講法，就是以理智追究事物的根本，簡單地說，就是去了解什麼事才是重要的。

克勞狄斯所有的，是累積的知識，和碰上料想之外的皇位時泉湧的意志。可惜在「落實到現實面」上，克勞狄斯卻缺乏像凱撒、奧古斯都、臺伯留那樣的人生經驗。統治者絕對必要的「落實到現實面」，克勞狄斯只能仰仗他人協助了。

最了解克勞狄斯，也最能協助他的，就是首席祕書長納爾奇索斯。

不過，凡事都有正反面，善用解放奴隸和奴隸的祕書官系統，也有它的負面影響。

前線將軍在幾年的戰鬥之後卸甲回歸，要是不透過納爾奇索斯，就連面見皇帝報告的機會也沒有。元老院的議員們想要晉見皇帝說幾句話，納爾奇索斯就會回答，「第一公民」抽不出空來，所以由我代為聽取。至於被派駐各行省的「皇帝財務官」，他們的報告對象，就是負責財務的祕書官帕拉斯。

羅馬社會的特質是各階層之間的流動頻繁，但是大致上還是可以分為元老院、騎士、平民和解放奴隸、奴隸等階級。

元老院議員當然屬於元老院階級，而指揮二個軍團以上的司令官雖然大量起用騎士階級出身者，不過這些人大多也都擁有元老院的議員席次。行省總督則全數都是元老院階級，而皇帝財務官一般都是任命等同財經界的騎士階級的出身者。這些人形成了羅馬社會的上層，不過，就算皇帝再怎麼信賴他們，如果不向原本是奴隸階級的祕書官們低頭，他們就無法與皇帝取得聯繫。

不滿和憤怒的情緒，逐漸在這群人之間蔓延開來。以肩負羅馬的重責大任自豪的這群人，開始憎惡祕書官中尤其坐大的納爾奇索斯、帕拉斯和卡里斯杜斯，他們稱之為解放奴隸三人組。除此之外，起用原奴隸階級的祕書官系統還有另外一個負面影響。

有足夠的資產過著公民生活，膝下育有子女的話，就可以獲得羅馬公民權，在這樣的羅馬社會之中，解放奴隸也有在財經界成功的例子，也有人活躍於地方政府中。不過，他們畢竟是奴隸出身，換句話說，就是沒有背景的一群。此外，克勞狄斯也不可能永遠當皇帝，在這種局勢之下，他們當然會想到自己才是最可靠的。這種想法，如果是發揮到正面的話，就會變成努力上進的原動力；但是，如果是朝負面發展的話，就可能變成凡事靠金錢解決。效忠皇帝、工作表現優異又熱心的這群祕書官們還有另外一項工作，就是公共事業的發包。祕書們熱衷於藉此累積財富。克勞狄斯並不注重累積自己的財富，但是皇帝的親信可就樂此不疲。甚至還有人傳言，說祕書官之一的帕拉斯就累積了三億塞斯泰契斯。羅馬社會中，要成為元老院議員的資格財產，也不過一百萬塞斯泰契斯。

對社會地位崇高者的蠻橫態度，或是利用自己的立場來累積財富，期望這些最高權力者的貼身人物們完全改正他們的上述缺點，那根本就是緣木求魚。人類是禁不起誘惑的，不過，就算無法克服，但至少可以壓抑。凱撒、奧古斯都和臺伯留也不是沒有他人的協助就完成了統治的工作，不管是什麼形式，總是會有人從旁協助。這幾位皇帝的才華，就在於他們有本事讓這些身為左右手的部下興起敬畏之意，這也是對他們無言的阻力。所謂「敬畏」，字典中的意義是尊敬及畏懼，也就是說，不僅是要讓人尊敬，還得要讓人畏懼。克勞狄斯的個性中，就是沒有讓手下興起敬畏之意的地方。換句話說，也就是容易被別人看扁，結果，原本是奴隸階級的祕書官們就以為自己可以為所欲為。除了祕書官們以為，就連女人也都輕視克勞狄斯，認為要做什麼都可以。

皇妃梅莎里娜

克勞狄斯在五十歲登基為皇之前，曾經結過三次婚，離過二次。第一任妻子烏魯葛妮拉是離婚，第二任的妻子耶里亞．貝提娜也在生下一名女兒後離婚。無論是肉體或精神上，克勞狄斯絕對稱不上是女性會喜歡的類型，所以，我想離婚大概也都不是他所希望的，應該是被女人拋棄的結果吧。不過，當他的伯父臺伯留和兄長日耳曼尼可斯都到朱利斯家門中當養子時，克勞狄斯自然而然地就成為羅馬名門中之名門克勞狄斯一家之主。即使肉體或精神上絲毫沒有魅力，當上一家之主之後，自然不乏願意嫁為妻妾之人。第三任的妻子是共和政體時代名門貴族梅莎拉家族的女兒梅莎里娜，她跟克勞狄斯差了三十五歲。

梅莎里娜由於母親杜米提亞·雷比達的關係，所以跟朱利斯家門也有血緣關係，因為她的外祖母是馬庫斯·安東尼與奧古斯都姊姊歐古塔薇亞的女兒。羅馬人習慣把父親的名字變成陰性作為女兒的名字，如果有兩個女兒的話，也都用同一個名字解決。所以，因與埃及豔后克麗奧佩脫拉熱戀而聲名大噪的安東尼和歐古塔薇亞之間的兩名女兒，都叫做安東妮亞。但是這種稱法，會對歷史的研究人員造成困擾，於是他們把姊姊稱為大安東妮亞，妹妹叫做小安東妮亞，藉此來區分。梅莎里娜的外祖母是大安東妮亞，而小安東妮亞則與臺伯留的弟弟杜魯斯成親，生下日耳曼尼可斯與克勞狄斯。娶梅莎里娜為妻的克勞狄斯，其實就等於是梅莎里娜母親的表兄弟。順道一提，梅莎里娜的伯父，也就是大安東妮亞的兒子杜米提斯·艾諾巴布，後來娶了日耳曼尼可斯的女兒、卡利古拉的妹妹小阿古力琵娜為妻，生下的尼祿成為日後的皇帝。

梅莎里娜

嫁給年長三十五歲的表舅，當時的梅莎里娜一定是做夢也沒有想到自己會成為皇妃。夫婿在西元四十一年的時候撿到了皇位，五十歲的克勞狄斯就沒有像卡利古拉的興奮舉動，倒是十六歲的梅莎里娜雀躍不已。她的興奮，不僅止於夫婿成為皇帝，更在於她自己身上也流著神君奧古斯都的血液，所以是雙重的高興。舉凡大阿古力琵娜，還有她的女兒小阿古力琵娜等，女人比男人還注意血緣的繼承，實在是個有趣的現象。或許是因為要扶正自己的地位，女人能夠仰賴的，就只有「血緣」一項吧。在這不久之後，她又為原本只有女兒的克勞狄斯生下一名渴望已久的男孩，這更加令梅莎里娜覺得興奮傲慢了。

奧古斯都制定的皇位世襲制，勢必會提升產下皇位繼承人的女子的地位。如果是靠著能力而被收為養子，之後才繼承皇位的話，那麼，是誰生的問題就不那麼重要了。不過，世襲制就是因為重視血統勝過能力，這也是這個體制立足的主要關鍵。皇家女人之中，尤其是皇位繼承人的母親立場變得如此強勢，都是這個制度的宿命。

我還覺得，克勞狄斯本身的個性，助長了他妻子的蠻橫氣勢。

從祕書官系統的運作上，就可以看出克勞狄斯不是一個會讓人對他產生敬畏之意的人。連不過是原奴隸階級的祕書官都看輕了克勞狄斯，當然女人也沒把他當成一回事。而且，就像大多數的學者一樣，克勞狄斯是個不太管家中事物的人。並不是他不在乎，而是因為在他登上皇位之前，他專注於歷史的研究上，登基後又熱衷於統治工作，所以他心裡頭，就希望家人自己處理。如果女人們圍著他七嘴八舌，更會叫他受不了，所以只要能不打擾他，做什麼都可以。這應該就是克勞狄斯的實際狀況吧。結果，梅莎里娜的行徑是愈來愈沒有節制。皇妃梅莎里娜的放縱包括虛榮、物欲與性欲，仔細想想，都是在過份滿足不該有的欲望。

她的虛榮心在參加夫婿的凱旋儀式行列中表露無遺。西元四十四年，雖然征服霸業尚未完成，但是羅馬為了慶祝久久不曾發生的新領土擴張的勝利舉行了凱旋儀式，這讓愛熱鬧的羅馬公民為之瘋狂。但是，當人們在隊伍中看見梅莎里娜時，感到驚訝不已。

凱旋儀式的意義，在於由羅馬帝國共同體的成員——公民，為了凱旋將軍和其手下的士兵們舉行慶祝，因他們以武力替共同體創造了利益，並且也感謝眾神庇佑戰爭的勝利。換句話說，參加凱旋儀式的權利，只有實際參與戰鬥的人才有資格。隊伍中即使有女人，但那也是戰俘，拿來展示給眾神和百姓觀賞的戰利品。

凱旋儀式的主角凱旋將軍，可以像凱撒那樣，讓少年奧古斯都騎著馬參加；或是像奧古斯都那樣，在他駕馭的四頭馬車之後，讓馬爾凱斯和臺伯留兩名年輕人騎著馬追隨在後，因為奧古斯都心裡頭打算讓這些繼承皇位的人能夠亮相，況且他們畢竟都是軍人的身份。之前，即使是皇后，也沒有人在這種場合裡出現過。百姓把這件令人遺憾的事情當作醜聞，但是十九歲的梅莎里娜沒當成一回事。她並不是明知會造成醜聞而故意裝作不在乎，而是因為她真的不明白所以才會不在乎的。雖然克勞狄斯非常明瞭凱旋儀式的意義，但是年輕的妻子在身旁吵嚷著自己生下了一個男孩子，連元老院都認可這小孩子能夠以意指稱霸不列顛之人的不列塔尼庫斯作為名號了，勞苦功高的自己如何又如何地，克勞狄斯一定是在這種情況之下，不得已才點頭的吧。只是，到最後被批評為無法控制無知妻子的，還是可憐的克勞狄斯。

梅莎里娜追求物欲，並不是因為她窮困，畢竟她父母雙方的家門，都是自共和政治時代起的名門貴族，夫婿克勞狄斯的家族，更是名門中的名門。只不過，這個年輕的皇后，自幼就浪費成性，一旦成為皇后之後，更是變本加厲。當她的夫婿還是個愛好學問者的時候，她面前早已堆滿各式百聞不如一見的豪華禮物。年輕而無知的梅莎里娜可沒有因此而滿足，反倒是想要的更多。

要滿足欲望，自然就要有手段。只要用奧古斯都訂定的通姦罪，入罪的犯人財產就會充公。她只消把要送到國庫的，搬到自己家裡就好了。捲入這場風暴的，有哲學家塞內加，他被流放科西嘉島。還有另外一種滿足物欲的手段，就是動用「國家叛亂罪法」。如果依這條法律被判有罪的話，就是唯一死刑，財產的沒收也比通姦罪更徹底。梅莎里娜在動用這兩項法律的時候，也不是掌握了什麼重大的證據，總之如果不能用通姦罪告發，就動用國家叛亂罪，簡直就是不擇手段。

在羅馬的審判中，被告自己的辯白還不夠，必須再提出佐證才行。可是，原告如果是皇帝，那麼被告底下的佣人奴隸可就動搖了。要收集他們的證詞，輕而易舉。

不過，這種把戲，梅莎里娜一個人是無法達成的，因為她沒有那麼大的本事。沒本事卻辦得到，自然是因為有那一群解放奴隸晉升的祕書官群從旁協助的關係。他們在家庭中熟知夫妻之間的關係，所以就會去幫助強勢的那一方。除此之外，家長克勞狄斯的馬虎性格，更助長了妻子的放縱與跋扈。反正克勞狄斯只要老婆不在身旁嘮叨，看也不看地就會在訴狀上簽了名吧。舉例而言，梅莎里娜的情夫是個知名的演員，卻被波貝亞（尼祿皇妃波貝亞．莎比娜之母）搶走，於是梅莎里娜就以通姦罪控告她，逼得波貝亞自殺身亡。看也不看就在訴狀上簽名的克勞狄斯，在波貝亞被迫自殺的幾天後舉辦了一場晚宴，克勞狄斯只看到夫婿出席，卻沒見其妻子波貝亞的蹤影，心底納悶的他於是向夫婿斯奇比歐垂詢夫人的消息。斯奇比歐只回答了一句話：「死了」。這麼一來，克勞狄斯才想起，幾天之前，似乎在寫有波貝亞之名的文件上簽了名。類似這樣的狀況重複發生，但是克勞狄斯家裡的情勢卻一點也沒有改變。

梅莎里娜手下的犧牲者名單中，一旦出現了有權有勢的知名人物時，元老院和一般百姓開始意識到年輕皇妃任性的危險性。舉一個例子來證明，在此引用克勞狄斯治世第七年的西元四十七年發生的阿吉阿提克斯自裁事件說明。

那一年法雷里斯·阿吉阿提克斯五十七歲，光看名字會以為是羅馬人，但其實是出身於南法的強大部族阿洛普洛格斯。南法早已是羅馬的行省，羅馬也承認這些強大部族的繼續存在，所以部族的自主性還算是保存了下來。不過，羅馬將公民權賦予這些部族的上層階級，到了凱撒時代，甚至給予他們元老院議員的席次，所以基本上他們已經相當羅馬化了。法雷里斯的家名是阿吉阿提克斯，這或許是因為表揚他們家門對帝國東方地區軍事上的功績才頒發的尊稱，後來沿用為家名的。這個人在西元三十五年與四十六年，二度被選為執政官，也就是說，他是帝國中央政府中爬到最高地位的人物。

雖是行省出身，但卻登上執政官寶座的人之中，他也不是第一個。前面就有西班牙出身的帕普斯，受凱撒錄用，在凱撒遇刺之後被選為執政官。不過，出身南法行省的執政官，阿吉阿提克斯倒是第一個，而且他還不是羅馬軍團兵在南法殖民之後的子孫，是羅馬人稱霸此間之前，被羅馬人稱為蠻族的當地居民的後裔。縱使出身如此，羅馬人對於這位阿吉阿提克斯的敬意，已經超越了人種和民族的藩籬，而是單純地對於奉獻國家之人的敬意。這位原本出身蠻族者，已經成為比羅馬人更羅馬人的人了。也正因為受到羅馬人的愛戴，所以當這位阿吉阿提克斯買下共和政治時代武將盧加拉斯建造的庭園，甚至把它更加美化時，也沒有人會拿這件事情來渲染。

而二十二歲的梅莎里娜就想要這座號稱羅馬第一美的庭園，為了到手，她就以「國家叛亂罪法」來告發阿吉阿提克斯。她持的理由一定是有人教她的，她說，南法出身的阿吉阿提克斯有很多親戚是在萊茵河防禦線擔任軍務的補助隊指揮官，他們計畫跟阿吉阿提克斯共謀推翻克勞狄斯。克勞狄斯又沒有細看訴狀，在阿吉阿提克斯的逮捕令上簽了字。阿吉阿提克斯要求晉見克勞狄斯，在會見時，有條不紊地陳述他無辜的事實。克勞狄斯似乎也了解了，但是梅莎里娜還是不肯善罷甘休。也不知道這對夫妻之間起了什麼爭執，總之自認罪名已經洗脫的阿吉阿提克斯，卻收到皇帝勸他自裁的信。

五十七歲南法出身的羅馬人在宴請友人的筵席上，說到自己的死竟然是死在女人的把戲之下，實在遺憾，就在那當口，切斷手腕的血管，橫死在地。後來這座庭園自然成了梅莎里娜的了。

除了物欲之外，歷史學家們還提到了梅莎里娜的性欲。

也不知道梅莎里娜性欲之強是因為她天賦異稟，或者是因為夫婿連夜忙於政務，無暇理她，才造成她的反動。歷史學家們甚至說，皇后每天夜裡就會從皇宮所在的帕拉提諾山丘下來，來到蓋在山丘附近的大競技場觀眾席下的風化區，在妓女院裡頭接客。販夫走卒群集的大競技場下娼寮，據說是提供全羅馬最便宜妓女的地方。所以，客人的水準也最低。不過，持這種論調的史學家，無論是蘇埃托尼烏斯、塔西圖斯或加西阿斯．迪奧，他們都不是跟梅莎里娜同一時代，而是半個世紀以後的人。所以他們所記錄下來的，應該只是當時的傳說而已。

不過，我們也不能斷言這絕對不是事實。克勞狄斯在為政務操勞之後，晚餐時暴飲暴食，甚至連正式的晚宴上都會睡著。所以就算皇后帶男人到隔壁房間裡做什麼，也不用擔心會被發覺。

可是還有佣人在，或許想在皇宮裡為所欲為的確有些困難。更何況，貴為皇后之人讓下賤之民蹂躪，應該有另外一種快感吧。梅莎里娜到底有沒有這種嗜好，實在不得而知，也沒有方法可以證明街頭巷尾的流言到底是不是事實，而且竟然能夠流傳後世。不過也不能證明這只是人們單純的假想而已。不過，唯一能說的事實，就是梅莎里娜不善於控制自己。然而，擁有自制能力的女人，也不會被男人稱讚具有女性美吧。

不管如何，現代義大利文中的「梅莎里娜」，等於是無法控制性欲、人盡可夫的女人的代名詞。所以，萬一被義大利的男性說，妳就像是梅莎里娜一般的女人時，最好先知道，他絕對不是在讚美妳像皇后一般。

由於放縱年輕的皇后，從元老院議員到一般百姓對克勞狄斯的看法也大大改觀，但是他自己卻沒有發覺，因為他自幼受到的不是讚美或敬意，而是輕蔑和厭惡的眼光，所以他早就習慣了。而且，此時身為皇帝的克勞狄斯，有著堆積如山的工作得做。

國勢調查

克勞狄斯知道，帝國的統治和經營，是由不著名的史實，也就是不可能成為新聞的作業累積而成的。如果重視這種不浮誇的政務，就知道正確地掌握現況是不可或缺的要素。於是，克勞狄斯決定舉行國勢調查，這離上一次奧古斯都和臺伯留進行的調查，已經隔了三十四年了。為了要進行這項調查，克勞狄斯把進入帝王政治時代以後就取消的財務官制度又恢復。因為共和政治時代財務官的任務，就是進行國勢調查。這個官職任期至少一年半，人數二名，這一次就由克勞狄斯自己和永遠竭誠協助他的維特里斯出任。

這一次的調查結果顯示，十七歲以上，也就是可以服役的擁有羅馬公民權的男子人數為五百九十八萬四千零七十二人。上一次西元十四年的調查時，只有四百九十三萬七千人。三十四年之間，增加了一百多萬人。在增加率方面，行省高於義大利本國，這或許是因為奧古斯都的策略奏效的關係吧。因為即使是身為被統治者的行省人民，只要自願當羅馬軍的補助兵，服役滿二十五年，就可以獲得和征服者同樣的羅馬公民權。同時，這也證明了由成年後的男性羅馬公民形成的「羅馬帝國的脊椎」已經跨越了本國的國境，在行省之中逐漸地成形。

克勞狄斯最偉大的地方，是在於他如果想要加強軍事能力，或者是以軍事力量來擴張領土的話，都可以做得到，只是他一點也沒有如此打算。除了不列顛進行中的軍事征服之外，他沒有採取其他的任何攻勢，而且，按照此時的萊茵河前線局勢，如果克勞狄斯真有攻擊之意的話，恐怕也可以完成奧古斯都控制整個日耳曼之地以達易北河的夢想。

居住在萊茵河東岸的日耳曼民族之中，有幾個部族趁著低地日耳曼軍團司令官交替時，入侵西方世界。起初羅馬軍處於劣勢，但是在到任不久的科普洛的指揮之下，成功地擊退了入侵之敵。羅馬軍乘勝追擊，越過萊茵河，深入敵軍之地。

科普洛將軍（好像是南法出身的羅馬人）雖然以鐵的紀律嚴格帶兵，但是也不知道為什麼，就是很受士兵們的愛戴。他的戰略和戰術都非常的高明，如果命令他率領十個軍團進攻日耳曼，恐怕很多人都會認為征服日耳曼的夢想就要實現。

不過，越過萊茵河、正在進軍途中的科普洛，收到皇帝的親筆信，要他在給予敵人嚴重的打擊之後，不是繼續東征，而是退回萊茵河。在這一塊區域，克勞狄斯恪遵臺伯留的作法。

司令官科普洛只說了一句：「以前的將軍們真幸運」，就整頓好部隊，退回萊茵河畔的防禦基地。這名看起來一心只想到進攻的武將，在日後不到十年的時間，被指派到東方地區負責前線的指揮，率先履行防勝於攻的羅馬帝政大原則。就連羅馬的軍人，也擅長於運用靈活的思考模式。

阻止科普洛的克勞狄斯，對於這位武將，還是給予回報，他允許科普洛舉行凱旋儀式，這是羅馬人最高的榮譽。

凱旋儀式中，還許可另外一名武將參加，那就是高地日耳曼軍團的司令官克魯提斯．魯夫斯。不過，這個人並不是因為軍事上的成果，而獲得凱旋儀式的榮譽。

如果只是坐以待敵的話，士兵們的士氣一定一落千丈，於是魯夫斯就動員士兵們開挖礦山。除了開挖礦山之外，動員士兵們從事鋪設街道等土木工程，是羅馬軍隊平時最傳統的養兵方法。

不過，當時開挖的礦石產量稀少，也很辛苦。士兵們開始不耐，於是暗中寫了封信上呈給皇帝，希望皇帝能許可魯夫斯和科普洛同樣享有凱旋儀式的榮譽。因為他們期待，魯夫斯在獲得凱旋儀式的殊榮之後，一定心滿意足地想要退休吧。

克勞狄斯許可這兩個人舉行簡單的凱旋儀式，但是科普洛和魯夫斯非但沒有因為滿意這項榮譽而退休，反而更是意氣風發地回到軍營裡。魯夫斯雖然放棄了開挖礦山，但是卻想要用土木工程的建設來回饋國家，於是下令士兵們開挖運河，連接萊茵河與摩澤爾河。士兵們失望無奈的表情依稀可見。

杜米提斯・科普洛沒有確切的證據，但是克魯提斯・魯夫斯確實是臺伯留起用的年輕人才之一。傳聞中，他是鬥劍士出身的，後來被臺伯留發掘，擔任亞非利加行省的審計官，之後被召回羅馬，歷任法務官之後再被派到萊茵河前線。雖然歷史學家塔西圖斯對他的評價很差，但是他是個非常了解自己的立場、誠實又有實力，是推動羅馬帝國運轉的一塊重要齒輪。

郵政制度

並不是每一塊齒輪的品質都良好，就保證整體功能一定提升。相互之間的契合，才是提升功能的必要條件。這就好比一天發一班時速五百公里的列車，還不如每十五分鐘一班時速三百公里的列車來得有效率。

高速公路式的街道，在西元前的波斯帝國就已經有了，而把它改成道路網的，卻是羅馬人。開發郵政的也是波斯皇帝，但是把它變成遍布整個帝國疆土的，則是羅馬人。

第一代皇帝奧古斯都創設的國營郵政制度叫做"cursus publicus"，意譯的話，就是「公用信差」的意思。從字義上來看，就知道創設的目的在於傳遞公用命令或公家情報。要統治龐大的帝國，就需要確立這種制度。順道一提，共和政治時代的郵政，通常會委託民營的郵局，或是叫自家的奴隸跑腿。

到了帝王政治時代，既然稱為公用的信差，能夠利用這種制度的，當然只限於公務，至於私人用途的話，還是跟共和政治時代一樣的老方法。不過，為了「公用信差」而設想出來的網路，原本是鋪設來作為軍用道路的羅馬式街道，後來民間的私人信差也可以使用這些道路。

羅馬街道旁每十或十五公里，就會設置一處“mutationes”，直譯的話，就是「交換所」。「交換所」之間的距離依照地勢而定，山岳地帶的話，是十公里設置一處；如果是平原的話，就每十五公里設置一處。「交換所」裡經常備有數匹馬，有些地方甚至有替換的信差騎士待命。平均而言，每五處「交換所」就會設置一座名為“mansiones”的「宿站」，在這裡，除了換用的馬匹和人員之外，也有供旅客住宿的設施。除了可以吃飯之外，還有馬車的修理工人、馬廄，甚至連郵局的辦事員都一應俱全。“mutationes”相當於現代高速公路旁的加油站，而現在高級公寓(mansion)的語源“mansiones”，指的是具備了汽車旅館、餐廳和修理工廠等在內的大型休息站，同時還兼具提供各種旅途必備資料的詢問處功能。

第二代皇帝臺伯留深信和平的維持就是秩序的維持，而治安也是一般人最關心的，所以他除了擴充這個網路之外，同時還在各“mansiones”設置警衛室，所以，不論是人的旅行或信的傳送，都變得更安全。第四代皇帝克勞狄斯施行的改善方案，就是把這種國家的郵政制度，從專屬公用改為對民間開放。

克勞狄斯為什麼會有這種點子，史實中並沒有明確的記載。不過，克勞狄斯這個人從沒忘記，要替前往征服不列顛的將士們改善環境。眾人出生在乾燥的義大利，卻到了「天地間充滿水氣」的不列顛去，或許克勞狄斯就是想到，至少改善士兵們和留在祖國的家人之間書信來往的便捷性吧。因為，當時的英國，開發程度要比帝國的任何一處都要來得晚。

不過，由於百姓也開始可以利用國營的郵政制度，結果民營郵局的生意就做不下去了。民營郵局再次活躍，是在羅馬帝國進入衰退期以後。

像是改善郵政制度等，克勞狄斯對於能夠提升一般人生活環境的事物非常關切。還有另外一個例子，就是立法制定辯護費用的上限。

就算再怎麼討厭羅馬人，也不會有人否認羅馬人是法律體系的創始者。所以，羅馬人深知辯護的重要性，自古就有律師活躍於法院之中。不過，所謂的辯護，一般認為這是社會上流階級的責任，所以一直都是免費的服務。

可是，光靠個人的責任感，體制是無法維持的。專靠這種是貴族就得提供高尚而且免費的服務的話，有能力但是貧窮的律師遲早要關門大吉，結果還是對共同體造成不利的影響。此外，擁有崇高理想的體制，往往也都有後門可走。雖然辯護費用可免，但是藉由送禮，或是讓律師成為委託人遺產贈與對象之一等等方式，實質上還是付出了代價。共和政治時代末期，西塞羅是羅馬第一的律師，他雖然是出身鄉下地方的騎士階級，但是他就是靠著走後門的方式而累積財富的。

共和政治時代優秀的律師輩出，並不光是因為辯護成功就可以變成富翁的關係，而是成功的律師，就是政治家經歷的起步。當時，執政官等國家要職還是要靠公民大會來選舉產生，辯護的能力就等於是拉票的能力。除此之外，投票的是曾經委託辯護或可能委託的人群，所以律師即使本事再高，收費如果太貴的話，也一樣得不到票。所以很自然地，辯護費用就會形成一個上限。

到了帝王政治時代奧古斯都執政時，執政官以下的國家要職（只限於文官）的選舉是在公民大會舉行的。臺伯留後來把這項選舉移到元老院中舉行，卡利古拉又把它回歸給公民大會，而克勞狄斯又再度把這項選舉轉回給元老院。

不過，問題其實不在選舉的地方在哪裡，而是即使被選為執政官，也因為二個原因而喪失了吸引力。首先是皇帝統治一切，執政官已經不再是國家舵手的角色；此外，在當完執政官之後，會以前任執政官的身份前往行省擔任總督，不過也已經不像共和政治時代一樣，能在行省累積龐大的財富了。臺伯留和克勞狄斯對於利用職權累積財富的行省總督，處置相當嚴格。只要掌握明確的證據，證明總督利用自己的地位來恐嚇行省人民的話，就只有死路一條。拼命累積的財富，只要被判有罪，也會被全數充公。

這樣的制度之下，也難怪有人會利用辯護的機會來斂財了。不過，畢竟檯面上說的都是免費，倒是後門通暢，費用也是無底洞。這麼一來，要保護被辯護者的權利，根本是天方夜譚。

克勞狄斯的作法，是公開認可收取辯護費用，以及設定收費上限。上限是一萬塞斯泰契斯，相當於一個士兵十年的薪水。這個費用絕對稱不上便宜，但是這只是上限。此外，就像是羅馬法律中最重要的目的是在保護私有財產，羅馬人向來尊重個人的所有物，包括有形的財產和無形的才華，所以，優秀的律師自然應該獲得較高的收入。

克勞狄斯的執政果然有不錯的成效，但是偶爾還是會露出登基為皇之前研究歷史的神情。喜歡歷史的人容易吹毛求疵。西元四十八年，因為欣逢羅馬建國八百年，皇帝克勞狄斯公開表示，要舉辦「世紀祝祭」(Ludi saeculares)。

人們都覺得，跟上一次的「世紀祝祭」也不過相隔六十四年，為什麼此時此刻要舉辦呢？歷史家皇帝做了如下的說明。

西元前十七年，奧古斯都與阿古力巴共同舉辦「世紀祝祭」，其實是算錯時間。如果「世紀祝祭」是每一個世紀慶祝一次的話，今年才是從羅慕路斯建國起的第八百年，換句話說，在西元四十八年慶祝才是對的。

既然這麼說，那也只好認同，因為一般都說，羅馬是在西元前七五三年建國的。奧古斯都在西元前十七年第一次舉辦正式的「世紀祝祭」，還特地委託詩人霍雷斯撰寫〈世紀祝祭讚歌〉，甚至連慶典要在什麼地方如何舉辦等細節都做了明確的規畫。我覺得奧古斯都真正的本意，是明知計算錯誤而故犯。奧古斯都其實才不在乎建國以來到底真正過了幾個年頭呢。他結束內戰，確立帝王政治，在西元前十七年的時候，「和平」普及整個羅馬帝國，身為唯一霸權者的羅馬公民必須肩負起「羅馬和平」的責任，而這個「世紀祝祭」真正的目的，就是要羅馬人再次體認到身為羅馬人的驕傲。奧古斯都在西元前三〇年成為唯一的最高權力者，在西元前二十三年成為實質上的皇帝，掌握所有的權力，之後他只需要考慮如何來確立羅馬帝國就好了，而這個時期，剛好是西元前十七年。擬定「世紀祝祭」的細節，還命人刻在大理石板上，嵌於羅馬廣場山丘的一角，這些舉動的意義，就是要藉由舉辦這次的慶典，讓羅馬人再次體認每一個世紀中身為羅馬人的光榮。

克勞狄斯也同意這種看法，但是，即使是神君奧古斯都制定的事項，在克勞狄斯的學術良心上，是不允許坐視計算錯誤而不予理會的。西元四十八年，從羅慕路斯建國以來，剛好是第八百年。身兼最高神祇官的克勞狄斯任命維特里斯一起舉辦「世紀祝祭」，而西元四十八年的「世紀祝祭」，則是連細節部份都忠實地執行奧古斯都所做的規畫。至於「世紀祝祭」的情況如何，請參閱第VI冊《羅馬和平》第二章的〈宗教心〉。

我想，藉由舉辦「世紀祝祭」而再次體認到羅馬帝國是帶動的火車頭的，就是皇帝克勞狄斯自己。這一年，他已經五十八歲，也是登基後的第七年。征服不列顛仍在緩緩地進行之中，而帝國的其他前線防禦體制也發揮了十足的功能。皇帝的首要任務——維護整個帝國的安全防衛，也是順利地運作著。最傳統的羅馬統治方式，就是藉由羅馬軍團基地的設置、羅馬除役士兵興建殖民都市、原住民自治的自由都市，以及內政由原住民自行處理的地方政府等制度作為核心，以羅馬式街道聯繫，形成網路，這種統治方式，從凱撒、奧古斯都的大動脈時代，進入到此時分布微血管的時代。不過，這種樸實不浮誇的工作，卻是塔西圖斯或蘇埃托尼烏斯等喜歡追逐八卦的知識份子容易忽略的。

雖然一方是擁有實權、負責統治的人，而另一方則是沒有實權但有批判能力，兩者其實都是羅馬人。羅馬人理所當然地認為，充實基礎建設，就是國家的血肉，而克勞狄斯在這方面的貢獻，羅馬人無不認同。

「克勞狄斯港」

先不談行省，光是在首都以及附近地區，克勞狄斯的公共事業就涵蓋許多領域。

可追溯到卡利古拉時代的西元三十八年動工的水道工程，在克勞狄斯時代就落實推動。雖然全長七十公里之中，有十公里必須作為高架水道，工程雖然浩大，但是離完工也只剩下四年的時間。另外一條同時開工的水道如果也完工的話，匯集到首都羅馬的水道就有九條，可供應每位首都居民每天九百公升的水。能夠隨時供應新鮮的飲用水，也代表了衛生方面的改善。

自己開創的事業，往往比較會受到自己較多的照顧，這是人之常情。所以，皇帝克勞狄斯當然比較注重奧斯提亞的港灣工程，更勝於卡利古拉留下來的水道工程。這項港灣工程，是在克勞狄斯登基為皇之後第二年動工的，等於是他一到了這能有所大作為的崗位上後，立即就展開了這項工程。但是，在十二年後竣工時，他卻遭到殺害，而是由皇帝尼祿來舉行完工典禮。

其實，當時皇帝的構想，遭到建築師們強烈的反對，就連古代第一位發行建築書籍的維杜魯維烏斯也斷言，在河口興建港灣實在不是良策，因為河川帶來的沙土，勢必會掩埋住港口的。

不過，克勞狄斯是個歷史學家。我的想像之中，可能是克勞狄斯認為，既然是世界首都羅馬的外港，不能光是因為地勢條件優越，就隨便指定一處來作外港，藉此來反駁建築師或工程師的說法。在歷史學家的視線中，經常有人的影子存在。臺伯河是羅馬人的靈魂，羅馬人在臺伯河邊設置了三百二十三頁復原模型所示的各種設備，善用這條河的優勢。而這河岸的港口，跟河口的奧斯提亞港是一體的。奧斯提亞港要發揮港口的功能，才能使得臺伯河發揮水路的效用。所以，克勞狄斯認為羅馬的外港，就只能選擇臺伯河口的奧斯提亞，不做他想。

但是，問題就在於如何處置臺伯河帶來的泥沙埋沒港口的危險性。皇帝既然決定一定要把奧斯提亞建設成為正式的外港，那麼問題的解決方法，就只得由受命興建的工程師們傷腦筋了。

專家們構思的方案，彙整起來的話，有以下幾項：

第一種，避免在一定會被砂石掩沒的河口附近興建港口。

第二個提案是，港口的興建場所，設在奧斯提亞的港都西北三公里處的海岸旁，相當於現在羅馬李奧納多・達文西機場的南邊。

第三、是要用運河將這個港口與臺伯河連接，即使不經過奧斯提亞，也能夠逆臺伯河而上，抵達羅馬。

第四、新設港灣與羅馬之間鋪設街道，走陸路也可直通羅馬。即建設"Via Portuensis"（直譯為「港街道」）。

第五、港灣的建設，只限碼頭、倉庫群和其他不可或缺的設施，至於交易場所或各交易公司的辦公室，則留在奧斯提亞港都。新設港口與奧斯提亞港之間鋪設道路，使得走陸路也可以抵達。

從奧斯提亞，可以像以往那樣，走水路逆臺伯河而上，或是走陸路「奧斯提亞大道」，兩邊都可以通往羅馬。

後世的我們，只能從當時半世紀後圖拉真皇帝改造後的景觀來推測，這雖然是有些不便，但是克勞狄斯皇帝最初建設港口的目的之一，應該是在替從帝國各地前來羅馬的眾多船隻們建設一座避風港。克勞狄斯皇帝是想將與羅馬有著共同歷史的奧斯提亞港都功能，繼續保留下來吧。一面繼續運用羅馬外港奧斯提亞，但是因為奧斯提亞位居河畔，不適合作為避難港，所以才想到要興建新港灣來彌補。這個命名為克勞狄斯港的港灣建設工程，讓人覺得羅馬人的土木工程竟然可以做到這種程度，真是人類向大自然挑戰的一項龐大事業。

工程是由開挖海岸邊土地開始。由於是在海岸邊，所以雖然有沙灘容易開挖的好處，但是最淺的地方也要五公尺深。要讓來回於地中海的貨船在此出入或停泊，至少也得規畫這等的水深。

從圖上可以得知，工程分為建設突出於海的堤防，以及從臺伯河右岸分支出來、與新港船塢相連的河溝開挖工程。這個河溝開挖工程，在五十年後圖拉真皇帝時加以改造，成為「圖拉真水道」。兩項工程，雙管齊下。

深度五公尺以上的大型船塢總面積，約九十萬平方公尺，寬約一千一百公尺，碼頭總長度達二千五百公尺，傳聞曾有三百艘貨船一字排開下貨。

防波堤是在重達七噸的巨大石灰岩塊上嵌入鐵製扣鎖，一個個串連起來後沉入海中，從兩側環抱這個港口。

除了左右的防波堤之外，中間的海面上還有一道矗立著燈塔的防波堤。這種結構，使得海港的出入口就一分為二。出入口的寬度，兩處都是二〇六公尺。

燈塔矗立的中央防波堤，是弄沉裝滿大石頭的卡利古拉大型船來當地基的。卡利古拉從埃及運送長達二十五公尺的方尖碑回羅馬，為了能避免從中切斷，所以特別訂製了這種大型船。從與卡利古拉同一時代的博學家大普林尼的記述，以及現代的考古學調查中，我們已經可以相當了解這種大型船隻的模樣。船身是以樅樹打造，光是吃水線以下的重量就有八百噸。中央桅桿之粗也是超乎想像，要四名船員手牽著手，才勉強能夠環抱。船身全長一〇五公尺，寬二十公尺三十公

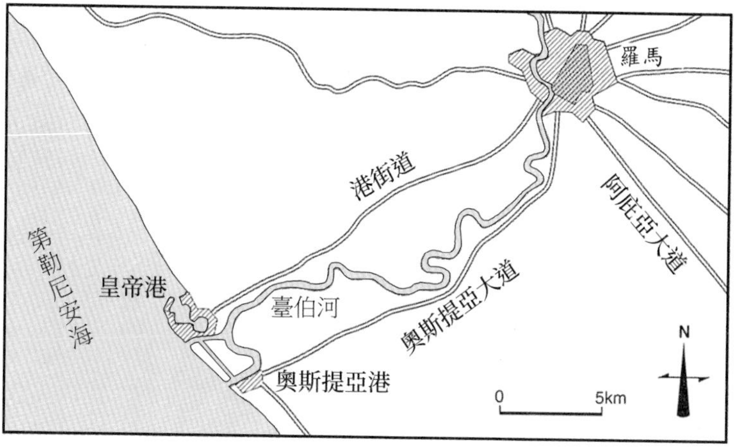

羅馬與奧斯提亞港、新港（皇帝港、圖拉真皇帝擴建後）的位置關係圖

臺伯河岸港口（復原模型）

分。船上分為六層，滿載時排水量為七千四百噸。船員人數，據說在七八百人之譜。

這種大型船，可說是古羅馬人造船技術的登峰造極之作，卡利古拉就是只為了要搬運方尖碑，就所費不貲地打造大型船，難怪財政會崩潰。克勞狄斯在繼承卡利古拉之後，認為這種大型船很不實用，所以沒有拿出來使用，這真是明智的作法。於是，古代的「鐵達尼號」就如同下圖所示，被沉入了海底。原因之一，也是木材耐海水侵蝕的關係。

桅桿和艦橋全數被拆除之後，這大型船也不過就是個「容器」，上頭在裝滿了岩石之後，被沉入水深七公尺的地方。卡利古拉大型船的前後左右，都有巨石以鐵扣相連固定，於是就變成了上有燈塔露出海面的中央防波堤了。

由於克勞狄斯完成了真正的羅馬外港建設工程，享有稅賦優惠措施的小麥運輸船，在冬季也能安心地前往羅馬。先撇開塔西圖斯批評主食仰賴進口的觀點不談，羅馬後來的主食仍是以進口為原則，至於因此而帶來的缺點，羅馬選擇了補救的方式。持續進口主食政策，其實就是在經濟方面幫助了北非和埃及，因為這裡是靠著出口小麥到首都羅馬和義大利本國這一大消費地來維持生機的。

為了一個目的而完美達成的建設工程，一定也會對其餘方面帶來正面的影響。替臺伯河開挖支流，將臺伯河分散之後，以往因為海潮和上游河水衝擊而經常引起的羅馬市街淹水狀況，因此而減少了許多。河口到羅馬約有二十公里。我原本以為海潮是不可能逆流二十公里的，然而在一九六六年目睹翡冷翠大洪水之後，不得不糾正自己的觀念。那時，遙遠第勒尼安海的潮水逆阿爾諾河而上，在維奇歐橋附近與因雨暴漲的河水撞擊，進而氾濫到城市中來。潮水實在很恐怖。

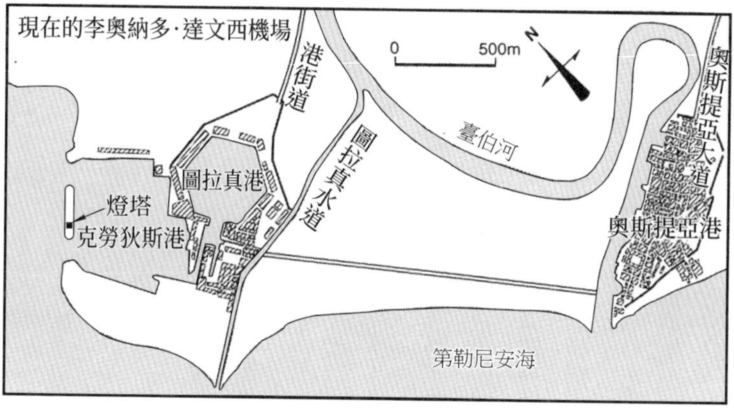

奧斯提亞與皇帝港（圖拉真皇帝擴建圖）

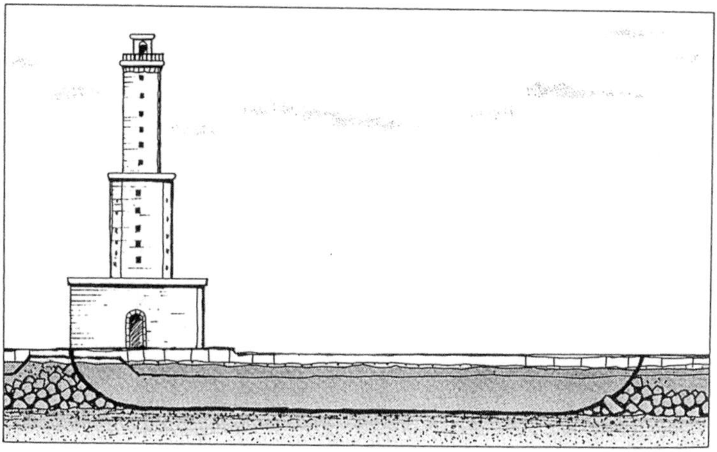

變成防波堤兼燈塔的卡利古拉大型船（想像圖）

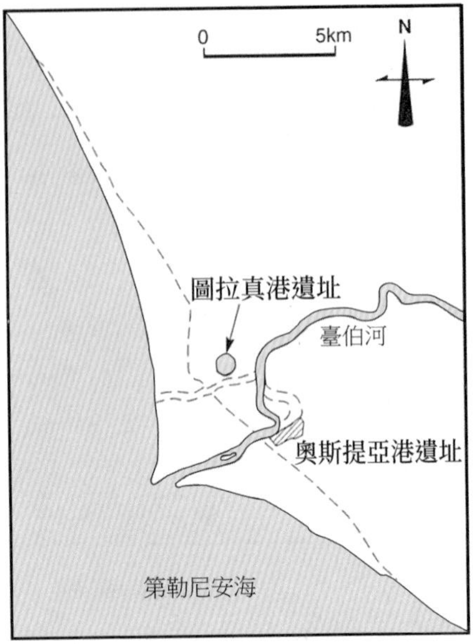

現在的海岸線（虛線是古代的海岸線）

克勞狄斯之後，羅馬的洪水記錄大幅度的減少，或許是新港建設的附加效果也說不定。

半個世紀之後，圖拉真大帝將船塢改造為兩處，分別稱為「克勞狄斯港」與「圖拉真港」，但是整體上都叫做 "Portus Augusti"（皇帝港）。不過，流經奧斯提亞的臺伯河以及直接連接「皇帝港」的支流所帶來的砂石，使得今日的海岸線變得像是上圖所示一般，「皇帝港」已經被陸地圍住，只有古代的「圖拉真港」這六角形海灣還有水而已。

不過與其說二千年後的這種景象，證明了建築師維杜魯維烏斯當時對在河口興建港灣持反對意見的正確性，倒不如說是國家在發揮運作功能時代以及沒有發揮運作功能時代的差異。

有一位軍團中負責鋪設羅馬式街道的工程師曾驕傲地說：「我們鋪設了一條一百年不需要改建的街道」。不過，他這句話是指，街道百年之內不需要改建，卻不是指百年之內不需要養護。和平也不是在成為霸權國家之後就能坐享其成的，平時努力維護，才能繼續下去。土木工程亦復如此，完工之後的養護是不可或缺的。羅馬這個國家在發揮運作功能的時代，就連河底的疏濬工作也沒有輕忽。號稱是迦太基港二倍、地中海最大規模的「皇帝港」持續五百年發揮功能，而在羅馬帝國瓦解後，變成陸地中的沼澤遺蹟。

梅莎里娜的滅亡

克勞狄斯忠實地完成皇帝的責任，但是最困擾他的，就是家門不幸。為了親自確認工程的進度，克勞狄斯來到奧斯提亞，但是留在羅馬管理政務的祕書官們卻捎來了一封信。

少婦梅莎里娜淫亂的行徑還是沒有改善，但是對手如果是演員或浪子的話，問題也還不大，因為夫婿克勞狄斯沒有把它當成一回事。倒不是克勞狄斯不愛他的妻子，而是身為皇帝的他有堆積如山的工作，所以根本沒有精神去管這些家務事。妻子梅莎里娜的行徑，就愈來愈荒誕。

這次的男主角是以俊美著稱的西里斯，他不僅是個元老院議員，甚至已經被選為隔年的執政官。要當上執政官，必須得出身皇族，或是超過四十歲，所以他絕對不是個年輕英挺的浪子。更何況，他還未婚。

二十三歲的梅莎里娜迷上了這位西里斯。如果只是單純的外遇的話，頂多就是被當作八卦罷了，可是梅莎里娜竟然想要跟他結婚，而且還付諸實行。

羅馬的結婚典禮，是先由鳥卦選擇黃道吉日，到時候在新郎新娘面前殺牲祭天，簽下結婚契約，之後再宴請親朋好友。梅莎里娜趁著丈夫不在，真的就辦了一場結婚典禮。這是不容狡辯的重婚。也不曉得她心裡在想些什麼，單純是年輕女孩欠缺考慮嗎？可是對方是個壯年男子啊。兩個人到底在想些什麼？是不是像歷史學家們所說的一樣，想到要謀殺克勞狄斯篡奪皇位？如果真是如此的話，那麼順序不是剛好相反嗎？應該先除掉障礙之後才結婚哪。而且梅莎里娜身上也流著奧古斯都的血液，所以也不是沒有皇位的繼承權。

納爾奇索斯、帕拉斯和卡里斯杜斯等祕書官們得知皇后重婚之後，心想這次再也不能不管，於是決定先向克勞狄斯報告。這份報告的最後一句話，就是請求皇帝早日回到首都。

雖然只有短短的二十公里，但是克勞狄斯卻沒有立即啟程出發。他倒不是在思考對策，而是寧可什麼都不想。他仍就像往常一樣，每天出現在奧斯提亞的工地裡。

這段時間之內，梅莎里娜得知克勞狄斯已經知道了一切，她這時候似乎才發覺事態的嚴重。如果只是通姦的話，頂多就是流放之刑；但對於違反婚約的妻子，如果夫婿要行使家長權來處罰的話，是可以判死罪的。

梅莎里娜決定親自到奧斯提亞走一趟，跟丈夫說個清楚。她相信自己有本事可以把話說清楚之後，改變克勞狄斯的心意，因為到現在為止，一直都是丈夫聽她的。不過，當她叫下人準備好馬車前往奧斯提亞時，卻沒有一個人可供使喚，因為就連佣人的奴隸們也拋棄了梅莎里娜。她叫來女兒歐古塔薇亞和七歲的兒子不列塔尼庫斯，要他們在爸爸回家時，替媽媽求饒。另外，她還請羅馬唯一的專門女祭司長向皇帝懇求，饒過皇后一命。做完這些事之後，她就躲到從阿吉阿提克斯處奪來的「魯克魯斯庭園」別墅裡。

終於起身回到羅馬的克勞狄斯，在祕書官們的催促之下，詢問已經被捕的西里斯。也不知道克勞狄斯心裡頭作何感受，始終不發一語，問題全都由祕書官們代問。西里斯絲毫沒有辯駁。自裁的死罪一定，就立即執行。

至於梅莎里娜的處置方式，是要以公罪來處理呢，或是當作家務事來解決，克勞狄斯似乎相當猶豫。稚幼的女兒和兒子按照母親的交代，乞求父親饒了母親一命。女祭司長也建議，至少給梅莎里娜一個辯解的機會。

克勞狄斯向站在身旁的納爾奇索斯說道，叫那不幸的女人明早過來解釋清楚，之後便起身離開。

納爾奇索斯並沒有把消息告訴皇后。這個解放奴隸太了解克勞狄斯了，他擔心克勞狄斯一旦看到了梅莎里娜之後，什麼憤怒羞恥都會忘得一乾二淨，回到一切都沒有發生過的狀態。回到原來的狀態，就表示梅莎里娜為所欲為的情況又會重演。

納爾奇索斯身為祕書長，暗地裡傳喚近衛軍團的百人隊長，假皇帝之命，要殺了皇后。百人隊長率領一隊士兵，往「魯克魯斯庭園」而去。

這個結果出乎梅莎里娜的意料之外，手上雖然接過了百人隊長的短劍，但是她就是沒有自殺的勇氣。淚流滿面的她，無法用顫抖的手將短劍刺入自己的胸口。沒有耐心等候的百人隊長，於是拿過劍來，一劍斃命。梅莎里娜死時二十三歲。

得知妻子死亡消息的克勞狄斯，好長一段時間似乎失去了悲哀憤怒等各種感情。他也沒有精神再去多關照失去母親的稚幼兒女。妻子做出了對不起他的事情，這個年近六十的男人也只能將所有精神投注在政務之上。

梅莎里娜的雕像，在不引人注目的情況之下，由祕書官們拆除毀棄。沒有家屬參加的火葬之後，梅莎里娜的骨灰也沒能埋葬在「皇帝廟」裡。到底她的墳墓在何處，從那時候起，就已經不可考了。

由於這個事件，使得百姓們心目中有個評價，就是這個皇帝，連妻子都不重視他的存在。這對身為公眾人物的克勞狄斯而言，實在是形象受損的大事，但是，克勞狄斯這個人的特質，就是日子久了就會遺忘。與其說他是健忘症，倒不如說是因為他前五十年的生命中，也從來沒有受到他人的重視，當然他也不懂得什麼是受到以敬畏之意來對待。換句話說，他的腦筋裡根本沒有敬畏這個字，卻當上了比任何人都需要運用敬畏效果的皇帝。不過，腦筋裡沒有這個字倒也有好處，一言以蔽之，就是受得了眾人的冷眼。不在乎眾人輕蔑的視線，只專注於政務之上的克勞狄斯，在這個時候發表了一篇演說，後世的歷史學家們讚賞為羅馬文明遺留給人類的寶貴教訓之一。他還根據這篇演講，落實相關政策。

開國路線

事情的肇因是眾人討論如何填補元老院出缺的議員席次。元老院議員的固定人數，在奧古斯都改革之後，就定為六百人。不過，由於有許多的議員因為公差而不在羅馬，所以無法掌握明確的人數，即使有出缺的情況，也往往不會立即遞補。西元四十八年的時候，出缺的情況好像已經到了一個相當的程度。是否准予進入元老院，最後的決定權是在皇帝的手中，所以，只要克勞狄斯有意，此時正是個好機會，讓贊同他的人全都進到元老院裡，鞏固元老院中擁護他的派閥實力。

不過，五十歲之前從來沒有過派閥的他，在當上皇帝之後，還是沒有派閥背景地開始執政。

此外，克勞狄斯又是個歷史學家，這位歷史學家皇帝關切的，不是在元老院中確立自己派閥的勢力，而是羅馬帝國的元老院應該扮演什麼樣的角色。這不是他獨自構思出來的，而是有件事發揮了刺激的效果。

得知元老院要大量遞補議員消息的高盧部族酋長們，將請願書寄到羅馬的元老院來，內容是希望能把元老院議員的席次也贈與他們。由於要擔任羅馬帝國的要職時，擁有元老院議員席位是候選的資格之一，所以，他們的要求，就等於是說他們想要參與羅馬中央政府的工作。

被稱為「拿波南西斯行省」的南法，自古就已經是羅馬的行省，不僅出過元老院議員，也出過執政官，所以這裡的部落酋長並沒有在請願書上簽名。將聯名請願書送到羅馬的，是凱撒征服的高盧中部、北部的各個部落首長，他們就是被短髮的羅馬人稱為「長髮高盧」蠻族之地的權力階級。

首先請大家注意的是，這些人是百年前凱撒擊潰的人們的子孫。凱撒征服高盧之後的處理策略，就是讓部族歸順，並將羅馬公民權頒給這些部族的統治者。第二點是，高盧人屈服於羅馬的軍事力量之下，但是他們竟然不是發誓要伺機獨立，相對地，卻是希望參與將自己行省化的羅馬中央政府。這等於殖民時代的印度人不是向大英帝國政府要求印度獨立，而是要求給予大英帝國的國會席次一般，他們想藉由獲得席次，來參與大英帝國的中央政府。

對於被支配者的這種要求，身為支配者的羅馬元老院又是如何回應的呢？

討論熱烈地展開，皇帝克勞狄斯也列席。反對的言辭激昂亢奮，是可以料想得到的。

正確地說，九十三年前凱撒執意行使終身獨裁官的權力，讓「長髮高盧」的部落酋長們進入元老院時，本國義大利出身的元老院議員們也是強烈地反對。一般公民也是口無遮攔，說這些高盧的部落酋長們連拉丁文都說不好，或是說有些議員甚至還問到元老院的路怎麼走，要不就嘲笑他們在托加長袍底下還穿著褲子（高盧人獨特的服裝）。雖然參與凱撒謀殺陰謀的人數眾多，就算沒有加入布魯圖斯的實際行刺小組，暗殺的陰謀之所以能夠保密，就是因為絕大多數的議員，對於暗殺計畫，都三緘其口的關係。

最關心不要遇刺的奧古斯都，停止讓「長髮高盧」的部族酋長們進入元老院，日後的臺伯留和卡利古拉也一直維持著這種作法。到了克勞狄斯時代，元老院拒絕開放門戶的氣氛絲毫沒有改變。把元老院議場中的反對意見加以整理，列舉如下：

「首都羅馬和義大利本國又不是處於缺乏人才的狀況，不會找不到適合擔任元老院議員之人。」

「以前就算人數只有三百人，首都羅馬的居民就足以構成元老院，而且這個元老院還能統治義大利的其他部族。擁有統治者必備能力和榮譽心的人，根本不虞匱乏。」

「雖說神君奧古斯都讓住在北義大利的高盧人進入元老院是不爭的事實，難道這還不夠嗎？現在竟然要讓幾乎就是俘虜的行省人民也當元老院議員，實在叫人喟嘆。」

「行省人一旦進了元老院，現在為數稀少的昔日名門勢必要被驅逐出元老院，那這些人還有什麼名譽可言呢？」

「現在要求進入元老院的人，他們是昔日殲滅羅馬一個軍團，在阿列沙之地包圍神君凱撒者的子孫。更何況這些插曲也還不是遙遠過去的事情，如果要再追溯到更早以前的話，曾經攻入羅馬，將我們的祖先逼上卡匹杜里諾山丘的高盧人，跟他們就是同樣的民族。難道要我們忘了這段過去嗎？」

「我們羅馬已經將羅馬公民權給予被征服後的高盧民族權力階級了。所以，我們沒有必要再把元老院的議員席次和從事國家要職的榮譽賦予他們。」

這時候，克勞狄斯開始發言。在一片反對聲浪中，說出個人的論點。這時候他所做的演講內容，可以從一千四百八十年後的西元一五二八年，在法國里昂發掘出來的石碑文上獲得證實，以下我翻譯歷史學家塔西圖斯《編年史》中的片段，塔西圖斯也說自己大多按照《元老院議事錄》(*Acta Senatus*) 來撰寫。因為是羅馬人對羅馬人說話，所以二千年後非羅馬人的我們，就會需要一些註解。只不過，我寫的不是研究書籍，所以我會把「註解」的部份翻到正文之內，敬請見諒。

「想起我個人的祖先，其中號稱最早的古人阿庇尤斯・克勞狄斯・克拉蘇就是薩賓族的出身。他在西元前五〇五年搬到羅馬，羅馬人把這位出身其他部族的人以及他的族人都當作是同樣的羅馬公民看待，還把元老院議員的席次給了克拉蘇，讓他躋身貴族之列。先人留給我們的訓示，我想同樣也能作為我們這個時代的統治方針。不管他們的出身地在什麼地方，也不管他出身的部族曾是我們的手下敗將，這是訓示我們，優秀的人才就應該吸收到中央來加以善用。

我們知道，朱利斯家門一族是從第三代圖盧斯．霍斯提利烏斯（西元前六七三～六四一年）王征服的阿爾巴隆加地方遷徙而來的。也知道科倫卡尼斯家族是第一代羅慕路斯王降伏卡美里歐之後，從那裡遷移過來的。至於出過大小加圖的波爾吉斯家族，則是出身於土斯庫羅城，這裡是西元前三八〇年獲得羅馬頒給羅馬公民權的地方，也是伊特魯里亞的發跡之地，這都是眾所周知的事實。

這種例子不勝枚舉，所以我就不再多說。但是，從義大利中部的伊特魯里亞地方到義大利南部的魯卡尼亞地方，不，應該說是從義大利各地，不論他們是否曾是被羅馬擊敗的敵人，只要是優秀的人才，就集中到羅馬來，組成元老院的議會，這就是我們的歷史。這種趨勢，在神君凱撒的領導之下，有了更明確的方向。西元前四十九年，他將以往只到盧比孔河的國境擴張到阿爾卑斯山脈，並把原本是行省的義大利北部納入本國的領土範圍。原本羅馬公民權的賦予都只是針對個人的，這麼一來，居民、土地和整個北義大利都整合在羅馬的名下了。日後，隨著國內和平的確立，以及國外霸權的擴張，這種趨勢更加明顯。協助羅馬主要戰力軍團的補助兵，由優秀的行省出身者競相擔任，藉由這些新血輪的引進，呈現疲勞的帝國再次恢復了它的活力。

然而，相當於我們父叔輩時代的羅馬人，他們是否因為凱撒起用西班牙出身的帕普斯，或者同為凱撒賦予公民權的南法行省優秀人才獲得了與羅馬人同樣的待遇而後悔呢？那些人的子孫們也活在我們這個時代，而他們對於羅馬的愛，比起我們羅馬人的愛國心，絲毫也不遜色。斯巴達人和雅典人，在戰場上是如此的強悍，但是卻只能享有短暫的繁榮。主要的原因，是因為他們沒有想到要把以往的敵人和本國的公民同化，老是把敵人當成外人區隔開來的緣故。

不過，我們羅馬的建國者羅慕路斯，非常賢明地選擇了與希臘人相反的作法。長年的敵人在戰敗之後，他就讓他們加入公民之列。我們的歷史中，甚至還出過其他國家出身的領導者。七任的國王之中，第二任的努馬王是薩賓族出身，第五、六、七代的國王則是伊特魯里亞出身。而西元前三一〇年的財務官阿庇尤斯・克勞狄斯，就早已開始起用解放奴隸之子擔任國家要職了。對解放奴隸的子息們開放公職的門戶，其實並非像我們所想的那樣，是最近才有的事，在遙遠的過去，早就已經開了先例的。

不過，你們的反對也不是沒有道理的。瑟諾尼斯族是高盧民族的一支，在西元前三九〇年攻入羅馬，曾有一段時間占領了大部份的羅馬。但是，像烏爾斯奇族和耶奎族，現在沒有人會懷疑他們自古就是羅馬人，但是誰又能斷定他們從來沒有和羅馬人交戰過呢？我們的祖先甚至當過高盧民族的俘虜，也曾經必須送人質到伊特魯里亞民族那邊去。薩謨奈族在西元前三二一年戰勝羅馬的二個軍團，他們卸下了羅馬士兵的武裝，要士兵們鑽過長槍之列，這是連小孩子們都知道的『康迪維之恥』。但是，很早以前，他們就已經成為羅馬公民，跟我們享有同樣的權利與義務。

拿以往羅馬與其他民族的任何戰爭作比較，跟高盧民族的戰爭都是在短期之內就分出勝負的。而且，事後的高盧人與羅馬人之間，就是靠著不斷的和平與信義來維繫關係。就連現在的『長髮高盧』居民，也在生活習慣、教育和通婚的關係之下，逐漸與羅馬人同化。正因為如此，我覺得，與其在他們之間劃上界線，將他們與我們分離，倒不如把他們的黃金和財富帶進羅馬和義大利，這才是聰明的作法。

各位元老院的議員們，我們深信不疑的傳統，其實在這些事物成為傳統的最初，一切都是新的嘗試。國家要職長期以來也一直是由貴族擔任，後來開放給羅馬的居民，接著是住在羅馬之外的拉丁人，再後來是居住在義大利半島的平民。門戶開放的政策逐漸蔓延擴展。

各位議員，現在我們把門戶開放給要求我們表明態度的高盧人，這將也會成為羅馬的傳統之一。我們現在在討論的時候引用了許多的先例，而未來我們也將會成為別人引用的先例之一。」

這個演說很精彩，歷史家皇帝的神情也彷彿躍然眼前。難怪後世的歷史學家們要讚賞它是羅馬文明遺留給人類的寶貴教訓之一，是高風亮節、寬容為懷精神的結晶。而羅馬人叫人敬佩的，就是不會讓這種理想孤寂而終。

在皇帝克勞狄斯這番贊成的演說之後，投票的結果是贊成者居多，通過認可高盧人出任元老院議員。不過，這並不是承認所有的「長髮高盧」各部族酋長都可以擔任，因為反對派贊同的附帶條件，是要將提案稍加修正。也就是說，首先獲得認可的，只限自古以來就跟羅馬處於同盟關係的黑杜伊民族，其他部族首長進入元老院，則是階段性地進行。黑杜伊族是高盧中北部最大最強的民族，自古就跟羅馬有同盟關係，不過在阿列沙攻防戰時，向維爾欽傑托斯靠攏，圍攻凱撒。

然而，獲勝的凱撒不僅原諒了他們的背信，還讓他們繼續保持高盧最大最強部族的地位。就連這黑杜伊族人都被認可進入元老院了，至於其他高盧人的加入，也只是時間上的問題。而認可高盧人之後，普及到西班牙人、希臘人、北非人、埃及人甚至東方人，就算還得花上一段時間，也不再是理念的問題，而只是時間的早晚而已了。

皇帝克勞狄斯重振凱撒的精神，把祖國的理念，從義大利半島擴及到整個羅馬帝國。

在批判英國或其他帝國主義國家的封閉性時，必須先想起我們日本又是如何。我們是否曾把帝國議會的席次分給朝鮮和臺灣的人民呢？我們認可他們參與日本政府了嗎？

不過，如果這項門戶開放政策只是要讓高盧人進入羅馬帝國的中樞，頂多就是讓那些死守既得利益的本國出身元老院議員絕望，讓多數行省出身的開國論者感動而已。但是，羅馬人厲害的地方，就在推動開國路線的同時，一面制定以阻礙為目的的法案。

奧古斯都繼承開國主義的凱撒之後，幾乎所有的政策都遵循凱撒的模式，但是他也沒有忘記以阻礙的方式來獲取平衡。所謂的阻礙法案，就是在西元前二年與西元四年兩次施行的「奴隸解放限制法」。

「奴隸解放限制法」

在談論古羅馬的奴隸制度時，如果站在現代的觀點，認為奴隸制度違反人權，理應廢止的話，那麼就連談論的空間也沒有了。其實，奴隸制度在羅馬帝國瓦解、進入基督教世界之後，也並沒有全面廢止。由於教會默認，沒有警覺基督教才是真信仰的人，不能算是跟基督教徒同等的人類，所以非基督教徒的奴隸仍舊持續存在。奴隸制度遭到全面廢除，是在以尊重人權為第一優先的啟蒙時代之後。所以，各國發表「廢除奴隸宣言」，都集中在十八世紀末。古代的蘇格拉底和亞里斯多德也從來沒有對奴隸制度社會抱有任何的懷疑。古代人對於奴隸的看法，並不是因為他們的宗教跟自己不同，所以不應該享有跟自己相同的權利。奴隸要不是因為戰敗，或是被海盜俘虜，或是無力償還借款而被剝奪自由，再不然就是出生就是奴隸的小孩，或是被父母給賣了。這種「不幸」的結果，就是落得「奴隸」的身份。所以，不論是獲得主人開恩，或是償還了債務，大家都能認可奴隸翻身的。即使是海盜抓到的人質或戰場上的俘虜，只要能夠付出贖款，就可以恢復自由之身，所以在境遇上，大家都是相同的。自由之身與奴隸的區別，不在信仰宗教的差異，只在於有沒有碰上這等「不幸」的事件發生而已。

跳脫城邦範疇、選擇轉變成為領土國家的羅馬人，在這個觀念上，要比堅持以這種差異來區別是否是野蠻人的希臘人來得強多了。雅典或斯巴達始終沒有所謂的解放奴隸階層，但是這卻在羅馬持續發生。羅馬人甚至還把羅馬的公民權賦予這群人中的傑出份子。

羅馬人的家庭還真的不能缺少奴隸。就以國家領導階層的元老院議員家庭為例，每天早上替主人刮鬍子的，就是奴隸；燒飯供膳的也是奴隸；負責兒女教育的家庭教師，大多也是奴隸；負責家計的，不是女主人，而是奴隸。如果是在戰場的話，準備武器的也是奴隸。元老院議員表面上不得從事的生意，奴隸不僅是以名字頂替，也實際操作。還有，奴隸還得替主人將口述的信寫成文字。在一般公民也可以使用國營郵政制度之前，遠赴東方送信，等到回函之後攜回的，也是奴隸。派駐海外，幫主人操作資產的，也是奴隸。實例不勝枚舉。

大權在握，奴隸卻幾乎很少造反，是因為他們的世界是競爭的社會，比起以出身就決定差異的自由人社會更需要本事。如果一個奴隸學術涵養高，或是語文能力強、表演技巧佳、經商才華出類拔萃，或是具備特殊才藝，就會有很多人競相挖角。而這種奴隸，也是離成為解放奴隸最近的一群人。就算沒什麼特殊才藝，不過人相處久了，總會有些感情，所以古羅馬時代，解放奴隸其實相當盛行。在奧古斯都下令限制之前，實質上的放任狀態已經維持了好久一段時間了。在這樣的現實狀況之下，與其採取可能伴隨著風險的造反舉動，倒不如努力成為解放奴隸來得實際。

許多現代的研究學者們把奧古斯都制定「奴隸解放限制法」，歸因於他的保守個性。不過，我卻認為這又是奧古斯都現實主義的另外一個例證。

將非羅馬公民者羅馬公民化，換句話說，羅馬對於將他人與自己同化的看法，如凱撒明確做過的方式，可以分為兩大類：一是起用優秀人才，另外則是因軍務等對羅馬帝國的安全維護有所貢獻者的論功行賞。不過，如果放縱解放奴隸的事實一直持續發展的話，就等於向解放奴隸大開取得羅馬公民權之門戶，勢必造成劣質的奴隸也成為羅馬公民的結果。這麼一來，除了羅馬公民權所有人的平均素質降低之外，也有可能成為社會不安的原因。

也就是說，這問題就好比現代國家當局對於非法移民的大量增加變得神經質一樣，奧古斯都也得要正視這個情況。研究學者們在記述這些史實的時候，以「奴隸與羅馬公民」為篇章的標題，就是因為在古羅馬時代，將奴隸解放，就代表讓他們加入羅馬公民之列的意思。

奧古斯都在西元前二年立法通過「夫里斯．卡米尼斯法」。法律名稱的由來，是取這條法律的二位提案者的名字訂定的。這二人是該年的執政官，其實真正擬定的人是奧古斯都。為了避免所有法案都冠上自己的名字而遭到被批評為獨裁的危險，所以連凱撒也採用這種借用他人名義的方式。不以「皇帝」自居，而始終稱自己為「第一公民」的奧古斯都與臺伯留，也都是善用此道的高手。

「夫里斯．卡米尼斯法」，簡單地說，就是限制用遺言解放奴隸的法律。而五年後通過，同樣冠以當年二名執政官名字的「阿耶里斯．森提斯法」則是限制主人在世時解放奴隸的法律。

如果家中奴隸在三人以下的話，就不須適用「夫里斯．卡米尼斯法」。如果想要解放奴隸的話，可以全數解放。而擁有四人以上、百人以下的奴隸者，唯有在遺囑中明確記載時，才可以解放最多一半的奴隸。擁有百人以上、五百人以下的奴隸者，可以解放五分之一。總之，無論如何，一個人的遺囑之中解放的奴隸人數，不得超過一百人。

「阿耶里斯．森提斯法」是把「夫里斯．卡米尼斯法」中對於遺囑中的限制也適用到主人在世時，此外還詳加記述解放時的各種限制。

曾問罪於國家或主人，也就是有前科的奴隸，就算獲得解放，也不得享受與其他奴隸同等的權利，必須搬到離首都羅馬一百羅馬里（約一百五十公里）的地方居住，財產也被沒收。不過，只要他放棄取得羅馬公民權的權利，就可以解除對居住地的限制，也可以享有財產私有權。這種作法，就是要阻斷解放奴隸成為羅馬公民的通道。

此外，如果主人未滿二十歲，也以這種年齡的判斷能力不足為由，禁止這種主人解放奴隸。如果主人在二十歲以上，而奴隸超過三十歲的話，只要按照慣例，在法務官的面前發表解放宣言即可，但是解放奴隸的人數，必須要在二條法律規定的範圍之內。如果主人在二十歲以上，而奴隸未滿三十歲的時候，就必須經過專門的審議委員會來裁定。審議委員會的委員有十位，在首都羅馬的話，是由五名元老院議員和五名「騎士階級」出身人士擔任。在地方政府方面，成為委員的條件，是必須具備羅馬公民權。即使在裁定得以解放時，如果解放奴隸未滿三十歲，雖然他個人得以擁有財產的私有權，但是不承認其子獲得財產的繼承權。解放奴隸要取得羅馬公民權的條件，就是要有三萬塞斯泰契斯的資產。我們可以從這裡看出，這種限制的目的，就是要阻止原本奴隸的子孫成為羅馬公民。

希臘人心目中的「公民權」，代表的是跟自己擁有同樣的血液；羅馬人心目中的「公民權」，代表的是跟自己擁有同樣的精神。所以，解放奴隸對羅馬人而言，是遵守共有精神的羅馬傳統，只要能夠達到防止劣等份子摻入造成羅馬精神耗弱的目的，那也就足夠了。解放奴隸，不用「禁止」而用「限制」，也就是基於這種理由。不過，不得不加以限制，就表示有為數眾多的奴隸已經恢復自由之身了。即使在限制之後，仍舊持續著以五十人、一百人為規模的奴隸獲得解放。解放奴隸這種社會階級，因而理所當然地繼續存在。

臺伯留完全繼承了奧古斯都的這種觀念，但是，他不同於奧古斯都之處，在於他原本具有武人的特質。由於擁有豐富的前線指揮經驗，所以他也善於分辨武將是否具有才華。因臺伯留的任用，不僅法國南部，連「長髮高盧」也出了許多指揮官級的人物。而且，這些獲得起用的人物不像奧古斯都時代一樣只能做到補助部隊的隊長，有些甚至還能擔任羅馬軍主力軍團的指揮官。如果融入的是優質的異族份子的話，羅馬帝國的開國路線一直沒有封閉。

第四代皇帝克勞狄斯的元老院門戶開放政策，可以說是這條線的延伸。克勞狄斯不是受到理想主義的驅使而大加改革的，就像他自己所說的一般，他只是遵從了羅馬人的傳統。羅馬時代的希臘人，同時也是《列傳》的作者普魯塔克說到，讓羅馬強大的原因在於他們的人生哲學，也就是將戰敗的一方與自己同化。寫下這段話的普魯塔克，在他的祖國希臘，即使是在蘇格拉底或伯里克利最活躍的時期，雖然有奴隸階級，但就是沒有解放奴隸的社會階級。

號稱羅馬帝王政治時代最偉大的歷史學家塔西圖斯，由於他從事寫作是在五賢帝時代，所以包括奧古斯都在內以往的所有皇帝，都在他厭惡之列。原因會在後頭詳細介紹，所以在此不多做著墨，不過，既然被推崇為最偉大的歷史學家，他的態度自然是盡可能地忠實地介紹史實。只是在介紹政績的時候，因為塔西圖斯討厭這些執政者，所以在對這些政績作「善」與「惡」的評斷時，塔西圖斯的介紹方式就會因此而異。如果是「善」的話，在介紹完演說或政策之後，塔西圖斯不會加上自己的評論，彷彿就是在表示自己雖然很討厭這個人，但是這點政績還值得肯定。相反地，如果是「惡」的情況，在介紹政績之前，他就已經先用他的筆毫不留情地大加撻伐了。

皇帝克勞狄斯再度確認行省人民得以進入元老院的演說，就屬於前者。

不過，接下來要介紹的，是屬於塔西圖斯後者的作法。換句話說，也就是塔西圖斯認定是「惡」的事蹟。因為這位歷史學家，在文章的一開頭就寫道：「克勞狄斯這個人就是無法獨自一人生活，習慣受妻子的支配。」只不過，他寫的的確也是事實，不容辯解。

阿古力琵娜的野心

在梅莎里娜被逼死之後，克勞狄斯又重回孑然一身，年齡也已六十了。他經歷過三次婚姻，而且是一男二女的父親，大女兒安東妮亞已經出嫁，底下還有歐古塔薇亞和不列塔尼庫斯。如果一個人活不下去，找個情人應該就能彌補空虛，他光是被大眾知道的情人就有二個。臺伯留那樣抱持著獨身主義，認為皇帝再婚會使得皇位的繼承問題愈來愈複雜，克勞狄斯可不像臺伯留那麼想。平常總嫌人家囉唆，希望別來煩他，但是一旦少了一個正式的妻子，克勞狄斯這男人就覺得渾身不對勁。與其說他是個習慣妻子支配的男人，不如說他似乎應該是因為孤獨一人就坐立不安，所以才選擇結婚，而且結了婚就被再婚的對象牽著鼻子走。

如果實情真是如此，那麼至少對象應該自己挑選吧。儘管克勞狄斯不是女人喜歡的類型，但他可是皇帝。不管是毛遂自薦或他人推薦，想要成為羅馬帝國第一夫人的大有人在。而且，在梅莎里娜的例子裡頭我們也知道，只要不犯下重婚這種沒常識的罪，嫁給克勞狄斯就等於可以為所欲為，對女人而言，實在是再好不過了。偏偏克勞狄斯連自己選擇的權利都沒有。一個不曾受過女人歡迎的男子，一旦可以自行選擇的時候，反而開始感到害怕。所以選妻之事又交給祕書官們來遴選對象了。

組成祕書官集團的解放奴隸三人組在計算過自己的利害得失之後，他們討論的結果，是每個人各推薦一位候選者，共計三名。

納爾奇索斯推薦的女子是耶里亞．貝提娜，她原本就是克勞狄斯的第二任妻子，但是在生下安東妮亞之後，就和克勞狄斯離婚了。

卡里斯杜斯推薦的是羅麗亞．包麗娜，是卡利古拉的第三任妻子，結婚沒多久就離婚了。她跟卡利古拉之間，並沒有孩子。

帕拉斯推薦的是尤莉亞．阿古力琵娜。在歷史學家之間，為了區別她和跟她同名的母親，所以一般都稱她的母親為大阿古力琵娜。她是日耳曼尼可斯的女兒，也就是卡利古拉的妹妹，丈夫艾諾巴布已死，所以是個寡婦。

這三個女人，無論就家族或容貌而言，都是在三十多歲左右，沒什麼差距，也都屬於羅馬的上流階級。但是，克勞狄斯甚至沒辦法只靠著自己的判斷力來從三名候補之中選擇一人出來。皇帝於是要求三名祕書官說明推薦的理由。

納爾奇索斯說明了貝提娜為什麼適合的理由。貝提娜曾是這個家的女主人，如果她回到自己的位子上，應不會對家庭裡造成變化。而且她和克勞狄斯之間育有一女，所以即使是梅莎里娜留下的二個小孩，應該也會視同己出吧。

推薦了包麗娜的卡里斯杜斯則是說道，就因為包麗娜沒有孩子，所以最適合擔任二個小孩的母親。此外，她和卡利古拉離婚的原因，在於卡利古拉花心，女方品行端正。再加上，她可是號稱羅馬第一的美人呢。如果讓貝提娜回到妻子的位子上，恐怕得意忘形的她會擾亂家裡的和平。

帕拉斯推薦阿古力琵娜的理由更是高妙。

首先，阿古力琵娜是至今人氣未退的日耳曼尼可斯的女兒，迎娶阿古力琵娜為妻，等於是讓朱利斯和克勞狄斯兩大名門親上加親。此外，如果跟沒有小孩的包麗娜結婚，恐怕她無法生育，而已經有了男孩子的阿古力琵娜就不用擔這個心。他這番回答，正說中了克勞狄斯這男子心中的小祕密。

可是，克勞狄斯還是無法決定。這麼一來，每位候選人個性積極與否，立刻分出高下。屬於皇族的阿古力琵娜，她可以自由地出入皇宮；但是她也有一項弱點，那就是克勞狄斯與阿古力琵娜是叔姪關係。

羅馬史走到這裡，終於出現了無法滿足於權力者妻室的地位，而決心自行執政的女性。這年三十四歲的阿古力琵娜跟她的母親大阿古力琵娜神似，深刻意識到自己是流著奧古斯都血液的人，所以她深信自己統治帝國的正當性，若要付諸實行，她會不擇手段。她也是羅馬史上第一位撰寫回憶錄的女人，所以腦筋比她的母親還要好得多。

曾經是皇帝妹妹的她，立志不久之後要成為皇后，日後再成為皇帝的母親，進而統治羅馬帝國。她根本沒想到要替克勞狄斯生孩子，她早就準備好了皇位的繼承人，好做她日後執政時的傀儡——她那十二歲的兒子。就是因為這個念頭，對於跟叔父成親，阿古力琵娜絲毫不猶豫。

克勞狄斯終於屈服在阿古力琵娜的猛烈攻勢下，但是，叔姪結婚總得要有個理由。這時候，多年來協助克勞狄斯的維特里斯自告奮勇，說要兩肋插刀，於是，把元老院議員和公民當作觀眾的喜劇熱鬧開演。

與克勞狄斯同樣擔任執政官，也是財務官同事、負責進行國勢調查的魯奇斯．維特里斯，在元老院議員的面前，說了這番話：

「負責統治整個帝國的最高權力者，他的日常生活之辛苦，超乎常人想像。這樣的人物，需要有人替他解除家中大大小小的煩憂。唯有從家中的瑣事中獲得解脫，他才能夠專注於統治帝國的重責大任上。而能夠幫助他的，捨妻其誰。因為，還有誰能比日復一日、同甘共苦的妻子更了解專注於國家大事的夫君呢？自幼恪遵國法，登基為皇之後又無心娛樂，專注於國政之上，這樣的人物，當然需要有一個對象，來訴說他因為立場上無法對外公開的心情，需要一個對象，來照顧養育正值少年期的兒女。」

元老院議員們點頭稱是。維特里斯又提高了音量，說道：

「各位議員，阿古力琵娜身上流著的血液之尊貴，這是不須多做說明的事實。沒錯，跟親生兄長的女兒結婚的確是史無前例，但是以往禁止表親結婚，現在不也已經不稀奇了嗎？」

話雖然這麼說，但是元老院議員們總覺得這叔姪成親，再加上二人身份立場的問題，絕對不能等閒視之，所以心裡頭還是覺得不妥。不過，戲碼早就已經編好了。一名議員走到議場外時，早就有一群被召集過來的公民在等候。在這位議員呼籲民眾為贊成皇帝結婚而歡呼前，群眾們異口同聲地要求制定法律承認叔姪成親。議場外公民的聲音，給了議場中議員們甩脫困惑的理由。

維特里斯開始進行最後的結語。他轉向克勞狄斯問到：

「如果元老院和公民要求您和阿古力琵娜結婚，您會接受嗎？」

克勞狄斯回答道：

「我不過是個羅馬公民，所以我沒有權利拒絕羅馬的主權者——元老院和公民的要求。」

喜劇於焉落幕。

也不知道為了什麼，古代的雅典和羅馬，喜劇和悲劇都在同一天連著上演。或許古代人就認為，人的一生不是完全的喜劇或完全的悲劇，多數的人生都是由喜劇和悲劇交錯而成的。皇帝克勞狄斯的人生就很類似。

阿古力琵娜當上皇后之後，百分之一百二十地利用克勞狄斯怕人在身旁吵鬧、看也不看就在文件上簽名的毛病。

她先將自己升格到 "Augusta" 的地位。"Augustus" 是奧古斯都將其作為自己的名字之後，是代表皇帝的名稱，就和 "Caesar" 一樣，"Augusta" 則是 "Augustus" 的女性形。就連第一代皇帝奧古斯都把這個稱號封給皇后莉薇亞，也是在他的遺囑之中。阿古力琵娜可說是很快地就拿到了這個尊號。

後來，她又以一介女子的身份，把城市冠以自己的名字，這不僅在以往的羅馬史中，在古代史中更是破天荒的舉動。

由於古代本質上是城市文明，所以統治核心的城市建設就是執政者的重要工作。亞歷山大 (Alexandria) 意思就是指亞歷山大大帝 (Alexander) 之城，而冠上亞歷山大大帝名字的城市，也不只埃及的亞歷山大一處。凱撒里亞指的是凱撒之城的意思，城市的名稱是用來獻給朱利斯·凱撒或他的養子奧古斯都的。臺伯留也有臺伯留之城，而克勞狄斯也不乏以他的名字作為名稱的街道名。在羅馬，移入除役官兵來興建殖民城市，藉以形成帝國統治的「核心」，這是羅馬一貫的明確策略。冠以皇帝之名的城市眾多，幾乎全是移入除役官兵而建設完成的城市。之所以沒有以女性命名的城市，原因也就在此。

阿古力琵娜在西元十五年，出生於現在德國的科隆，因為當時她的父親日耳曼尼可斯正好擔任日耳曼戰役的八個軍團總司令官。當時的科隆，是高盧戰役時擁護凱撒的日耳曼民族中最有實力的烏比族根據地，所以日耳曼尼可斯才能放心地把家屬安頓在這友好部族的領土中。而將這塊地作為羅馬軍冬營基地的，是阿古力琵娜的外祖父，也可說是奧古斯都左右手的阿古力巴。

不過，不能光是因為這塊土地與外祖父和父親的淵源匪淺，再加上自己出生於此，就把這裡冠上自己的名字。羅馬的傳統，是在移入除役官兵、做好建設工作之後，才能冠上當事人的名字的。於是，阿古力琵娜下令將除役的老資格官兵遷徙至自己的出生地科隆，並將此地升格為羅馬的殖民城市。所以，科隆的古名是"Colonia Agrippinensis"，意思是阿古力琵娜的科隆。其實，科隆只不過是拉丁文中意為殖民城市的"Colonia"的德文發音而已。擁有冠上了自己名字的城市，在羅馬進入帝王政治時代以後，是只有皇帝才能享有的榮耀，而阿古力琵娜也得到了。

這段插曲引起批評的聲浪絕對不足為奇，但是，出乎意料地，元老院和公民們竟然毫無抗拒地接受了。理由之一是，阿古力琵娜這個字原本就有阿古力巴的意思，所以眾人的看法是，與其說它是「阿古力琵娜的殖民城市」，倒覺得是對國家有著莫大貢獻的「阿古力巴的殖民城市」。理由之二在於，既然羅馬的軍事策略是以萊茵河作為帝國的防禦最前線，萊茵河沿岸的科隆戰略價值高，把這個都市升格為以擁有羅馬公民權者為核心的「殖民城市」，作為前線基地，是非常符合國家利益的。此外，當地的烏比族人也歡迎科隆的殖民城市化。雖然是日耳曼人的一支，由於長年與羅馬保持友好關係，許多人與羅馬官兵通婚，成為羅馬的殖民城市之後，不僅代表著原本就已經羅馬化的狀態獲得了公開的承認，更意味著未來有更深一層的發展。

阿古力琵娜不僅是滿足了自己的野心，同時還以巧妙的手法，讓整個事件與國家利益一致。不過，另一方面，她也毫不客氣地發揮女人為所欲為的特性。不管在哪一方面，她都不准其他女人贏過自己。在競爭皇后寶座時的那二名女子，尤其是以美貌著稱的羅麗亞．包麗娜更是不可原諒。

她捏造了一個控訴理由，說是包麗娜請占星師卜了個卦，看看跟皇帝克勞狄斯成親的可能性如何，然後就把克勞狄斯看也不看就簽了名的訴狀提交元老院。臺伯留曾經下令，禁止義大利本國境內的占星師們從事賺錢行為的占卜行業。

元老院即使已經看出阿古力琵娜的把戲，但是既然是皇帝親筆的訴狀，那也無法可想，於是裁定包麗娜只能帶著五百萬塞斯泰契斯的財產離開首都。阿古力琵娜可沒有因此滿足，為了出一口氣，不曉得她用了什麼手段，終於逼包麗娜自殺。

皇后的蠻橫，從梅莎里娜到阿古力琵娜都沒有改變，但是，阿古力琵娜可不像梅莎里娜那樣任性放蕩，她只是努力推動計畫，來實現她的野心。阿古力琵娜既不放浪形骸，管理持家更是有一套。她也熱衷於孩子們的教育，尤其是她那十二歲兒子杜米提斯的教育，阿古力琵娜更是細心地安排。

哲學家塞內加

教授閱讀、寫作、數學，以及帝國東方地區通用語言希臘文和西方地區語文拉丁文的老師，在首都羅馬比比皆是。但是，阿古力琵娜感受到對獨子施以帝王教育之必要，於是想到要聘請著名的哲學家為師。或許她想起了亞歷山大大帝的家庭教師是亞里斯多德吧。阿古力琵娜鎖定的目標，就是當時還被流放在科西嘉島上的哲學家塞內加。

在後代研究人員的評價之中，能夠代表羅馬哲學界的，在共和政治時代是西塞羅，而帝王政治時代則是塞內加。這位魯奇斯．安尼斯．塞內加 (Lucius Annaeus Seneca) 出生於西元前四年左右的西班牙科爾多瓦，卻在羅馬長大成人。幼年時期的他隨著當上元老院議員的父親，搬到羅馬居住。元老院議員中的西班牙出身者，在羅馬是新鮮人，所以這些新鮮人對於子弟的教育，更是不遺餘力。塞內加家的三個兄弟，都受到最好的教育。三人之中，尤以二男魯奇斯的才華洋溢最受到矚目。

塞內加的少年期相當於奧古斯都時代的末期，後來他也從事公職。西元三十一年時，他大概是三十五歲左右，擔任了審計官，這算是公職經歷的第一步。這時候，已經是臺伯留皇帝執政的時代了。

擔任過審計官之後，只要皇帝不加以拒絕，便可獲得元老院議員的席次。塞內加的才氣，在元老院中大放異彩，卻也受到同樣是辯才無礙的皇帝卡利古拉的嫉妒。基於某些理由，卡利古拉本來要將他處死，好在卡利古拉身旁的人說，反正他也不久於人世了，又何必殺他呢，塞內加才能免於一死。當時，由於塞內加才氣縱橫，所以是宴會上不可或缺的嘉賓，也不知道是不是因為日日笙歌的關係，他好像是得了現在所知的結核病。他因病得福，躲過卡利古拉時代的劫數，但是到了克勞狄斯皇帝時代，卻又惹惱了皇后梅莎里娜。這次並不是因為才華洋溢而遭忌，真正的理由是他經常出入以皇帝的妹妹為核心組成的反梅莎里娜派聚會。當然，這種理由絕對不致造成流放之刑。他後來是因為與皇族的一名成員通姦，也不知是真是假，後來就被判以流放科西嘉島之罪。那是西元四十一年的事情，所以應該是在他四十五歲左右發生的不幸事件。

對於習慣了首都繁華生活的塞內加而言，科西嘉島的生活一定是枯燥乏味到了極點。這八年的流放歲月，送給了塞內加二大禮物。一是就算心不甘情不願，但在大自然的懷抱中，享用簡單的飲食，過著規律的生活，使得他的健康完全恢復；第二個禮物則是因為沒有其他的娛樂，所以他就專心地從事寫作。阿古力琵娜假皇帝之手解除了他的流放之刑，當這位哲學家回國之際，精神健朗的模樣，讓眾人驚訝不已。

阿古力琵娜厲害之處，在於選用塞內加，不僅擔任皇子成為皇帝前的帝王教育之師，還讓他在皇子登基為帝之後，出任輔佐官職。而羅馬皇帝必須要文武兼顧，「文」的部份，交給了塞內加負責。如果基於這種區分的方式，那勢必要找一個負責「武」的人才，這個人必須在皇子繼承皇位之前教導皇子武術，在皇子登基為皇之後，以武術保障皇帝的安全。

阿古力琵娜選擇了瑟克司徒斯．阿福拉尼斯．布魯斯來擔任這個工作。塞內加是生於西班牙的羅馬人，而瑟克司徒斯．阿福拉尼斯．布魯斯則是南法出身的羅馬公民。塞內加是在元老院中嶄露頭角，而布魯斯則是在軍團中表現傑出。他從原本是一介士卒的身份，晉升到率領八百名士兵的大隊指揮官。歷史學家毛姆森稱臺伯留起用的行省出身人才為「臺伯留門下」，布魯斯就是其中一人。他這個武人踏實，責任感強，雖然並非天才型的人物，卻正合臺伯留的所好。年紀似乎比塞內加小個五、六歲，因為戰鬥而失去了左臂。

阿古力琵娜雖然在正式的地位上，只給了負責「文」的塞內加元老院議員的位置，不過，我想這是她打算讓他在皇子登基之後，繼續扮演輔佐官而做的安排。阿古力琵娜也知道，負責「武」的人如果沒有正式的地位，就根本發揮不了作用，於是她決定讓布魯斯擔任近衛軍團的長官。近衛軍團一萬名精銳部隊的營地，就在羅馬城中附近，他們更是義大利本國唯一一支具有十足戰力的部隊。

阿古力琵娜終於替她十二歲的兒子安排好文武將才了，一個是堪稱當代才氣第一的哲學家，一個是比羅馬人更羅馬人的武將。只要關係從少年時期開始培養，這份情感會比誰都來得深刻。阿古力琵娜在做選擇的時候，早就顧及到這一點了。

不過，值得我們注意的是，阿古力琵娜選擇的人才，不僅是皇子少年時期的教師，更是他在登基為皇之後的輔佐，而這兩個人都不是本國出身，一是西班牙，一是南法，而且，竟然沒有人會對此質疑。這足以證明，羅馬帝國不是單純地支配行省，而是將行省當作自己一部份，是一個生命共同體。

對皇帝克勞狄斯發揮影響力的，不只阿古力琵娜一人，還包括號稱解放奴隸三人組的原希臘奴隸祕書官集團。如果這些人們反對的話，阿古力琵娜的計畫也不可能順利地進行。阿古力琵娜早就洞悉了這一點，想好了因應的對策。

阿古力琵娜先拉攏帕拉斯，因為他在選妃時推薦了自己。帕拉斯也是解放奴隸三人組的成員之一，他有個弟弟，叫菲里庫斯。阿古力琵娜向帕拉斯保證會助他實現願望，而且付諸實行。當時阿古力琵娜鼓吹克勞狄斯，讓菲里庫斯出任派駐猶太的長官。

這位解放奴隸出身的長官，非常巧妙地完成了民情複雜的猶太統治工作。我們不得不說，阿古力琵娜的確有知人善任的眼光。

阿古力琵娜實現野心的第一步段到此結束，第二步就是要提升皇子杜米提斯的地位。此時，阿古力琵娜和帕拉斯又發揮了最高的合作默契。阿古力琵娜令人佩服的，在於她熟知打鐵趁熱的原則。

尼祿登場

西元五〇年，阿古力琵娜當上皇后也不過一年不到的時間，她就成功地讓皇帝克勞狄斯收自己的兒子杜米提斯為養子。克勞狄斯自己就有一個男孩，叫不列塔尼庫斯，根本不需要將繼子也收為養子。但是，阿古力琵娜對夫婿說了以下的話，讓丈夫同意。

不列塔尼庫斯自從失去了親生母親之後，就變得內向而膽小。再加上他只有九歲，到長大成人為止，路途還很遙遠。長他四歲的杜米提斯，最適合把不列塔尼庫斯當作自己的弟弟來保護。收現年十三歲的杜米提斯為養子，然後讓他跟不列塔尼庫斯的姊姊歐古塔薇亞結婚的話，那麼，就法律跟血緣上來說，他們就變成了兄弟的關係。對於將要繼承克勞狄斯之後擔任皇帝的不列塔尼庫斯而言，等於是有了一個強力的助手。

不知道克勞狄斯是否真的被阿古力琵娜說服了，還是只因為阿古力琵娜咄咄逼人，所以乾脆簽字了事。總之，皇帝克勞狄斯收了大親生兒子四歲的繼子為養子，並公開表示將讓這位養子和他的親生女兒歐古塔薇亞成婚。

自此之後，阿古力琵娜的兒子杜米提斯．艾諾巴布就改名為尼祿．克勞狄斯。「尼祿」在克勞狄斯家族出身的薩賓族語言中，代表的是「勇敢的男人」，是克勞狄斯家族中男性典型的名字之一。

阿古力琵娜的野心一步一步地實現，絲毫沒有停頓。隔年西元五十一年，等到尼祿十四歲時，為他舉辦了成年禮。一般的成年禮都是在十七歲時舉行的，再早也只有十六歲，沒有比這個年紀更小的例子了。羅馬的成年禮，是要認可這個人已經脫離穿著和奴隸平民相同及膝短衣的年紀，可以享有穿著長度到腳踝的長袍權利。獲准穿著托加長袍，就等於可以開始公開的生活了。

十四歲就獲得認可為成人的尼祿，還獲得了預定執政官的權利，這項權利使他在二十一歲時可以擁有成為執政官的被選舉權。同時，還封給他"Princeps Iuventutis"的稱號，意思是「皇太子」。這種待遇，相當於第一代皇帝奧古斯都給予他預定的繼承者——孫子們的待遇。

此外，阿古力琵娜又以慶祝尼祿成人的名義，以尼祿之名，將雖然金額不多的錢分配給所有的軍團士兵，同時還舉辦了競技賽，招待百姓參觀，加強尼祿在一般百姓心目中的印象。她又在這一年，依照計畫，讓布魯斯就任近衛軍團的長官。皇帝的親生兒子不列塔尼庫斯的存在愈來愈不起眼。

二年後的西元五十三年，尼祿與歐古塔薇亞舉行結婚典禮。除此之外，就因為已經完成成年禮和婚事為由，還讓僅十六歲的尼祿進入了元老院。不過，這時候的尼祿還沒有議員的席次，所以安排他以請求元老院通過的政策立案者的形式，讓他第一次登上元老院的舞臺。

點子和演說的原稿自然是阿古力琵娜和塞內加的合作，不過，十六歲的尼祿也是朝氣蓬勃、才華洋溢的年輕人。演講的題目分為四項：

第一項是，以特洛伊古戰場而聞名的小亞細亞伊里歐斯居民提出陳情，希望能免除此地居民的行省稅。尼祿以支持的角度發表，請求元老院議決。尼祿充滿了熱情地說道，羅馬人的起源先祖是伊尼亞斯，他在特洛伊淪陷時，逃亡到義大利，追溯往事，畢竟都是血脈相連的人民，自然應該免除徵收他們的行省稅。伊里歐斯屬於希臘語圈，所以尼祿就以這個為由，以希臘文發表演說。聆聽的元老院議員們也不需要透過翻譯，因為羅馬人是雙語的民族。

第二項演講的主題，是最近發生的事情，也就是把救助金發給波倫亞火災的受害者。波倫亞是義大利本國境內的都市，所以，演講就以拉丁文進行。尼祿說道，受災規模過大，地方政府無法獨自處理，應由國家支援。他提議，救助金額應該定為一千萬塞斯泰契斯。

第三項演講的主題是，應否再度給予愛琴海的羅德斯島自由都市的權利。尼祿這次以希臘文力薦。雅典和斯巴達由於他們的祖先遺留的成績而獲得自由都市的權利，除了內政自治之外，還享有免稅權。羅德斯島的居民也有不遜於這二個都市的光榮歷史。雅典和斯巴達的居民享有永久的免稅權，所以羅德斯島的居民，就算不是永久免稅，但是也應該認可他們免繳行省稅。

演說的最後部份，是關於最近發生在小亞細亞南部的地震。尼祿說道，這裡雖然是個富裕的行省，無須國家發給救助金，但是為了幫助居民自力更生，應該採取免稅措施。於是，尼祿提議給予五年的免稅措施。小亞細亞屬於希臘語圈，所以尼祿是以希臘文來發表這段演說的。

雖然演講的對象不需要翻譯，但是隨著演講內容的變化而更改使用語言，其實帶有賣弄的意味，但是，這個時候的尼祿演說，目的在於讓聆聽的元老院議員們對年輕的尼祿產生有教養、具備統治者特質等的印象。或許議員們的確對尼祿的印象良好，所以四個提案都以贊成者占多數的情況獲得通過。尼祿初試啼聲，算是成功地邁開第一步了。

從這個插曲中，我們也可以了解，由臺伯留開始的羅馬中央政府對行省災害因應措施，已經完全地落實到整個帝國了。隨著受災情況的不同，救援的種類也是形形色色，而又往往以災害最為嚴重的地震時，中央政府會先撥出臨時救助金，以這筆經費來從事緊急救援和基礎建設的重建。雖然受災者無法一一獲得救助金的支付，但是依照受災的程度，可以享有三年到五年的免徵行省稅優惠。換句話說，因為不須繳納稅金，所以除了基礎建設的重建由政府負責之外，其餘的就得自行完成。順道一提的是，如果是居民大多數為羅馬公民權所有人的義大利本國，或者是由羅馬公民移入建設而成的殖民都市，他們原本就不須繳交行省稅，所以在發生災害時，雖然沒有免稅措施，但是救助金的金額就會增加。羅馬人可說是最會看個案情況來處理事物的民族了。

克勞狄斯的晚年

克勞狄斯皇帝此時已經六十二歲了，但是他也沒有完全讓皇后阿古力琵娜為所欲為，他真心誠意的統治熱忱仍舊存在。首席祕書官納爾奇索斯因為對阿古力琵娜的蠻橫非常反感，所以也打從心底協助克勞狄斯。

不列顛的戰爭已經打了十年了，現在的英格蘭算是大致底定，至於現在的威爾斯地方則是進軍後暫時停戰。當羅馬軍進入山岳地帶的時候，受到相當大的阻力。隔幾年就輪番將優秀但稱不上天才策略家的總司令官們送至前線，這樣的作法使得戰爭無法獲得勝利。而且，只能派遣三到四個軍團的現實，也是遲遲未能獲勝的理由之一。別說前線勤務了，克勞狄斯連從軍的經驗都沒有，當然不了解戰爭為何物。不過，羅馬軍能在征服不列顛的過程中沒有遭到太大的阻礙，是因為軍團長級人物有許多的人才，像是後來成為皇帝的維斯帕先就是一個好例子。

帝國西方的另一處前線——萊茵河與多瑙河的防禦工作，雖然說是堅守，但是其實是相當確實的防禦策略。色雷斯王國長久以來便是羅馬的同盟國，分攤多瑙河下游的防禦工作，後來在臺伯留時代時，因為王位後繼無人，所以變成羅馬的行省。在這種情況之下，臺伯留的防禦體制雖然歷經了三十個年頭，至今仍舊發揮功能。即使連出沒在黑海的海盜，在這一帶也是噤若寒蟬，「羅馬和平」連邊陲地帶都照顧到了。

在帝國南部邊境也已經確立「羅馬和平」體制。擾亂北非的防禦與治安的，是從沙漠那端突然來襲的游民。即使失去了茅利塔尼亞王國這個緩衝角色，而且只有派駐一個軍團，但是羅馬還是成功地組織行省人民成為補助兵，由他們來擔任防禦的工作。

帝國的安全防禦問題中最難處理也最難完全解決的，應該屬帝國的東方地區吧。這並不是因為帝國西方的敵人都是文明落後的野蠻人，而東方的敵人是文明進步的帕提亞王國的緣故。羅馬的東方地區基本策略，從共和政治時代起就維持著由中小專制君主國家來形成網路，藉由他們來擔任與帕提亞王國間的緩衝角色。專制君主國家的政局並不穩定，經常為了爭奪王位而發生內戰，進而撼動整個東方地區。更何況各王室之間有著聯姻關係，所以內亂往往不是侷限在一個單一的國家之內，招致他國干涉的情況是家常便飯。

國王死後造成政局不穩，這是在羅馬最大的假想敵帕提亞王國也會發生的問題。對於決定不攻擊帕提亞的羅馬而言，若帕提亞國內發生內亂時，可以隔岸觀火的態度對應。不過，羅馬最傷腦筋的，是新登基的帕提亞王進攻鄰國亞美尼亞。不知是否是在炫耀自己的聲勢，每次有新王登基，就會像是依循慣例一般，一再地重複這騷擾的行動。亞美尼亞王國是羅馬東方防禦網的重鎮。西元五十一年時，又發生了帕提亞進攻亞美尼亞的情事。駐守敘利亞的四個軍團接獲待命的指示，而敘利亞總督也向身在羅馬的克勞狄斯做出緊急報告，說明開戰將是不可避免的事。這時期正好碰上要實現收尼祿為養子的諾言，克勞狄斯根本無暇思考。不過，幸好當年帕提亞軍隊進攻亞美尼亞時，因進入冬季，帕提亞軍就撤退，而隔春也沒有繼續攻擊，雖然有點莫名其妙，但總算事件落幕。只不過，後來的羅馬必須更留意帕提亞王的動向了。

東方地區另外一個難解的問題，就是如何統治猶太人。克勞狄斯面對當時以自我的特殊性為由而拒絕羅馬化的猶太教徒時，他是以羅馬的傳統方式來處理，也就是只要他們不反羅馬，就承認他們的特殊性。克勞狄斯也認為，統治猶太人，就應該交給猶太人來做，所以他甚至委託希律．阿古力巴來負責管理整個猶太。後來由於希律．阿古力巴死於西元四十四年，他的兒子阿古力巴二世年紀太小，所以變成由羅馬直接統治。

西元五〇年時，克勞狄斯決定將王位歸還給長大成人的阿古力巴二世，但是，這位年輕的猶太君王，雖然繼承了父王的熱忱，但是卻缺乏身為君主的才能。克勞狄斯認為他沒有辦法統治整個猶太，於是將猶太分成三大區，剛開始的時候，只讓這位年輕君主統治三分之一的領域，其餘的撒馬利亞與加利利則由羅馬派遣的二位長官負責統治。阿古力巴和二位羅馬長官的分區統治體系維持了一陣子，而耶路撒冷和周邊地帶則是由羅馬直接統治。不過，要求神權統治的猶太民族和將宗教與政治分開考慮的羅馬人生活在一起的時候，彷彿隨時都會有炸彈爆炸。除了這種情勢之外，長年以來希臘裔人民和猶太裔居民之間的糾葛，更讓問題雪上加霜。中東地區的火藥庫，不是今日才有的問題。

當總督、長官或軍團長在受命前往這塊地區之前，他們會先晉見皇帝克勞狄斯，向皇帝辭行。在晉見皇帝的時候，他們會表達對皇帝賜予大任的謝意。對於這些官員們的致意，克勞狄斯往往會回答：

「我才要感謝你們呢。因為你們才是幫助我減輕統治帝國重任的人物。」

或許有人會覺得，羅馬帝國統治東方地區的方式，要不就援助中小專制君主國家，要不就安撫猶太教徒，既然如此麻煩，為什麼不乾脆都收為羅馬直接統治呢？畢竟，以當時羅馬軍隊的質與量而言，想要達到的話，一定做得到。不過，就算能將這整個區域化為羅馬的行省，但是要維持這整個地區的行省地位時，光靠駐紮在敘利亞的四個軍團，是絕對不可能的。羅馬軍事力量的極限，就是負責整個羅馬帝國防禦的二十五個軍團十五萬人，加上人數相當的補助兵而已。就連克勞狄斯決定要征服不列顛時，也只增加編列了二個軍團。如果還要繼續增加軍事力量，羅馬帝國勢必要在某些方面動手腳。最快能見到效果的「動手腳」，就是增收行省稅來作為保安費用。只不過，一旦增收行省稅時，勢必引起行省人民的反抗。要敉平行省人民的反抗，又需要更多的軍事力量。這種惡性循環，無論如何都得避免。

軍團是羅馬的主要戰力，要成為軍團士兵的條件，是必須具備羅馬公民權，而羅馬軍團士兵的人數，第一代皇帝奧古斯都訂定為二十五個軍團、十五萬人。那個時代的羅馬公民（達到兵役年齡十七歲以上的男性）總數為五百萬，到了第四代皇帝克勞狄斯時代時，羅馬公民人數增加了一百萬，成為六百萬人。就理論上而言，軍團可以增加到三十個，軍團士兵人數也可以增加到十八萬。但是，在治世的二十三年之內，眼見公民人口增加，臺伯留卻沒有增加一兵一卒；決定征服不列顛的克勞狄斯也只增編了二個軍團一萬二千名人員，而且在完全征服不列顛之後，克勞狄斯認為當地維持二個軍團已經足夠，所以他可以刪減多餘的二個軍團，再把軍團的數目調回原來的二十五個。

我想，奧古斯都、臺伯留、克勞狄斯以及之後的皇帝們一定認為“securitus”（拉丁文，英文“security”的語源）指的不只是以軍事力量來防衛安全，而是現代專家們所說的總合安全保障。換句話說，就是重視不行使軍事力量就能形成社會安定的觀念。也因此，羅馬絲毫沒有改變本國與首都的主食全面仰賴進口的政策方針。

西元五十一年，由於天候惡劣的影響，進口停擺，首都羅馬的臺伯河畔以及外港奧斯提亞二處的倉庫中，主食小麥的庫存只剩下十五天的份量。

公民們陷入驚慌狀態。原本免費享有小麥配給的貧民們，現在也開始擔憂配給將會中止。市場中的小麥價格，在傳出僅剩十五天庫存的時候大幅上揚。往往在這種局勢之下，受批評的都是皇帝這位負責人，因為皇帝的二大任務，就是保障「安全」與「糧食」。歷史學家塔西圖斯就極力地批判這種主食仰賴外地的作法，是國家政策的敗筆。

這時候，皇帝下令將各地的小麥收集起來，再加上天候轉好，所以在還沒有發生示威活動的情況之下，問題就獲得解決。不過，類似這樣的問題無法完全根除，皇帝經常都得採行臨時措施。其實這種類型的糧食危機，不能光靠批評主食小麥仰賴進口是國策的失敗來因應。

羅馬從共和政治時代起，就熱心獎勵自耕農，舉凡格拉古兄弟擬定「農地法」，朱利斯・凱撒付諸實行。這就好像現代政府熱衷保護中小企業一般。此外，格拉古兄弟的另外一項政策，就是貧民階級的社會福利措施──「小麥法」，免費配給小麥給貧民，已經成為既定的國家政策。

這些政策之所以會獲得重視，是因為曾任護民官的格拉古兄弟，以及最後成為終身獨裁官、奠定帝王政治基礎的凱撒，他們的支持群眾都是屬於社會中下階級的公民。跟這些中下階級形成對比的，是已經享有既得利益的土地所有權階級，這些人絕大多數的祖先們，世世代代都屬於元老院議員階級。美國的學者中，甚至有人非常認真地說，前者就是民主黨，後者是共和黨。後者的確是以支持共和政治者占絕大多數，所以意譯的話，翻成共和黨也沒有錯。只不過，美國的二大政黨就如同其他先進國家的政黨一般，無法簡單地區分為左派或右派，所以古代羅馬的「二大政黨」要在政策上做二分法，其實也並不妥當。因為大多數的羅馬人重視統治能力，更勝於意識型態。

雖然心裡頭想的是保住既得利益，但是堅持元老院體制者中，也有人以共和主義的意識型態來作為理論武器的。這一派勢力的代表人物就是西塞羅，而信奉這種理念以致刺殺凱撒的，就是布魯圖斯。

不過，共和派被凱撒擊敗，雖然日後刺殺了凱撒，但終究還是又敗在凱撒指名繼承人的奧古斯都手中。於是，羅馬進入了帝王政治時代。如果以美國為例，等於是進入了「民主黨」連續執政的時代。古羅馬的「共和黨」必須在元老院中一直維持著過半數的席次，才能形成反制皇帝的力量。不過，皇帝也不是單純的左派政權。

威脅到本國義大利自耕農的第一次危機，是因為第一次布尼克戰役之後，羅馬與迦太基發生戰鬥，之後西西里島納入羅馬版圖，使得西西里島產的小麥大量進口到義大利。擁有眾多希臘人居住的西西里島上，大型農園發達，所以西西里島產的小麥要比義大利出產的小麥便宜，造成本國產的小麥失去競爭力。格拉古兄弟原本準備強行推動「農地法」，但是由於遭到暗殺而中止，不過這個法律的目的，就在救濟處於存亡危機的本國自耕農。

古羅馬人不是食古不化的民族，不會只留下一種選擇，其餘都不列入考慮。小麥如果在市場競爭中失敗的話，他們就能靈活地想到改種其他能夠贏得競爭力的作物。義大利半島的地勢沒有適合大量生產小麥的遼闊平原，但卻擁有可以生產葡萄酒或橄欖油的優勢。雖然品種不同，但是農作物在市場中再度展現競爭力，使得義大利本國的農業再度復甦。凱撒擬定的「農地法」，以中小規模的自耕農為核心，也使得義大利本國的農業得以重振。但是，主食小麥仰賴進口的體制卻一直沒有改變，這是為什麼呢？

如果從現代的角度來思考的話，這或許就是由市場原理來運作的緣故吧。除了上述的原因之外，羅馬人也把它當作是統治帝國時的一種策略。羅馬人的優秀在於不會凡事事必躬親，如果有其他人可以做得到，就會交給這個人去負責。如果有其他的廣闊土地適合種植小麥，他們就可以讓小麥在那塊土地上生產，之後再進口供自己食用。

既然抱持著這種看法的話，當帝王政治時代到來，統治者必須注意的地區不再局限於義大利本國，而必須考慮整個帝國利益時，主食的自給自足自然就愈來愈不可能。

本國內自耕農獎勵政策的對象，就是擁有羅馬公民權的農民，這也可以說是一種選民政策。但是，行省人民沒有資格享有獎勵政策。行省的農業，大多是羅馬人雇用當地人來經營大型農園的模式，所以他們也不用顧慮到選舉的問題。就結果而言，帝王政治時代的羅馬，就出現了現在所謂的跨國企業，因為行省的大農園，都是雇用工資低廉的奴隸或當地人來經營的。

臺伯留晚年發生的金融危機，就是現代所謂的「雨天收傘——銀行不願放款」。金融業者不願意借款的對象，不是行省的大型農園，而是本國義大利的自耕農。當時臺伯留挽救施行的對策，就是嚴守凱撒訂定的法律——融資的部份金額必須對本國投資，以及投入一億塞斯泰契斯的公家資金，三年無息借貸，救濟本國的中小企業，以防止本國農業的空洞化。

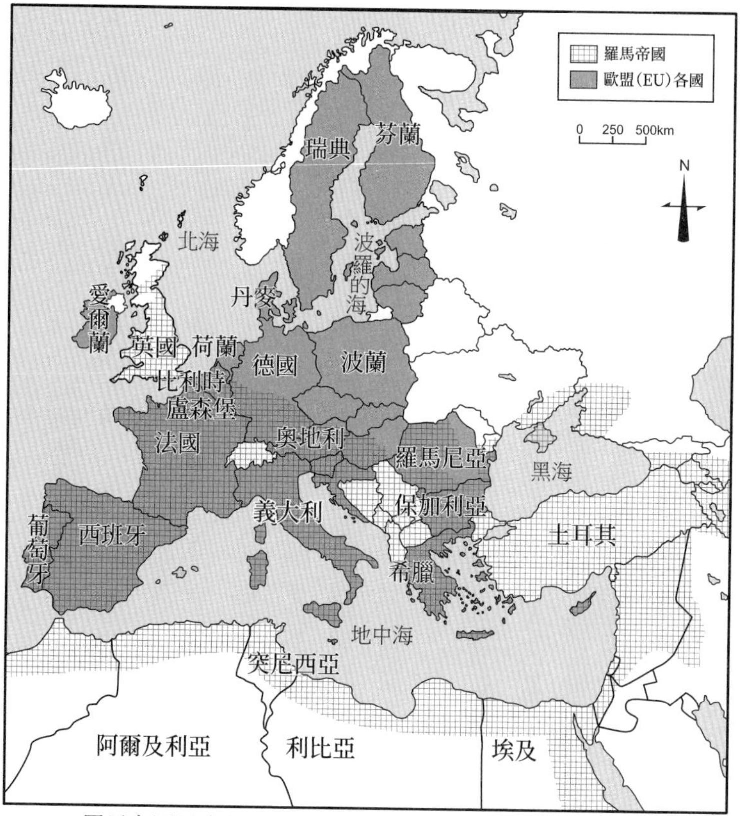

羅馬帝國最大版圖（五賢君時代）與現代歐盟的比較圖

在這樣的狀況之下，本國農業之所以能夠維持競爭力，理由就在變更農作物的種類，以及致力提升品質的關係。據說將胡椒等香料出口給羅馬的印度王餐桌上，就擺滿了義大利產的高級葡萄酒。

羅馬帝國也是一個龐大的經濟圈（請參照與歐盟的比較圖）。主食小麥仰賴進口的作法，基於統治策略上的考量，是不可以更改的。就像臺伯留經常留意一般，或是像小麥運輸船破損時加以賠償的卡利古拉一樣，或是像決定進行大港灣工程以改善奧斯提亞港的克勞狄斯一樣，皇帝們能做的，只有努力確保本國所需的小麥量。歷史學家塔西圖斯之所以會提出批評，是因為沒有考慮到這種國際政治上的情勢，只看到糧食不足的現象而已。

無論如何，百萬人口都市羅馬就沒有人餓死，而本國義大利也從來沒有發生過要求糧食的示威行動。如果真的發生過這種問題，皇帝大概也難以保住他的腦袋吧。

除了防衛安全和確保糧食之外，羅馬人認為皇帝——也是國家的責任，即是維護基礎建設。臺伯留雖然做到了安全和糧食的保障，但是仍舊風評不佳，原因就是因為他為了健全國家財政，所以施行緊縮政策，犧牲掉了公共建設事業。卡利古拉放縱的財政措施，必須由克勞狄斯來負責收拾，不過由於世處太平，所以帝國的經濟實力也不斷地增強，也不再需要像臺伯留那樣訴諸於緊縮財政的手段了。再加上克勞狄斯本身是位歷史學家，他非常了解執政者職務之一的公共事業的重要性。

由卡利古拉動工、克勞狄斯承接的二條水道工程，都在西元五十二年完工。羅馬的基礎工程，一般都以施工者的名字來命名，但是卡利古拉是眾人想要遺忘的名字，所以這條大水道的名字就叫做「克勞狄斯水道」。即使是二千年後的現代，我們還可以在羅馬近郊的平原上看到蜿蜒的遺蹟。

奧斯提亞的港灣工程也已經接近竣工的階段，就只剩最後的疏水工程。一旦完成之後，將成為地中海停泊量第一、設備第一的港口。

本國義大利境內，克勞狄斯還施行了另外一項公共工程，就是將義大利中部的費茲諾湖變成可以耕作的農地。不過，這項工程在失敗中告終。由於疏通湖水的運河開挖程度不足，使得湖水氾濫，造成死傷慘劇。原本準備邀請皇帝蒞臨的慶祝典禮，變成納爾奇索斯和阿古力琵娜在皇帝面前爭辯的場所。阿古力琵娜批評負責整個工程的納爾奇索斯將部分的工程費用中飽私囊，所以造成工程偷工減料。但是，雖然出身解放奴隸，卻自負長年代理皇帝處理政務的納爾奇索斯當然不會保持沉默。他向皇后回嘴道，不懂事的女人閉嘴。克勞狄斯在爭辯的二人之中，只有唯唯諾諾的份。

凱撒規畫的這項大規模土木工程，直到一千八百五十年後的十九世紀末才大功告成。要從現在的一片耕地中去推想當時的大湖泊，實在是件難事。如果古羅馬時代也有環保人士的話，恐怕這工程就難以完成了。

也難怪納爾奇索斯會向皇后回嘴道，不懂事的女人閉嘴。阿古力琵娜專注於讓她的兒子尼祿在元老院大大地表現一番，而首席祕書官納爾奇索斯則是協助主人克勞狄斯從事踏實又不起眼的政治工作上。這種工作不像公共工程那樣引人注意，但是沒有這扎根的工作，帝國根本無法營運。而這種踏實又不起眼的工作之一，就是以免徵行省稅來回應拜占庭居民減稅的要求。

拜占庭（後來稱為君士坦丁堡，現在的伊斯坦堡）在西元一世紀當時，只不過是帝國境內的一個小城市，它的特色就只有位居黑海出入口一項而已。這裡的居民之所以會要求減稅，不是因為地震受災，或是遇上火災。原因雖然不明，但是經濟狀態的確惡化。克勞狄斯裁決，免徵五年行省稅。這種情況下，羅馬中央政府的基本方針，是要居民們在五年的免稅期間自己想辦法重振。免稅措施的原因，不管是不是因為地震、火災或洪水等大自然天災，或是經濟不振等人為因素，都不會限制免稅措施的執行範圍。

克勞狄斯之死

西元五十四年的秋天，克勞狄斯六十三歲。他登基為皇已經是第十三個年頭了。雖然這皇帝的位子是他自己從來不曾夢想過的，但是，他絕對可以自負地說，這十三年來，他是全心全意地投入的。雖然費茲諾湖的排水開墾工程失敗，但是他最掛心的奧斯提亞港灣工程，眼看就要完成。六十三歲的克勞狄斯心中一定認為，他能做的，都已經做到了吧。相對地，阿古力琵娜這邊也已經萬事俱備。換句話說，需要克勞狄斯皇帝身份幫忙的事項，已經完成。而且，如果等到新皇帝長大成人，會自理國政時，那可就大事不妙。正好這時候，納爾奇索斯身體欠佳，因而離開羅馬，到拿坡里近郊療養。最效忠克勞狄斯的納爾奇索斯不在，對阿古力琵娜而言，簡直是千載難逢的絕佳機會。

史學家們都認為，由於克勞狄斯深愛菇類料理，所以阿古力琵娜就讓他吃下毒菇做成的菜餚。吃下去之後，並不會馬上產生任何的變化，不過，過了半夜，病情就會急轉直下，嗚呼哀哉。

皇帝駕崩也沒有立即昭告天下。隔天十月十三日正午，皇宮大門左右敞開，尼祿身旁跟著近衛軍團長官布魯斯，率領一千名護衛皇帝的近衛軍團一個大隊，出現在皇宮門口。這時候，才公開皇帝克勞狄斯的死訊。

尼祿接著前往位於羅馬市郊的近衛軍團營區，在那邊接受近衛軍團士兵們「皇帝」的歡呼。尼祿保證，將發給每一位士兵一萬五千塞斯泰契斯的遺贈金，跟十三年前克勞狄斯登基時一樣。

元老院在得知近衛軍團轉為支持尼祿之後，立即通過將所有權力授與尼祿，這也跟十三年前相同。

和以往不同的是，下了決定的元老院議員們的心情，和公民得知尼祿繼承皇位的反應。元老院議員們和一般公民都歡迎這位還不滿十七歲的年輕皇帝登基。元老院議員們心中竊喜，因為他們不用再受到解放奴隸嗤之以鼻的態度折磨，而公民們原本就很看不起克勞狄斯向來受制於妻子的懦弱個性。國喪中的弔唁辭，是由塞內加撰寫，尼祿朗讀，不過，傳聞當尼祿唸到讚賞克勞狄斯心思細密、深謀遠慮時，列席者中一片笑聲。

克勞狄斯

尼祿在元老院的第一次提案，就是將已故的克勞狄斯神化，所以克勞狄斯也跟凱撒和奧古斯都一樣，都成了「神君」。不過，有些人認為，阿古力琵娜要尼祿提出這種建議案的真正用意，是要借用神化來轉移眾人對於毒殺疑雲的眼光。雖然獲得了破格的神化待遇，但是克勞狄斯的遺囑竟然沒有公開，完全遭到忽略。歷史學家們於是說，這是因為遺囑中沒有指定尼祿為繼承人的緣故。

變成神君之後，就必須興建供奉用的神殿，但是祭祀克勞狄斯的神殿，卻不像凱撒或奧古斯都的神殿一般，能座落於城中的羅馬廣場之內，而被蓋在羅馬七座山丘中沒有重要建築物的卻里歐山丘上。此外，興建工程不久就中斷，因為負責推動工程的尼祿皇帝根本不熱衷。

對於認真執行皇帝任務的克勞狄斯實在有失厚道，但是要將他跟凱撒或奧古斯都排在同等地位上，也實在有點說不過去。或許羅馬人也是如此認為，所以留在羅馬史中被列為「神君」者，就只有凱撒和奧古斯都二人。

皇帝克勞狄斯即使在成為神君克勞狄斯之後，仍舊無法脫離為人笑柄的處境。而放箭最毒最致命的，就是尼祿的家庭教師，後來擔任尼祿皇帝輔佐官的塞內加。

身為羅馬帝王政治時代最偉大的哲學家，也是悲劇作家的塞內加，在成為皇帝的輔助官之後，是羅馬知識份子中唯一積極參與政治者。他以"Apokolokyntosis"為題，發表文章嘲笑克勞狄斯皇帝。

這個"Apokolokyntosis"到底是什麼意思，就連現代的研究學者也都不得其解。不過，這篇長達十五頁的文章，感覺上也可以定名為〈被拒絕的神君〉，因為內容描寫的是克勞狄斯死後，在眾神面前接受審判，說他有多麼的不配這神君的稱號，最後由神君奧古斯都判他有罪。所謂的諷刺作品，如果不諳事情的原委，就不曉得它多有趣，所以今日發行的"Apokolokyntosis"，註解要比原文來得長。當時的人只要聽到朗讀，就應該覺得很好笑吧。塔西圖斯對塞內加的評價，就是「擁有卓越的才智，以及最貼近出生時代的感性之人」。這種類型的諷刺文章，要不就在先人作古後不久立即下筆，要不就永遠別寫，所以這篇文章應該是在十月十三日克勞狄斯駕崩之後就立刻動筆，在十二月十七日開始的羅馬人「假期」——羅馬農神薩圖魯努斯(Saturnus)神祭典期間，在尼祿菈臨的宴會中朗讀吧。眾人勢必哄堂大笑。我可能是在二千年後才閱讀的關係，所以只感受到在才氣縱橫的知識份子身上最常見到的現象——自命清高、對人缺乏關愛之心。

其實，克勞狄斯本身也是有過錯的。一個從小不曾被人尊敬的人，當然不能了解受人尊敬時得到實際附加價值的益處及重要性。所以才會誤認為，只要真心誠意，就一定能夠獲得他人的了解。

遺憾的是，人類其實沒有這麼簡單。我經常思考，人類其實在內心深處，可能希望被騙得舒舒服服的。皇帝克勞狄斯，就是個不善於將他人哄得舒舒坦坦的人。這種演技的高人，非凱撒和奧古斯都莫屬，他們後來成為羅馬人萬世莫敵的「神君」，是世界上第一級的明星，這種事實，不正說明了人性的真實面嗎？

皇帝克勞狄斯成為皇后阿古力琵娜野心的犧牲品，在六十三歲那年去世。不過，他的死絲毫不會給人任務沒有完成的印象。歷史學家塔西圖斯曾寫到，晚年的克勞狄斯出現了老化現象，但我想一定不是一般人的老化現象，應該是在十三年實踐皇帝責任的歲月中，燃燒到盡頭的疲勞表現。臺伯留的治世時間是將近二倍的二十三年，這是因為他隱居卡布里島，讓自己處於對自己最好的環境中，才能有這麼久的治世。卡布里島的生活長達十年。如果反駁奧古斯都不也治世四十餘年的話，那是因為他不是常人，換句話說，奧古斯都不是一個單純而真心誠意的人。

相對地，克勞狄斯經常出席元老院，請求元老院議員們積極參與討論，也經常出席在法院中，即使有人批評他，皇帝應該有別的重要任務要做，他也置之不理，出現頻率之高，甚至令陪審團厭惡，這些都是因為他希望落實法律公正的緣故。這種生活持續十年以上，最後蠟燭燃盡也是理所當然的。遇害固然可憐，但是他的死不也是恰得其時嗎？就算死後被拖到眾神前接受審判，羅馬的眾神應該會同情他吧。我相信，奧古斯都一定不會判克勞狄斯有罪。

順帶一提，沒有確切的史料說明一直幫助皇帝克勞狄斯的解放奴隸納爾奇索斯，後來去了哪裡。有史學家主張，他以提供全部財產為條件，交換允許他在南義大利過著一介凡人的生活。也有人說，他死於獄中。不論如何，塞內加才氣洋溢諷刺克勞狄斯的文章在尼祿等宮廷人員之前朗誦之際，同事帕拉斯在場，但納爾奇索斯鐵定不在場。

現代的研究學者之中，有人認為納爾奇索斯會前往拿坡里附近療養，並不是普通的疾病，而是精神壓力造成的原因。或許，主人克勞狄斯和原奴隸納爾奇索斯都是燈油耗盡了吧。

第四章

皇帝尼祿

在位期間：
西元五十四年十月十三日～六十八年六月九日

少年皇帝

登基為皇時，尼祿才十六歲又十個月。羅馬規定，要擔任有責任的公職者，必須年滿三十歲，所以這位皇帝的出現，對當時羅馬來說，實在是個特例。如果當時的羅馬有大眾傳播媒體，而且還有大眾傳播媒體最擅長使用的武器之一——民意調查存在的話，剛剛登基的尼祿支持率，可能跟同樣是年少登基的卡利古拉不相上下，同樣都在極高的水準之上。

同樣的，尼祿出現時也跟卡利古拉一樣，前任皇帝的統治並無失敗，也沒有導致和平受到威脅，或是經濟窘迫的狀況，人們也沒有任何不滿的反應。皇帝最重要的二項任務，就是確保「安全」與「糧食」，而在尼祿登基時，這二項都已經獲得了保障。

人類並非沒有問題就會覺得滿意。從枝微末節中找到問題，就把這問題當作是不滿的理由，這就是人性現實的一面。因為必須面對這些人，所以才會有丸山真男先生說出「政治就是高難度的虛構故事」這種話。一般公民歡迎尼祿登基為皇，原因只在於希望換個心情罷了。而元老院歡迎的理由，則是因為他們期盼已久的廢除祕書官系統的願望終於能夠實現。

心情提振是理所當然的。一個六十多歲、長相奇異，發表演講時又會引經據典，彷彿在講臺上說教的歷史學家皇帝，現在換成一個十多歲的年輕人，充滿朝氣且又言之有物，尼祿的出現自然帶給眾人耳目一新的感覺。

元老院對於祕書官制度的不滿，也並非毫無理由的。克勞狄斯還特意地讓這些原本是奴隸的

剛登基時的尼祿

人們提升到「騎士階級」，但是對元老院而言，騎士階級在羅馬社會中，畢竟還是第二階級。更何況，羅馬自古就非常重視前線的勤務工作。納爾奇索斯等祕書官集團的工作地點，不論再怎麼辛苦，也都只是待在皇宮內而已。

後世都將這祕書官系統認為是幕僚制度的濫觴，所以可以知道這祕書官系統一定發揮了相當的功能。皇帝必須面臨各領域中迫切等候解決的問題，可是這絕對不是一個人能夠做得來的。元老院雖然厭惡祕書官政治，但是卻能夠接受元老院議員參與的輔佐官政治。輔佐年輕皇帝的知識份子塞內加從他的父親那一代起，就屬於元老院階級，對於這種情況，自然有著充分的了解。

由塞內加擬好草稿、尼祿在元老院議場中朗讀的新皇帝「施政方針演說」，是由以下的各個項目組成的：

一、回歸奧古斯都式政治。

二、尊重元老院的權利。

三、皇帝不干預司法。

四、將"Domus"（私宅）與"Res publica"（國家，此處指的是「官邸」）分離。

十六歲又十個月的皇帝下令將這四項刻在銅板上加以保存，約定每年年初新執政官就任時拿出來朗讀。

同一時代的羅馬人，或是不同時代、但屬於帝國時代的羅馬人，只要聽到這些項目，就應該能夠立刻了解它背後的真意。雖然當時羅馬人不需要解說，可是，生於羅馬帝國滅亡後今日的我們，當然需要詳細的解說。

首先，大多數的元老院議員在聽到第一項時，都認為尼祿宣示要回歸的「奧古斯都式政治」，指的是政治體制上是共和政治，但是統治上的實際指揮，則是委託羅馬公民中的「第一公民」來執行。現代的研究學者中，還有不少人認為這是「元首政治」，所以當時的羅馬人中，也有很多人不能了解這種外觀是共和政治，但是實體上卻是帝王政治的體制，這也就是奧古斯都創造的「精密的虛構」(delicate fiction)。正如凱撒所說，大多數的人類都只看自己想要看到的現實。所以，尼祿宣示回歸奧古斯都式政治，元老院當然表示歡迎。

不過仔細想想，臺伯留、卡利古拉和克勞狄斯在初試啼聲時，都說要「回歸奧古斯都」，可是這三個人，或是包括尼祿在內的四個人，全都受到元老院嚴厲的批評。如果說他們的統治方式違背了當初的宣示，那就可以簡單地替問題找到答案。但是，我覺得真正的問題並不在那裡。問題應該在於，嘴巴上說要回歸到奧古斯都式的政治，可是他們是否真的具備了充份的冷靜與清明的思緒，來使得「精密的虛構」發揮作用呢？

要始終保持這冷靜與清明的思緒，對一般人而言，是無法辦到的。在心愛的弟子即將滿十七歲時，不知道是不是因為感受到必須為他加強理論的認知，塞內加出版了一本叫做《論寬容》(*de Clementia*) 的書。這本名著讓人感受到一位六十歲的知識份子對於施行德政的熱忱，內容強調皇帝為何必須具備寬容的精神。他把這本書呈給尼祿，採向尼祿說明的形式著作。他也不愧為與歷史學家塔西圖斯並稱羅馬帝王政治時代的文學家，以拉丁文書寫的這本書，簡潔優美、格調高雅。

內容最主要敘述寬容對於執行皇帝任務時的重要性，而我認為要持續地保持寬容的精神，冷靜而清明的思緒是絕對必要的，可是塞內加一句話也沒有提到。不過，倒是有一個地方，讓人覺得出生在西班牙的塞內加比出生在本國義大利的羅馬人更羅馬人。那一段敘述的是同情與寬容的差異，塞內加說道：

「所謂的同情，是對於眼前所見的結果產生的精神反應，卻不會顧及產生這種結果的原因。相對地，寬容是要顧及到產生這種結果的原因，所以這種精神的反應才能與知性完美共存。」

尼祿運氣真好，碰上這麼好的家庭教師。然而，教育的成果不在教授者的資質，而是和受教者資質有關。這也可以算是一種君王論，但是跟一千四百年後所寫的另一種君王論則不同。塞內加的「君王論」是在闡述如何將已經擁有的權力做最佳的利用，但是馬基維利所寫的《君王論》是冷靜分析如何獲取權力、如何維持權力的作品。換言之，前者是性善論，而後者是性惡論。君王論也可以說是領導者論，在西洋文明三千年的歷史中遺留下來的古典代表，竟然是後者，這一點實在耐人尋味。

在塞內加的理論支持之下，年輕皇帝的口號就定為「寬容」。尼祿時代鑄造的貨幣上所刻的文字中出現最多的，就是"Clementia"。

皇帝尼祿「施政方針演說」的第二項，就是要尊重元老院的權利，但是，事實上這裡所代表的，是尊重從共和政治時代元老院就擁有的「元老院勸告」立法權。換言之，在限制奧古斯都制定的皇帝權利——「臨時措施法」（跟現代美國總統令相似）的前提之下，讓元老院恢復為立法機關。當然元老院會歡迎這種作法了。

第三項、具體而言，就等於是宣示司法獨立。羅馬的法院是由當年負責的法務官出任庭長，由於沒有設置專屬的檢察官，所以原告或其代理人必須身兼檢察官的角色，而被告也會委託辯護人。辯論在原告跟被告雙方各自準備人證和物證後展開，最後由陪審團裁定。

不過，在奧古斯都之後，皇帝參與審判變成理所當然，而第二代皇帝臺伯留和第四代皇帝克勞狄斯更是經常出現於法院之中。不過，他們倆也不是有審判就出席的，會讓他們排除萬難前往的審判案例，幾乎都是由行省人民控告行省總督或長官的情況。因為他們認為，統治行省人民工作上最大的弊端，就是在行省工作的總督或長官們濫用職權而引起的貪瀆或恐嚇的行為。

臺伯留以尖銳而不留情的質問將被告逼上絕路，而克勞狄斯則是以詳盡的例證讓被告百口莫辯。我們不難想像，皇帝們這麼積極的參與，勢必影響到陪審團的裁決。

要成為陪審團，有一定的財產資格規定，所以，實質上大多是由元老院階級或騎士階級，也就是羅馬社會中的「上層」或「中上層」階級擔任。至於濫用職權以致挨告的行省總督或長官們，也都是元老院階級或騎士階級出身的。這麼一來，變成同樣背景的人審判同樣背景的人。這種作法的負面效應，就是共和政治時代末期，總督們在行省任期中蠻橫無理，累積一筆財富之後，即使被行省人民控告，到了羅馬的法院中，還是被判無罪。

奧古斯都為了改善這種情況，於是想到了用他最愛的單字「第一公民」這種超越羅馬社會各階級的身份來參與司法系統，並且將這種方式立法化。臺伯留和克勞狄斯也恪遵這種作法。由於皇帝們緊盯著的關係，所以在進入帝王政治時代之後，行省負責人濫用職權的情況的確大幅度地減少。就連共和政治信奉者的塔西圖斯也寫到，政治變得乾乾淨淨，簡直令人無法置信。不過，最高權力者經常出現在法庭之內，這也是羅馬特權階級對臺伯留和克勞狄斯產生反感的理由。

皇帝尼祿宣示，「第一公民」不參與司法的審判，也就是說他不會效法臺伯留或克勞狄斯。不論誰的觀念如何，司法獨立是絕對正確的。不過，在當時的羅馬時空中，這種作法，等於就是回復到放縱自己人自行裁決的狀態。

尼祿施政方針第四項提到，將私宅和官邸分開，這也很明顯地，是要反克勞狄斯而做的宣示，目的不過是在表明將廢除祕書官體制。跟第三項一樣，這一項也在元老院中博得滿堂彩。對於解放奴隸，元老院的議員們向來言辭客氣，但是終究是嗤之以鼻，現在要廢除祕書官系統，無不大快元老院議員之心。

雖然祕書官政治轉為輔佐官政治，然而在帝國統治工作上，還是總得有人從旁協助。所以，與其說是廢除祕書官系統，倒不如說是演變為非正式的幕僚系統，雖然無法像克勞狄斯時代公然存在，但卻可以像奧古斯都或臺伯留時代一樣從旁協助。

經過這番解釋，就能知道尼祿即位當時的施政，是多麼偏袒元老院。塞內加本身除了是元老院議員的身份之外，也是個知識份子及作家。他一定了解到，羅馬的元老院並非只是單純的立法機構，也不只是公職要員的儲備庫，而是如今日所言的「媒體」。事實上，羅馬史上，幾乎所有從事著作者，都是元老院的議員。從臺伯留時代起，所有元老院議場中的討論內容，都會被整理為《元老院議事錄》(*Acta Senatus*)，定期發布到整個羅馬帝國。而且並不一定是要「大眾」，才能發揮「媒體」的影響力。後世的我們能對羅馬有所了解，除了考古學上的成績之外，我們也只能仰賴這些元老院議員們的著作了。身為作家的塞內加認為，要獲得輿論的支持，就先要獲得元老院的好感，這種觀念實在很正確。

塞內加

由塞內加構思，以皇帝尼祿之名提出的法案，是針對歷史上的名門但現在卻很窮困的元老院議員，發給每年五十萬塞斯泰契斯的年金，這項法案也在多數支持的情況下獲得通過。一般來說，這項年金措施，可不是針對所有無法生活的貧苦人家發放的，它只發給無法保持符合元老院議員生活水準的人。新議員中如果也有窮苦人家的話，那該怎麼辦？一般來說，進入元老院的資格財產是一百萬塞斯泰契斯，所以在新任議員中，應該不會有人因為沒有獲得年金的給付而無法保住元老院議員的資格。而尼祿這些偏袒元老院的政策，即使在他死後，還是獲得人們給與「尼祿的五年德政」的評價。這也可以證明，元老院就等於「媒體」。此外，了解元老院等於「媒體」的，還有另外一人——朱利斯．凱撒。期待推翻元老院主導體制的凱撒，就以《內戰記》為題，將自己如何推翻「元老院媒體」的過程記錄了下來。

雖然我們承認宣示回歸奧古斯都式政治的尼祿的確有這種熱忱，但是奧古斯都所創立的羅馬式帝王政治，最要求執政者必須具備冷靜而清明的思緒，來完成這「精密的虛構」，不是單純偏袒元老院就可以的。這種複雜性，不知道知識份子塞內加是否了解。我們先不談對於這些宣示的評價，剛登基的尼祿以及輔佐官塞內加執政能力的試金石，不在元老院政策的對錯，而是帕提亞問題。西元五十四年秋深之際，帕提亞軍侵入亞美尼亞境內的消息傳到了羅馬。

強國帕提亞

西元前二十一年，也就是尼祿登基前七十四年，奧古斯都與帕提亞王國之間簽訂和平條約，將兩國的國界定於幼發拉底河，宣誓互不侵犯。當時代理皇帝在幼發拉底河中小島上簽字的，就是當時二十一歲的臺伯留。

不過，這個條約只是相互約定維持友好與和平，卻不是同盟條約。東方人一般都認為，勝者為王，敗者為寇，他們沒有同盟的概念。如果凱撒沒有遇刺而繼續進攻帕提亞的話，凱撒可望戰勝帕提亞，之後締結同盟條約。羅馬人心目中的同盟關係，是先要戰勝之後，再和戰敗的對手建立關係。

凱撒遇刺之後，繼承凱撒的奧古斯都面臨在西元前五十三年克拉蘇軍全軍覆沒，以及西元前三十六年安東尼軍遠征失敗等兩次羅馬人的恥辱。羅馬軍在面對帕提亞軍時，確實不曾勝利過。就連奧古斯都本身，也沒有把握一定能靠軍事力量成功，於是他選擇了締結和平條約的方式。這也不失是一種務實的作法。

同盟關係，就像羅馬人稱之為"amicus"（朋友）一般，指的是自己人的意思。可是，如果只有和平條約的話，實在是既非敵人也非盟友。所以，羅馬才鞏固了帕提亞的北、西、南邊，以三面包抄的方式包圍帕提亞，以防帕提亞不知何時變為敵人。

這個包圍網，除了敘利亞行省和埃及等羅馬直接統轄的地區之外，還有亞美尼亞，以及先前的卡帕杜西亞，和奧古斯都時代的猶太等中小君主國家形成。後者都是和羅馬締結同盟關係的國家，而同盟國沒有向羅馬繳交行省稅的義務，不過在羅馬採取軍事行動時，必須提供兵力，或支援軍糧武器等。

不過，無論是哪一種系統或體制，一定有它的負面存在。羅馬東方防禦網的唯一致命的弱點，就是鄰近帕提亞王國的亞美尼亞王國。如果不拉攏這個國家成為同盟國，那麼包圍網也就發揮不了作用。

如果對手是亞美尼亞的話，共和政治時代末期的盧加拉斯和龐培帶領的羅馬軍從來不知失敗為何物。盧加拉斯甚至還曾經揮軍到裏海海岸。擁有強大的軍事力量，所以才能和亞美尼亞之間締結同盟關係，羅馬也才可以把心中的人選安排在王位上，以維持兩國的同盟關係。

不過，亞美尼亞的所在位置，要比羅馬其他的東方同盟國都更偏東，無論在語言、生活習慣或是居民的觀念上，都屬於以帕提亞為盟主的波斯文明圈，也難怪波斯民族把亞美尼亞當成是自己的。容易有這種想法的帕提亞人有絕對的信心，可以一直戰勝羅馬。

在這種現實的局勢之下，羅馬的亞美尼亞對策，其實也就是帕提亞對策，一直維持在頭痛醫頭、腳痛醫腳的情況。在帝國的西方世界中可以徹底執行的解決方案，在東方世界中就是行不通。所以，在羅馬帝國的歷史之中，亞美尼亞和帕提亞問題是不斷地重複發生。雖然是頭痛醫頭的作法，至少這也使得往後的幾十年間能夠避免問題再度發生。這是由於羅馬不僅是只靠溝通來解決問題，而是一面進軍一面以外交手腕來處理的緣故。

最耐人尋味的是，因為入侵羅馬的同盟國亞美尼亞而引起的「亞美尼亞、帕提亞問題」，是發生在帕提亞方面認為羅馬皇帝力量變弱的時候。上次發生問題，是在西元三十四年，長年隱居卡布里島的臺伯留已經七十五歲，帕提亞認為他已經無法做出明確的指示，所以就趁機進攻亞美尼亞。借用某研究學者的一句話，臺伯留是「愈老愈可怕」。臺伯留在得知帕提亞軍入侵亞美尼亞之後，就立刻派遣後來成為克勞狄斯最佳助手的魯奇斯．維特里斯，向亞美尼亞表明羅馬堅決支持他們的意向。維特里斯身為東方羅馬軍的總司令官，握有全權，於是發動所有的東方羅馬軍力，朝亞美尼亞前進。光是這盛大的軍容就足夠解決問題了，帕提亞王只好從亞美尼亞撤兵。

從那時候起，過了二十年的西元五十四年，這次帕提亞方面又認為年幼的尼祿皇帝才剛剛即位，應該沒有辦法做出果斷的決策。不過，這次羅馬方面有這麼一號人物，雖然還不至於可怕，但是出身行省的他，對於保衛帝國安全，有著極高的熱忱，也有充分的挑戰勇氣，他就是塞內加。儘管他不像臺伯留那麼果斷，但是在「亞美尼亞、帕提亞問題」再度爆發的問題上，處理快速。

起用科普洛

在選派即刻前往東方的總司令官方面，塞內加知人善任。葛尼斯・杜米提斯・科普洛曾任八年低地日耳曼軍團司令官，統率四個軍團和補助兵共計四萬軍力，成功防禦萊茵河下游。而且，帝王政治時代的羅馬，所謂充分的防禦功能，指的不是呆坐在萊茵河畔等候敵人，而是不時地越過萊茵河打擊日耳曼人，好讓日耳曼人對羅馬的軍事力量印象深刻。科普洛的積極戰術奏效，理由就在此。不過，有時候他的積極戰術也會有過頭的情況，克勞狄斯就曾下令，叫他把深入日耳曼人之地的軍隊撤回萊茵河畔。

這位武將出身南法行省，他的特質異於其他同袍。不僅獲得部屬士兵的愛戴，連在敵軍也有極高的聲望。這不是因為科普洛個性溫厚，對每一個人都很親切的緣故。恰得其反，科普洛是個以嚴格著稱的人物。克勞狄斯皇帝起用他擔任低地日耳曼的軍團司令官，但是他卻跟克勞狄斯有著極大的差異，他受到眾人的敬畏，這是他在敵我雙方都擁有人望的理由。年齡不可考，但是，據我推測，在西元五十四年底決定派遣到東方時，他應該在五十五歲左右。看看此一時期駐守帝國各邊境的司令官們，最適合派遣到東方面對隨時可能爆發的帕提亞戰爭的人選，非科普洛莫屬。

塞內加的錯，在於沒有把全權交給科普洛。西元五十五年春，從萊茵河到幼發拉底河，科普洛長途跋涉來到派駐地點就任。迎接他的，是顏面無光、心頭不滿的敘利亞行省總督夸德拉圖斯。

武人相輕也是常有的事，東方政策卻沒有因此而遇上困難，跟帕提亞之間也尚未發生戰端。所以，科普洛的地位不是對付帕提亞軍的總司令官，而是卡帕杜西亞和加拉太二個行省的總督。在駐守東方地區的羅馬軍階級中，指揮四個軍團的敘利亞總督排第一位。所以沒有設置軍團的小亞細亞東部二行省，其總督在指揮系統中，地位還在敘利亞總督之下。但是，羅馬下達給夸德拉圖斯的指令，卻是要他把手下的四個軍團，分二個給科普洛，夸德拉圖斯負責南部，科普洛負責西邊，將帕提亞軍從亞美尼亞驅逐出去。這樣的指令，充份地暴露出塞內加缺乏軍事經驗的無知。

指揮系統不統一的地方，是無法展開軍事活動的。如果硬要勉強為之的話，遲早都會失敗。科普洛可能在當地觀察過情況了吧。只要冷靜地觀察，就一定能察覺到帕提亞王在安排好弟弟提里達特斯登上亞美尼亞王位之後，就不再採取軍事活動了。其實，帕提亞王渥洛葛瑟斯一點也不打算和羅馬交兵，但是羅馬這邊卻一點也沒有察覺。縱使如此，眼前也還不到必須立即進軍的程度。更何況，夸德拉圖斯送來的二個軍團也還不能立刻上戰場。

在考慮各種因素之後，科普洛認為這些士兵要經過一段時間的鍛鍊之後，應該就可以派上戰場。而他也希望，在這一段鍛鍊的時間裡，身在羅馬的皇帝——實際上是塞內加——能夠察覺指揮系統整合的必要性。

可是，羅馬方面始終沒有改變策略的意思。或許是因為帕提亞軍也沒有越過幼發拉底河來犯，所以比較沒有迫切的感覺吧。其實，尼祿和塞內加之所以沒有正視東方問題的真正理由，在於這個時期，他們全神貫注在另外一件事情上。

反抗母親

運用絕妙的手段，成功地讓兒子尼祿登上皇位的阿古力琵娜，剛開始的時候一定是高興到了極點吧。凡事都在她的算計中運作，就算元老院和一般公民有些許懷疑，不過當皇帝克勞狄斯是因為菇類菜餚中毒而亡的消息一公布，元老院和一般公民們還是不加思索接受了這個事實。他們甚至不要求公布先帝的遺囑，就認可皇帝的養子尼祿繼任皇位，而不是由先帝的親生兒子不列塔尼庫斯繼承。阿古力琵娜的野心是要以輔佐仍是十多歲的新皇帝為名，行統治之實，在此刻看來，似乎天衣無縫地實現了。

阿古力琵娜在當上皇太后之後，比在皇后身份時更加地有主見。在正式場合時，她總是坐在尼祿的身旁，甚至連元老院的會議，她都把場地從羅馬廣場附近的元老院議場，下令搬到帕拉提諾山丘上的皇宮內舉行。這當然是為了要讓隱身在一旁的阿古力琵娜能夠聽到會議內容而做的更改。

羅馬帝國的貨幣盡量維持讓幣面價格與素材價格相符，藉此發揮帝國這龐大經濟圈基礎貨幣的功能。此外，還在貨幣的上頭刻上各代皇帝的肖像，讓一般人知道統治帝國的最高負責人是誰，這就是貨幣扮演的宣傳角色。不過，貨幣不會因為皇帝換人而每次回收，重新以刻有新皇帝肖像的貨幣代替。貨幣的目的在於維持信用，只要幣面價值與素材價值相符，不管是幾代前的皇帝，或是共和政治時代的貨幣，在市場中繼續流通，都不會造成任何問題。這一點，就跟後世的紙幣不同。由於這個因素，羅馬帝國持續流通的貨幣上，刻有各種不同的肖像，他們都是羅馬史上相當重要的人物，不過，新皇帝發行的貨幣也會受到相當的注目。

尼祿與母親

阿古力琵娜採用的構圖，是她和兒子面對面相向的圖樣（如附圖）。刻有女性肖像的貨幣，在此之前就曾出現過。以象徵羅馬國的女神肖像為圖案的情形有不少。不過，皇帝跟他的母親刻在同一枚貨幣上，而且面對面的形式彷彿就在誇示二人地位的平等，這種錢幣倒是前所未見。這種貨幣還一直保存到今日的，只剩下金幣而已；沒有人敢斷定流通量比金幣大的銀幣絕對不會採用這種構圖。或許在考古的過程中，會在某時某地挖掘到這種銀幣。總而言之，尼祿登基後，阿古力琵娜的權勢，完全是在她自己安排的計畫之中。甚至在皇帝的布告上，她都要求要寫上"Augusta. Mater augusti"（奧古斯塔，皇帝之母）的稱謂。

阿古力琵娜雖然是第一個有個人思想、行使權力的羅馬女性，但是她的計謀卻犯了一個錯誤。尼祿是她的親生兒子，所以非常可能跟她有著同樣的觀念。母親想要依自己的思考行事，兒子也想這麼做，一點也不稀奇。如果她認為十多歲的小孩還沒有自立，只能說真是失算。姑且不論尼祿是不是夠理智，總之他是一代才子塞內加的愛徒。更何況，尼祿是個聰明伶俐、才華洋溢的年輕人，從阿古力琵娜的個性上來推測的話，這位母親一定每天對著個性跟自己相類似的兒子說道，你能當上皇帝，全是媽媽的功勞喔。結果，一般家庭中十多歲的男孩跟母親之間常會發生的問題，也發生在這皇帝與皇太后之間。

兒子的反抗，從他愛上了一個母親一定會嗤之以鼻的女人開始。尼祿愛上了一個叫做雅克緹的女奴隸。剛開始的時候，尼祿都盡量避開母親的視線，請塞內加幫忙。塞內加在尼祿的苦苦哀求之下，讓他的表兄弟，也是皇宮近衛軍隊長的阿尼斯去替雅克緹贖身，讓她成為解放奴隸的身份，並讓雅克緹佯裝阿尼斯的情人，幫尼祿製造機會，讓兩人相會。

不過，到底還是瞞不過母親的眼睛。阿古力琵娜得知尼祿與這女奴隸之間的關係之後，口無遮攔地大肆批評。叫阿古力琵娜惱火的，並不是因為尼祿已經有了一個叫做歐古塔薇亞的妻子，卻又跟別的女人發生關係。發生關係的對象竟然是個女奴隸，這才真正讓阿古力琵娜震怒，言語中盡是輕蔑的口氣。瞧不起兒子愛上的女人，等於是瞧不起選擇了這個女人的兒子，但是阿古力琵娜卻沒有發覺這一點。

尼祿反抗其母時，塞內加和掌握義大利本國內軍事力量的近衛軍團長官布魯斯，不但暗中支持，而且還積極給予協助。尼祿反抗其母的第二波行動，就是將克勞狄斯時代解放奴隸三人組之一、擔任類似財務長官的帕拉斯解任。既然宣示要廢除先皇時代的祕書官政治，尼祿當然可以堂而皇之地將帕拉斯卸職。因為納爾奇索斯和卡里斯杜斯二人都已經失勢了，怎能讓帕拉斯一人留任呢。

帕拉斯從推薦阿古力琵娜作為皇帝克勞狄斯的再婚對象開始，到幫助成為皇后的阿古力琵娜擬定擁立尼祿的陰謀，他都是個積極參與的重要角色。所以，他被解職之事，阿古力琵娜自然會有切身之痛。塞內加還提出二項交換條件，要帕拉斯接受解任的事實。他保證帕拉斯弟弟繼續留任猶太長官，同時也保證能讓帕拉斯安養天年。塞內加希望藉由這種交換條件的方式，來瓦解可能阻止帕拉斯卸任的阿古力琵娜和帕拉斯組成共同陣線。坦然接受解任的帕拉斯離開了首都羅馬，孤獨一人的阿古力琵娜終於發火。

好強的女人一旦發威，言語就好像洪水氾濫般溢開。也不管是在誰的面前，或是否有人在傾聽，阿古力琵娜一來到兒子的房前，就不停地破口大罵。

你以為是誰讓你當上皇帝的？為了讓你當上皇帝，你知道我做了多大的犧牲嗎？而你卻這樣回報我，你這不孝的孩子！你以為靠著獨臂的（指的是失去左手的布魯斯）和流放回來的（指的是塞內加）二個傢伙的輔佐，就能夠統治這龐大的帝國嗎？

出身艾諾巴布家門的你，能夠當上皇帝，是靠著我身上的朱利斯家族的血液。你竟然連這一點也都不懂，不列塔尼庫斯可就比你強得多了。他也已經十四歲，不是小孩子了。我要帶不列塔尼庫斯到近衛軍兵營去，近衛軍團的士兵們一定會聽日耳曼尼可斯的女兒說話。不列塔尼庫斯又是先皇的嫡子，比你這半路殺出的養子，更有資格主張他帝國統治的正統性。你這忘恩負義、藐視母親的傢伙，一定會遭天譴！

阿古力琵娜口無遮攔，所說的話足以讓羅馬時代的史學家們興高采烈了。但是這番話卻使得以往只想盡量避免與母親照面的尼祿心中，產生了恐懼的念頭。像這種母親，恐怕不是發發牢騷就算了的，說不定她真的會這麼做。這下子，健康情況不佳、才華平平、個性又不突出的不列塔尼庫斯，可憐的命運就這樣被決定了。

讚揚塞尼卡與布魯斯的史學家們認為，這二人一定沒有參與刺殺不列塔尼庫斯的陰謀，但是，我覺得他們一定有從旁協助。如果阿古力琵娜要擁立不列塔尼庫斯反尼祿的話，心中還有「日耳曼尼可斯神話」的士兵們恐怕會掀起內亂。皇帝年少又無子息的話，能夠主張自己具有皇位繼承權的人，不是自己的繼承人，而是競爭對手。殺了這個人，表示排除了競爭對手。卡利古拉也曾下令殺害先皇臺伯留的親生孫子葛梅魯斯。奧古斯都也命人殺掉其母克麗奧佩脫拉主張是凱撒唯一親生子的小凱撒 (Caesarion)，縱使奧古斯都收留了克麗奧佩脫拉和安東尼的兒子，並把他扶養成人。

沒有人因為奧古斯都殺害小凱撒而批評他，而批評卡利古拉的人，所持的理由也絕對不是因

阿古力琵娜

為他殺害了葛梅魯斯。公告出來的不列塔尼庫斯死因，乃是他的宿疾氣喘發作所致。或許也曾有人懷疑過，不過大多數的人應該都覺得沒什麼。一千六百年後的十七世紀，法國劇作家拉辛(Racine) 就以「不列塔尼庫斯」為題，寫了一部悲劇。

不列塔尼庫斯之死對阿古力琵娜造成的打擊，應該比對任何人都大，可是她偏偏是個不死心的女人。不列塔尼庫斯之死的確對她而言是一種打擊，但是她也不是發自內心地疼愛這個義子，她只是害怕這會造成她本身權力的喪失而已。那年阿古力琵娜四十歲，她開始採取猛烈的反擊。

首先，她開始籌措資金。她既有這等的血緣關係和地位，從繼承遺產中累積的財產也有相當數目。那些原本由經紀人代為管理的私有地或是投資，阿古力琵娜均全部變賣。

其次，她將籌措來的資金投入駐守萊茵河的日耳曼軍團。當她還是克勞狄斯的皇后時，她就以自己出生在此為由，把現代的科隆冠上自己的名字，移入除役的官兵，讓這塊地升格為殖民城市。她可以堂而皇之地說，她是為了要讓這個冠上自己名字的城市名副其實地都市化，所以才投下資金的。可是，她真正的目的，是要拉攏駐守萊茵河防禦線的軍團士兵。七個軍團共四萬二千名士兵，只要能拉攏這些精銳部隊，天下便無難事。阿古力琵娜身居皇宮，卻也開始和萊茵河駐守軍團的長官們保持密切的連絡。

阿古力琵娜所作的第三件事，就是以安慰歐古塔薇亞為由，開始接近她這位媳婦。因為歐古塔薇亞被丈夫遺棄，而弟弟不列塔尼庫斯又死於非命，整天鬱鬱寡歡。樸素又不愛出風頭的歐古塔薇亞，很受到羅馬庶民的同情與敬愛。如果也能拉攏歐古塔薇亞的話，對於以往向來不受百姓歡迎的阿古力琵娜而言，可以減少她的負面形象。

不過，她的兒子也不是省油的燈。尼祿先是將皇太后身邊護衛的士兵們調開，等於是讓她從「皇后而後皇太后」的身份，變成平凡的一介女子，之後再把她趕出皇宮。雖然他們還是同住在帕拉提諾山丘上，不過阿古力琵娜搬到了祖母安東妮亞生前居住的房子裡。當然，出現在公共場合的情況也大幅度地減少，因為兒子把母親的名字，從邀請名單中刪掉了。尼祿甚至越發變本加厲地，盡做一些他母親以往最會批評他的事。

他帶著年紀相仿的死黨們，每天晚上都到城裡胡鬧。外出時，他們都會喬裝打扮成一般的年輕人，讓別人看不出來他們是皇帝和元老院議員的兒子們。這一群年輕小夥子們到了城裡，簡直就是為所欲為、無法無天。有一次因為太過吵鬧，居民們向夜警隊控訴，於是他們就和一隊警察打起了群架。當警察好不容易制服了這群年輕人時，隊長赫然發覺皇帝就在其中，這群人才免於牢獄之災。但是，傳聞第二天尼祿出席元老院的會議時，臉上還留著挨揍的痕跡。

塞內加和布魯斯似乎也認為年輕人就需要發洩，所以就讓尼祿眼睛底下瘀青未消地出現在元老院。畢竟，尼祿才十七歲。

阿古力琵娜在兒子尼祿登基不到一年的時間之內，就失去了所有的影響力。十七歲的人，當然不可能把這些事情處理得這麼完美。要削弱阿古力琵娜的權力，勢必要塞內加和布魯斯積極地參與。

不過，阿古力琵娜也不是會乖乖認輸、懂得退讓的女人。她沒有停止籌措資金，也保持和駐守萊茵河士兵們的連絡。現在，她更是歐古塔薇亞的頭號保護人。除此之外，她又開始撰寫回憶錄。雖然現在已經失傳了，但是據說歷史學家塔西圖斯曾經拿來參考，所以在古代，應該流傳過一段時間。在能夠寫作的羅馬女性中，阿古力琵娜真是前無古人，後無來者。對於自立心甚強的兒子來說，這樣的母親的確很麻煩。

治世之始

當年輕的皇帝熱衷發洩他的活力時，元老院裡，正認真地討論著幾項決定帝國未來的政策，而且，通過的結論相當耐人尋味。

其中之一，就是解放奴隸的相關問題。由於對克勞狄斯時代「解放奴隸三人組」的活躍吃不消，所以在元老院議員們的意見中，他們對於尼祿宣布廢除祕書官政治並不能完全感到滿意，主張應該對解放奴隸的社會地位上做出大幅度的限制。具體而言，就是有人提議立法，當奴隸獲得自由，成為「解放奴隸」之後，一旦有越矩的行為發生時，就應該恢復奴隸的身份。

當然也有人持反對的立場，辯論於是展開。反對派的說法如下：

從個案中來看的話，在這些獲得自由，甚至得到羅馬公民權的解放奴隸之中，的確有些人實在令人想恢復他的奴隸身份。但是，不能因為幾個個案的越矩行為，就立法限制全體，這種作法是不正確的。解放奴隸活躍於羅馬社會已經是既成的事實，他們已經成為羅馬社會中、下層的重要份子。舉凡派駐行省的事務幕僚，或是首都羅馬的低階公務員、義大利本國地方政府的管理階級、實際負責祭典的事務人員，甚至是消防隊員或警察等等。自朱利斯．凱撒開始積極起用解放奴隸百年後的今日，幾乎已經成為羅馬的傳統了。就連現在屬於元老院階級或騎士階級的人員之中，有不少人的祖先就是解放奴隸。

羅馬自古就把公民權分成二類，一種是擁有選舉權的「羅馬公民權」，另外一種則是沒有選舉權的「拉丁公民權」。同樣地，解放奴隸也有二種。一種是在取得自由之身後，便與原主人切斷關係的正式解放奴隸，另外一種則是在獲得自由之後，仍舊留在主人家中的私家解放奴隸。後者可以轉為前者，但是在審查時的標準，就要看他有沒有符合羅馬公民身份的成績表現。

所以，共有"Libertus"（自由）這種公共的善的好處與壞處，就跟以往一樣，是必須依個案來處理的問題，而不應該以立法的方式來限制所有的情況。

尼祿也列席在議場之中，投票的結果，後者的意見獲得多數的支持。容許敗部復活的國家，才是能夠健全運作的國家，而羅馬就是擁有這種精神。

雖然元老院議員承認了解放奴隸的人權，但是卻沒有承認奴隸的人權。羅馬自古以來就有法律規定，奴隸如果殺害主人的話，同樣住在一個屋簷底下的奴隸們都要負起連帶責任，不僅是加害者要受刑，所有的奴隸都會被處死。不過，這條法律已經很久沒用了，真正被處死的，向來只有加害者一人。

偏偏在這個時候，又發生了奴隸殺死首都警察長官的事件。遇害的瑟康杜斯家中，就有四百名奴隸。一般公民群起抗議，認為將這些人全部處死實在是太不符合時代潮流。不過，元老院態度絲毫沒有改變。如果法律跟不上時代潮流，只要將修正後的新法通過，舊法自然消失。可是，元老院拒絕修訂法律，因為，在這些屬於社會上層階級的元老院議員們家中，動輒都有數百名的奴隸。

至於尼祿，他分明有地位和權力來介入，但是他並沒有干預。同樣地，塞內加也沒有意思要推動修法。這是因為他們想要遵守尼祿在登基時的宣示，要尊重元老院的權利。在百姓們淚眼相送之下，包括婦孺在內的四百名奴隸都被帶走。唯一的好事，是在那之後，就幾乎再也沒有發生過類似的案件了。不過，不知道不再發生的原因，是奴隸們再次體認到連帶責任因而奏效，或是法律的適用範圍比較靈活，還是由於皇帝開始介入。

隔年西元五十七年的二名執政官之中，尼祿便是其一。這是繼西元五十五年之後，尼祿第二次當選執政官。元老院選擇了十多歲的年輕人出任執政官，其實一般的資格年齡應該是四十三歲。他們之所以選擇尼祿，正顯示出眾多的元老院議員們期待尼祿的當選。也不是因為這些元老院議員們要討好最高權力者。讓他擔任執政官這個羅馬最崇高的官職，等於是把「第一公民」這種非正式的皇帝職位，帶進羅馬的共和政治體系中。他們心裡想的，是希望藉由將「第一公民」帶入共和政治體制之下，來控制皇帝的權力。

我不斷地重複提到，奧古斯都創設的羅馬式帝王政治，我們只能說是一種「精密的虛構」政體。說得更嚴謹一點的話，「皇帝」的意義，就是軍隊的最高司令官，是將士們宣誓效忠的對象，一般的羅馬公民沒有向他宣誓效忠的義務。當元老院議員中，有人擔任司令官或軍團長等軍職的話，則有效忠的義務；但是如果他只是單純的元老院議員而沒有身兼其他公務的話，他宣誓效忠的對象是「第一公民」，而沒有義務向「皇帝」宣誓效忠。這是理所當然的。“Senatus Populusque Romanus”（元老院以及羅馬公民）簡稱“S.P.Q.R.”，才是羅馬的二大主權者。所謂的「第一公民」，不過是羅馬公民中的第一人罷了。

既然如此，為什麼第一公民可以發揮幾乎就如皇帝一般的絕對權力呢？這是由於「第一公民」擁有以下的各項權力：

「最高司令官」——軍團兵加補助兵共計三十萬的軍事力量，憑他一聲令下，便可加以調動。

「護民官特權」——護民官本來是共和政治時代創設來保護平民權利的。「霍田西法」中規定，即使法案在元老院中遭到否決，只要平民大會中通過，同樣可以立法，如此一來，護民官就被賦予了特殊的權利，可以執行與元老院意見相左的政策。除此之外，護民官還擁有否決權，他只要發動否決權，所有的既定事項或經由多數同意通過的事項，他都可以把一切歸零。順道一提的是，聯合國安全理事會的常任理事國——美國、英國、法國、中國和俄羅斯，這五國擁有權力，並不是因為他們是常任理事國的關係。這正是現代拉丁文中也用到的“VETO”，也就是他們擁有否決權的緣故。沒有否決權的常任理事國，可以說是毫無意義。總之，否決權具有相當強大的力量。

「最高神祇官」——羅馬宗教界的最高負責人。他的義務是在國定慶典假日時，站在眾人之前舉行祭典儀式。

「國父」——元老院受民意之託而通過頒贈的尊稱。臺伯留一直婉拒，但是我覺得他拒絕了這個稱號，實在是一種政治錯誤。因為朱利斯．凱撒和奧古斯都都接受了這個尊稱，它涵蓋的意義，是指超越元老院階級和一般公民等羅馬社會各種階層，是全國國民的「父親」的意思。每一位國民在公正而有能力的「父親」之下，才能安心地完成各自的任務，做個好「孩子」。古羅馬的「家長權」是非常強勢的。對羅馬人而言，「國家」就是「家庭」的延伸。

「最高司令官」、「護民官特權」、「最高神祇官」和「國父」都是從共和政治時代就存在的要職，也是一種尊稱，所以一切都合法。但是，當這些「合法」全都集中在一個人身上的時候，對照到羅馬的法律中，就會變成唯一的最高權力者，而這個最高權力者的存在卻是「不合法」的。奧古斯都稱之為"Princeps"，意思只是公民之第一人，實在沒有比這種稱謂更自欺欺人的說法了。而他如果要實現一人統治的話，都堅信，要統治遼闊的羅馬帝國，由一人統治才是最務實的作法。而他如果要實現一人統治的話，就只有利用這「精密的虛構」來完成了。

本身就是立法機構的元老院，當然知道這種作法的不合法性。要讓不合法變成合法的方式，就是讓「第一公民」擔任執政官。

第一代皇帝奧古斯都長達四十年的治世期間之中，就有四分之一的時間是兼任執政官的。第二代皇帝臺伯留二十三年的治世期間內，只擔任過三次執政官，這也被說成他輕視元老院的證據，所以遭到極大的批評。第三代皇帝卡利古拉在不到四年的統治時期之中，雖然擔任的期間都很短，但是曾經四次經歷過執政官。第四代皇帝克勞狄斯十三年的在位期間裡，兼任執政官的時間長達五年。我們不難想見，他們都經歷了奧古斯都創設的羅馬式帝王政治這「精密的虛構」檯面下的攻防戰。對元老院而言，由於對象只是個十多歲的年輕人，所以將這位最高權力者納入執政官職輕而易舉，應該不會有什麼問題。而這一切的原委，自己也是元老院議員的塞內加最是了然於心。

既然是「攻防戰」，雙方都為了讓自己站在有利的立場上，用盡各種虛虛實實的手段。西元五十八年，元老院提議讓滿二十歲的尼祿擔任「終身執政官」的新官職，通過將這個職位贈與尼祿。但是，尼祿並沒有接受，因為他不想被納入體制之下。尼祿之所以會拒絕，是出於自己的意志，或者是接納了塞內加的建言，不得而知，不過從這個時期以後，尼祿一改以往偏袒元老院的作風，開始朝向明確的皇帝統治模式邁進。

首先，一開始就給平民每人四百塞斯泰契斯的遺贈金，以尼祿的名義分配。因為羅馬的公民向來是與元老院階級對立的。

接下來，尼祿將自凱撒以後的除役官兵遷移地區，從以往的行省改為義大利本國。而且也不像以往一樣為整個軍團遷移，反而是按照每一位士兵們的希望來加以安排，讓他們獲得想要獲得的土地。對士兵們而言，這就等於是除役後回歸故里一般。這種措施，自然是為了要防止本國人口的空洞化。同時，這項政策的目的，就在於希望除役後的士兵們在故里獲得土地之後，心滿意足地就會支持給他們這種優厚待遇的人，也就是尼祿。不過，這項措施的另一層意義，象徵著以往必須將整個羅馬軍團遷移後，讓行省羅馬化的時代已經結束了。

經濟政策

時代改變，各項政策隨著更動也是理所當然。尼祿從 "Fiscus"（皇帝行省的稅收）中提撥四千萬塞斯泰契斯來彌補 "Erarium"（元老院行省的稅收）的不足，藉由這種融資方式，尼祿將原本二分化的國庫成功地整合在一起。這種合併的工作，當對方經常虧損時，最容易完成。

其實，這兩種稅收原本就應該是相同的。行省的直接稅和關稅等間接稅，在皇帝行省或元老院行省的稅制中是完全一致的。將稅收一分為二，而且還分別以 "Fiscus" 和 "Erarium" 的名稱來區分，這是奧古斯都深謀遠慮的結果，為的是不要與元老院為敵。負責統治元老院行省的總督是由元老院議員互相推選產生，但是皇帝行省的總督或長官則是由皇帝任命。既然表示是元老院行省和皇帝行省，所以從這些行省所徵收到的稅金，自然是前者屬於元老院，後者屬於皇帝管轄。奧古斯都就是藉由這種作法，在他將政治模式轉為「第一公民統治」時，抑止了元老院的不滿情緒。

在第VI冊時，我們已經提過「皇帝行省」和「元老院行省」的差異，在於有無軍團常駐的必要。軍團是為了防禦外敵而常駐的，所以，除了面對帕提亞王國的敘利亞行省之外，其他的皇帝行省都處於邊境地區，也是低度開發的落後區域。相對地，元老院行省的羅馬化程度相當高，絕大多數也是經濟發達地區。奧古斯都剛開始施行這種稅制時，皇帝行省的財政赤字較多，所以都是由元老院行省稅收來填補皇帝行省稅收的不足。

隨著和平發展以及基礎建設的完成，這種經濟力量的落差逐漸縮小，到了奧古斯都身後百年的尼祿時代，雙方的實力應該已經是旗鼓相當了。尼祿還命令元老院行省的總督要節省經費。原因並不在於元老院行省的經濟實力衰退，而在於皇帝行省的經濟實力提升的關係。定居型農牧民族的產能絕對要比移動型的狩獵民族來得高。皇帝行省的人民再也不需要擔憂敵人來犯時，就能夠安心地從事農牧業，於是產量大增，稅收也隨著水漲船高。

尼祿將國庫整合，把「元老院行省稅收」吸收到「皇帝行省稅收」之中，連帶地也使得皇帝的權力更加強大。現在，就連稅收也幾乎都由皇帝管轄了。

如果光就經濟政策而言，尼祿在他十四年的執政時期內，做過三項改革。首先是剛才提到的國庫整合，第二是提議全面廢除間接稅，第三是改革貨幣。第三項的改革其實應該說是修訂比較恰當，當我們提到西元六十四年施行的時候再來加以說明會比較好，所以此處先行省略。不過，先在此為大家說明在整合國庫的第二年起就提出的全面廢除間接稅的方案。

如果先說結論的話，第一和第三項的改革雖然遭受極大的抨擊，但在逼尼祿走上絕路之後，仍舊是帝國長久秉持的政策；相對地，唯有第二項的改革，是一提出就面臨元老院猛烈的反對，在內容幾乎全數刪除的情況之下才通過的。在這裡之所以要提出第二項來討論，是因為這個例子可以明顯地看出尼祿和元老院之間，對於全面廢除間接稅的問題，在稅金和經濟的觀念上有著極大的落差。

西元五十八年，尼祿拒絕了終身執政官的頭銜，但是年屆二十的尼祿已經是第二年連任執政官了，他召開元老院會議，由他擔任主席。皇帝尼祿在四百位議員人人皆比他年長的會議中，提出了全面廢除間接稅的議案。

在第VI冊第二章的〈稅制改革〉中，我也曾經用過下表，無論是羅馬公民或行省人民都必須繳交的間接稅，除了針對從東方地區進口的寶石、絲綢和香料等奢侈品課徵的百分之二十五關稅之外，就是百分之五的一般關稅和百分之一的營業稅。在奧古斯都制定這種稅制的時代裡，經濟實力薄弱的低開發地區可以享受減稅措施，有些行省的關稅稅率定在百分之一·五或百分之二。屬於皇帝行省的地區就能夠享有這種優惠措施，其他的地區，包括本國義大利在內，都屬於百分之五的稅率區。

尼祿整合國庫，元老院幾乎沒有任何反對的聲浪，這就代表尼祿時代皇帝行省和元老院行省之間的稅收落差幾乎已經不存在了，等於也是皇帝行省經濟實力提升的證據，所以在關稅方面的優惠措施，可能也已經廢止了。雖然沒有史實可以證明優惠措施已經廢止，但是尼祿在提議全面廢止關稅時，眾人的發言之中，除了「二十分之一的稅金」之外，就再也沒有任何關於稅制的字

	羅馬公民	非羅馬公民（行省人民）
直接稅	沒有直接的收入稅 奴隸解放稅 5% 繼承稅 5%	地租稅或行省稅收入的10% （志願服役的行省人民免繳）
間接稅	關稅 1.5%～5%（東方地區出產奢侈品的關稅為25%） 營業稅 1%	

奧古斯都制定的稅制

眼出現。由於皇帝行省的經濟實力提升，所以除了從東方進口的奢侈品以外，其餘的關稅稅率應該都統一為百分之五了。

尼祿就是提議廢除這百分之五的關稅，理由是廢除關稅的話，經濟活動應該會更活絡，經濟活動更活絡就能提高經濟力，使得「十分之一的稅金」的行省稅收增加。

對於這種論點，元老院的議員們持反對的看法。雖然他們都是擁有羅馬公民權的人，沒有繳交行省稅的義務。再加上關稅一旦廢除，他們就更不必繳納關稅，應該是最占便宜的。可是，元老院的議員們卻說，畢竟廢除關稅會帶動行省稅收的增加只是推測罷了，如果真要廢除的話，那麼剛廢除的那一段時間裡，替代的財源在哪裡？要有替代財源，唯有提高行省稅率。如果真的演變到那種地步的話，很可能會引發帝國統治上的大問題。

根據現代研究學者依照史實來推算的結果顯示，因全面廢除關稅而造成的稅收短少金額約為一億塞斯泰契斯左右，相當於國庫收入的十五分之一。姑且不論樂觀預測的正確性，先考慮如何填補漏洞，或許才是正途。只不過，尼祿似乎是個積極經濟論者。

廢除關稅是由尼祿親自提案、請求立法的政策。如果逕付表決的話，大概是不可能通過的，那尼祿這皇帝豈不太沒面子？於是，議員之中有人提出修正案。這項妥協方案，是針對頭號生活必需品小麥的進口，得以全面免徵關稅「二十分之一的稅金」。尼祿也只好接受這妥協方案了。

廢除關稅方面，元老院的議員們闡述正途，雖然擱制了皇帝的提案，但是內心裡，對於這躍躍欲試的二十歲小夥子，實在很想好好地教訓他一頓。其實在不到一年以前，尼祿曾對這些元老院議員們下達命令，而這個命令就令他們非常不悅。

卡利古拉皇帝在臺伯河西岸一帶的梵諦卡努斯（Vaticanus，現在的梵諦岡 Vatican）興建了私人用的競技場，尼祿命人加以改裝，並開放作為公民們的遊憩場所。當時只有羅馬才擁有大型的競技場。卡利古拉專程叫人從埃及運來二十五公尺長的方尖碑，依照羅馬大競技場的外觀，在梵諦岡也蓋了一座競技場。

尼祿在這個場地上舉辦體育競賽，也就是現代的田徑比賽，而且他還下令元老院階級和騎士階級這些羅馬社會的上層階級者參加比賽，然後招待一般公民來參觀。

元老院階級或騎士階級穿著托加長袍的話，即使肚大腸肥的肉體也不會看得太明顯，有時候甚至還會給人穩重的印象，彷彿象徵著自己崇高的社會地位。當他們入浴或按摩時，雖然會褪去衣衫，但是看到他們裸體的，是那群佣人奴隸，這跟要他們在競技場上裸露上半身，接受觀眾席上滿座的一般公民的眼光，可是有天壤之別。更何況，要他們跑跳投擲，做一些他們在青年時代就已經不做的運動。羅馬人不同於希臘人，體育只是用來鍛鍊青少年肉體的，決計不是這些要憂國憂民的成熟男子應該做的事。不過，既然是皇帝的命令，所以也不得不接受。

當然，觀眾們自然是歡欣鼓舞。大家想想看，如果要國會議員、高級官員幕僚或財經界大老裸露上半身，做田徑比賽的話，傳播媒體一定會大肆報導，就連我們這些尋常百姓，也願意花錢去看熱鬧。說不定還會稱讚尼祿真有本事。這也難怪元老院的議員們心中厭惡這跋扈的小夥子了。不過，就在這時候，距離羅馬遙遠的東方邊境上，一個成熟的男子正在逐漸完成唯有成熟男子才能完成的大事。

亞美尼亞戰線

科普洛接獲使命，要將奪走亞美尼亞王位的帕提亞王之弟趕走，讓亞美尼亞王國重新回歸羅馬帝國的霸權之下，可是他始終等不到羅馬方面捎來改變戰略的通知。對抗帕提亞的指揮系統仍舊是雙頭馬車的狀態，直到和帕提亞王談判休戰為止，一直是他與敘利亞總督夸德拉圖斯各自為政的情況，抵抗帕提亞的軍事力量也是和夸德拉圖斯平分。科普洛獲得的軍事力量，是夸德拉圖斯礙於尼祿的命令而不得已分給他的二個軍團，加上從駐守多瑙河中游的莫埃西亞獲令移往東方的一個軍團，這些就是科普洛的主要戰力——三個軍團一萬八千名士兵。另外，莫埃西亞軍團還有六千名的補助兵。以及後來從同盟國來支援的參加兵和行省人民的志願兵，總人數也不足一萬人。將所有兵力加起來，大約也只有三萬四千人。科普洛認為這三萬四千人根本不足以形成戰力，因為敘利亞行省派來的二個軍團根本無法作戰。

對羅馬而言，帕提亞王國可說是唯一的假想敵國，與這敵國對峙的最前線即敘利亞行省——雖然相當發達，但是仍舊被歸類為由皇帝直接管轄的「皇帝行省」。在帝國的東方區域中，唯有敘利亞有四個軍團常駐於此。駐守敘利亞的四個軍團，肩負著保衛帝國東方國界安全的責任。

同樣以防禦帝國邊境為任務，但是住在羅馬軍團駐守的萊茵河、多瑙河及不列顛的人民，或是駐守北非所面對的沙漠之民，這些民族中，除了部族的酋長之外，一般居民都還是披著獸皮的野蠻人。至於駐守地區的狀態，因為是邊境地區的軍事基地，難免會有所不便。除此之外，蠻族

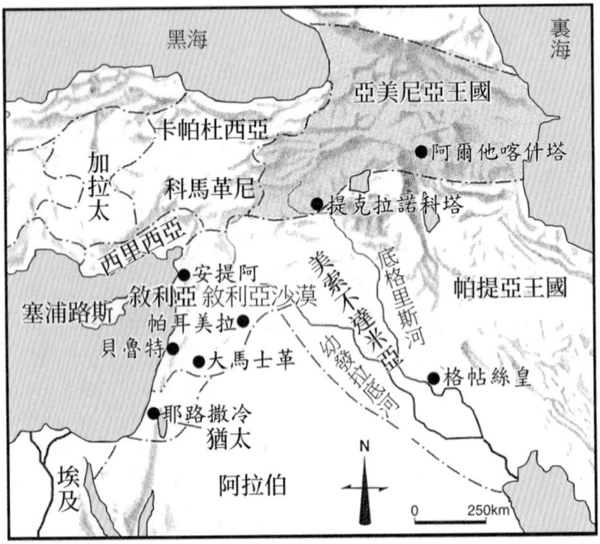

亞美尼亞周邊圖

的動向比先進國家的部隊還要難以預料，所以這些地區的防禦工作，往往都是處於精神緊繃的狀態。

就只有敘利亞與眾不同。當時羅馬帝國的三大都市，是號稱世界首都的羅馬、埃及的亞歷山大和敘利亞的安提阿。亞歷山大是托勒密王朝的首都，安提阿也是塞流卡斯王朝的首都。而且這個邊境的特色，在於此地的居民與住在國界幼發拉底河東岸的居民之間的交易頻繁。雖然國家的立場上是敵對關係，但是對一般人而言，他們是做生意的對象，唯有在來犯的時候，才會暫時變成「敵人」。更何況，由羅馬公民組成的敘利亞行省常駐軍團的營區，就設在繁華的商務都市安提阿之內。而且，這裡的「和平」盛世也已經持續了百年之久。駐守敘利亞的軍團兵士氣低落，都是因為這些因素所導致的。甚至有些士兵還很熱衷跟當地人合作做生意呢。

夸德拉圖斯年事已高，又長年擔任敘利亞總督職位，但是才五十多歲的科普洛跟他有著極大的差異。剛剛抵達邊境到任，科普洛簡直無法忍受現況。他的前一個任職地點，是萊茵河防禦線中地理條件和氣候條件都最惡劣的低地日耳曼。這塊地區不僅要面對從萊茵河中游到河口的陸地上來犯的敵人，甚至還要提防敵軍從海上入侵。不過，這位武將在到任後不久，應該就立即察覺到東方地區的條件雖然與西方有別，但是也有它惡劣的一面存在。從小亞細亞到亞美尼亞是一連串的高峻山岳地帶，而從敘利亞東邊到幼發拉底河之間，則是像大海的遼闊沙漠。

雖然是出身南法行省，科普洛的氣質讓人覺得有古羅馬時代武將之風，他所做的第一件事，就是讓那些習慣了安提阿都市生活的二個軍團士兵們不能在屋簷下睡覺。這下子，士兵們不再是睡在軍營裡，而是過著與帳篷為伍的日子。同時，他還以健康為由，讓不適合軍務的士兵和即將服役期滿的老兵免服軍務，將他們轉到等於是現代所說的後勤工作崗位。羅馬軍團的現役年齡規定為十七到四十五歲，就算是老兵，也不過四十五歲左右。不過，這種措施只適用於一般的軍團士兵，凡是百人隊長以上的指揮官階級都不在此限。

當科普洛完成了挑選敘利亞二個軍團士兵的工作時，另外一個軍團便奉命從莫埃西亞行省下的多瑙河防禦前線移師到此。同一時期，各同盟國的參加兵也抵達了。羅馬軍的傳統向來是由多國部隊組成戰鬥力量，而羅馬軍的主體是由稱為軍團兵的重裝步兵所構成，所以同盟國派來的參加兵都只是騎兵、弓箭兵等輕裝步兵。司令官科普洛將不適於軍務的士兵轉為後勤之後，聽說是由卡帕杜西亞和加拉太的山地居民來填補不足的人員，不過，人數上勢必比皇帝給他的三萬四千人要來得少。當他在指揮低地日耳曼軍團時，他號令的可是四個軍團和補助兵，將近五萬的兵力。

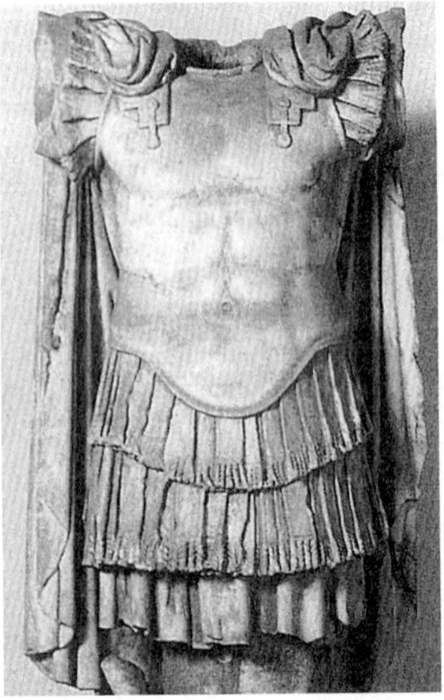

羅馬的軍裝

在可能面對帕提亞大國的戰線上，兵力竟然比跟日耳曼蠻族作戰時還少，不免讓人懷疑羅馬方面到底在想些什麼。要是換成凱撒，他一定自掏腰包，其實就是借錢，然後編制新的軍團，希望能夠早點解決問題。可是，時代已經改變，不復往日共和政治時代一般能夠容許這種作法。帝王政治時代之中，身為最高司令官的皇帝和他手下的司令官之間，有著明顯的階級差異。科普洛能夠做的，就是善用他手邊的兵力了。

西元五十七年，在羅馬方面，尼祿與元老院之間的「攻防戰」慢慢地轉為喜劇性的發展；而這一年的冬天，科普洛帶著士兵們來到嚴峻的山岳地帶，進行嚴酷的訓練。並不是所有地勢和氣候惡劣的地方，都可以用來訓練士兵的。科普洛選擇的訓練場所，是在小亞細亞東邊、與亞美尼亞相接的國境山岳地帶。這除了是向亞美尼亞人展示軍力之外，還可以讓接受過訓練的士兵們隨時都可以攻入亞美尼亞。

在這海拔將近二千公尺的高地上，就連要搭帳篷，也得先將地表上結凍的冰塊鑿開才可以。許多人相繼凍傷，甚至有些人在夜間巡哨時凍死。科普洛自己也穿著羅馬軍的軍裝，巡視訓練中的士兵們。羅馬的軍裝是雙手雙腳露在外頭的。他們就是穿著這種軍裝，在冰雪寒風中度過冬天的。許多人因此又離開部隊，使得原本就已經經過選拔的人數再度減少。

科普洛個子比一般人高，身材又魁梧，雖然話不多，但是絕對不是個舉止粗魯之人。不過，只要他頭髮隨風飄揚的樣子出現，那一帶的氣氛就立刻改變。在其他軍團中，容許遲到二次，但是在科普洛的軍團裡，遲到一次就得受罰。如果敢捨棄軍團旗逃跑，就立刻處死。在這麼猛烈的特訓之下，開始有人逃兵。在其他軍團中，逃兵也只要回來就沒事，可是在科普洛的軍團裡，回來也是死刑。在經過這樣猛烈的特訓之下，春天來臨時，這些原本住在安提阿的墮落士兵們，都變成精銳部隊了。

西元五十八年五月，司令官下令士兵們收起營帳。對五十四年底就被派到東方的科普洛而言，這是他苦等三年多來第一個機會。科普洛雖然揮軍進入亞美尼亞境內，但是他也不是一個腦筋裡只有軍事的軍人。

在跟帕提亞王談判休兵之際，敘利亞行省總督夸德拉圖斯派的是下級士官擔任談判官，但是剛到任不久的科普洛卻派了上級士官前往。這可以證明，科普洛是個懂得顧慮對方心情以完成目的的人。當他揮軍進入亞美尼亞境內，也沒有一下子就展開攻擊。騎馬走在部隊前頭的他，腦子裡有著兩種選擇——以戰鬥達到目的，或是以談判達到目的。

亞美尼亞王國在歸羅馬霸權管轄之後，由於地理和文明上的關係，國內始終分為擁羅馬派和擁帕提亞派。帕提亞王的弟弟繼承王位以來，自然是擁帕提亞派的勢力增強。揮軍進入亞美尼亞境內，等於就是深入敵軍之地。對科普洛而言，他這不到三萬的兵力，或許要面對帕提亞與亞美尼亞聯合軍的挑戰。所以他希望在帕提亞軍出動之前，就能和帕提亞王的弟弟提里達特斯之間，將問題先解決。

在幾次類似打招呼似的小衝突之後，科普洛派遣使節到提里達特斯處，希望能與他直接會談。不過，目的並未達成。年輕的亞美尼亞王提里達特斯雖然接受會談的要求，但是時候一到，卻又開始猶豫。於是科普洛又將提議寫好之後，命使節送交給提里達特斯。羅馬的傳統是將空白的委任書交給被派遣到前線的總司令官，雖然作法自由開放，但是科普洛所作的提議，真是再大膽也不過了。

科普洛並沒有浪費他在東方地區的三年時間，他在這段時間裡，探詢帕提亞王奪回亞美尼亞王位的真正原因，而且他找到了答案。

西元五十一年登上帕提亞王位的渥洛葛瑟斯並不是嫡出，提里達特斯是他的弟弟，但卻是皇后之子。只不過，這位王子個性老實，於是把帕提亞王位讓給了雖非嫡出但年長的哥哥。深受感動的哥哥於是滿懷義務感，決定要替這個弟弟找一個安身的處所。適合帕提亞王國嫡出王子的安身之所，就只有亞美尼亞王位了。於是，在他登基之後的第二年西元五十二年，帕提亞侵略了當時羅馬承認的國王仍然在位的亞美尼亞。不過，由於那一年克勞狄斯皇帝任命的敘利亞總督及早布好迎戰局勢，又適逢冬季，帕提亞軍隊撤離之後，就一直再也沒有任何的軍事活動。

不過，只要看到羅馬軍方面有機可乘，帕提亞軍一般是不會錯過良機的。像是克勞狄斯皇帝駕崩和尼祿皇帝登基時，帕提亞方面就覺得是個好機會。西元五十四年，帕提亞軍再度發動攻勢，這次他們占領了亞美尼亞，趕走體弱多病又遭百姓非議的國王，成功地讓提里達特斯登上王位。

科普洛了解了緣由。其實羅馬軍方面實在也沒有王牌，可以讓他們憑藉著軍事力量成功後，安排王牌人物登基為王。而且，帕提亞王本身也絲毫沒有跟羅馬軍開戰的意願，他的目的只在於保住王位，讓他的弟弟能夠安坐在亞美尼亞的王位上也就夠了。科普洛對於這一切都了然於心。

科普洛給帕提亞王和他的弟弟提里達特斯的提案，內容如下：

請求羅馬的皇帝尼祿承認提里達特斯的亞美尼亞王位，而提里達特斯則以承認羅馬的霸權作為交換條件，把亞美尼亞的王位當作是羅馬皇帝所贈與的禮物。

當作是羅馬的禮物收下，而且要以承認羅馬霸權作為交換條件，科普洛知道，這在東方人的觀念之中，代表的是服從的意思。科普洛還告訴帕提亞王，帕提亞如果能夠捨名而求實，那麼羅馬方面也非常可能捨實而求名。

從盧加拉斯遠征和龐培稱霸起算，羅馬的亞美尼亞政策實際上已經有一百二十年以上的歷史了，可是這次可以說是個一百八十度改變的大膽建議。我想，科普洛早就心裡有數。身處當地的他，應該已經看透，要讓一個在羅馬接受教育、深愛羅馬的王子一直待在亞美尼亞王位上，實在是非常困難的工作。

這項提議在日後看來才覺得他實在是有先見之明，不過當時並沒有實現。渥洛葛瑟斯有著帕提亞人的自尊，不容自己的弟弟成為羅馬的服從者。而且，他也害怕他一旦答應之後，帕提亞國內勢必會有極大的反對聲浪。他回給科普洛的答案是拒絕，所以科普洛只得以軍事力量來解決這個問題了。

司令官下令所有部隊往東北方向出發，目標是攻擊亞美尼亞王國的首都阿爾他喀什塔。

攻略首都

位於黑海和裏海中間地帶的阿爾他喀什塔相當於原蘇聯的南端，現在不過是亞美尼亞共和國的一個小村莊而已，還住著許多的亞美尼亞人。二千年前，這裡可是亞美尼亞王國繁華的首都呢。

科普洛並不是一路進軍到阿爾他喀什塔的，沿路上，他將部隊分成好幾個分隊，每一個分隊分別以沿路上各地的城堡要塞作為攻擊目標，在地毯式策略下，各個擊破後，揮軍而來。就好像擴大的戰線整條移動，形成一個半圓形，朝阿爾他喀什塔包圍過來。很明顯的，這是為了要讓阿爾他喀什塔攻略戰能夠更輕鬆地完成而採用的計策。

亞美尼亞王提里達特斯其實老早就放棄防衛首都，還沒開戰就已經逃亡了。科普洛兵不血刃就輕鬆進入城裡。羅馬軍占領亞美尼亞王國首都的消息，在那一年的年底傳回羅馬。公民們歡欣鼓舞，以「皇帝」的歡呼頌揚羅馬軍最高總司令官尼祿。在帝王政治時代的羅馬，勝利者的光輝屬於皇帝。尼祿、元老院和一般公民們都以為亞美尼亞已經重回羅馬霸權之下了。

但是，身在前線的科普洛可沒有這麼輕易安心，因為提里達特斯雖然逃亡了，但是他背後的帕提亞王渥洛葛瑟斯絕對不會這麼輕易放棄，於是科普洛決定繼續戰鬥。他雖然也想要防衛已經攻略下來的阿爾他喀什塔，但是顧及手邊的兵力不能再分散，於是他下令照顧居民的生命安全，然後採用堅壁清野的戰術。這是為了讓敵人即使有辦法回來，也沒有東西可供使用。西元五十八年到五十九年的冬季，羅馬軍是在亞美尼亞王國的首都度過的，到了春天，他們縱火燒了這座城市之後，離開了阿爾他喀什塔，目的地是亞美尼亞王國的第二首都提克拉諾科塔。

提克拉諾科塔位居底格里斯河上游，現在屬於土耳其境內。古代的亞美尼亞王國西至黑海，東至裏海，南邊抵底格里斯河，是個幅員遼闊的大王國。從阿爾他喀什塔到提克拉諾科塔的路程，就算直線距離，這西南的位置也有四百公里之遙。雖然要完成司令官職責之一的確保軍糧，就已經是件難事了，但是士兵們鬥志高昂。科普洛的戰術仍舊和攻略阿爾他喀什塔時一樣，採地毯式擊破法。而且，攻下王國首都阿爾他喀什塔一事也具有相當大的宣傳效果。

由於守備軍也是不戰而逃，所以王國的第二首都也是在不流血的情況之下就被羅馬軍占領。羅馬的軍事力量已經在攻下亞美尼亞王國的二大主要都市之後，等於是把帕提亞的勢力從亞美尼亞中掃蕩一空。這也難怪羅馬的中央政府趾高氣昂。尼祿決定繼續奧古斯都式的羅馬傳統政策，由羅馬選擇的王子來繼承亞美尼亞的王位。被選上的王子叫做提葛拉尼斯，因為他和東方各王室有著血緣關係，所以在血統上毫無問題，但是亞美尼亞人對於這位在羅馬長大的王子卻是一點也不熟悉。在當地既沒有地盤又沒有人脈的基礎，換句話說，也就是空降部隊。尼祿甚至命令科普洛分出一千羅馬軍團兵、一千補助兵和五百名騎兵，留下來保護提葛拉尼斯的王位。

如果尼祿以為光靠這些兵力就足以保衛這位空降的國王，那麼我們只能說，這二十二歲的尼祿對於軍事也實在太無知了。這項決策不到一年就破綻百出，但是尼祿當時唯一的僥倖，就是夸德拉圖斯病逝，而由科普洛接任敘利亞行省的總督。可是，尼祿又犯了指揮系統二分的錯誤。

到這個時期為止，尼祿的統治被稱為「尼祿最初的五年」，算是暴君尼祿初期的德政時代。

一般而言，大家都認為他的德政，是因為有塞內加和布魯斯輔佐的關係。持這種看法的，尤以圖拉真皇帝為代表，出於五賢帝之一人口中，自然沒有人懷疑，但是我卻有很大的疑問。看看這些所謂德政的真實面，這時的羅馬帝國，還有很多臺伯留和克勞狄斯時代遺留下來的組織和人才，所以帝國才能充份地發揮功能。此外，國內沒有發生什麼大問題，這也是好運之一。帝國安全防衛上的問題，充其量也只有亞美尼亞一處，這也由於尼祿的政策錯誤，使得原本可以及早解決的問題，結果卻花費了十年的時間。如果這五年真的是由塞內加和布魯斯負責執政的話，姑且先不談以近衛軍團為最主要任務的布魯斯，我覺得塞內加的外交和軍事才華是不及格的。

塞內加既是哲學家又是文人，在沒有經歷過軍事和外交的情況之下，就成了輔佐皇帝的人，可是也不能夠以自己不曾經歷過所以不會作為藉口。就連現代人還不是一樣，雖然沒有當過總統或首相，但卻都經由選舉產生。塞內加的確是一流的哲學家、悲劇作家和諷刺作家，但是在政治上，卻是二流角色。我所謂的「二流」，指的是只要沒碰上需要處理突發狀況時，還勉強可以應付的人。

留下相關記錄的人通常都是知識份子，屬文人之類。換句話說，就是傳統中那一群跟權力無緣的人，所以在潛意識中會對同類抱持好感。就連嘴巴最毒的塔西圖斯對塞內加也是呵護有加，實在耐人尋味。

在「尼祿最初的五年」之中，塞內加對尼祿的影響力，我覺得沒有充分地發揮。就像尼祿想要盡快脫離母親的影響力一般，尼祿和恩師應該也是漸行漸遠。也就是說，即使在「最初的五年」

中，尼祿也有相當程度的自主權，隨著自己的決策來行動。因為，如果恩師塞內加的影響力還在的話，替「最初的五年」劃上句點的事件，就不可能會發生了。

弒母

尼祿有個怪癖，每當必須解決問題的時候，他就只會想到很極端的解決辦法。我想，這是由於尼祿本身的個性相當不成熟的關係吧。

快要二十歲的時候，尼祿愛上了一名女子，她叫做波貝亞·莎比娜，出身普通。祖父是毛姆森所說的「臺伯留門下」之一，在確立多瑙河防禦線上也有功績。據說波貝亞頗具姿色，但也稱不上羅馬第一美人，才智方面也不算出類拔萃。雖然不像尼祿的母親阿古力琵娜那麼有野心，但是她從來不浪費身為女人的優勢。

她的第一次婚姻，是和一位有錢的騎士階級結為連理。已經育有二個孩子的她竟然會和這名男子離婚，原因就在她要和另外一位元老院議員的年輕兒子再婚，這名年輕人是皇帝尼祿的玩伴之一歐圖，而尼祿愛上的，就是朋友之妻。

尼祿和正室歐古塔薇亞結婚，是在他還是「皇太子」的時候，跟皇帝克勞狄斯的女兒結婚，應可算是政治婚姻。他們夫婦倆相當疏離，倒不是因為政治婚姻的關係，而是因為歐古塔薇亞老實無趣，性格陰沉。他第一次愛上的女人雅克緹原本是個奴隸，她是發自真心地愛著尼祿，可是

波貝亞・莎比娜

卻不是個善解人意的女子。尼祿對於這個初戀的女子，不一會兒就厭倦了。就在這時候，美麗動人、身份也適合作皇帝情人，而且最懂得善解人意的波貝亞出現了。

要甩開礙事的傢伙，實在再簡單不過。尼祿任命歐圖出任相當於現在葡萄牙的盧吉塔尼亞行省的總督。雖然歐圖是夜夜陪著尼祿玩耍的人物，但是就擔任行省總督來看，歐圖表現得可圈可點。在長達九年的邊陲地帶工作中，歐圖的行省統治堪稱德政。尼祿死後出現三個因爭奪皇位而死的皇帝，歐圖也是其中之一。

雖然除去了愛情的障礙，但是波貝亞並沒有答應成為尼祿的情人。這並不是因為她愛歐圖，而是她不甘屈居於情人的地位。尼祿為此傷透了腦筋。

要扶正波貝亞，就必須和歐古塔薇亞離婚，但是，他的母親阿古力琵娜堅決反對他和歐古塔薇亞離婚。

阿古力琵娜的說詞也有她的道理，因為尼祿之所以能夠登基為皇，是因為先帝克勞狄斯收他為養子，而讓他的皇帝位子更加穩固的，就是和先帝的女兒歐古塔薇亞成親的關係。所以，阿古力琵娜當然不准他們離婚。

不過，阿古力琵娜和令臺伯留不快的母親大阿古力琵娜一樣，一輩子最大的依靠，就是她們身上流著奧古斯都的血液。而她一直沒有發覺，奧古斯都逝世二十三年之後才出生的尼祿，心裡想的「皇帝」條件，是靠「實力」而非「血緣」。

尼祿不知該如何跨越母親堅決反對離婚的障礙，後來竟以極端的方式來解決。

尼祿選擇解放奴隸阿尼克特斯來進行弒母的工作。阿尼克特斯雖然很有能力，但是人品低劣。在被選為執行者時，他擔任的是米塞諾海軍基地的長官。他也是尼祿少年時期的體育老師之一，一直跟尼祿保持親密的關係。但是，由於他沒有受到阿古力琵娜的重用，所以對於皇太后一直懷恨在心。

謀殺必須要讓人看起來像是偶發事件。尼祿接納阿尼克特斯的建言，命人打造了一艘船底開洞的船，好讓它迅速沉沒。尼祿四處散播他和母親和好的消息，說她雖然囉唆，但是不管她有什麼缺點，母親終究是母親。

動手的日子也定好了，決定在工人的守護神──智慧女神密涅瓦(Minerva)的祭典之日、工人們不用上工的那一天進行。這相當於人人皆知的凱撒遇害日"Idus Martiae"（三月十五日）的五天之後，所以是三月二十日。當天，尼祿在拿坡里西方米塞諾海角附近巴科里的別墅舉辦宴會，招待母親的理由是慶祝女神密涅瓦（希臘文為雅典娜）的生日。

尼祿的母親──阿古力琵娜
（V·馬拉諾的素描）

那一夜星光燦爛，二十二歲年輕人親暱地款待著母親的畫面，在列席的塞內加和布魯斯的眼中，一定是許久不見的安詳光景。從別墅眺望大海，在這三月天，竟也是難得的風平浪靜，彷彿是在大銀盤中盛滿了水一般。

過了半夜，兒子送母親到別墅的碼頭，讓母親搭船回海邊的別墅去。兒子熱情地擁抱將搭上船的母親，彷彿回到了少年時一般。

船果真沉了，但是阿古力琵娜可沒有照尼祿的安排淹死。

因為，阿古力琵娜在卡利古拉皇帝時代曾被流放到芬多帖拿島上，在那一年的流放時間裡，阿古力琵娜已經變成游泳健將了。而且，船隻沉沒的地點是在坡佐里灣之中，這裡風平浪靜，卡利古拉就曾將船隻連在一塊，騎馬從上頭走過。此外，當天晚上的海又特別的靜，波紋不生，簡直就像是一面鏡子。星光燦爛的靛藍色夜空下，皇太后的泳姿一定相當優美。傳聞當她被夜裡出海捕魚的漁夫救起時，還氣定神閒，說明自己是皇帝的母親，命令船隻划向岸邊。

當阿古力琵娜回到自己的別墅時，發覺到船難事故絕非偶然，而是自己的兒子設下的圈套。不過她什麼也沒說。她傳來一名可以信賴的解放奴隸，交給他一封信，要他送去給皇帝。信中寫到，船隻雖然沉了，但是我只身受輕傷，並無大礙，無須掛懷。

等候母親死訊而無法成眠的尼祿，看完了這封信之後，不禁亂了分寸。他趕緊傳喚塞內加和布魯斯，並向二人自首，哭著問該怎麼辦。二個人也沉默了許久，但是三個人都認為，阿古力琵娜已經知道一切了。他們也一致認為，從阿古力琵娜的個性來考慮的話，她絕對不是那種不會計較的人。這下子可不能坐視不管了。塞內加提出建議，乾脆派近衛軍去把她殺了。但是，布魯斯說，沒有近衛軍的士兵會拿著劍，朝向日耳曼尼可斯的女兒的，於是這個建議也就作罷。結果，還是以彌補失敗為理由，讓阿尼克特斯再次執行。這時候，東方已經是魚肚白了。

首先，尼祿將阿古力琵娜的解放奴隸傳喚到眾多佣人面前，說他是受了阿古力琵娜的命令，要殺害皇帝，在他還沒辯駁之前，就把他殺了。這位解放奴隸也帶著短劍，而這柄短劍就成了證物。

之後，阿尼克特斯率領一隊部下，向阿古力琵娜的別墅而去。他們抵達別墅之後，先把別墅團團圍住，破門而入，把佣人們趕出去。在寢室中休息的阿古力琵娜看見闖入的男子們，一點也不慌張。她也沒從床上坐起，只說，如果是兒子要這些人來問候她的話，就轉告兒子她的傷已經恢復了。

阿尼克特斯和他的部下圍住了床，阿古力琵娜也覺悟到，一切都已經結束了。她邊說邊用手指著腹部道，要殺我，就往這孕育尼祿的地方刺。一瞬之間，阿古力琵娜不僅腹部中劍，連全身上下都遭到多劍所刺。

從坡佐里、巴伊亞、巴科里到米塞諾海角的海岸地帶，全是羅馬上流社會人士們的別墅。阿古力琵娜的遺體在入夜後，悄悄地被搬運出來，草草地火化，然後由勇敢的奴隸們挖墓，把她埋葬在裡頭。曾是皇帝的妹妹、皇后，又是皇太后的墳墓，尼祿是一次也不曾來過。

塞內加好不容易才以國家叛亂罪的名義，公開了處死阿古力琵娜的事實。元老院和一般公民心裡頭當然不會相信，但是因為他們對於阿古力琵娜也沒什麼好感，所以就裝出一副相信的模樣。

不過，不管理由為何，弒母對於重視家庭的羅馬人來說，是違反倫常的大罪，尼祿當然也了解，所以他非常害怕元老院和一般公民的反應，好一段時間不敢接近羅馬。他在百般迷惘之後，決心返回羅馬，沒想到公民們並沒有表露敵意，甚至還熱烈歡迎，這才讓他胸口的石頭放了下來。

至於和歐古塔薇亞離婚、和波貝亞再婚之事，尼祿也沒有立即進行。公民們相當同情歐古塔薇亞，而且在羅馬，沒有生育並不構成離婚的理由。至於波貝亞，可能已經認同自己的情人身份，相信終究有一天會被扶正。所以在阿古力琵娜這個障礙物去除了之後，他們的情人關係還持續了三年之久。或許是塞內加建議暫時不要刺激民意的提案奏效的關係吧。不過，殺害母親後心中所受的創痛，尼祿比任何人都要來得深。二十二歲的尼祿，每晚都被亡靈騷擾而無法成眠。

亡靈有二種，一種是第三者也看得見的，另外一種則是只有當事人才看得見。前者的典型例子，就像哈姆雷特看見父王的亡靈，而後者的話，就像是布魯圖斯看見凱撒的亡靈一樣。讓尼祿輾轉難眠的，應該是後者吧。因為，當佣人們聽見尼祿的哀號而跑去的時候，什麼也沒看見。尼祿在元老院的會議中，批評母親派遣解放奴隸來刺殺自己，為的是要實現她統治帝國的野心。議員們也彷彿非常認同似地聆聽，可是，尼祿自己就無法裝出一副認同自己說法的表情。對尼祿而言，重建自己的精神狀態，比跟妻子離婚、跟情人再婚都還要來得重要。

對於陷入慌亂的人來說，往往會收到許多忠告，要他回到原點，想想自己到底想做什麼，並且要實際行動。尼祿跟當時的羅馬知識份子一樣，喜好希臘文化。除了尼祿以外的羅馬人，就連希臘文化造詣極深的塞內加，縱使愛好希臘文化，也不曾感到引進希臘文化的精神、讓它落實到羅馬人生活之間會有什麼必要性。不過，尼祿的怪癖，就是喜歡走極端。尼祿打從心底認為，應該引進希臘文化，讓它落實扎根，以改變羅馬，成為文化國家。

要把現在分散在世界各地美術館中羅馬皇帝肖像的製作時代加以區分，其實非常簡單。因為，以喜愛希臘文化而著名的哈德良（Hadrianus）皇帝是最佳的分界線，在他之前的皇帝沒有留鬍子，而在他之後的皇帝們則都蓄有鬍子，自然一目了然。像是蘇格拉底和伯里克里斯等，希臘人習慣留滿臉的鬍子，但是羅馬人卻沒有這種習慣。羅馬的男性們必須將臉上的鬍子刮得乾乾淨淨地，才算是成年男子的儀表，就算他們尊重希臘人在哲學、美術或文藝方面的才華，但是在政治和軍事方面，他們是非常瞧不起希臘人的。在表現與希臘人劃清界線的氣魄之中，把鬍子刮乾淨就是一個明顯的例子。

哈德良以前沒有留鬍子的皇帝之中，唯獨尼祿例外，但是，可能是因為他年紀輕的關係，他留的鬍子也算不上多，頂多就是蓋住下巴附近而已。不過，我們還是可以想見他努力模仿希臘人的模樣。看看他在貨幣上的肖像，在他剛登基的時候，也是沒有鬍子的。下巴一帶有些許鬍渣的肖像，也是在他決定弒母時期的產物，這跟他逐漸顯露愛好希臘的特質的時間剛好吻合。

「羅馬奧運」

西元六〇年，母親去世已經一年了，而這一年也是尼祿將他準備了一年的工作，開始在首都羅馬推動的頭一年。

尼祿準備了一年的工作，正式的名稱叫做"Ludi quinquennali"（五年一次的運動會），但是一般人都稱這項活動為「尼祿節」，等於是將希臘的「奧林匹亞運動會」移植過來。尼祿喜歡希臘，也喜歡新奇的事物，所以為了和每四年舉行一次的奧林匹亞運動會做區隔，他就把羅馬的運動會改為每五年舉行一次。

號稱在西元前七七六年第一次舉辦的「奧林匹亞運動會」的競技項目中，除了現代奧林匹亞運動會的田徑項目之外，還有拳擊和摔角等項目，出場的比賽選手都是男性。在現代奧運最後一天舉行的重頭戲馬拉松，由於是近代的產物，所以在古代是沒有馬拉松的，相對地，古時比賽的最後一天讓觀眾們最為瘋狂的比賽項目，是四頭馬車的戰車競馳。

戰車競馳不像一般的競賽項目只要一軀肉體就可以參加比賽，要出場必須花費不少金錢，所以參賽者自然是以名人居多，這也是受歡迎的理由之一。蘇格拉底時代獲勝的雅典政治家阿爾西比亞德斯彷彿就像凱旋將軍一般，受到祖國人民熱情的歡迎。在奧運會中獲勝，對於阿爾西比亞德斯往後的政治生涯有著無比的助益，這足以表示，奧運中的優勝者被當作英雄崇拜，無論是在古代或現代，都是不變的事實。

在羅德斯島隱居時的臺伯留也參加過奧運，同樣也獲得優勝。尼祿的外祖父日耳曼尼可斯也是享有月桂冠榮耀的人物之一。他們都屬於羅馬的上流階級，也曾到希臘的奧林匹亞參加戰車競馳項目。但是，即使在臺伯留當上皇帝之後，也沒有想到要把這項比賽移植到羅馬來。

尼祿不但是想，而且還付諸實行。他認為，羅馬帝國的男子必須要像古希臘男子一般，努力鍛鍊肉體，並且在每五年舉辦一次的比賽中，在眾人之前展現成果。

尼祿還認為，除了體育的競技之外，合併舉辦詩文和音樂的比賽供一般羅馬人參與，這才算是真正的移植希臘文化。讓一般人浸淫在希臘文化精髓的詩文和音樂當中，羅馬帝國才能轉變為文化國家。尼祿本身也是愛好詩文音樂更勝政治軍事，而且他相信自己在這方面深具才華。愛好者與創造者之間未必是等號，而尼祿可能跟一般的愛好者一樣，以為這兩者之間是必然的關係。其實，宣揚文化國家，熱心移植文化，努力進行交流，這些都是愛好者比較勝任的事項。

尼祿舉辦的「羅馬奧運」可說是在盛況之中落幕，誠如一般人稱之為「尼祿節」一般，這個大慶典用到了羅馬所有的公共建設：大競技場、梵諦岡競技場、龐培劇場、馬爾凱斯劇場及巴爾布斯劇場，整個羅馬都變成了會場，不收入場費。參加比賽的都不是專業人士，而是業餘的選手，所以自有業餘者比賽的樂趣存在。尼祿為了炒熱會場氣氛，甚至還組織了「皇帝團」的啦啦隊。慶典的目的，可以說是完全達到了。

不過，要讓羅馬人了解競技本身的美感是需要每天不斷鍛鍊才能達到的這件事，似乎不容易。尼祿興建了"Gymnasium"（體育館），但是前來的都只有青少年，卻無法吸引成年男子。尼祿心想，既然如此的話，就在體育館的旁邊蓋一座羅馬式浴場好招徠民眾，這浴場裡頭，不僅有入浴的設

肥胖之後的尼祿

備，連按摩室、遊憩室都一應俱全。成年男子們雖然來到浴場，卻仍舊沒有人前去使用體育館。對羅馬人而言，肉體的訓練是為了要替成長為大人做準備，既然已經成人之後，就不應該熱衷於此。

原本這「尼祿節」應該是可以和奧運會分庭抗禮的羅馬競技賽，但是在後來只有事隔五年後再舉行過一次，就因為尼祿之死而一同被遺忘。體育館的命運亦復相同，最後也被拆除重建為其他的用途，只有浴場還一直保留下來。

最耐人尋味的，就是尼祿傾倒於希臘式的美學，但是他自己身材的醜化程度竟與之成正比增加。十七歲成為皇帝的尼祿，有著圓圓的可愛臉蛋，但是刻在貨幣上的肖像，卻是愈來愈癡肥。舉辦「尼祿節」時的他，也不過二十二、三歲，可是他脖子臃腫的狀況可真是異常。應該有不少羅馬公民會認為，尼祿本身比任何人都更需要鍛鍊自己的身體吧。

年紀輕輕就如此異常地癡肥，這一定跟體質有關，再加上尼祿的心根本不在與肉體美無關的政治上，而在非常重視肉體之美的希臘精神上。有時候我會想，要在矛盾和挫折之中求取這種精神平衡，實在是一項非常困難的事。

「尼祿節」的隔年西元六十一年，羅馬帝國邊境發生許久未有的騷動，不列顛人群起反抗羅馬。另外一個邊境的問題，還是亞美尼亞與帕提亞的問題。這些騷動發生在帝國的西端和東端，並沒有影響整個帝國的和平，但是尼祿是維護羅馬帝國安全的最高負責人，唯有負責盡職，才有資格被稱為「皇帝」。即使一般老百姓可以對這種局勢毫不關心，但是皇帝可不能這樣。應變措施雖然是現場指揮官的責任，但是思考根本的解決之道，卻是皇帝的工作。

由二十四歲的皇帝對於這兩個問題的處置結果來看，不列顛方面做得相當妥當，但是亞美尼亞、帕提亞問題卻是一大敗筆。幸好，後者的失策並沒有帶來決定性的影響。為了後者的問題，需要更長的歲月和科普洛的出面解決，不過，最後這個問題卻成為尼祿外交策略成功的一個範例。

不列顛問題

侵略他國、燒殺擄掠，為所欲為後撤退，這種強盜類型的軍事活動，可以很快結束。不過，如果是進攻其他國家之後，不僅占領土地，還把當地的居民納入自己的世界之中，這種目的的軍事活動可就沒有那麼簡單了。

首先，要以軍事力量征服的話，最好是在短時間之內完成，這是為了避免被征服者的敵意隨著戰爭狀態的延長而增加的緣故。要達到這個目的，就必須投入大量軍力，趕快分出勝負；派遣些微的軍力慢慢地推進，這對進攻者和被侵略者而言，都不是好事。馬基維利也說，要做壞事，必須一鼓作氣。侵略其他民族時，這種惡行也應該在短時間內完成，然後充份地進行戰後處理，這對征服者和被征服者而言，都會帶來比較好的結果。當然，我們這裡並不討論侵略是否為惡行。

歷史，其實就是侵略史的串演，換句話說，就是人類惡行的串連。這就是人性的現實面，而如何將惡行所帶來的傷害降至最低，就需要人類發揮智慧了。

羅馬人「惡行」之中最成功的例子，就是朱利斯．凱撒侵略高盧的事件。他認為等候元老院的決策只是浪費時間，於是四處借貸，自掏腰包組織十個軍團，耗費八年的時間，完成了征服高盧的大業。在凱撒的時代，軍團還沒有補助兵部隊的制度，所以十個軍團表示只有六萬名兵力。扣除高盧戰役中的死傷人數，總人數大概只有五萬左右，不過，他們可是歷史中屈指可數的名將凱撒手下的精銳部隊。八年的高盧戰役之後，戰後處理又花費了一年的時間。凱撒的戰後處理政策，不是採取報復行徑，而是保留現有的支配階級以及部族的區分，並把羅馬公民權賦予被征服者，許可部族內部的自治權。他也不強迫被征服者使用拉丁文，風俗習慣也可以保持如以往一般，甚至還以保護高盧民族免受日耳曼民族的威脅為己任。至於在行省稅和關稅方面，也基於他們是落後地區的關係，短期內徵收稅率都比其他行省為低，希望藉此能提升此地的經濟實力。

高盧號稱羅馬統治下的模範生，並不是因為高盧民族的獨立心薄弱，而是他們被吸收到羅馬世界之中後，格格不入的情況比較少。歷史學家毛姆森寫道，高盧人都不稱自己為高盧人，而說自己是羅馬人。高盧羅馬化之所以成功，是由於凱撒「惡行一鼓作氣、善後充份考慮」觀念下的產物。

不過，羅馬人在不列顛的作法，卻是和高盧完全相反，這可能是因為決定征服不列顛的克勞狄斯皇帝對於軍事一竅不通的緣故。

當初投入四個軍團征服不列顛，不久之後，兵力就減為三個軍團，之後的征服活動，就只剩下二個軍團在持續進行。還好有補助兵制度，然而二個軍團的一萬二千名兵力，還有多一倍的輔助力量，不過也就是二萬出頭。要說到其中的精銳部隊，大概還不到一萬。這跟凱撒的五萬大軍比起來，真是落差甚巨。這種落差，從高盧征服花了八年，而不列顛征服花費了十八年卻還沒有結束的事實中可以獲得印證。這個責任不在前線的指揮官身上，而是身處羅馬的皇帝戰略失當的問題。

當時每二、三年就得交接的司令官所能做的，就是慢慢地擴張征服的土地，讓除役的士兵們移入之後，建設殖民都市，並和以往的地方自治體形成統治行省的「核心」，都市之間並以羅馬式的街道連接起來。這種作法是羅馬的傳統，並無不妥，只不過，這種作法太過曠日費時。

西元六十一年發生的不列顛反羅馬的騷動，並不是發生在尚未被征服的所在地，而是在和羅馬樹立友好關係的地方。所以，這個暴動只證明了羅馬在統治不列顛上的失敗。

帶領不列顛人發生暴動的頭目，是一名女子，她是原本與羅馬締結友好關係的部族酋長的未亡人，叫做布狄卡。其實，暴動也不是由她發起的，她只不過是被推出來當作頭目而已。當然，推選她出任頭目，也是有其道理的，因為布狄卡的二個女兒都遭到羅馬人強暴。

凱撒在高盧戰役之中，雖然稱不上強暴，但是他和被征服者的女性之間，也曾發生過關係。不過不知道為了什麼，被征服者竟然沒有因為這種行徑而發起反羅馬的活動。凱撒也沒有隱瞞這個事實，還將羅馬公民權賦予該名女子的父親（可能是因為女子父親原本就是屬於支配階級的關係），甚至將家門名稱朱利斯頒給這個家庭，以作為「補償」。尼祿的治世已經在凱撒時代的百年之後，此時竟也有一名叫做蓋烏斯・朱利斯的日耳曼人部族酋長，聲稱自己是凱撒的子孫。所以，不管在什麼地方播的種，只要雙方滿意，就不會釀成問題。不列顛就是因為擺不平，所以才會爆發暴動。

當然，這一切都只不過是檯面上的說詞，真正的原因如下：

首先，由於不列顛尚未完全被征服，對於手下敗將的不列顛人，羅馬人表現出來的征服者模樣遠遠超過應有的節制。其實，這也難怪，因為昨日的敵人，不知道什麼時候又會聯合新敵人來對付自己，面對這種對手，實在很難當作盟友來看待。征服大業愈拖愈久，問題也就會在這裡呈現出來。

第二個問題就在於錢。倒不是百分之十的行省稅過高，而是為了要繳納稅金時還得另行舉貸，而這借貸的利率卻高得離譜。本國義大利中有法律規定利率最高不得超過百分之十二，但是在行省卻是可以隨意設定。而不列顛這塊落後地區的金融業者，偏偏全部都是羅馬人。

共和政治時代末期，布魯圖斯在行省從事放利率達百分之四十八的高利貸行為，西塞羅對此曾留下書信表示憤怒。在逐漸要成為羅馬霸權之下的不列顛，這種高利貸想必也是橫行無阻。由於尚未完全成為羅馬的控制範圍，所以在這種地區借錢給他人，相對地也要負擔相當的風險。風險愈高，利率也就愈高，這是經濟上的邏輯。遏止這種情況的擴大，是「戰後處理」這項政治工作中非常重要的一件，但是對於從來不曾在前線指揮過的克勞狄斯皇帝或尼祿皇帝而言，他們都沒有察覺到這件事的重要性。傳聞尼祿的輔佐官塞內加能夠累積鉅額的財富，就是因為在不列顛投資高利貸的關係。皇帝最親近的人尚且如此，所以要他們遏止經濟的惡性擴張，根本就是緣木求魚。

因為沒有人遏止，所以在不列顛放高利貸的人真是享受到了暴利，而這些人都是擁有羅馬公民權的金融業者。不列顛人的怒氣不僅是朝向了金融業者，當然也會對整個羅馬人感到憤怒。認為羅馬人只把不列顛人當作是榨取的對象，這麼一來，跟羅馬人建立友好關係，到頭來只變成後悔的原因。正好就在這時候，出任不列顛行省總督的蘇埃托尼烏斯（不是《皇帝傳》的作者）率領一半的不列顛駐軍，大舉掃蕩死守摩納島（現在的盎格魯西島）的杜魯伊德斯教祭司和信徒。當時真是屋漏偏逢連夜雨。

發動暴亂的不列顛人攻擊移民今日科爾切斯特的羅馬除役官兵，血洗這座城市使得暴民更加瘋狂，甚至還消滅了一個出動前來的羅馬軍團。不列顛行省的首都科爾切斯特不僅陷入敵手，外帶一個軍團被殲滅，這種慘狀讓羅馬軍的指揮官失去了冷靜。軍團長和皇帝財務官等人雖然向蘇埃托尼烏斯發出立即返回的救援命令，但是也沒有等候蘇埃托尼烏斯率領的軍團從盎格魯西島返回，就越過多佛海峽，逃往高盧去了。

羅馬方面的軍事力量呈現真空狀態，再也沒有力量可以阻擋暴動者的怒氣了。不僅是羅馬人，就連和羅馬人有著友好關係的不列顛人都被殺害，老弱婦孺也不得倖免。這時期被殺害的人數，傳聞達七萬人之多。這是因為不列顛人沒有將俘虜當作奴隸販賣的習慣，所以投降者一律都被處死。

總督蘇埃托尼烏斯能夠使用的兵力，只有一萬左右，再加上高盧並沒有羅馬駐軍，所以要等待救援，要不就是要從萊茵河派來，再不就是等西班牙的羅馬駐軍前來。在這緊要關頭，已經無法再慢慢等待。蘇埃托尼烏斯決定要採取在平原上布陣、正面對決的戰術，這是未開化的不列顛人最不擅長、卻是羅馬軍最容易施展的戰術。

戰果就如歷史學家塔西圖斯評論的一般，「不愧為昔日武將之後」。八萬以上的敵軍屍體，布滿了整個戰場，而戰友的損失幾乎是零。應急措施到此算是告一段落了，接下來，就輪到身處羅馬的尼祿上場了。

尼祿先是下令，從負責防守萊茵河的軍隊中，撥出二千軍團兵和八個大隊的補助兵以及一千名騎兵，移往不列顛，人數約在一萬一千名之譜，為的是要彌補被殲滅的一個軍團的實力。同時，尼祿還指派解放奴隸波里克雷特斯前往不列顛視察現況。原本是奴隸的特使駕臨，難免成為親羅馬派的不列顛人的笑柄，但是這波里克雷特斯倒是一位稱職的視察官。尼祿依據他的報告，大幅度地改變不列顛的統治策略。

改革的詳細內容並沒有明確的資料記載，但是很明確的是，尼祿沒有採取任何的報復措施。而且，尼祿以此為機會，將征服者羅馬人對被征服者不列顛人的態度，做了一百八十度的改變。尼祿又將蘇埃托尼烏斯召回羅馬，改派貝特洛尼斯為新任總督，前往不列顛。雖然蘇埃托尼烏斯在絕望的情況之下做了最大的努力，對他實在有點不公平，但是人事的調動，對於讓不列顛人感到羅馬統治方式的改變，是最有效的作法。

果然在往後的四百年之內，不列顛人反抗羅馬的情事，幾乎可以說是不曾再發生了。當然，羅馬方面的稱霸大業也並沒有因此而結束，不過，就現今英格蘭與威爾斯地方而言，當時的不列顛人已經被納入「羅馬和平」的世界之中了。至於杜魯伊德斯教象徵的克爾特文明，從這個時期開始，也被逐出不列顛而逃往愛爾蘭，在那裡落地生根。在英國與愛爾蘭分為新教與天主教之前，早就已經分化為羅馬世界與非羅馬世界了。

亞美尼亞、帕提亞問題

在不列顛的統治政策上，尼祿雖然做了適當的處置，但是在處理亞美尼亞、帕提亞問題上，就很難舉出他成功之處了。我想，這可能是由於這兩個問題的性質本來就不相同的緣故。不列顛問題不過是帝國領域中一個地區在統治上出了狀況，但是亞美尼亞、帕提亞問題卻是整個帝國安全防禦上的問題。

或許該說是早知如此吧，羅馬讓提葛拉尼斯這個空降部隊擔任亞美尼亞之王，還不到一年的時間，就證明是個錯誤的人事安排。亞美尼亞是否會被帕提亞奪回，抑或是會繼續親羅馬，這將左右羅馬帝國東方防禦系統的功能。而亞美尼亞問題處理的妥當與否，將會影響到是否會與帕提亞發生全面戰爭。尼祿在面對這個問題時，眼前有三個解決方案可以選擇：

一、如果沒有其他適任人選，就只好以羅馬的軍事力量來保住提葛拉尼斯的王位。

二、亞美尼亞王國的二個首都都已經在羅馬的掌控之下，乾脆就把這問題不斷的亞美尼亞王國變成羅馬的行省算了。

三、接納敘利亞總督科普洛的建議，承認帕提亞王之弟提里達特斯就任亞美尼亞王，但是要他以宣誓服從羅馬皇帝作為交換條件。

如果選擇方案一的時候，最令人不安的，就是提葛拉尼斯這個平凡人物的能力問題。如果選擇了方案二的話，代表羅馬直接統治的行省化，在亞美尼亞將會是非常困難的一件工作。這跟將未開化的色雷斯王國納為行省完全是兩回事；亞美尼亞王國是屬於波斯文明圈的文明國家。羅馬要將文明度極高的國家納為行省時，會給與它極大的自治權。亞美尼亞原本就比較親帕提亞，如果給了它像希臘或敘利亞等希臘裔都市的大幅自治權，那麼很可能，這個行省終究不過是徒具其名而已。

尼祿也沒有勇氣採用方案三，因為這將是要把第一代皇帝奧古斯都的政策做一百八十度的轉變。要維持與帕提亞的友好關係，尼祿也知道方案三是最有效的方案，但是尼祿害怕元老院和一般公民會反彈，說承認帕提亞王的弟弟出任亞美尼亞王位就等於讓羅馬的權威掃地。

尼祿在面臨選擇的時候，有幾個條件幫助他做決定：

其一、亞美尼亞的上流階級中，自古就分為親帕提亞派與親羅馬派，現在二個首都已經在羅馬的控制之下，羅馬方面大可仰仗得勢的親羅馬派人物的勢力。

其二、首都是國家的重要據點，手中掌握了二個要塞，羅馬在軍事上顯然占有極大的優勢。

其三、絕大多數的公民也希望將亞美尼亞納為行省，這將可擴大羅馬帝國的領土。

結果，尼祿採用的策略，兼併了方案一與方案二，如果能守住提葛拉尼斯的王位，那就作罷；如果沒辦法達到時，就將亞美尼亞納為行省。不過，這種作法只增加了與帕提亞發生全面衝突的可能性。

在得知這項決定之後，科普洛向身在羅馬的尼祿建議，必須派遣一位只負責亞美尼亞戰線的司令官，尼祿接受了這個建議，於是任用信仰以軍事可以解決一切問題的貝圖斯為司令官。

西元六十二年剛剛上任的貝圖斯，在尼祿的命令之下，獲得三個軍團的力量，其中包括二個從萊茵河移師過來的軍團，再加上補助兵以及同盟國的參加兵力計算的話，人數就超過三萬。另一方面，科普洛也擁有三個軍團的兵力，而他只負責完成敘利亞行省總督的任務。換句話說，幼發拉底河以西的部份由他負責全面防守，阻止帕提亞軍向西進攻。科普洛致力強化幼發拉底河西岸地帶一連串的要塞，這一來，羅馬在這塊地區的防禦線可說是變成了銅牆鐵壁。這種戰略，將軍事力量一分為二，從兩邊包抄帕提亞，看起來似乎非常合理而妥當。

但是，既然大家都認為帕提亞王將會親自出陣，那麼，如果這地區的羅馬防禦固若金湯的話，帕提亞王所率領的大軍箭頭，自然會避開西邊的羅馬防禦線，而指向貝圖斯率軍集結的西北部。尤其是帕提亞王渥洛葛瑟斯的本意並不在與羅馬開戰，而是希望能確保亞美尼亞的王位給他的弟弟提里達特斯，因為他的弟弟把帕提亞的王位讓給了並非嫡出的自己。天底下沒有哪一個蠢蛋會故意拿頭去撞銅牆鐵壁的。

連我這個從來沒有帶過兵的人都能夠想像了，當時最偉大的武將科普洛不可能沒有預見到結果。也或許是科普洛明知結果，卻也故意要看看貝圖斯有什麼本事吧。很多人是屬於沒有親自體驗就無法理解事情真相。

不過，這時候大多數的羅馬人幾乎都認定貝圖斯將戰勝帕提亞軍，讓亞美尼亞名副其實地成為羅馬的領土。民眾大多是喜歡利多消息的。如果在西元六十二年時就有民意調查的話，這時的尼祿皇帝支持度應該相當的高吧。這位年輕的皇帝雖然偶爾會有奇異的行徑讓眾人跌破眼鏡，但是像他在處理不列顛問題時的確切安排，以及亞美尼亞、帕提亞問題時的果斷決策，公民們一定認為他有足夠的資格勝任統治帝國的最高負責人角色。只要能夠完成最高負責人的工作，就算行徑異於常人，也不過就是茶餘飯後的笑柄罷了。

供水給首都羅馬的水道，各有各的水源。一般而言，水源大多是泉水湧出的水池，而羅馬人就把這些水池當作是神聖的所在，禁止在其中游泳。當然，神聖的水池不過是表面上的說詞，其實，為了保持飲用水的純淨，才是真正的目的。

偏偏，尼祿就在這神聖的水池中游泳，但是，畢竟是泉水，所以溫度很低。游完泳的當天晚上，尼祿就發高燒而昏倒。雖然在幾天之後就奇蹟似地康復，但是首都羅馬的居民們仍感到不可思議。尼祿在學到教訓之後，再也沒有犯下同樣的錯誤，而公民們也沒有對他產生抱怨，反而認為這是他年輕活力的展現，對尼祿更具好感。

不過，高支持率經常也和陷阱糾葛在一起，所以就需要更高的自我克制能力，偏偏控制自己是尼祿最不在行的部份。而且，就在這個時期，尼祿失去了兩名能夠不計較私利私欲而直諫不諱的人物。

塞內加下臺

首先是近衛軍團長官、守護在尼祿身邊的布魯斯病逝。後代盛傳布魯斯之死是授命於尼祿，但是從他的症狀來看，可能是死於咽喉癌。不過，布魯斯之死，促使塞內加也萌生退意。

就連和塞內加一樣以文筆著稱的歷史學家塔西圖斯也寫道：「布魯斯之死決定了塞內加權力的衰退。」

雖然塔西圖斯和塞內加一樣，文筆上的造詣極高，而且也都是元老院議員，但是他的經歷中，充其量不過就是擔任過行省的勤務，這跟輔佐皇帝、肩負國家政治要務在身的塞內加，真是不可同日而語。正因為身處帝國中樞，所以塞內加才能體認知識份子在這個崗位上能夠發揮的影響力極限。

知識份子如果只是單純的知識份子，就絕對沒有實權，不過倒是可以發揮影響力。話說回來，影響力要發揮，也得要有人願意接受才行。就好比沒有了讀者，作家也就不存在了。

塞內加是哲學家，也是悲劇作家，從尼祿十二歲開始，他就在尼祿身邊工作了十四個年頭。剛開始的六年是尼祿的老師，之後八年是尼祿的輔佐官。不過，在尼祿登基為皇之後的歲月裡，塞內加並沒有能夠一直發揮他的影響力。圖拉真皇帝稱之為「剛開始的五年」，但是我總覺得尼祿的自立可能還要從更早以前就開始了。尼祿的母親阿古力琵娜沒有能夠了解到她的兒子尼祿旺盛的自立心，但是塞內加應該很早就發覺了。換句話說，「作家」塞內加在「讀者」尼祿的成長過程中，了解到尼祿已經逐漸開始不再注視著自己了。

即使如此，塔西圖斯所說的「塞內加的權力」仍舊相當大。身為龐大羅馬帝國最高統治者的重擔，就連非常具有貴族氣息的臺伯留皇帝也會偶爾吐吐苦水，也讓克勞狄斯皇帝耗盡精力。尼祿喜好音樂詩詞更勝於政治軍事，所以有很多的工作會交由他人負責，而替他執行的，就是塞內加。我們可以從許多的法案中得到證實，這些法案都是以尼祿提議為名，目的是在獲取元老院的支持。而塞內加之所以能夠發揮這些「權力」，自然是尼祿皇帝許可他這麼做，同時也是因為布魯斯支持塞內加的緣故。

不論塞內加在內涵上多麼出類拔萃，但是他畢竟是出身於西班牙行省，也沒有羅馬名門貴族必備的祖傳"Clientes"。這些"Clientes"其實就像是後援會一般的組織。這頭荒野一匹狼之所以能夠縱聲咆哮，完全是因為掌控駐守在義大利本國唯一軍事力量，即近衛軍團一萬名兵力的布魯斯眼光銳利地監視著四周的關係。

不論是哪一種權力，擁有權力者總會遭到沒有權力者的批評，而且對於權力者的批評，往往都是在他露出破綻的時候，才受到密集的攻擊。在布魯斯死前，塞內加就已經開始受到攻擊，這一定是因為元老院看穿了尼祿已經逐漸脫離了塞內加對他的影響。在不列顛放高利貸的人又不只塞內加一人，但是塞內加卻像是被殺雞儆猴般地批評，彷彿他就是不列顛暴亂的元兇。在這種情況之下，布魯斯又撒手人寰。塞內加了解到他腳下的地基已經開始鬆動了，如果還要死纏著尼祿，演出荒野一匹狼悲慘的結局，實在有違知識份子塞內加的知性，於是他選擇了退隱，回歸到平凡的個人身份，重新開始他的執筆生涯。這時候的塞內加，也已經步入六十多歲、接近七十歲的年齡了。

現代的研究學者之中，有人認為塞內加是因為身為知識份子，無法忍受尼祿的暴政，所以才以布魯斯之死為藉口，離開政壇。但是持這種理論的人，基本上根本不了解什麼叫做知識份子。所謂的「知識份子」，不僅是探索「知識」，更是選擇以「知識」來一較長短的人。既然是要分出勝負，一旦了解自己勢必輸了這一局的時候，當然會自行退出。

再加上截至這個時期為止，尼祿的統治工作上，雖然有因對戰略無知而造成的失策，或是因為個人的偏執而舉行的「羅馬奧運」等例子，但是這都不算是暴政。元老院議員們沒有在進行任何陰謀，公民們也沒有發出不滿的聲浪，邊境上的駐守軍團更是沒有任何反抗的舉動。塞內加要比現代知識份子所認知的他來得堅強，而他竟然會選擇退隱，我堅信是由於他了解到自己所處位置的地基開始崩壞的關係所致。

塔西圖斯所著的《編年史》中，記載了恩師與弟子告別的場面。摘要而言，塞內加向尼祿說道，自己的任務已了，希望回歸平凡，而尼祿則感謝恩師以往的貢獻，並祝恩師安享天年。姑且不論這段對話的真偽，就算是真有其事，那也都是在表演。塞內加當然希望以公開的方式來向尼祿說明退隱的原因，而尼祿也自然必須對結束長年的關係表態。六十六歲的恩師和二十五歲的弟子，心平氣和地分開了。

不過，這麼一來，就再也沒有人能夠對自我控制能力薄弱的尼祿直諫不諱了。此時的尼祿正因為迅速解決了不列顛問題，以及決定以軍事力量積極介入亞美尼亞、帕提亞問題，而獲得公民最大的支持。

布魯斯已死，而塞內加又歸隱，不久之後，尼祿就與歐古塔薇亞離婚，隨即和他的情人波貝亞結婚。尼祿對於離婚的歐古塔薇亞，不僅處以流放之刑，甚至到了流放的島嶼之上，還命人將她殺害。傳聞尼祿之所以要殺害歐古塔薇亞，是因為他害怕一般公民會同情歐古塔薇亞，對離婚表示憤怒，進而採取示威抗議的手段來支持歐古塔薇亞。不論如何，尼祿的污名，可是在弒母之後，再加上殺妻一樁。

這個殺害清白妻子的案件，並沒有因為尼祿背上污名而落幕。尼祿的皇帝權威和權力，是在成為先帝克勞狄斯的養子，並和其女歐古塔薇亞結婚、生育兒女的前提之下，才能擁有他的正當性的。兩人都還沒有生兒育女之前就和歐古塔薇亞離婚，等於是失去了他的正當性。阿古力琵娜之所以反對，就是基於這個理由，而且就奧古斯都定下的「血脈相承」體系而言，阿古力琵娜的反對是正確的。但是，尼祿甚至把證明身上流著奧古斯都血液的阿古力琵娜給殺了。尼祿的皇位正當性，愈來愈薄弱。波貝亞當上皇后之後，被一般公民所厭惡。她雖然不像阿古力琵娜一樣，是個野心家，但卻是極盡奢華的女子。不過，不幸在凡事順遂的時候，是不會浮現出來的；只要稍有不順，才會演變成導火線。好不容易才能跟心愛的女人成婚，春風滿面的尼祿當然沒有察覺到自己抱了一顆炸彈在身上。

二十五歲的尼祿可能相信自己的「實力」並不需要有「血緣」為後盾，但是這其實代表的，是元老院、公民和軍隊都將以更嚴格的標準來替皇帝實力的成果打分數。

羅馬軍投降

抵達東方上任後的貝圖斯依照尼祿的命令，將手下所有的軍隊都投入亞美尼亞，但是貝圖斯犯了二個錯誤，一個是將軍隊一分為二，一個是疏忽了確保軍糧補給路線。儘管如此，羅馬軍一路走來還算順遂，從該年年底貝圖斯送回羅馬的報告內容來看，彷彿已經征服了整個亞美尼亞。尼祿深信不疑，還下令興建紀念碑慶祝戰勝帕提亞。

不過，當貝圖斯的報告還在地中海向西前進的時候，局勢有了轉變。帕提亞王親自領軍的大隊，竟然突襲貝圖斯率領的羅馬軍，而貝圖斯手邊的兵力，因為一分為二的緣故，所以剩下不到二個軍團。

羅馬的尼祿又和西元五十五年一樣犯下同樣的錯誤，在西元六十二年時又將帝國東方的指揮系統二分。貝圖斯與科普洛的地位和權限不分軒輊，二人所掌握的兵力也不相上下，這麼一來，原本應該第一優先的戰略就發揮不了作用。而且，貝圖斯也不分青紅皂白地又將手下的兵力再分為兩半。帕提亞王之所以會猛攻這一點，實在是再自然不過了。貝圖斯率領的軍隊果然飽嘗敗北的滋味，再加上軍糧不足，所以逃回了冬營基地，可是，營區也被敵軍包圍。帕提亞王不是光包圍就好，還猛攻不捨，貝圖斯只得差遣部下快馬送一封求救信給科普洛。

得知友軍深陷危機，科普洛也將手下的部隊分成兩半，不過，他的分法是按照一貫的戰略而做的。首先，他不僅下令其中的一半死守幼發拉底河的帝國防禦線，還命令將船隻連在一起，形成浮橋，並在東岸的帕提亞領土上興建要塞，只要一有命令，就立即能夠進攻帕提亞本國。同時，他也開始準備充足的軍糧，畢竟這次的遠征，是要深入敵人之地，而且還是在嚴冬來臨之前。羅馬軍號稱以「軍備補給站的方式」戰無不克，而行省出身的科普洛比義大利本國出身的貝圖斯還要忠實地執行了羅馬的這項傳統。匯集而來的大量小麥，裝在眾多的駱駝背上。科普洛率領的羅馬軍，從敘利亞一路沿小亞細亞東側北上，朝亞美尼亞邁進。

古代的歷史學家們就已經開始有了不同的說法，有的人認為此時的科普洛故意讓援軍晚到，但是在對科普洛有極佳好感的塔西圖斯筆下，他卻記載著科普洛以救援友軍勝過征服亞美尼亞為目標，砥礪官兵，並且站在部隊的前導地位，日夜兼程北上。不過，貝圖斯仍舊不知科普洛已在接近之中。或許是科普洛派出的信差被帕提亞軍逮捕，而無法完成使命吧。不論如何，四面受敵的貝圖斯的確過早放棄。他向帕提亞王投降，帕提亞王也接受了他的投降。其實再過三天，科普洛的援軍就抵達了。

帕提亞王渥洛葛瑟斯大概沒有想到會獲得這意外的禮物吧。雖然這次的戰役規模根本還稱不上戰鬥，但是卻也更新了帕提亞對羅馬的全勝紀錄。對投降的貝圖斯軍給與寬大的處分，就反映了帕提亞王的心情。更何況，渥洛葛瑟斯壓根兒就沒有打算正面和羅馬開戰。

帕提亞王並沒有要求貝圖斯的軍隊解除武裝，但是卻馬上運用羅馬軍團最為自負的土木工程能力，要他們在幼發拉底河上游興建橋梁。帕提亞方面提出的另一項條件，是要求羅馬軍隊從亞美尼亞境內全面撤軍。貝圖斯只得接受。

向西南方撤退的貝圖斯部隊，和北上行軍的科普洛軍隊，在幼發拉底河岸邊相遇，地點就在羅馬軍團受命興建橋梁處不遠的河流下游。看見了心懷屈辱而表情僵硬的貝圖斯軍隊的士兵們，科普洛軍的同袍報以同情之淚，走上前去相互擁抱，安慰他們的不幸遭遇。

跟士兵們截然不同的是，司令官們在悻悻然的氣氛下結束了短暫的會面。

科普洛原本打算在維持軍事優勢的狀態之下，促使帕提亞王簽訂和平協議，但是因為這次的敗北而前功盡棄，不禁抱怨連連。相對地，貝圖斯反駁道，帕提亞王不可能一直留在亞美尼亞，只要等候時機來個絕地大反撲，亞美尼亞又會重回羅馬懷抱，所以局勢一點也沒有改變。

科普洛於是毫不留情地說道，我沒有接到尼祿指示我進攻亞美尼亞的命令，我的任務是保衛敘利亞行省，之所以會來到這裡，是由於無法坐視友軍的困境。而且，這一帶的地勢有利於敵軍的主力騎兵發揮，能夠平安地抵達這裡，已經是非常的幸運了。

二位司令官的會面到此結束，貝圖斯率領部隊回到卡帕杜西亞，而科普洛則是帶著軍隊折返敘利亞。

回到敘利亞行省首都安提阿不久，帕提亞王派來的使節就來到科普洛的面前。使節傳達帕提亞王渥洛葛瑟斯的要求，叫他們拆除興建在幼發拉底河東岸的要塞，並摧毀橋梁。

科普洛回答該名使節，帕提亞軍如果全面撤離亞美尼亞的話，他們願意拆除幼發拉底河東岸的橋梁和要塞。

帕提亞王接受了這項條件，因為在幼發拉底河東岸的帕提亞領土上建有羅馬的要塞，就好像有一把刀抵在喉嚨上一般，而手中拿著這把刀子的，就是科普洛。敘利亞行省總督科普洛只有防禦的責任，卻沒有越過幼發拉底河進攻的權限。當然，要說是和帕提亞人發生了衝突等等的話，藉口多的是，而帕提亞王也認為，科普洛很可能會這麼做。帕提亞王渥洛葛瑟斯的把柄，在於不是嫡出。如果臣下有人造反，第一個遭殃的就是他自己。對於這件隱藏的事實，派駐東方八年的科普洛了然於心。

似乎就在這個時期，帕提亞王渥洛葛瑟斯和敘利亞行省總督科普洛之間，開始進行祕密的「意見交換」。到了西元六十三年，帕提亞王派往羅馬尼祿處的特使，就有一行護衛跟隨，而其中，科普洛手下的百人隊長也在同行之列。

謁見尼祿的特使，將帕提亞王親筆的書信呈遞給羅馬皇帝。外交書信自始至終都是官僚的語氣，到底想說些什麼，卻是叫人丈二金剛摸不著頭腦，而這也是古今中外共通的現象。話雖如此，如果把此時帕提亞王的書信內容做重點整理的話，大概可以條例歸納如下：

一、帕提亞向來主張擁有亞美尼亞的主權，這是毋庸置疑的事實，這也可以從以往帕提亞與羅馬交戰時，眾神總是站在帕提亞這一邊而獲得印證。

二、就以最近的局勢來看，帕提亞軍大可殲滅來保衛提葛拉尼斯的貝圖斯軍，但是卻允許他們全數撤退。這除了展現帕提亞在軍事方面的優勢之外，也顯示了帕提亞人寬大為懷的精神。

三、關於提里達特斯就任亞美尼亞王一事，由於他是神官，而帕提亞的神官是禁止走海路的。要提里達特斯親自到羅馬接受羅馬皇帝加冕一事，即使他本身願意接受，但是因為身為神官，所以絕無可能。

因此，如果可以讓提里達特斯前往羅馬軍的營區，在軍團兵的見證之下，於皇帝雕像前接受亞美尼亞的王冠，那帕提亞方面可以接受。

實情跟才剛送達不久的貝圖斯樂觀報告書的內容，有著天壤之別。尼祿傳喚和帕提亞王特使一同前來的科普洛屬下百人隊長，詢問他實情如何。百人隊長回答道，羅馬軍完全被趕出亞美尼亞，同時，他也報告了帕提亞軍全面撤退的消息。於是，尼祿召開閣僚會議。

奧古斯都創設的「第一公民輔佐委員會」是由第一公民皇帝、該年出任的二名執政官、法務官等如現代各部會首長，以及元老院的二十名代表議員共同參與的會議。在這個會議中，尼祿報告一切實情，共謀對策。看是要選擇開戰，或是寧可接受將亞美尼亞王位讓渡的污名而求取和平。多數的列席人士均贊成「開戰」，這些主戰派人士所持的理由，是認為羅馬的傳統中，只有戰勝之後談和，而沒有戰敗後談和的作法。帕提亞王的特使在獲得尼祿皇帝的拒絕答覆後，回到帕提亞。

就算要開戰，也無法再信賴貝圖斯了，眼前能夠信賴的，只有科普洛一人，可是他又是敘利亞行省的總督，行省總督的任務往往是一般的行政或司法。於是，尼祿任命他人負責行政和司法的部份，而讓科普洛能夠專心解決亞美尼亞、帕提亞問題。

經過決議，將帶有「最高」這個形容詞的東方絕對指揮權交給科普洛。雖然地區上只有在東方，但是這項最高司令權已經和皇帝同等，這就彷彿是給與白紙的委任狀一樣，無論是要以外交手腕或軍事行動來解決，所有的決定權都是在一個人的手裡，無須等候皇帝諭令。能夠獲得這項大權的科普洛，是臺伯留皇帝贈與當時被派遣到東方地區的日耳曼尼可斯以來的第二人。終於，東方地區的指揮系統又合而為一了。

貝圖斯被召回義大利本國，他心中早有覺悟，一定會被追究責任，但是，沒想到只是被尼祿奚落一番而已。尼祿說道：

「我馬上原諒你，趁著你因為害怕被追究責任而病倒之前。因為，聽說你的性格特徵，就是在恐懼害怕之際，就會先失去冷靜。」

掌握了最高指揮權，可以控制四個軍團、補助兵和同盟國參加兵共計五萬軍力後，科普洛一點也沒有鬆懈。從他開始接觸亞美尼亞、帕提亞問題，已經過了八個年頭，他務必要讓問題有個交代，於是他決定率領大軍北上。他的目的地是離幼發拉底河和底格里斯河不遠的亞美尼亞本土，目標雖然是亞美尼亞，但是戰鬥的對手卻是帕提亞軍。首都羅馬的民眾群情亢奮，元老院議員們也在靜候佳音，尼祿更是比任何人都還要期待。羅馬與帕提亞的戰鬥，無論是克拉蘇或安東尼，都是以戰敗收場，這次是雪恥的良機。從擔任負責萊茵河防禦的低地日耳曼軍團司令官時期開始，科普洛就以果斷的戰術著稱。就連其他的將軍們，也都認同科普洛是當時羅馬軍隊中最英勇的將領。大家都相信，科普洛一定能夠凱旋歸來。而只要勝了帕提亞，亞美尼亞自然就會回到羅馬的懷抱。

可是，人們卻不知道，雖然科普洛手中握有大權，能指揮五萬大軍，但是他的腦子裡並非只想著戰爭。這件事情，別說是公民或元老院議員，就連尼祿也不知道。

當時的羅馬

當科普洛在東方地區開始北上的同一年，本國義大利卻接二連三地發生小事件。

首先是在南義大利的中型都市龐貝發生了地震，受損程度並不嚴重，也不須仰賴國庫支援，龐貝城靠著自己的力量重建。但是，後來想想，這可能是十六年後維蘇威火山爆發淹沒龐貝及其周邊地的前兆。

後來又有一場大火，這是發生在尼祿下令在馬爾斯廣場旁興建的「體育館」，由於受到雷擊的關係而引發。我們在先前已經提到這座體育館之所以乏人問津的原因，我想在天候不佳的時候，更是沒有人會到這體育館來，因此也完全沒有人員因火災而受傷。尼祿立刻決定重建體育館，對於將希臘的鍛鍊肉體習慣引進羅馬一事，尼祿的熱情並沒有因為這次的意外而稍減。

這一年，尼祿初為人父，波貝亞為他生下了一個女兒。欣喜若狂的年輕父親給這個剛誕生的女兒取了奧古斯塔的名字，意思是神聖的存在，也是皇后的意思。可惜，這小女孩出生不到三個月就夭折了。可以想見尼祿的心裡一定很哀傷。

尼祿不斷地送禮物給波貝亞，一方面滿足自己的虛榮心，一方面是想看見波貝亞高興的神情。女兒出生時為了感謝她替他生下第一個孩子，尼祿送了禮。後來女兒早夭，又為了慰藉喪女之痛，總之理由千千萬萬。其實，波貝亞．莎比娜並不像歷史上所說的惡女。她既沒有要求「皇后」的稱號，也沒有對重要的人事安排參與意見。她的確是很奢侈，但是也還不足以影響到國家的財政，頂多就是效法埃及女王克麗奧佩脫拉的牛奶浴而已。帝國的經濟實力不斷地提升，身為皇帝妻子的女人做適合自己身份的浪費行為，是決計不致於撼搖帝國的經濟實力。

不過，波貝亞喜好浪費的習性，卻讓首都羅馬的猶太人有機可乘，進入皇宮之內。由於居住在帝國的首都羅馬有利可圖，所以羅馬的猶太人口不斷地增加，但是跟埃及亞歷山大的猶太人社群比起來，人口和經濟實力上都還差一大截。同時，居住在羅馬的猶太人，也沒有像東方地區的猶太人社群一般，可以享受皇帝認可由猶太教戒律裁決的優惠。在帝國的西方地區裡，猶太人也必須遵守羅馬的法律，這是奧古斯都之後歷任皇帝不變的方針。

我們在卡利古拉皇帝的章節時也曾提過，猶太教徒因為戒律不允許的關係，所以一直拒絕成為羅馬公民，這表示他們在羅馬世界之中，永遠都是異國人士。所以，居住在羅馬的猶太人希望能有自己的保護者，如果從延續力量薄弱的異國人士社區的角度來考量的話，實在是非常自然的防衛舉動。而他們也只要把奢華的寶石金飾贈與貪婪的皇帝之妻，這也就足夠穩固他們的立場了。

皇帝之妻波貝亞與羅馬猶太人的親密關係，並不是因為波貝亞對猶太教有興趣所使然。她是個對宗教毫無興趣的俗世女子，也正因為如此，或許她也沒把自己保護的團體是個宗教團體當作一回事。不過，這件事卻使得她的夫婿尼祿背上了反基督教的惡名達二千年之久。

西元六十三年時又發生了二件非常羅馬帝國化的事件，第一件在嚴苛的塔西圖斯筆下，叫做「可恥的習慣」，這件事在元老院的議場中引起熱烈的討論。

執政官和法務官等羅馬政府的要職，向來是在元老院中選舉產生，而行省總督則是從具有執政官經驗者之間抽籤決定。不過，在奧古斯都提議、元老院表決後成為國家法律長達八十年之久的「朱利斯法」（參照第VI冊第二章的〈「少子對策」〉）之中，認定育有子女者享有優先權。我戲稱這個法律為「少子對策」，因為這條法律的提案者奧古斯都真正的目的，是要阻止帝國統治階層生育減少的情況。而所謂的優先權，指的是在選舉中獲得票數相同時，由育有子女者優先當選；如果都育有子女時，則由子女人數多者優先。至於在抽籤方面，在曾經擔任執政官的人選之中，育有子女者便具有抽籤的資格，膝下無子者就喪失參加權，必須把席位讓給育有子女者。這條法律維持了八十年之久。

就算羅馬是公認的法治國家，但是人總是有辦法找出漏洞，而「少子對策」的漏洞，就是偽裝的養父子關係。

當政府高官的選舉或行省總督的抽籤季節接近時，養父子關係的牽線動作立即活絡起來。我最贊同塔西圖斯評斷的地方，就在於這選舉或抽籤結束後，養父子關係立即化為烏有，如他所言，真是「可恥的習慣」。育有子女的議員們紛紛抗議。

生兒育女是一件艱辛的工作，而沒有子女的人，無論在經濟上或精神上，都享有較多優勢。偏偏他們卻以偽裝的養父子關係來侵害法律中保護育有子女者的權利，所以議員們提出法案，希望能認定這種因為偽裝的養父子關係而獲得的公職為無效。

這項法案在獲得多數贊成之後通過，而投下贊成票的議員之中，有些人也是膝下無子的，這才叫做真正的法治國家。這項法案甚至還附帶修正案一併通過，修正的項目決定不承認這種養父子的關係中被收養的養子繼承遺產的權利。如果沒有了遺產繼承權，成為養子的利益就蕩然無存，而願意接受這種養父子關係的人自然就會減少。由於這項法案的成立，使得羅馬帝國「高級國家公務員」晉升的管道，再度成為有子嗣者較為有利的局面。

第二個插曲也發生在元老院。羅馬認可行省人民告發行省總督，目的原本是要防止總督在行省為所欲為，可是司法往往容易變成「武器」。結束行省的勤務回歸之後，很可能會被拖出來審判，所以行省的總督們在任期之內，都盡量和行省的權力階級保持友好關係，因為要向羅馬的法院控訴，如非權力階級是很難辦到的。這雖然也不算是一件壞事，但是凡事總有個限度，超過限度，就會演變成總督和行省權力階級的掛鉤。原本公正的統治應該要顧及所有弱勢的行省人民的，一旦總督和行省權力階級掛上了鉤，那麼就希望渺茫了。於是，羅馬長年以來都認可行省人民得以告發總督的權利，也不曾考慮剝奪這項權利。

要求改善這種事態，肇因於某行省人民的放話。這個人物是一名克里特島的居民，他口出狂言，說羅馬派來的總督生死，端看他個人的心情。元老院得知這項消息之後，極端憤慨，於是要求放逐這名男子，並提議應有法令來限制行省人民的蠻橫。

不過，尼祿反對以法來限制，相對地，尼祿提出了一項法案，要廢除行省人民的感謝決議，這是當總督卸任時的一種慣例。這項法案的目的，是要防止感謝決議可能變成對總督的「評分表」。元老院也以多數贊成的結果，通過了這項法案。這段小插曲證明了羅馬帝國之中的行省人民其實也是相當強悍的，實在令人玩味。

科普洛具有羅馬公民權，並不是行省人民；不過，同樣出身於行省的他也是相當的強悍，只是他的強悍不是放話的克里特人能夠相提並論的。這位南法出身的武將，一百八十度地扭轉了羅馬帝國自奧古斯都以來的亞美尼亞政策。

外交戰

手中握有白紙委任狀、能夠全權處理亞美尼亞問題，再加上五萬的兵力，科普洛在進入亞美尼亞境內之後，就越過了幼發拉底河。一路上阻止羅馬軍行進的要塞逐一被攻陷破壞，親帕提亞派貴族的領地也被燒殺掠奪，羅馬軍就像是壓路機一般一路行來。整個亞美尼亞陷入慌亂狀態。

身在亞美尼亞境內的帕提亞軍總指揮提里達特斯，還有身在帕提亞卻憂心亞美尼亞的弟弟的渥洛葛瑟斯，得知科普洛率領的羅馬軍行進狀況之後，知道這次羅馬可是真的動了肝火。二人聯名派了談和使者，來到科普洛的陣營。

羅馬軍的司令官對帕提亞人的使者待之以禮，讓使者把話說完。不過，他並沒有將回答告知使者，而是讓屬下的一名百人隊長拿著回覆的信函，送往提里達特斯的陣營。科普洛的回覆內容如下：

小小的戰鬥中（指的是和貝圖斯的交戰）獲勝，帕提亞軍似乎就已經變得驕蠻無禮，為了要讓你們清醒，自我進軍以來，戰果是眾所皆知的事實。如果繼續下去，亞美尼亞勢必化為焦土，而且羅馬軍只要有那個意思，絕對有實力做得到。所以，提里達特斯是不是應該聰明點，在亞美尼亞化為焦土之前，就接收下來，當作是羅馬皇帝的禮物。

而渥洛葛瑟斯最好也是儘早和羅馬恢復友好關係，專心於統治自己的國家，這才算明智之舉。帕提亞經常受到東方的外敵侵略，根本沒有餘力將全軍投入與西方的羅馬對決。相對地，羅馬除了亞美尼亞之外，其餘地區皆是和平無戰事，絕對有能力投入更多的兵力。所以，如果兩個大國發生正面衝突，羅馬穩贏，這麼一來，渥洛葛瑟斯和提里達特斯將蒙受無法彌補的損失。

科普洛的這封回覆信函中只說到提里達特斯最好接受羅馬皇帝賜予的亞美尼亞王位為禮物，但是實際上要怎麼接受，卻是隻字未提。於是，收到科普洛回答的提里達特斯和得知內容的渥洛葛瑟斯就把具體的接受方法，解釋為羅馬接受了先前渥洛葛瑟斯派人送達尼祿的談和提案。提案的內容，就是提里達特斯雖然有意親自接受尼祿加冕，但是由於身為神官，不得從事海上之旅，所以改在羅馬的營區內尼祿的雕像前進行加冕儀式。

渥洛葛瑟斯和提里達特斯心想，如果羅馬都能接受了，帕提亞也沒什麼問題，於是二人聯名將消息傳達給科普洛，表示願意和羅馬締結和平條約，並暫時停火。科普洛立即派了使者前來，要求和提里達特斯直接會談。

科普洛是故意不提到加冕的具體方法的，他早就準備好，在和提里達特斯直接會談時提出。因此，與帕提亞王胞弟的直接會談務必要能實現。科普洛派了二名高官臺伯留．亞力山卓斯和亞尼斯．維尼奇亞努斯，作為要求和帕提亞王胞弟直接會談的使者，前者在本書第二章的〈羅馬人與猶太人〉中已經提到過，是個捨棄了猶太教而成為羅馬公民的人物，這名猶太人決心要擔任羅馬的軍務，成為羅馬的一員。在科普洛的配屬之下，他是軍備補給站的負責人。後者則是科普洛的女婿，在科普洛的軍團中，官拜第五軍團團長。這兩位人物都是科普洛不可或缺的要員，帕提亞方面也很了解。科普洛甚至還說，這兩個人在與提里達特斯的會談結束之前，要留在帕提亞軍的陣營裡當作人質。提里達特斯相信這是科普洛誠意的表達，除了回覆願意接受直接會談之外，還表示會談的日期和場地，全權由科普洛決定。

科普洛指定會談的時間為幾天之後，場地定在貝圖斯敗北的同一地點。幾天之後就要直接會談，這是為了要達到打鐵趁熱的目的；而指定在貝圖斯敗北之地舉行，是希望藉由羅馬軍東方地區最高司令官與即將成為亞美尼亞王的人在此進行直接會談，來洗刷貝圖斯大軍對抗帕提亞軍時敗北的恥辱。

科普洛和提里達特斯的直接會談於焉實現，兩人各自率領二十名騎兵前往會場。在雙方接近時，可能是基於尊重長輩的理由，由帕提亞王胞弟先行下馬。羅馬的武將在看到之後，也隨之離開坐騎。二人走近後，握手擁抱。科普洛稱讚提里達特斯沒有莽撞冒險，做了務實而聰明的抉擇。

年輕的提里達特斯則是第一次見到科普洛，但是在以往的八年歲月中，沒有一天不聽到科普洛的大名。科普洛的特殊才能，就是能讓敵人表達敬意。提里達特斯還說道，連王兄帕提亞王都認為，雖然科普洛是敵人，但是卻是值得信賴的人物。而這號人物如今就站在眼前，而且還稱讚自己。天真爛漫的帕提亞小夥子非常地感動，竟然不小心說了不該說的話，說他願意前往羅馬接受加冕。

沒有確切的歷史資料顯示後來的會談內容為何，但是從後來的過程來推測的話，可以知道科普洛的外交戰略完全成功。幾天之後，加冕儀式的前半場就先舉行了。

羅馬軍營的中央地區擺上了尼祿的雕像，雕像前又擺設了祭壇，祭壇周圍站滿了不同武裝的羅馬人和帕提亞人。提里達特斯頭戴亞美尼亞王冠，來到祭壇之前。科普洛站在祭壇旁。提里達特斯向尼祿的雕像行禮，取下頭上的王冠，擺在祭壇之上。再度把這頂王冠加在提里達特斯頭上的，是經由身在羅馬的尼祿之手。加冕儀式的後半場，將在羅馬舉行。

身為神官的提里達特斯，是不可以從事海上之旅的，但是他要如何前往羅馬呢？科普洛說道，雖然路途遙遠，但是還是走陸路好了。這趟旅程，要從帕提亞到羅馬，距離之遙遠，簡直令人昏眩。雖然不曉得他們是如何越過分隔亞洲和歐洲的狹窄達達尼爾海峽，但是走陸路也不會到不了。帕提亞王渥洛葛瑟斯曾經說雖然胞弟有意前往羅馬接受加冕，但是由於身為神官的緣故，不得走海路，所以不克前往。這下子，他可是被科普洛給算計了。因為走陸路的話，就不違背神官的戒律。原本很想親眼見識羅馬的提里達特斯馬上就被說動，渥洛葛瑟斯在面對這項既成事實時，也只得接受。

前半場加冕儀式結束後舉行了盛宴，在盛宴中，主客提里達特斯雖然身在羅馬軍的陣營之內，卻與眾人打成一片，還以很多年輕人才有的問題，追問鄰座的科普洛。為什麼夜間巡邏分為四班，每班三小時，而百人隊長為什麼要在巡邏前專程前來報告？為什麼所有的人都必須等候號角的聲響之後，才能一起離開餐桌？為什麼司令官帳篷前的火把要徹夜點著？科普洛對於他的問題，彷彿父親般地一一加以解答。年輕的亞美尼亞王對於羅馬軍的紀律嚴謹簡直是崇拜到了極點，而他對於自己決定要前往的羅馬愈來愈覺得好奇。二人之間的談話，想必是用當時東方地區最常為人使用的希臘文。

提里達特斯對科普洛說，希望在他出發前往羅馬之前，能向身在帕提亞的母親和兄弟辭行，科普洛回答，這是理所當然的。提里達特斯為了表示自己願意前往羅馬的誠意，將自己年幼的女兒留給科普洛作為人質，自己回到帕提亞。

帕提亞王在見到回國的提里達特斯，得知來龍去脈後，開始擔心要前往羅馬的胞弟。渥洛葛瑟斯寫了一封信給科普洛，請求科普洛遵守下列的承諾，承諾有四項：

一、在前往羅馬的旅程之中，以及抵達羅馬之後，不得以會被視為羅馬皇帝臣服者的待遇來對待提里達特斯。

二、希望不要禁止提里達特斯旅途中所遇見的羅馬各行省總督的出迎和擁抱。因為這表示羅馬方面給予他胞弟的待遇，與代表羅馬高官的地位是對等的。

三、給與停留在首都羅馬的提里達特斯相當於執政官的待遇。羅馬向來會有十二名的護衛在執政官所到之處做「開道」的工作，所以也希望羅馬方面能給與提里達特斯象徵同樣敬意的待遇。

四、在會見尼祿皇帝的時候，准許提里達特斯配劍的特權。因為，解除武裝之後的會見，等於是臣服的意思。

乍看之下，彷彿覺得這是身為兄長者在替深入敵軍基地的胞弟感到擔憂，讓人不禁動容；但是，換成另外一個角度來看的話，帕提亞王的憂慮，也可以解讀為維持體面更勝於胞弟的人身安全。嫡出的帕提亞王子提里達特斯如果受到羅馬人屈辱式的待遇，那麼帕提亞王宮之內對於非嫡出的帕提亞王渥洛葛瑟斯的憤怒可能因此而爆發，這也是帕提亞王渥洛葛瑟斯最大的顧慮。科普洛自然也深知這個道理。對他而言，由他全權主導的羅馬、帕提亞的和平恢復工作，無論如何也必須完美達成。科普洛捎了一封信給渥洛葛瑟斯，發誓將嚴守這四項承諾。同時他還將記載這些要旨的命令書，送達提里達特斯前往羅馬途中的各行省總督和長官處。科普洛握有羅馬帝國東方區域的最高司令權，自然有權限命令眾人照辦。

解決問題

帕提亞王渥洛葛瑟斯在面對這既成事實時，只能接受，但羅馬的尼祿皇帝何嘗不是如此。假劍道的術語來說，他們二人都被科普洛「擊中一劍」。尼祿接獲科普洛的報告，約莫是在西元六十三年底到六十四年春季之間。他原本期待的是戰勝帕提亞軍的捷報，沒想到收到的卻是締結和平條約的報告。儘管他們賦予科普洛白紙委任狀，但是科普洛的作為，卻是與皇帝和閣僚會議既定方針完全相反。

皇帝擁有發動否決權的權利，而羅馬帝國法治主權者元老院和公民，也可以不承認羅馬司令官和敵人之間的協議來加以否決。不論是哪一種，只要有人行使這種權利，科普洛的外交成果都將化為烏有。不過，尼祿、元老院和公民一點也沒有否決的意思，反而表示大大的歡迎。尼祿甚至還透過科普洛傳遞消息給帕提亞方面，說願意負擔提里達特斯一行前來羅馬的旅費。

羅馬方面這出人意表的反應，理由有下列二項：

首先，雖然是亞美尼亞王國的王冠加冕儀式，但長年宿敵的帕提亞王族竟然承諾願意到羅馬來，親自從羅馬皇帝手中接下王冠。這真正證明了羅馬對帕提亞的優勢，讓一般公民、元老院和皇帝都心滿意足。光是想像羅馬皇帝親手將王冠放在跪在地上的帕提亞王胞弟的頭上，就足以讓大多數的羅馬人忘記向來由羅馬決定的亞美尼亞王位將被帕提亞人奪走一事。

第二項跟前者不同，是少數能正視別人不願面對現實問題的羅馬人所認同的理由。

這些人跟科普洛一樣，知道要將同屬於波斯文化的帕提亞與亞美尼亞分開是極為困難的。不過，如果讓亞美尼亞和帕提亞關係過於親近的話，帝國東方的防禦功能將無法運作，所以勢必得要拉攏亞美尼亞。帕提亞王渥洛葛瑟斯的本意絕對不是要與羅馬開戰，而科普洛也將渥洛葛瑟斯只希望確保胞弟地位的心意傳達給皇帝和元老院的議員們知情。所以，這些人認為，即使是帕提亞王的胞弟占據了亞美尼亞的王位，只要他能持續維持和羅馬的同盟關係，那麼承認他也無妨。我想，尼祿應該也是持有同樣的看法。縱使他的虛榮心強，但是當他在面對現實的選擇時，絕對不是一個不明事理的人。

提里達特斯回到帕提亞向母親和兄弟辭行，還舉行了宴會；出發時又非常有東方君主排場地帶著大批的隨從和妻子，還受到沿路各行省總督及眾人的歡迎，這一趟陸路之旅，總共花了九個月的時間才抵達羅馬。軍團移動時，走陸路從羅馬到敘利亞的安提阿，包括渡過亞德里亞海的二天海路，總共是一百二十五天。而帕提亞到安提阿的距離，如果是軍團行軍的話，大概一百五十天也可以抵達。提里達特斯花上兩倍的時間，可見他們是安步當車地沿路遊玩而來。

這趟旅途之中，是由羅馬的騎兵隊和帕提亞的騎兵隊共同護衛的。一行人花掉的旅費，每天高達八十萬塞斯泰契斯，九個月的花費計算下來，對羅馬的國庫而言，也是相當吃重的負擔。不過，羅馬方面認為這是達成和平的代價，沒有任何人抱怨。一行人浩浩蕩蕩地花費九個月平安登陸義大利時，已經是西元六十五年的事了。從在羅馬軍營中尼祿雕像前完成前半場的加冕儀式算起，已經過了一年多了。

登陸義大利時，身為神官的提里達特斯還是走了不應走的海路，花了二天渡過亞德里亞海。因為尼祿當時是前往拿坡里迎接眾人的。如果這一行人走的是陸路，必須由北義大利進入，所以不可能到南義大利的拿坡里去迎接。反正帕提亞的距離遙遠，而且走海路也不過二天的時間，或許就是請眾人對於神官的戒律睜一隻眼閉一隻眼吧。不論如何，前來拿坡里迎接的尼祿和帕提亞王之胞弟共同沿著阿庇亞大道，往羅馬而去。這不只是對待屬國的國王，也是對待帝國貴賓的作法。由於二人的年齡相仿，不久就成了意氣相投的朋友。

加冕儀式的後半場，在羅馬廣場進行。穿著紫色衣裳的尼祿站在中央的講臺上，手捧王冠；而身著黃金色王袍的提里達特斯則跪在尼祿面前。尼祿親手將亞美尼亞王的王冠戴在提里達特斯的頭上。講臺左邊站的是身穿紅邊白色托加長袍的元老院議員們，右邊則是穿著金色等各色東方正式服裝的帕提亞和亞美尼亞高官們。羅馬公民將羅馬廣場擠得水泄不通，群眾歡聲雷動。儀式中還頒贈了「羅馬人的友人和同盟者」的稱號，給成為亞美尼亞王的帕提亞王胞弟。

加冕儀式在和平而靜肅的氣氛中完成，之後的宴會移駕到附設在龐培劇場的寬闊迴廊中舉行。宴會也在和平的氣氛中進行，布置得非常豪華。心情愉悅的尼祿，不僅送了許多禮物給成為亞美尼亞王的提里達特斯，而且還約定羅馬將會盡力協助，將七年前科普洛攻陷焚毀的亞美尼亞王國首都阿爾他喀什塔重建起來。所謂的協助，是指派遣建築技師和專業的工人前往，也就是技術援助。這個約定果然付諸實行。提里達特斯為了表達謝意，將重建後的阿爾他喀什塔更名為尼祿尼亞（尼祿之城）。

當一切都結束之後，亞美尼亞王提里達特斯率領眾人踏上歸途。回程也是走陸路。長途旅行之後，提里達特斯的落腳之處，不是帕提亞，而是亞美尼亞。科普洛也沒有必要再擔任羅馬軍最高東方地區司令官，受尼祿之命，解任後回到敘利亞行省總督的崗位。監視其後羅馬與帕提亞的關係變化，成了科普洛的新任務。雖然不是晉升，但是科普洛心滿意足地投注於工作之上。因為，致力改善兩國關係的科普洛自己最了解這項任務的重要性。

帕提亞方面捨名求實，而羅馬方面真是只有捨實求名嗎？

從奧古斯都時代開始，亞美尼亞王國就享有不同於其他同盟國的特別待遇。羅馬的同盟國，由於是獨立國家，所以他們沒有向羅馬繳納行省稅的義務。但是，如果羅馬發動戰爭時，他們就有義務派兵參加，也就是現在所謂的「後方支援」的義務。也正因為這種關係，所以是羅馬的同盟國。唯獨亞美尼亞，沒有參戰的義務，也沒有後方支援的義務。由於亞美尼亞在東方地區是僅次於大國帕提亞的第二強國，所以刻意給與這種特別待遇真是顯而易見。

羅馬向來運用安排或承認登上亞美尼亞王位者的方式，來控制亞美尼亞，但是奧古斯都的這種作法和尼祿的差異，只在於這次是由帕提亞人出任亞美尼亞之王。當然，就連諸神也無法預測這個帕提亞人未來會有什麼舉動，所以羅馬方面自然不能怠慢了監視的工作。換句話說，在敘利亞設置四個常駐軍團，未來也不可能改變。所以這一切都是賭注。其實，外交也是一種賭注，我們只能說，羅馬贏了這場賭局。

亞美尼亞王提里達特斯致力維持和羅馬的友好關係，讓人無法相信他是個帕提亞人。羅馬方面也非常尊重這位國王，沒有採取任何會危及他立場的行動。帕提亞人統治的亞美尼亞王國安定的話，帕提亞王自然也就心滿意足，所以和帕提亞的關係自然也就獲得改善。在圖拉真皇帝時代前的半個世紀裡，羅馬和帕提亞之間一直保持著和平的關係。到底這五十年的和平有什麼價值，想必現代許多國家的人們應該會給與正面的評價。

從尼祿加冕提里達特斯的三年後，眾叛親離的尼祿自殺身亡。得知消息的帕提亞王渥洛葛瑟斯向羅馬的元老院提出下列的要求：你們如何評價尼祿是你們的問題，但是尼祿對帕提亞和亞美尼亞而言，卻是我們的大恩人，所以，希望你們允許以往我們每年舉辦的尼祿感恩節能夠存續下去。

維持與帕提亞的友好關係，對羅馬而言是非常重要的一件事，所以即使元老院斷定尼祿是「國家之敵」，但是仍舊許可了這項請求。

戰爭是拿著武器的外交，而外交是不拿武器的戰爭。科普洛是個深明此理的武將。

但是，如果尼祿能夠在更早之前就執行科普洛的這種看法，就不會花費羅馬十二年的光陰來解決帕提亞、亞美尼亞問題了。因為，科普洛早在到任的幾年之後，就建議許可提里達特斯就任亞美尼亞王位，藉以解決這個問題。我認為，所謂有能力的領導者，就是善於節省人力、勞力和時間的人物。

歌手初次演出

西元六十四年，當提里達特斯還在陸路上朝羅馬慢慢邁進的時候，雖然羅馬的加冕儀式還沒有舉行，但帕提亞、亞美尼亞問題儼然就等於解決了一般。元老院和公民們對於尼祿的支持，更由於這項功績而提升。支持率愈高，就需要更多的自制力才對。不過，每當尼祿面對這種情形，往往會把以往因為自重而沒能實行的事情，藉著機會付諸實現。這一次，尼祿的老毛病又犯了。

尼祿從少年時代起就愛好詩文，更喜歡把自己作的詩，以"Cithara"的豎琴伴奏，吟唱出來。他說這是希臘文化的精髓。分明可以獨樂樂的，但是他認為自己才華洋溢，所以就想要眾樂樂。

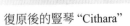

從當上皇帝之後到這個時期為止，尼祿總是召集皇宮內的侍者或隨從，表演給他們看。一般羅馬人對於希臘文化的反應，是認為它太柔弱而排斥它，所以這也是尼祿最擔心的。不過，現在他在位也有十年的時間，年齡也已經二十七歲了，再加上高度的支持率，尼祿皇帝愈來愈有自信。以往他就相信自己的才華，一直希望能在公眾面前表演，請大眾給與評斷，而不是宮中侍者們奉承的掌聲，於是他下定決心要實際行動。

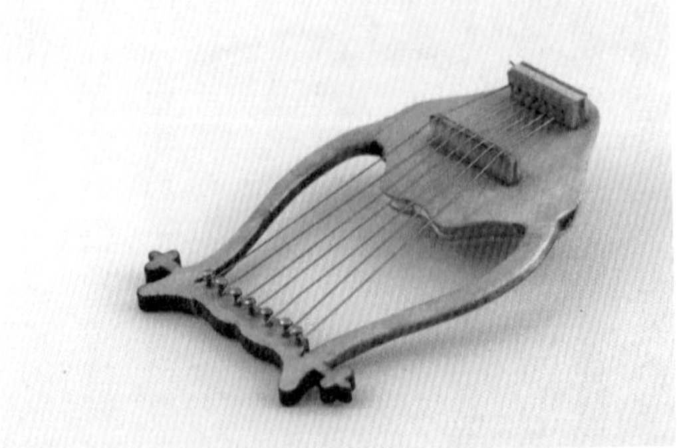

復原後的豎琴"Cithara"

不過，尼祿還是沒有勇氣在「羅馬精神」的發祥地——首都羅馬表演，尼祿決定要把他第一次獻聲的地方選擇在拿坡里的野外劇場。拿坡里就如同它的希臘文名稱尼亞波里斯 (Neopolis) 一般，原本是希臘人移入之後才興起的城市，後來到了羅馬時代，仍舊保留著極為濃厚的希臘色彩。塔西圖斯也寫道，這裡彷彿就像是希臘本土的一座城市一般。所以尼祿才會認為，拿坡里的居民應該可以理解並欣賞這希臘文化的精髓——在豎琴伴奏下吟唱自己的創作。

劇場中擠滿了觀眾，幾乎沒有立錐之地。他們倒不是要來體驗「希臘文化的精髓」，而是想來看看「唱歌的皇帝」。尼祿本身不想以皇帝的身份出現，而是希望以藝術家的身份獻藝，所以沒有穿著紫衣、也沒有戴黃金製的月桂冠，只穿了比專業的彈唱歌者更樸素的短衣。觀眾們似乎對服裝有些失望，但是舞臺上拼命地撥弄琴弦、自彈自唱的人物，是如假包換的尼祿皇帝。觀眾們細細品味，並給與熱烈的掌聲。尼祿初試啼聲，便對自己更具信心，於是決定下一次的表演要在羅馬精神的堡壘——羅馬，發揚希臘文化的精髓。之後再前往發祥地希臘，在希臘人面前展現自己的才華。不過，事隔不久就發生了一件大事，使得他的美夢不得不暫時擱置下來。

羅馬大火

西元六十四年七月十八日跨越到十九日的晚間，大競技場觀眾席下方密密麻麻的店家之一發生大火，偏不巧在強風的助長之下，火焰延燒到鄰近的帕拉提諾與卻里歐山丘上。夏季的羅馬經常會受到非洲吹來的西南風肆虐，這種西南風叫做西羅科風。一旦吹起，會使得往常西風涼爽的羅馬大街，頓時氣溫上升，悶熱難耐。不過，這種西南風通常也不會持續好幾天，唯獨這一年不同。發出火苗的大競技場觀眾席當然不在話下，當天夜裡，火勢就蔓延到帕拉提諾與卻里歐山丘，而且還延燒到名為史普拉的庶民地區。帕拉提諾山丘上全是皇帝家族的豪宅，而共和政治時代起的名家宅邸也不在少數。這一切全都付之一炬。卻里歐山丘上也是高級住宅林立，但是山丘中低地帶卻都是百姓的房屋。猛烈的火勢不分貴賤，將所有人的房子都吞噬。

羅馬人在興建新都市的時候，發揮令人讚嘆的都市計畫才能，但是這項才能卻沒有展現在自己的首都羅馬。原因在於羅馬是個自然產生的都市，而且在都市計畫中，有七座山丘，而這七座山丘對於這個首都而言，是優點也是缺點。除此之外，羅馬在成為「世界的首都」之後，大量的人口流入，超過其他都市，達到百萬以上。

第一代皇帝奧古斯都自負地說，他接受的羅馬是以磚頭打造，但是他會留下大理石的羅馬，不過，這都侷限於公共建設的部份。要容納不斷增加的人口，只得仰賴名為因斯拉的五、六層樓高集中住宅。「因斯拉」是給中下或下層階級居民的住宅。所以，牆壁雖然是石造的，但是地板和天花板都是使用木材。而且，為了讓居住空間能夠變得稍微寬敞些，二樓以上大多是挑窗，窗戶都突出於街道之上。原本就狹隘的街道，這下子變得更狹窄了。這種集合住宅公寓，往往是和隔壁的公寓共用一堵外牆。換句話說，集合住宅之間沒有空地，各「因斯拉」是緊貼著牆壁、比鄰而建的。只要一發生火警，根本無法阻止。

有錢人的奢華獨棟建築也不是完全沒有缺陷的。這些人的豪宅都用了大量的大理石或馬賽克，反映出整個羅馬帝國經濟實力的提升，但是柱子與柱子之間橫跨的樑則是木製的。上頭就算有雕刻圖畫，但是木材就是木材。至於佣人們的房間或倉庫都蓋在樓上，這些地方的地板也是木製的。門窗的框也是木製的。只要火焰燒到樑上，屋頂什麼時候掉落下來，只是時間的問題。用鐵製卡子將石材連在樑上的，只有神殿、會堂或劇場等公共建築物。

當時就有消防隊員，這是奧古斯都創制的組織，有七個大隊，共計七千人。但是，在那沒有橡皮的時代，他們自然不會想到要用塑膠水管取臺伯河的河水來滅火。以水滅火的作業，只得靠著手手相傳的方式，來運送水道的水。在這種狀態之下，成立消防隊，充其量只是為了防止火勢蔓延，叫這些人去破壞尚未被大火波及的建築物。但是，這樣的單位，後來卻成為日後尼祿被指為教唆縱火的原因之一。

直到第六天的傍晚，火勢才被成功地撲滅。不過，這個成功也只是暫時的，餘火在東方吹來的強風之下再度復燃，接著又是連燒三天三夜。結果「世界的首都」在九天之間，幾乎全被祝融肆虐蹂躪盡了。

火災發生時，尼祿正好在羅馬南方五十公里處的海岸小鎮安茲歐別墅中避暑。羅馬的火災，尼祿隔天才得知，便立即駕著雙頭馬戰車，沿阿庇亞大道北上，回到首都。他那在艾斯奎里諾山丘上的別墅安然無恙，但是這名二十六歲的皇帝並沒有要在此停留。他帶頭指揮救災、接連發出命令，眾人也迅速而確實地執行。

在倖免於難的地區之中，最接近城中心的馬爾斯廣場上林立的公共建築物，全數都開放給災區民眾，作為收容場所。舉凡神殿萬神殿（Panteon，不是現在所見由哈德良皇帝時代所建築，而是由阿古力巴興建）、薩耶普塔．尤莉亞投票場、以及冠上了龐培、歐古塔薇亞等名字的各個迴廊、有屋頂的建築物等，全都用來作為難民收容所。不過，這些建築物仍舊無法收容所有的難民，所以從近衛軍團的兵營中運來大量的帳篷，搭建在這些公共建築物的周圍空地上。軍團的士兵們習慣在行軍的途中搭設帳篷，作為住宿的落腳處。在馬爾斯廣場中，儼然出現一個規模龐大的帳篷村。

除了收容難民之外，尼祿也沒有忘記提供食物給這些失去一切的人們。皇帝下令將羅馬外港奧斯提亞卸貨後存放在倉庫裡頭的小麥，還有剛剛才從船上卸下、還堆積在碼頭的小麥，全數搬運到羅馬來。小麥從奧斯提亞大道和臺伯河雙管齊下運來，送到沒有受到火災傷害地區的製粉廠研磨，然後以小麥粉或麵包的方式分配給難民。不過，難民們也不能光吃這些小麥粉製成的羅馬式勾芡湯或麵包為生。於是尼祿要求羅馬附近的城鎮提供乳酪、青菜和水果。唯有飲用水例外，因為首都羅馬有九條水道集中於此，所以不虞匱乏。

難民可以免費享有這些資源，但是受災戶之中，有許多人投靠災區以外的親戚或友人。於是，尼祿下令將羅馬的小麥零售價格，由一般的一磨底斯十塞斯泰契斯降低為三塞斯泰契斯。

不幸被燒死或被倒下的建築物壓死，抑或是被逃竄的人潮擠死的人數到底有多少，羅馬時代的歷史學家們連個大概的數字也沒有留下。就算塔西圖斯曾記錄野外劇場崩塌所造成的死傷人數，但是也沒有提到西元六十四年羅馬大火時的統計數字。現代的研究人員大多認為這次火災對於建築物帶來了嚴重的損害，但是受災者並不多。關於電影《暴君焚城錄》(*Quo Vadis*) 中的描繪，因為是從基督教反羅馬的立場闡述的，所以可能失之誇張。不論如何，由於這次的大火，的確使得「世界的首都」蒙受了極大的損害。

自從奧古斯都制定以來，羅馬就一直分成十四個行政區域。或許您會認為，大火才不認什麼行政區域呢。其實不然，羅馬人在首都羅馬雖然無法按照都市計畫來興建，但是卻利用寬廣的街道和廣場來把各行政區的界限做了明顯的劃分。

全毀的行政區域是以帕拉提諾山丘為中心的第十區，以及大競技場所在的第十一區，還有平民們居住的史普拉第三區。這幾區都是城中心的核心部份，但是羅馬廣場和滿是神殿的卡匹杜里諾山丘倒是逃過一劫。這一定是因為集中於這一帶的公共建築物全是大理石建造的關係。

半毀的行政區域包括第二、第四、第七、第八、第九、第十二和第十三等七個區域。位於羅馬西北部的第七和第九行政區，是二度火災時的受害區域。

倖免於難的行政區域有第一、第五和第六，以及臺伯河西岸的第十四行政區等四處，它們都位於羅馬的都市邊緣，這或許是因為火災起火的地點，是在城中心的大競技場的緣故吧。

重建

十四個行政區域之中，全毀的有三區，半毀的也有七區，所以整個羅馬等於需要重建。首先，以皇帝之名，要求帝國各地慷慨解囊，以幫助首都重建。數年之後里昂也發生大火，而羅馬也捐出了四百萬塞斯泰契斯，據說這個金額就等於此時里昂捐給羅馬的重建經費。既然行省高盧的首都里昂都捐了四百萬了，更為富有的亞歷山大和安提阿應該捐得更多吧。在羅馬帝國之內，從臺伯留開始發放救濟金給地震受災地區以來，天

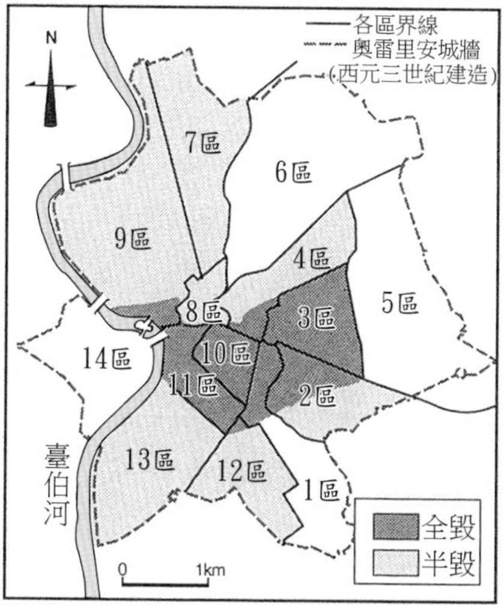

14 個行政區的火災受災情況（為了幫助理解，特加上當時並不存在的奧雷里安城牆）

災時的相互救援，已經是理所當然的事情了。羅馬重建時，尼祿也坐鎮指揮。皇帝所下達的命令，都是以往羅馬人不曾聽聞過的。因為尼祿腦筋裡想的羅馬建設，除了要耐火之外，還要美觀舒適。

一、街道的寬度要比以往更寬，盡可能讓城中的街道全是筆直的大道。

二、居住用的建築物高度不得超過六十步（約十七公尺）。

三、建築物與建築物之間的空間，必須嚴守法律規定的二．五步（約七十公分），如果還有剩餘的空間，應盡量騰出。所有的建築物必須具備自有的外牆，嚴禁共用。

四、建築物使用的橫梁不得使用木材，必須改用石材。

五、「因斯拉」也必須設有內庭。

六、面臨馬路的住宅必須在前面設置石柱的門廊，以作為防火措施之用。石柱門廊的建設費用由國庫負擔。

七、當瓦礫和火災後的殘屋清除作業完成之後，土地歸還原主。

八、在期限內將自己的住宅或租來的房子（因斯拉）重建完成者，由國庫發給獎勵金。

九、住宅用建築物的所有人必須在內庭設置儲水槽，常備水源。

十、水道管線的修復作業，不得私自任意進行，必須由負責水道人員進行修補作業。

尼祿之所以會做出這項決定，是因為此時的羅馬也有些不肖之徒，會鑿開水道管線，竊取用水。這麼一來，水壓降低，造成利用街道旁邊或廣場共同水道來滅火的工作無法進行。於是經過反省之後，尼祿下達這項命令。

十一、所有的瓦礫均搬到臺伯河岸。從奧斯提亞載滿小麥而來的船隻，回程時裝載瓦礫等順河而下，然後將這些廢棄物運到奧斯提亞的沼澤地帶，用來填土造地，不得任意傾倒於其他地方。

這一切都是災後復建的工作，而重建往往是很花錢的。從各行省捐來的款項根本不夠，因為尼祿在改造羅馬城中心的同時，還在興建「黃金宮殿」（後詳述）的緣故。為了要確保財源，我們先前曾經提到尼祿執行的貨幣改革，其實是修正措施，也在這個時期同步進行。

所謂的貨幣改革，就是將原本重七．八公克純金打造的奧雷斯金幣減為七．三公克，而三．九公克的狄納利斯銀幣，減為三．四一公克。狄納利斯銀幣的純銀含量，也從以往的百分之百，降為百分之九十二。銅幣倒是沒有改變。

這是從西元前二十三年奧古斯都制定後，八十七年來首度有人加以改革。有些研究人員這是在貶低幣值，但是我並不贊同。

首先，跟西元三世紀帝國經濟實力衰退時所採行的各種貶值措施相比較，尼祿貶值貨幣的幅度實在太小，不過區區的〇．五公克而已。

第二點，對於尼祿的這項決定，無論是元老院的議員們或一般公民們，完全沒有發出反對的聲浪。

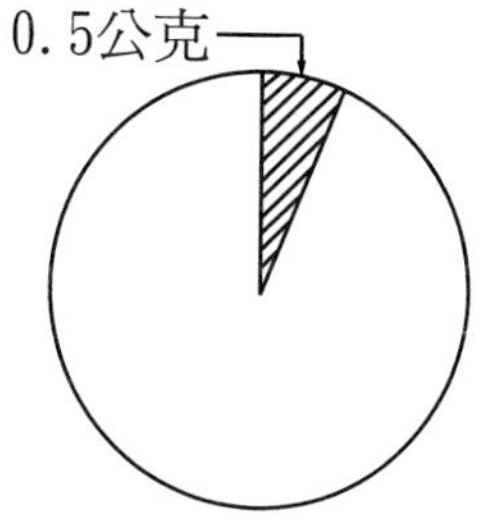

金幣降低的含金量

貨幣貶值代表經濟實力的衰退，但是尼祿時代羅馬帝國的經濟實力，由於長年的和平以及基礎建設的完備展現出成果，所以只有一路地攀升。經濟成長必定帶動貨幣流通量的增加，但是礦山中金銀的產量卻未必與經濟的成長成正比增加。所以後來才有人想到使用紙鈔，而古代人則還未能想到。

金銀的產量比以往有些微的增加，但是經濟的成長率更高，這麼一來，能夠想得到的，就是縮小金幣和銀幣的尺寸。由於在這個時代，唯有原料價值與幣面價值一致時，才是值得信賴的貨幣，因此摻入雜質來降低含有率就是能避免就該避免的作法。經濟實力衰退的第三世紀時，羅馬人改革的特色，就是降低含有率。但在一世紀的尼祿時代，還沒有這麼做的必要。

大火後的重建與興建「黃金宮殿」來大幅改造羅馬，對尼祿而言，都需要很多的經費。不過，就算動機很「惡」，結果未必就「惡」。尼祿修改金銀貨幣，到五賢帝時代後西元二一五年的卡拉卡拉皇帝再次改革為止的一百五十年之間，都沒有人再加以修改。這跟我們聽得耳熟能詳的貨幣貶值不同，反映出羅馬帝國經濟實力的提升，可以說是務實而妥當的一項改革。

公民對於尼祿皇帝從建設以及確保財源的兩方面來重建羅馬，都給與極高的評價。受災者與非受災者齊心協力重建羅馬，在所有公民的努力之下，重建工作迅速地進行。羅馬的街景，變得比以前更井然有序、更美觀。但是，還是有人抱怨，他們說陽光能照到每一個角落，暑氣更叫人吃不消。向來喜歡以嚴詞批評尼祿的歷史學家塔西圖斯，對於此時的尼祿則是讚賞有加，說他政策成效卓著，堪稱運用了人類智慧之極限。

黃金宮殿

建設是男人的夢想，而羅馬的傳統，則是有權有勢者投入自己的財產來興建公共建築物之後，捐贈給國家。與其說這是將利益回饋給社會，不如說是為了在羅馬社會中獲得社會所賦與的名譽。獲贈的這一方會將贈與者的名字冠在這些建築物之上，以作答謝。

尼祿也想要這麼做，但是尼祿心裡想的，不是像龐培劇場或凱撒、奧古斯都等的廳堂那樣獨棟的建築物。而且，他也不是自掏腰包，而是要國庫支出。尼祿相信，讓國庫支出是絕對有價值的。他心中所想的，是規模龐大的城中心改造計畫，涵蓋範圍從帕拉提諾山丘，經卻里歐山丘之下的低地，到艾斯奎里諾山丘。

對現代的我們而言，實在很難想像卻里歐山丘下低地沒有 "Colosseum"（圓形露天劇場）的羅馬會是什麼模樣。而且，我們現在所看到的 "Colosseum"，會覺得它設在那裡是極為理所當然的，因為它是用來眺望盤踞帕拉提諾山丘下的羅馬廣場遺蹟。但是，在羅馬帝國存在時的羅馬廣場並不是現代石柱、石塊散亂一地的遺蹟，而是神殿、會堂、各種紀念柱林立的地區。在這條延伸線上，可以看見卡匹杜里諾山丘上的眾多神殿，視線往北，則可看見雄偉的凱撒和奧古斯都的「廣場」。換句話說，這裡是城中心的核心部位，擁有無數的公共建築物。

話說回來，雖然這一帶是歷代權勢者競相建築的區域，但是卻完全不會給人低俗惡劣的印象。

就以石柱迴廊為例，如果只是要以支撐屋頂為目的，就不會要那麼多根。不過，石柱林立本身就是一種美。建築物比鄰而立，也能創造出力與美。如果希臘人的審美觀是在鳥瞰海洋的斷崖上興建孤立的神殿，那麼羅馬人的審美觀，則是將許多建築物集中於一處，藉以呈現力與美。

不過，尼祿是個醉心希臘文化的人，他想要做的，是把希臘人稱為「阿卡狄亞」(Arcadia) 綠意盎然的世外桃源，搬到羅馬的城中心來，於是尼祿開始建設「黃金宮殿」，這是完全運用到從帕拉提諾到艾斯奎里諾山丘五十萬平方公尺所有土地的大工程。

直譯為「通行空間」的"Domes Transitria"從帕拉提諾山丘下開始，採列柱迴廊形式，中央有四公尺高的尼祿黃金雕像。走過通行空間之後，在爬上歐比斯山丘前的道路右側，也就是現代"Colosseum"所在的低地，變成一片廣大的人工湖。歐比斯山丘上"Domus Aura"（黃金宮殿）本館的正面，就對著這人工湖敞開，而本館背後的整座艾斯奎里諾山丘，也預定要作為放養動物的自然公園。人工湖的水，據說是來自遙遠的羅馬東北提沃里。歐比斯山丘上能夠眺望人工湖的這一邊，全部都蓋起三排的列柱迴廊，全長達一．五公里。本館廣大、壯觀，廳堂的天花板會旋轉，而且上頭還有機關，可以將花瓣撒在眾人的頭上。黃金宮殿可以說是集奢華、技術與夢想於一身的極致。

不過，我認為尼祿犯的第一個錯誤，是取了意為私宅的"Domus"為名，其實這座黃金宮殿既沒有柵欄也沒有牆壁。雖然人們不得自由進入皇帝的私人區域，但是人工湖或自然公園卻是可以來去自如，這是因為尼祿打算要把這裡變成羅馬城中心的綠地。如果當時就有環保人士的話，我相信他們一定相當贊同尼祿的作法。

不過，羅馬人對於城市的看法，和尼祿大相逕庭。羅馬人認為，所謂的都市，尤其是都市的城中心，只要有都市所需的設施就足夠了，而到郊外的山莊或別墅就可以享受綠地美景。羅馬人非常執著於擁有第二棟房子，所以在別墅中，也盡可能地打造美麗的庭院，他們對於庭院的熱情，與近代的英國人不相上下。

尼祿不僅把這裡命名為「黃金宮殿」，甚至還誇下海口，說這裡才是適合人類居住的所在。這些話讓想在都市中擁有庭院卻又無能為力的公民們聽起來，自然覺得反感。雖然尼祿真正的心意，是希望公民們可以到這裡自由享受。

後來，由於尼祿去世，「黃金宮殿」自然也就沒能完成。另外，維斯帕先皇帝將人工湖改建為"Colosseum"，將尼祿的黃金雕像頭部改為太陽神；提圖斯皇帝則是在庭園的位置興建浴場，圖拉真皇帝將本館打掉，重建為大浴場，最後是哈德良皇帝在「通行空間」的位置上興建神殿，這麼一來，「黃金宮殿」的模樣煙消雲散。公民的反感也在皇帝們的破壞行為之下逐漸消退，這同時也證明了尼祿的都市觀和羅馬人的都市觀有著極大的差距。規模龐大的"Colosseum"勝於人工湖，公民休憩的浴場勝過放養動物的自然公園，這就是羅馬人心目中的都市利用方法。

而且，尼祿還犯了另外一項錯誤，他訂錯了重新開工的日期。西元六十四年初開工的「黃金宮殿」將近竣工之際，羅馬發生大火，而他卻忽略了將重新開工的日期延後。雖然尼祿致力於受災者的住宅重建，但是他對於自己的宮殿重建工作也是不遺餘力。一般公民都認為"Domus"的意義就等於私宅，而尼祿努力重建當然也刺激了公民的憤怒。羅馬公民之間流傳一個笑話，就是叫大家在尼祿把羅馬變成私有地之前趕快搬家。

更有甚者，是因為大火造成的全毀區域，幾乎就跟尼祿的「黃金宮殿」建設預定地一致，這使得公民疑竇大起。羅馬非常注重保護私有財產，就算是皇帝要利用私人土地，也是有必要向所有人購買。收購土地時，自然需要花費時間和金錢，還得和每一位所有人逐一地討論。不過，如果是祝融肆虐的話，土地所有人也不會抱著太大的希望，收購也就會變得比較簡單。有人謠傳大火是尼祿下令縱火造成的。悲嘆受災哀戚的人們之間，盛傳尼祿從艾斯奎里諾的別墅中，手抱豎琴，遙望著烈火熊熊的羅馬，口中還吟唱著荷馬所作《伊利亞德》中特洛伊城淪陷時的橋段。

二十七歲的尼祿，一點也不習慣人們的反感和敵意。尼祿自己認為他的所作所為，都是為了人民著想而做的，所以他們理應對自己抱持好感。而在此之前的尼祿皇帝，偶爾會是羅馬公民的笑柄。但就整體上而言，還算是位受人愛戴的皇帝。這次是他登基為皇以來，首度感受到的敵意。尼祿感到慌張，溺於被害妄想之中，認為要想辦法將人們的敵意導向他處，否則將會回報到自己身上。在這種情況之下，往往都會有人提供一些餿主意。

迫害基督教徒

為什麼尼祿只把縱火犯的苗頭對準基督教徒？基於宗教上的理由而一直拒絕成為羅馬社會一員，就這一點而言，猶太教與基督教相同，但是為什麼猶太教就可以倖免於難呢？

猶太教徒們都集中住在臺伯河西岸的第十四區，這是西元六十四年夏季羅馬大火中逃過一劫的四個行政區中的一個。他們之所以會集中住在一起，是因為第一代皇帝奧古斯都許可猶太人可以在這一區中組織猶太人自己的社區。那時候還沒有基督教，基督教的誕生是在第二代皇帝臺伯留的晚年。大約是在西元三十三年的時候，耶穌基督被處釘在十字架上之刑。而耶穌死後信徒們開始進行的傳教活動，當然是針對和耶穌及信徒們相同的猶太人。羅馬帝國每一座重要城市，都存在猶太人的社群，因此羅馬也是基督教傳教的範圍之一。第三代皇帝卡利古拉和第四代皇帝克勞狄斯時代的羅馬基督教徒，也是和臺伯河西岸的猶太人住在一起。

不過，不管是哪一種新運動，首當其衝的就是身旁同伴的反抗。就好像耶穌處刑的真正原因，是因為耶路撒冷猶太教士的敵意。進入尼祿時代以後，住在羅馬的基督教徒大半都是猶太人，但是居住的所在卻遠離猶太人居住的第十四區，是在臺伯河的對岸，與第十四區遙遙相望。這個地區是在塞爾維斯城牆外側的第十二區，凱撒曾下令拆毀該城牆，不過仍留下許多部份。這個地區在大火後屬於半毀地區，但由於算是市郊的關係，所以受害程度也比較輕微。

羅馬人屬於多神教，所以在宗教方面也比較寬容，對於基督教，他們只認為是猶太教的分支，只要他們不會造成社會不安，羅馬會繼續採取包容的方針。但是，所謂的寬容並不表示贊同對方，而是雖然不贊同，但承認對方的存在。羅馬人對於猶太教徒的態度，我認為才算是上述意義下真正的寬容。

羅馬人與居住在羅馬的猶太人之間沒有發生太大的摩擦，這跟猶太教自認為自己是神的選民有關。猶太人深信唯有自己才是獨一真神挑選出來的，如果其他民族也能跟他們相提並論的話，那他們就算不上是被挑選出來的。所以，縱使他們非常熱衷於種族內部的信仰堅持，但是卻不熱心對其他民族傳教。想必各位也不曾聽說過猶太教在傳教吧？

相對地，耶穌提倡在基督教的神之前，人人平等，這已經脫離了猶太式選民的思想模式。不過，我認為耶穌的平等思想，主要是以「基督教的神之前」為前提，這其實也是另外一種選民的思想。話說回來，在「選民」觀念上的差異，使得猶太教徒對於他人的態度和基督教徒對於他人的態度也產生了差異。換句話說，差異就在於猶太教徒不熱心向其他宗教的信徒傳教，但是基督教卻非常熱心。

顯克維支 (Sienkiewicz) 的著作《暴君焚城錄》(*Quo Vadis*) 中有一個象徵性的場景敘述：在羅馬傳教的彼得拜訪了羅馬屈指可數的知識份子、也是尼祿皇帝親信的貝特洛尼斯，熱心地遊說他皈依基督教。貝特洛尼斯給予他的答覆如下：

「我知道你闡述的教義是對的，不過，在我必須死的時候，我會飲毒自盡。所以，請不要來煩我。」

從基督教的立場而言，是無法坐視不管的。他們信仰的神是唯一的神，而不相信這個神的人就是不了解真正的宗教，處境堪憐，所以基督教徒們相信自己的使命，就是要把這些人從可憐的處境之中拯救出來。但對非基督教徒而言，這就是「多管閒事」。當時的羅馬，仍舊是以非基督教徒占絕大多數。

當時羅馬人眼中基督教徒的多管閒事，從多神教的立場來看，就跟傲慢不馴是一樣的。在《新約・使徒行傳》中有一個插曲，是描述保羅在希臘傳教時，在眾多（希臘人也是多神教徒）神像隊伍的最後一尊，找到名為「未知之神」的神像。保羅向群眾大聲地說：「這就是我們所傳的獨一真神」。希臘人因此震怒，憤怒的人群把保羅趕出城外。

所謂未知之神，表示人類的智慧可能還有未可及的領域，是一種謙虛心境的表達。而對於把此斷言為我所傳揚的真神，多神教的希臘人自然會認為是不知人類極限的傲慢表現。寬大的羅馬人能夠接受戰敗者的信仰，使得羅馬的天神竟有三十萬之多，不過在觀念上，他們跟怒而趕走保羅的希臘人是一致的。

除此之外，羅馬人還有非常獨特的情感。

羅馬人擊敗伊特魯里亞民族之後，將他們同化，但也從他們那邊學習到拱門的建造方法、儀式的舉行方法和鬥劍比賽原則等各式各樣的知識，唯獨沒有模仿以活人祭祀的習慣。在前二世紀，當時羅馬人打敗迦太基人，將他們的首都化為不毛之地，當時羅馬人心中，就非常輕視迦太基人以幼兒為祭品的作法。至於克爾特民族的杜魯伊德斯教被趕出高盧和不列顛時，羅馬人之所以為他們感到不齒，是因為杜魯伊德斯教也有以活人祭祀的習慣。即使是敬神，羅馬人比希臘人更厭惡拿活人當祭品的行為。

羅馬人也知道，在基督教的聖餐禮之中，會食用葡萄酒和麵餅，而麵餅是耶穌基督的肉，葡萄酒是耶穌的血。依羅馬人的觀念而言，就等於他們在神明之前宰殺牛羊等牲禮，在神明之前燒烤後分食一般，所以耶穌之死也不是單純的死，而是一種犧牲，這也是基督教徒們自己說的。

羅馬人吃的是牛羊牲禮的肉，但是基督教徒是在吃犧牲者的肉、喝他的血。對羅馬人而言，基督教徒簡直就是野蠻的人種，遠在伊特魯里亞人、迦太基人之上，甚至還超過最野蠻的蠻族克爾特民族之上。一般羅馬人對於基督教徒的嫌惡，簡直就是接近唾棄的程度。

對基督教徒的態度上，知識份子是有些不同的。歷史學家塔西圖斯眼中的基督教徒，是要打亂羅馬人創設的人間共同體制度的亂源、晦暗兇惡的敵人。我們只能說，他真的是道出了三百年後羅馬帝國的未來。

尼祿時代羅馬基督教徒比起猶太人社群要來得規模小，氣勢也比較薄弱，不是那種要用強大力量才能根絕的龐大勢力。而且，他們也沒有像猶太人一樣，能獲得皇后波貝亞的庇護。要轉嫁縱火之罪，羅馬的基督教徒在前述理由之下，自然是最佳的代罪羔羊。尼祿控告基督教徒的罪證之中，除了縱火之罪，還有一項「憎惡人類全體之罪」。

逮捕工作並不是一網打盡，而是逐一擒來。先是捉到幾名對外公開自稱的基督教徒，對其嚴刑拷打，讓他們去告發其他人，引導他們自白之後再加以審判。像是這種情況的判決結果，是在事前就可以預見的唯一死刑，但是不經審判就直接逮捕後送到刑場，這樣的作法違背羅馬的法律。羅馬的司法機構必須要在接到告發之後，才能採取行動。有了自白或證據之後，才能加以判決。

這次的基督教殉教人數，連塔西圖斯在內的羅馬時代史學家們，都沒有留下記錄。不過，現代的研究人員從非常駭人聽聞的處刑方法，以及羅馬以外都市基督教徒社區的規模等來推算的話，一般都認為是在二百到三百之間。雖然一般公民與此無關，但是一次要處死這麼多人，就足夠吸引眾人的矚目了。而尼祿不僅是要單純地執行死刑，他更希望把這處刑變成一項殘酷的表演，於是梵諦岡的競技場就成了公開的刑場了。

部份基督教徒的身上被披上野獸的皮毛，死於一群野狗的利牙之下。其餘的人則是被釘在十字架上，這是羅馬時代較為普遍的處死法。還有一部份的人被留下來，作為夜間表演用。他們一個一個被綁在排列於地上的樁子上，活生生地被燒死。烈火熾熱的人柱群，照亮了觀眾席上屏氣凝神的公民臉龐。尼祿也在競技場內的戰車上，觀賞這個光景。

眾多的基督教徒被處以殘酷的死刑，這在公民的心中引起的震撼，和尼祿預期的有著極大的落差。即使不相信尼祿縱火論，塔西圖斯還是寫道：

「就算這些人應該受到很嚴厲的懲罰，但是執刑的殘酷程度，讓觀看的公民心中充滿了同情。公民們都知道，這些叫作基督教徒的悲慘命運，其實並不是為了維護公共利益，而只是在滿足一個人的殘暴欲望而已。」

尼祿本來打算藉著將人們唾棄的基督教徒當作縱火犯，來降低公民們對於自己的懷疑，但是他的如意算盤完全失算，反而更讓尼祿教唆縱火的流言四處流傳。

羅馬歷史之中，包括帝王政治時代和共和政治時代在內，最為知名的人物，既不是朱利斯・凱撒，也不是奧古斯都，而是這位尼祿，他不僅有名，甚至還被認為是羅馬皇帝的代表性人物。不過這在羅馬帝國當時，情況並非如此，這是在羅馬滅亡之後，基督教徒取代羅馬人，主宰全世界的時候才有的固定評斷。西元六十四年的迫害事件，讓尼祿成為羅馬史上最出名的人物。基督教徒稱尼祿為「反基督」，對他極為反感。這種情況在二千年後的現代亦復如此，得到諾貝爾文學獎，同時也改編為電影的《暴君焚城錄》就是從這個觀點來描繪的。

不過，尼祿迫害基督教徒，或許因為只是以轉嫁縱火嫌疑為目的，所以也只侷限於首都羅馬之內，而且在往後的日子裡，也不再有相同的事件發生。基督教徒受到第二次的迫害，是在三十年後的西元九十五年。這一次也不是因為宗教上的理由，而只是因為圖密善 (Domitianus) 皇帝想把別人對他的敵意，轉嫁給基督教徒的緣故，基督教徒們又無端地成為犧牲品。

說起五賢帝，雖然基督教徒也評價皆為「賢明的皇帝」，但是在這個時代裡，他們未必就沒有受到迫害。圖拉真皇帝時代，有耶路撒冷和安提阿的二名主教殉教，而馬庫斯・奧理略 (Marcus Aurelius) 皇帝時，也曾鎮壓里昂的基督教社群。不過，此時受到迫害的區域有限，並沒有擴及整個帝國。鎮壓的理由也應該不是宗教因素，而是基於維持社會秩序的考量吧。

整個帝國境內的基督教徒都受到迫害，是要到西元二〇二年謝維勒 (Septimius Severus) 皇帝時代。到西元二五〇年為止，這都還算是暫時性的現象，過了西元二五〇年之後，局勢為之一變。西元二五三、二五七、二五八年，是基督教徒接連受難的日子。

從西元二六〇到三〇三年為止，基督教徒受迫害的情況有如幻夢般消失無蹤，這對居住在羅馬帝國的基督教徒而言，可以說是最寧靜安詳的時期。

西元三〇三年，基督教徒再度面臨受難期。決心重建羅馬帝國的戴克里先 (Diocletianus) 皇帝決定從羅馬帝國中掃除「破壞羅馬人創造的人類共同體規則的基督教徒」。光是看這個時期皇帝針對基督教徒下達的諭令，就可以知道戴克里先皇帝的決心有多麼堅定。這對基督教徒而言，是最苦難的時期。還好，這一切都在西元三一四年君士坦丁（Constantinus）大帝下令認可基督教徒信仰之自由而宣告結束。雖然基督教徒們是搭了皇帝間權力鬥爭的便車，但是總之他們是僥倖的一方。

以上是基督教徒被迫害歷史中較為知名的，所以只把尼祿當成基督教徒的敵人，難免讓人替他打抱不平。尼祿所提的理由之中，除了說基督教徒們是縱火者和共犯之外，還說他們犯了憎惡人類全體之罪。當時羅馬人所謂的「人類全體」，其實指的就是「羅馬帝國」。就這一點而言，尼祿仍是後代迫害基督教徒的始作俑者，雖然這是他在生前始料未及的。

唱歌的皇帝

尼祿其實很天真幼稚、具神經質，所以無法忍受他人對自己的詆毀、反感和敵意。「特異獨行」自然會遭到詆毀、反感和敵意，但是他卻無法瀟脫地面對。這種性格的人，往往會走極端，要不就是慌慌張張地想要扳回一城而醜態百出，要不就是因為過度反應而採取攻擊，無論如何，都是精神上失去平靜而產生的現象。看見公民們同情受到酷刑的基督教徒，尼祿開始緊張了起來。

隔年的西元六十五年，是名為「五年祭」的羅馬奧運第二次舉行的年代。眾人稱之為「尼祿節」，而尼祿是想要在這個節慶中，以肉體、詩歌和辯論的競演方式來表現希臘文化的精髓，他最初的目的，就是要將希臘文化落實到一般羅馬人之間，而這一年，他的另外一個目的，就是要挽回他逐漸失去的人氣。於是尼祿說道，他將以自己創作的詩詞搭配歌曲，出場參加歌唱比賽。尼祿早在拿坡里就已經試演過，而且獲得滿堂彩，所以他對自己充滿了信心。更何況，尼祿老早就想在羅馬公民面前展露歌藝了。

但元老院卻不表認同。為了阻止皇帝變成演藝人員這等醜聞流傳，元老院及早做出下列的決定：讓尼祿獲得辯論和歌唱比賽的優勝。

尼祿斷然拒絕，他言明自己的才華無須元老院在後頭撐腰，要以對等的立場與其他參賽者一較高下，在評審嚴格的評分之下，以實力獲取月桂冠。元老院的議員們束手無策，只能靜觀其變。

公民們前來觀賞唱歌的皇帝，把當天的龐培劇場擠得水泄不通。除了免費入場之外，羅馬的春天氣候好得讓人想到外頭走走，不過，能讓可容納三萬名觀眾的露天大劇場座無虛席的原因，最主要還是因為公民們得知尼祿要出場，刺激了他們的好奇心所致。

才一站到舞臺之上，尼祿已經享有熱情的掌聲和歡呼了。等到這些聲音都暫時停頓下來之後，皇帝手抱豎琴，開始配著自己創作的歌曲，將自己填的詩詞娓娓唱來。從至今仍然流傳的幾首詩作來看，尼祿作詩的才華還不差。至於在這沒有錄音機的時代，後世的我們就無法評斷他的譜曲才華了。不過，同時代的評論家們給他的評價，是「不敢領教」。至於在歌聲方面的評價，是嗓子不錯，但聲音太小。

不過，這些評價對觀眾而言，根本不重要。尼祿唱得嘔心瀝血。唱完後，尼祿以他身上希臘式的短衣衣袖擦拭汗水。上流社會的人士會用擦汗用的布巾來拭去汗水，但是如果要維持這種禮儀，他就必須要叫僕人將布巾送到舞臺上，這樣就違背了他在劇場中不是皇帝的原則。在唱完等待評審評分的同時，尼祿跟其他的參賽者一樣，單膝跪在舞臺上，懷抱豎琴、謙虛地等候。這種舉動又讓觀眾高興不已，不斷地為他喝采。歷史學家們並沒有記錄尼祿是否獲勝，但是比賽舉辦得非常成功卻是不爭的事實。除了評審委員的評分之外，如果也讓觀眾們來投票，尼祿的人氣應該是第一名吧。因為，在所有出場的參賽者之中，尼祿獲得的掌聲和喝采，是眾人之最。

不過，坐在觀眾席前方「貴賓席」的元老院議員們和騎士階級的男士們，臉上卻藏不住輕蔑的神情。而摻雜在觀眾席中、來自行省和同盟國的人們，在看到羅馬皇帝變成演藝人員的時候，不禁大吃一驚。

對於比賽舉辦得非常成功而心滿意足的尼祿，眼看就要二十八歲了，但是對某件事情卻相當無知。他不知道人類是一種很複雜的生物，在他們的心中，親近感與敬意是很難共存的。他也不知道，皇帝的工作是無法在沒有受到尊敬的情況下完成的。同年年底，歷史上發生了名為「皮索的陰謀」的暗殺尼祿事件。

皮索的陰謀

在這種情況下，蓋烏斯．卡爾普爾尼斯．皮索可以說是最典型會被推舉出來的代表人物。首先，家世好。他是出身共和政治時代起的名門貴族，也是朱利斯．凱撒最後一任妻子的娘家。就連將結婚跟政治分開考量的凱撒都會跟這個家族締結姻親關係，就足以證明這卡爾普爾尼斯家族乃是元老院中的有權有勢者。對於當上皇帝的朱利斯家族而言，卡爾普爾尼斯家族是個強力的對手，所以卡利古拉皇帝才會下令放逐，到了克勞狄斯皇帝的時候才又獲准回國。

皮索本身就是個對他人寬大為懷、和藹可親的紳士，個頭魁梧，雖然已是中老年人，但仍是個美男子，跟還沒三十歲就肚大腸肥的尼祿比起來，無論是身著軍裝或托加長袍，都更具羅馬男性的魅力。不過，就才華和個性來說，實在是平凡無奇。正因為沒有優異的才能和強烈的個性，所以才會被挑中成為刺殺尼祿之後接任皇位的人選吧。

將決定謀殺朱利斯．凱撒的「布魯圖斯的陰謀」和這個「皮索的陰謀」相比較的話，我們可以很清楚地看到二個差異。

「布魯圖斯的陰謀」起因於對國家體制的意見對立，分為支持龐大帝國由一人統治，以及贊成維持以往方式，由元老院統治的寡頭政治兩派。就這一點而言，凱撒是革新派，而布魯圖斯是保守派。除此之外，陰謀刺殺者之中，有些人則是跟凱撒有私人的恩怨。

至於「皮索的陰謀」卻沒有這兩項因素。在陰謀刺殺者之中，的確有人心中是共和政治主義者，但是他們並沒有想到要瓦解帝王政治來恢復共和政體。因為，這時候大家的觀念都已經認為，要統治龐大的帝國，與其讓元老院來作少數領導，倒不如由一人負責的帝王政治來得比較務實些。陰謀刺殺者的人數約莫在二十到三十之間，其中沒有任何一個人是抱著個人的野心或私人的怨恨、恐懼才加入的。所有參與的人員都是基於憂慮羅馬帝國未來，借用他們的話來說，就是基於維護「共同體利益」的義務感，所以才會參與這項刺殺尼祿的計畫。

這項計畫甚至沒有主謀，與其說是由誰發起，倒不如說是眾人在討論帝國未來的隱憂時自然形成的計策，進而決定刺殺尼祿之後該由誰出任皇帝。除了皮索之外，幾乎所有參與刺殺的人員都是尼祿皇帝的親信。有些是尼祿年輕時代的玩伴，有些是元老院中公認偏尼祿派的議員，甚至塞內加這無須贅言的人物，即尼祿的家庭教師兼顧問，也都參與其中。換句話說，「皮索的陰謀」是尼祿派人士的陰謀，而且也不是要改變國體，只是要換個領導人罷了。這一點就和布魯圖斯刺殺凱撒不同，而比較接近卡利古拉遇刺的情況。卡利古拉和尼祿都是未滿三十歲的年輕小夥子，如果想要排擠他們，就只得把他們除掉。

那麼，又為什麼在行動之前會被揭發出來呢？

這項陰謀的參與者之中，有一位名叫斯卡耶維努斯的男子，他竟然將財產做了處分。他以感謝以往盡忠侍奉為名義，把錢分給僕人們，彷彿是要在生前先完成遺囑。獲得金錢的人之中，有一名叫做米里庫斯的解放奴隸。斯卡耶維努斯叫米里庫斯將短劍的刀鋒磨利，還要他準備止血藥和繃帶。

解放奴隸心中的疑慮，這下子可說是變成不爭的事實了。經常有人來造訪主人，而主人斯卡耶維努斯又在支開他人之後和這些男子密談，這一切，想來果然事有蹊蹺。米里庫斯和妻子商量，他的妻子同樣也是斯卡耶維努斯家中的僕人，她給的忠告是，即使你不說，其他人的口風也一定會走漏，與其到時候被當成共犯，不如現在就去密告。於是，米里庫斯拿著主人命令他磨的短劍，敲響了尼祿羅馬郊外豪宅的大門。因為當時帕拉提諾山丘上的皇宮失火，而「黃金宮殿」也仍在建設之中，所以尼祿暫居郊外。

尼祿簡直不敢相信，從他登基為皇之後的十年多以來，從來沒有人想到要暗算他。跟在位四年就遭到殺害的卡利古拉相比，他堅決相信自己是人人愛戴的皇帝。驚魂未定的尼祿，傳來接替布魯斯死後近衛軍團長官之一的提葛里努斯 (Tiglinus)，要他全權進行搜查。而這位提葛里努斯偏偏又是個想要以絕對的忠誠來抹滅自己出身低賤事實的男子。

斯卡耶維努斯被捕，但是他裝作毫不知情，表示短劍磨利本是天經地義的事情。最後演變為到底要相信解放奴隸所說還是元老院議員的說詞。尼祿差一點就要相信斯卡耶維努斯的時候，提葛里努斯又再度詢問米里庫斯，這名解放奴隸說道，來造訪主人的賓客之中，有一位名叫納塔里斯的人物。

納塔里斯也被逮捕，他是屬於羅馬社會中僅次於元老院階級的「騎士階級」人物，看到拷問用的器具後，就嚇得全身發抖，說出了皮索與塞內加的名字。斯卡耶維努斯得知納塔里斯招供了之後，不知是否認為大勢已去，便把參與陰謀的人名逐一道出。塞內加的姪子，同時也是詩人的盧卡努斯 (Lucanus) 也在其中。

跟尼祿屬同一年代的這位詩人，與他的伯父塞內加相同，都是出生於西班牙，由於幼年時也是由這位伯父來擔任他的教育啟蒙恩師，所以跟尼祿算是同門求學的師兄弟。尼祿將他從雅典的最高學府召回，要他創作出「尼祿節」主題讚歌。奧古斯都訂定的「世紀祝祭」讚歌，是詩人霍雷斯的作品。尼祿心想，這下子他等於是給了這個年輕詩人，相當於與維爾吉里斯齊名的奧古斯都時代國民詩人霍雷斯同樣的榮耀。盧卡努斯心中是個共和政治主義者，這位熱情的詩人寫的長篇敘事詩《法爾沙拉斯》，就如標題所示，是描述朱利斯．凱撒與龐培的決戰，其中充滿了袒護共和派代表龐培的感情，但是他仍舊受到尼祿的起用。尼祿沒想到，這個年輕人竟然還是跟自己兵戎相向。

熱情的年輕詩人，禁不起嚴刑拷打。他招供的共謀者之中還包括自己的親生母親，連詢問者都不敢置信。

提葛里努斯手下的近衛軍團士兵們在羅馬四處奔走，前去逮捕陰謀者。早有覺悟的皮索，在士兵們敲響他家大門之前，就割腕自殺了。已經被選為隔年執政官的拉特拉努斯甚至連自裁的時間都沒有，也沒有接受審問，就直接被帶到刑場，斬首示眾。

至於哲學家塞內加到底是非常積極地參與整個計謀呢？抑或是知情而不報？或者完全沒有瓜葛？沒有史料可供佐證。作證塞內加也有參與的，只有納塔里斯一人，而他也只說，自己是因為受到皮索的差遣才去造訪塞內加，傳達皮索埋怨塞內加不願意見他的訊息，然後再把塞內加的回答帶回給皮索。而塞內加的回答，其實看如何解釋，都說得通。

「我們如果太常見面，對雙方都不是好事。不過，退隱之後成為一般人的我是否能夠安養天年，就得看皮索的命運了。」

就因為這句話，塞內加被裁定有罪。尼祿將這位曾經是自己恩師兼輔佐官的老哲學家「賜死」。換句話說，就是給他時間自行了斷。

年逾七十的塞內加雖然割了腕，但是血流稀少。為了即早了斷，哲學家躺進放滿熱水的浴缸之中，不過，還是沒死。最後是在促進發汗的蒸氣室的氤氳水氣中，才好不容易離開人世。死前的他，並沒有嚴厲批評尼祿。塞內加希望自己是在和友人談論哲學的問題時安靜地過世的。這麼一來，羅馬史上唯一積極參與政治的知識份子死了。對於他曾經寄與厚望、不遺餘力地提供協助的尼祿，退隱之後的塞內加到底是怎麼看待的，他自己沒有留下任何隻字片語來說明。要用「辜負期望」一句話來解釋的話，或許他自己也會認為，這對一個比任何人都具有深刻觀察力的知識份子而言，實在是太簡單的說法了。不過，在他退隱之後，他持續的多本著作仍舊維持著一貫的憂鬱風格，我總覺得這就是為師者從遠處關懷著愛徒的心境寫照。

相對地，以單純率性為美德的武將們臨終數語，反倒是慷慨激昂。

原本預定下手行刺的近衛軍團大隊長佛勞斯，在面對尼祿質問他為什麼會想到要跟自己宣誓效忠的皇帝兵戎相向時，他回答道：

「因為我憎惡你。不過，當你還是一個值得尊敬的皇帝時，你的部下中，再也沒有一個人像我這麼忠心不貳了。但是，你弒母殺妻，沉迷競賽，熱衷歌唱事業，甚至還縱火，所以我對你的情感，便只剩下憎惡。」

可說是中隊長的百人隊長阿爾普爾斯也在義憤填膺地批評尼祿之後，從容就義。尼祿問他為什麼希望他死，這位百人隊長回答道：「要改正你所犯下的各種錯誤，唯有殺了你。」

當政體沒有制度來以選舉進行世代交替時，面對集絕大權力於一身的人，只有採取恐怖活動一途，這也是事實。所有參與這項刺殺陰謀的人物，都是羅馬公民權的所有人，而所謂的公民權所有人，就是具有投票選舉權的人。

除了以供出所有共謀者名字作為免罪條件的納塔里斯之外，所有的共謀者都被處以死刑或被迫自裁。同樣與提葛里努斯擔任近衛軍團長官職務的魯夫斯，一開始的時候原本是審問者，後來被抖出來也是參與的共犯之一後，就遭到殺害。「皮索的陰謀」就這樣功敗垂成了。尼祿也不知道是打什麼算盤，竟然將所有的審判過程公開，甚至出版給眾人看。難道他不怕人們在看過這些出版物之後，會受到陰謀者的言論影響嗎？雖然從奧古斯都制定的「國家叛亂罪法」來看的話，只要是對國家的第一公民所採取的犯罪行為，就等於是對國家犯下罪行一樣，所以，從法律上來解釋的話，這些陰謀刺殺皇帝的人士自然是有罪的。

不管是誰，當得知對方有意置自己於死地時，人自然就變得恩斷義絕。原本心胸開放的尼祿，現在也整個人都起了戒心。不久之後，心愛的妻子波貝亞過世。尼祿變得更孤獨、更猜忌，結果近衛軍團長官提葛里努斯的權力就無限制地擴張。最愛描寫這種事情的塔西圖斯和蘇埃托尼烏斯就寫道，這是恐怖時代的再現。在被迫自裁的人員之中，尼祿死黨之一的貝特洛尼斯也在其中，他也是諷刺文學傑作《愛情神話》(*Satiricon*)的作者。這號人物在從基督教徒的立場描繪羅馬的小說《暴君焚城錄》之中，也是主角之一。要敘述尼祿是完全的暴君時，在所有實際存在的人物之中，貝特洛尼斯是最適合擔任這類型主角的人選，這也等於是從不同的角度來描繪羅馬人對於尼祿的批判。

不論是哪一種假設，都必須具有說服力。要批判體制（羅馬帝國），光是從反體制（基督教）的立場來批判的話，說服力還是不夠。要具備完整的說服力，最有效的方式，就是介紹連體制本身也被人批判過的實例。如果又是皇帝身邊的人所說，那麼更具影響力。這是小說家們至少也會考慮到的策略。不過，以文章為武器的人不叫「策略」為策略，而稱之為「結構」，這是文人和武官的差別。

尼祿眾叛親離，但是並沒有讓他變成濫用權力又不理政務的皇帝。因為，帕提亞王胞弟提里達特斯結束了九個月的長途旅程，似乎就是在等候「皮索的陰謀」告一段落之後，登陸義大利本土，前往羅馬接受加冕。我們在早先已經提過，尼祿以親自到拿坡里迎接的國賓級待遇來迎接羅馬的宿敵帕提亞人，而且在羅馬舉行的加冕典禮終於平安落幕。這不僅解決了羅馬和帕提亞之間爭奪亞美尼亞王位的問題，也表示可以和羅馬的頭號假想敵國帕提亞再度確立「和平」關係。當尼祿親手將亞美尼亞的王冠放在跪在地上的提里達特斯頭上時，將羅馬廣場典禮場地擠得水泄不通的公民們，以「皇帝」的名號稱呼尼祿。真正的功勞雖然是屬於科普洛，但是百姓們哪裡懂得那麼多。他們眼中恢復和平的功勞者，就是尼祿。既然尼祿是國家政治的最高負責人，不論是手下誰立的功，只要是既成事實，最後正式的功勞，都會在尼祿身上。尼祿皇帝為了回應因「和平」而歡欣鼓舞的百姓，下令將雅努斯神殿的大門關閉，因為自古以來，羅馬的習慣就是當羅馬處於戰爭狀態時，就把戰神雅努斯的神殿大門打開，等到和平時就關起來。

這時候的尼祿應該已經把「皮索的陰謀」時動搖的信心重新建立起來了吧。原本應該自稱羅馬公民中「第一公民」這種充滿偽善名號的人，現在正享有民眾給予「皇帝！」的歡呼聲，這彷彿就是在公民大會中，在鼓掌與歡呼聲中以最高票當選一般。

每天跟歷史相處在一起，我感受最深的一件事，就是決定孰勝孰敗的條件，不在那個人本身資質的優劣，而在於他如何運用他的資質。在這方面，我們只能說尼祿實在不得其門而入。他總是做一些蠢事，把獲得的口碑又給賠上。或許他認為，只要評價高的話，做什麼都無所謂吧。當他彷彿受到「和平之神」般的讚美時，他決定要來一趟最嚮往的希臘之旅，而且，還不是皇帝的視察之旅，而是要去希臘試試身為歌手的實力。

青年將領

如果尼祿是一個能夠看到前兆就想到對策的人，那麼底下這個消息，一定能讓正在計畫前往希臘之旅的他暫緩下來，甚至他應該能夠了解，像是萊茵河或猶太等不斷有問題發生的地區，才是值得他前去視察的。「貝內文托（Benevento）的陰謀」比起「皮索的陰謀」的規模要小得多，而且是在事情剛剛萌芽的階段就已經解決了，所以尼祿一點也不擔心。不過，尼祿應該更深刻地去反省，不是單純地進行事後處理就好，應該尋找治本之道。因為，這是羅馬軍的主戰力——軍團首次反尼祿的前兆。

「貝內文托的陰謀」發生於西元六十六年，取主謀們匯集密商的都市之名，主要是由軍團的年輕將領們計畫暗殺尼祿。其實，他們並不是想要摧毀帝王政治而回歸共和政治。這些人雖然長年在邊境勤務，但是年紀輕輕就已經當上了軍團長或大隊長，算是羅馬軍團中的菁英份子。這些人總有一天都能夠統領四個軍團，而他們的年紀就和二十九歲的尼祿相仿，這些同年紀的年輕人們批評尼祿不適合擔任皇帝。這群基於憂國的理由而採取行動的年輕將領中，最主要的領導人物是帕提亞、亞美尼亞問題最大功臣科普洛的女婿維尼奇亞努斯。這個「貝內文托的陰謀」計畫，似乎是要在刺殺尼祿之後，讓科普洛登基為皇。之所以說是「似乎」，是因為這次的「貝內文托的陰謀」不像「皮索的陰謀」那樣，有著詳細的記錄。尼祿在「皮索的陰謀」時將審問記錄公諸於世，但是這次的青年將領行刺計畫的審問記錄卻沒有公開。他的理由是，根本不值得公開。當尼祿要把在貝內文托密商的青年將領們一網打盡時，發覺所有參與刺殺計畫的人員竟然全是在軍隊勤務者。換句話說，是一群向羅馬軍最高司令官尼祿宣誓效忠的人員，而且他們也是必須身先士卒、以身作則的人。在今日，這些人必須接受軍法審判；在古羅馬時代，他們同樣也不屬於公民們能夠審判的範圍。結果，人數還不到十個的主謀們，在沒有經過審判的過程下，就被處以死刑，結束了這次的陰謀，而尼祿仍舊照樣出發，踏上他的希臘之旅。

希臘之旅

在羅馬歷代的皇帝之中，從來沒有一個皇帝像尼祿一樣，沒有到外地巡視過。龐大的羅馬帝國，西起不列顛，東至幼發拉底河，北抵萊茵河口，南到撒哈拉沙漠，統治的民族數目達六百之多。身為羅馬帝國的最高統治者，尼祿以往親眼看過的土地，竟然只有羅馬和拿坡里之間，實在令人不敢相信。

姑且不論轉戰遼闊羅馬世界東西南北的朱利斯・凱撒，即使擅長沙盤推演的奧古斯都，從他登基為皇之前的內戰時代起，一直到他當上皇帝以後，也走過許多外地。五十五歲之後才當上皇帝的臺伯留在統治之前，可有著充份得不能再充份的外地經驗。卡利古拉的治世期間雖然只有短短的四年，他至少也親眼目睹了萊茵河與多佛海峽。而且在他的少年時代，還隨著父親日耳曼尼可斯前往東方旅遊。克勞狄斯也是在不了解他國的情況之下就登上了皇位，但是在遠征不列顛時，他也親自到過當地。跟這些前輩們比較起來，由於尼祿接掌的帝國無比的和平，所以才沒有任何前往外地的經驗，不過，還真是叫人嘖嘖稱奇。更何況，在前往希臘之前，尼祿的統治時間已經有十二年之久。總之做了十二年皇帝的尼祿，親眼看到的土地，只有羅馬到拿坡里之間。

所謂的旅行，與其說是為獲得資訊，倒不如說是為了要親眼觀察，呼吸當地的空氣，藉此有益於了解當地的風土民情。我們只能說，尼祿在這方面，既不懂得這種重要性，也缺乏單純的好奇心。他貴為皇帝，只要他願意，要實現很簡單，駐守邊境的軍團士兵們也一定很歡迎皇帝的大駕光臨。

除此之外，我甚至覺得，尼祿本質上就是個膽小鬼。旅行是與未知事物的接觸體驗，不論安排得多麼周密，一定會遭遇到預定行程之外的狀況。尼祿年紀雖輕，卻非常害怕突發狀況。他也不是討厭新鮮的事物，舉凡「羅馬奧運」和興建「黃金宮殿」來改造羅馬城中心，這都是前人不曾嘗試過的新鮮事，不過，這一切又不超過他「事前安排」的範疇。尼祿從來不曾發表過即席的演說；以自彈自唱的方式初次登上舞臺，也選擇在絕對有把握的拿坡里；至於在羅馬的公演，也是在組織啦啦隊的堅強陣容之下，他才願意上臺的。

嚮往已久的希臘之旅，尼祿並不是以皇帝的身份來視察行省，而是以歌手的身份，來測試自己自彈自唱的功力，所以他自然就帶著名為「奧古斯提亞尼」的啦啦隊一道前往。此外，奧林匹亞的競技賽和科林斯的競技賽是四年才舉辦一次，這一年原本是不用舉辦，結果就因為皇帝的一聲令下，這些競技賽於是開辦。奧運中原本不包括的音樂比賽，也在命令之下加入競技項目之中，這一切都是尼祿為了自己要出場的關係。除了這兩大競技比賽之外，尼祿下令希臘各地舉行各式競技賽，而他也每一處都登臺比賽。由於啦啦隊壯大的聲勢，再加上為了觀賞皇帝唱歌而群聚一堂的希臘人熱烈的掌聲，尼祿在各地的競賽中都獲得優勝，黃金打造的月桂冠數目也持續地增加。一般的月桂冠是以月桂樹的枝葉來製作，但是唯獨此時是專門為了尼祿而以黃金打造。

雖然這次尼祿是以歌手的身份出遊，但是在這趟希臘之旅的途中，尼祿還是做了很多皇帝做的事。其中之一，就是開鑿科林斯峽谷作為運河，連接愛奧尼亞海和愛琴海。這項土木工程的目的，是在縮短迂迴繞道伯羅奔尼撒半島的時間和距離。第一個想到要做這項工程的羅馬人是朱利斯·凱撒，但是後來的皇帝就再也沒有人想到要這麼做，因為這對維護地中海的「和平」而言，並非絕對必要。讓船隻行駛於科林斯峽谷，雖然在軍事上的優勢較少，但是經濟上的利益卻很大，因為這將可以幫助因人才大量流失到羅馬帝國而明顯衰退的希臘振興經濟。

不過，這項工程也因為尼祿之死以致半途而廢，之後便是雜草叢生，無人聞問。這項工程正式完工，是在蘇伊士運河等工程受到眾人矚目的十九世紀之後。當這項工程事隔一千八百年之後重新動工時，聽說當初尼祿時代開鑿的岩石痕跡還保留著原狀呢。

在希臘「巡迴表演」的尼祿，不曉得是為了答謝他所獲得的眾多月桂冠一事，或者是要留下證據以表示他對於希臘文化的憧憬，他送了一份希臘人最喜愛的禮物。他宣布，整個希臘將可轉為「自由都市」。所謂的「自由都市」，指的是能享有內政自治權、免繳行省稅的城市，以往只有雅典和斯巴達二座城市享有這項特權，因為羅馬人尊重這二個城邦對於人類文明的貢獻。尼祿宣布，將把相當於雅典和斯巴達享有的特權賜予整個希臘。一旦免徵收入十分之一的行省稅時，就算不是希臘人，也為之歡欣鼓舞。這也難怪當時的希臘人讚賞尼祿為最棒的皇帝。

不過，這種特惠的情況，也在他死後不到二年的時間化為烏有，因為心態健全的維斯帕先皇帝認為，行省間的差別待遇不是統治整個帝國的妥善作法。對於希臘文化的憧憬和必須冷靜思考的統治工作，事實上是屬於完全不同的領域。不過，維斯帕先皇帝仍舊保留了雅典和斯巴達的特殊待遇，因為，這也是「政治」的藝術。

尼祿似乎也曾經從失敗中記取教訓。為了處理猶太發生的叛亂，他一開始就把全權交給維斯帕先處理，而不再重蹈覆轍，不再像亞美尼亞、帕提亞問題發生時將指揮系統二分，結果導致花費十年的光陰。

這時候尼祿的舉動，我們只能以支離破碎來形容。他雖然將全權交給維斯帕先來處理猶太的暴動，但是另一方面，他卻犯了一個愚蠢的錯誤，讓所有負責保衛羅馬帝國安全的前線軍團士兵們一改初衷。尼祿在希臘旅行途中所作的舉動，可能是想作為「貝內文托的陰謀」事件的事後處理吧。從這個時期整個羅馬軍隊平靜的狀態，以及後來他們改變的情況來看，總之我們只能說，他的舉動實在愚昧至極。

司令官之死

為了防守萊茵河，羅馬派駐了八個軍團在此隨時待命。負責萊茵河上游到中游防禦工作的是高地日耳曼軍，由一名司令官指揮四個軍團。負責中游到下游防禦工作的是低地日耳曼軍，這也是一位司令官指揮四個軍團。在羅馬軍二十五個軍團之中，駐守萊茵河的八個軍團，公認是實力最為堅強的。這時期的司令官，恰巧是斯科里波尼斯家的兄弟，他們倆都是經驗豐富的前線司令官。

尼祿將這兩名司令官召到希臘來，同時也傳喚了同一時期擔任敘利亞行省總督、負責防禦幼發拉底河的科普洛。

這三名將領都因為收到最高司令官的命令，再加上尼祿的信中充滿了皇帝對他們的感謝，於是在不疑有他的情況之下，二人從西，一人從東，趕往希臘。但是，在希臘等候三人到來的，並不是皇帝的宴請，而是賜死的通知。尼祿連見都不肯見他們一面，就下令將他們處死。從萊茵河而來的二人，在尼祿派遣出迎的提葛里努斯指揮近衛軍團士兵的包圍下，被迫自行了斷；而科普洛則是從尼祿派來迎接的近衛軍團士兵手中，接到尼祿親筆命其自裁的書信。

就連記載最為詳實的塔西圖斯，在他的《編年史》中記載這個時期以後的部份也完全散佚，所以沒有確切的資料顯示解決亞美尼亞、帕提亞問題的功臣科普洛最後的命運。他是在什麼樣的心情之下結束自己的一生，恐怕都只能靠後世的人自行想像了。不論如何，他們也不狡辯，只說一句：「好吧」，就將劍刺入自己體內，這一定是不爭的事實。這三名將領是否真的參與了「貝內文托的陰謀」，或者只是其他血氣方剛的年輕將領們一時脫口而出所造成的冤屈，真相已不可考。但是，尼祿真的把長年來駐守萊茵河和幼發拉底河這兩條帝國最重要防線的資深將領處死了，而且還是在沒有確切的證據之下。更何況，尼祿採用的方式非常卑劣，他將這些將領們調離擁有許多忠貞部下的勤務地，之後才下令他們自裁。

學者們寫道，儘管如此，軍團中沒有爆發反尼祿的舉動，證明了軍團中充滿了奉承皇帝的氣氛。的確在這個時期，屬下的士兵們的確沒有因為自己的長官被殺而發生暴動；但是，沒有發生反尼祿的暴動，並不等於沒有反尼祿之心。羅馬軍的主戰力是由羅馬公民組成的軍團士兵，他們對於尼祿的看法，也因為這次的事件而大為改觀。若非如此，就無法說明為什麼在這之後不到一年的時間裡他們會發動抗爭。尼祿在毫無證據的情況之下，就把三個司令官處死，結果等於是與整個羅馬軍為敵。與其說他是行為輕率，倒不如說是愚昧。

如果坐視不管的話，尼祿大概會一直待在希臘，但是他畢竟身為皇帝，就不能這麼任性。不在羅馬的這段期間，尼祿把內政交給了解放奴隸賀里斯，在賀里斯再三的催促之下，尼祿終於在一年半以後回到本國。據說尼祿登陸南義大利港口布林迪西，是在西元六十八年一月的下旬。

對尼祿而言，他此番歸國等於是凱旋將軍，所以他就在途中的拿坡里和羅馬，都舉行了凱旋儀式。

凱旋儀式

全程隨行參與希臘之旅的啦啦隊，都各自擁有自己的宣傳牌，走在隊伍的最前面。這是在羅馬的凱旋儀式中，戰勝者進城時的一般作法。在這些宣傳牌上，會描繪獲勝的各場戰役的情況。而尼祿基於幫助不識字的人也能了解的考量，在他的凱旋儀式中的宣傳牌上描繪了自己自彈自唱而獲勝的各場比賽狀況。在這些宣傳牌的隊伍之後跟隨的一群人，高舉優勝後獲得的黃金月桂冠，聽說月桂冠總數達一千八百〇八，所以宣傳牌的數目應該也是相同的數目。最後出場的，才是凱旋將軍尼祿。依照古禮，尼祿駕著由四匹白馬牽引的戰車出現。他披著綴有金線的深紅大斗篷，但頭上戴著的並不是由鮮綠橄欖葉編成的頭冠。戰勝的凱旋將軍頭上戴的，是黃金打造的月桂冠。

凱旋隊伍行進的路線，在抵達羅馬廣場之前都是依循古禮，但是過了羅馬廣場之後，並沒有登上卡匹杜里諾山丘，到最高神朱比特的神殿，向神明表達謝意；相反地，尼祿在進入羅馬廣場之後就左轉，登上帕拉提諾山丘，因為這山丘上的阿波羅神殿，才是凱旋隊伍的終點。阿波羅是藝術的守護神，所以尼祿堅信，他的勝利不是來自於戰爭而是來自於藝術，獲得榮耀的他，應該感謝的對象是阿波羅。

史學家們記載，庶民們為了尼祿的凱旋儀式而欣喜若狂。其實，羅馬人只要認為東西好玩，就會徹底享樂。這種不同於以往的凱旋儀式可說是一項新鮮的表演，而得意洋洋的尼祿也的確值得一瞧。

戰勝後的凱旋歸國，其實是全國人民因為安全獲得了保障而慶祝的儀式，與結束了懷抱豎琴、自彈自唱的「巡迴表演」後的凱旋歸來，自然是大異其趣。羅馬公民的狂熱會立即冷卻，也是可想而知。

可是，尼祿就不高興了。他氣憤羅馬人竟是如此的沒有文化，所以他就去了他認為文化水準較高的拿坡里。他去拿坡里的理由也是因為在羅馬只能趁羅馬奧運時期唱歌，而拿坡里則是隨時可在任何的劇場唱歌。可是，當尼祿到了拿坡里之後，卻接到高盧發生叛亂的報告。

阿波羅神像，手中彈奏著尼祿憧憬喜愛的豎琴

憂國

蓋烏斯（個人名字）．朱利斯（家門名稱）．維恩德克斯（家族名稱）──這個名字對於當時的羅馬人而言，無論是誰，一聽到這個名字，一定立刻就會意過來。只要想想蓋烏斯．朱利斯．凱撒，即使在二千年後的我們也能夠會意。看到維恩德克斯這個名字，就知道這個人很明顯地是高盧人；而在朱利斯家門中，許多男子都叫做蓋烏斯。至於朱利斯這個家門名稱，是因為百年前凱撒征服高盧之後賜給高盧部族首長的，所以這些高盧人就開始以朱利斯作為自己的家門名稱。在這串名字之中，唯有維恩德克斯表示他們的出身，是在高盧的亞奎塔尼亞（現在的亞奎丹）。

這個高盧人，在他父親那一代，就已經進入了元老院，這全靠克勞狄斯皇帝在西元四十八年時制定的著名法律，允許高盧人獲得元老院的議員席次。這項法律成立的最初，是承認當時與羅馬有著最長久友好關係的黑杜伊族進入元老院，而在承認的同時，大家心中也都已經想見，承認部份部族進入元老院，就表示其他部族進入元老院只是時間的問題，而事實也證明如此。維恩德克斯的父親就不是黑杜伊族，而是亞奎塔尼亞族。

繼承父親的維恩德克斯後來也當上了元老院議員，甚至還被任命為高盧行省之一「高盧．盧古都南西斯」（里昂行省）的總督。跟羅馬化較快的「高盧．拿波南西斯」（南法行省）相比的話，羅馬人自然認為這裡的文明比較落後。承認「長髮高盧」（法國中北部）權力階級進入元老院的克勞狄斯皇帝法成立至此，也不過二十年而已。征服者羅馬人在對被征服者的開放或同化速度之快，真是值得大書特書。

　　高盧全境東至萊茵河，北達多佛海峽，西臨大西洋，南達庇里牛斯山脈，總共分為五個行省（請參閱第VI冊第一章的〈重整西方領地〉）。其中，只有南法行省為元老院管轄的行省，其餘的四個行省都是由皇帝直接管轄。羅馬軍團常駐的，只有四個行省中的日耳曼行省一處，因為這裡位處萊茵河西岸，是防禦的最前線。除了這裡之外，比利時嘉、高盧．盧古都南西斯和亞奎塔尼亞雖然也都是皇帝行省，但是卻沒有羅馬軍的兵營。「長髮高盧」的首都盧古都努（現在的里昂），羅馬只派了二個大隊（不到一千名）常駐於此。換句話說，二十年前還無法進入元老院的行省出身者，羅馬不僅讓他擔任統治高盧重要行省的工作，還把軍事責任也交給他，雖然士兵的人數還不到一千人。朱利斯．凱撒開創、克勞狄斯皇帝再次證明的羅馬開國路線，在維恩德克斯時「開花結果」。可惜，維恩德克斯竟然揭竿而起，反抗尼祿。

　　如果是一般的情況，這個高盧人可能會對他的同胞們激憤地說：

「尼祿不適合當皇帝，而讓尼祿當皇帝的羅馬人，也沒有資格統治高盧民族。事隔百年，現在正是高盧擺脫羅馬束縛，回歸獨立的絕佳時機。」

　　但是，同樣要鼓動，維恩德克斯卻是這麼說的：

「尼祿將帝國化為私有財產，沉醉在各種蠻橫的作為之中，簡直令人無法相信他是帝國的最高統治者。他殺害母親，還以叛國罪逼死帝國的賢能人才。還有，他只想要唱歌，彈得一手爛豎琴，唱得荒腔走板，卻還得意洋洋。這種不適合擔任羅馬帝國領導者的人物，應該讓他儘早下臺，這樣才能拯救我們高盧人、羅馬人，甚至整個帝國。」

在維恩德克斯的鼓動之下，立即號召了將近十萬名的高盧人。其實，這位行省總督會發起反抗尼祿的行動，並不是因為他是高盧人，他是以羅馬人的身份號召群眾的。他還呼籲他的同事——西班牙東北部的行省總督噶爾巴，說他才是適合取代尼祿，成為羅馬帝國「第一公民」的適當人選。

但是，當里昂的維恩德克斯捎給西班牙噶爾巴的親筆信還沒越過庇里牛斯山脈之前，駐紮在萊茵河沿岸的高地日耳曼軍團已經開始行動了。

駐守萊茵河的八個軍團，除了防禦對岸日耳曼民族來襲的任務之外，還必須維持背後高盧地區的秩序。如果高盧發生叛亂，不須等候皇帝指示，司令官就必須出兵鎮壓。當年高地日耳曼軍團的司令官，是在軍團中慢慢升上來的威爾吉尼斯．魯夫斯。當他獲得報告，指出維恩德克斯聚集了十萬名的高盧人時，魯夫斯立即下令出動軍隊。

縱使有十萬的高盧大軍，但畢竟不敵精銳的羅馬軍隊；而且，跟羅馬軍隊戰鬥，更不是維恩德克斯或匯集在他手下的十萬高盧人所想要的。所以，高盧軍隊很快就被驅散了。有些史學家記載，高盧方面的死傷人數達二萬。在鎮壓了這群高舉反尼祿旗幟的行省人民叛亂之後，羅馬軍團的士兵們竟然對司令官魯夫斯說：「如果您想要當皇帝的話，我們全力支持。」

雖然鎮壓了高盧人的叛亂，但是這些羅馬人在反尼祿的情緒上，與高盧人是一致的。魯夫斯拒絕了，不知道是因為他曾為士兵，無法違背自己效忠皇帝的宣誓？抑或是他在軍團之中，好不容易才升到「騎士階級」，都還不是元老院議員，又怎能奢望肩負統治帝國的重責大任，而因此感到徬徨猶豫。不論如何，局勢已經是覆水難收了。

崛起

總督噶爾巴在受到維恩德克斯的呼籲之後，不像魯夫斯那樣迷惘，噶爾巴的祖先們代代都是元老院議員。八年來的行省統治工作，他是以德政著稱，所以就他的公職身份而言，他絲毫沒有愧對於心之處。對噶爾巴而言，在憂國的情懷上，他這個羅馬人中的羅馬人，怎能輸給一個二十年前才獲准進入元老院的高盧人呢？

現在分為西班牙和葡萄牙的伊比利半島，在羅馬時代分為三個行省（請參照第VI冊第一章的〈「國稅局」的創設〉一節）：涵蓋北部和東部的「希斯帕尼亞·塔拉哥南西斯」、南部一帶的「倍帝加」，以及西部的「盧吉塔尼亞」。常駐在伊比利半島的三個羅馬軍團，都集中在噶爾巴統治的塔拉哥南西斯行省，而三個行省的總督之中，也是以噶爾巴最為年長。

雖然接獲了報告，指出高盧人的叛亂輕輕鬆鬆地就被鎮壓住，而且維恩德克斯也自裁身亡，不過，噶爾巴的心意一點也沒有改變。噶爾巴宣示道，行省總督宣誓忠誠，是針對元老院和羅馬公民，這等於是宣示自己也反對尼祿。西元六十八年四月二日，從尼祿舉行凱旋儀式，慶祝自己非以軍事力量而以文化獲得勝利的日子算起，還不到二個月的時間。

盧吉塔尼亞行省的總督歐圖也公開支持噶爾巴，而派駐在倍帝加行省的審計官、也是代理總督的凱奇納很早之前就表示支持了。換句話說，整個伊比利半島發起了反尼祿的活動。尼祿在面對高盧人維恩德克斯的叛亂時，絲毫沒有動搖，但是對於出身共和政治時代起就是名門貴族的噶爾巴崛起，卻是驚訝不已。尼祿這下子非得離開拿坡里、返回羅馬不可了。

由於司令官魯夫斯拒絕參與，所以高地日耳曼的四個軍團沒有絲毫動靜，而低地日耳曼的四個軍團也是同樣的狀況。在這樣的局勢之下，尼祿變得比較樂觀，而元老院的態度也保持曖昧。

元老院通過，將總督噶爾巴判為「國家之敵」，因為元老院接獲通知，說噶爾巴在西班牙又擴充了一個軍團。要編制一個由擁有羅馬公民權者組成的新軍團，必須先獲得最高司令官的皇帝允許，並且由最高司令官向元老院提出請求，經元老院通過之後，才能開始擴充。噶爾巴這項舉動，被視為侵犯了元老院的主權。

不過，這次公民們也加入造反行動。引發羅馬公民對尼祿不信任的導火線，竟是原本要載運主食小麥到羅馬的運輸船，結果尼祿下令改運競技場上使用的沙子。我不斷地重複說道，羅馬皇帝最重要的任務，是負責保障國民的「安全」與「糧食」。對於無法確切地控制實際負責「安全」的軍隊，更無法確保「糧食」的皇帝，公民們真的惱火了。

元老院開始祕密地和被判為「國家之敵」的噶爾巴連絡，噶爾巴也早就派遣心腹到首都羅馬臥底，在尼祿毫不知情的狀況下，雙方已經連絡多次。

由於元老院是由羅馬社會中比較富裕的人們所組成的，所以保守色彩濃厚。比起三十歲的尼祿來說，七十二歲的噶爾巴要來得令人安心。更何況噶爾巴擁有豐富的前線經驗，誠如歷史學家塔西圖斯記述的一般：「在眾人的心目中，比任何人都更適合擔任帝國的最高統治者，但是，實際上……」。當元老院和公民們聽說噶爾巴從西班牙領軍攻向羅馬而來時，他們做出了決定。

「國家之敵」

尼祿的優勢急轉直下，他最信賴的近衛軍團長官提葛里努斯早已不知逃到哪裡去了。沒有辦法仰賴提葛里努斯，就等於沒有辦法指望義大利本國唯一的軍事力量——一萬名的近衛軍團。另外一名長官尼比底斯也早就投靠噶爾巴了。

樹倒猢猻散，尼祿身邊的護衛、傭人，甚至連奴隸們也都像即將沉沒船隻上的老鼠，逃得一乾二淨。原本準備用來逃往埃及的船隻，也因為水手們走光了，變成無人船。

火上加油的，是元老院後來竟然又通過，斷定尼祿是「國家之敵」。還記得前文提過，羅馬皇帝的正式名稱是「第一公民」，他必須獲得元老院和公民的許可之後，才算獲得統治的正當性。在元老院宣告尼祿是「國家之敵」後，尼比底斯一人指揮的近衛軍團也決定推舉噶爾巴為「皇帝」。近衛軍團是由擁有羅馬公民權者組成的，換句話說，他們都是擁有投票權者。尼祿由於失去元老院和公民的支持，也就喪失了統治帝國的正當性。被派兵圍捕的，這下子變成是尼祿了。

到了這個地步，尼祿還是不敢自行了斷。他相信，只要他逃到曾給與特殊待遇的希臘，希臘人一定會以溫暖的懷抱來迎接他。尼祿似乎還曾經考慮逃往帕提亞，不過現在是保命最要緊。

據說，遭到眾人遺棄的尼祿，到最後只有四個人還一直跟在他身邊，這些人都是社會地位低賤的傭人。他們決定躲到其中一位解放奴隸自有的郊外家中，位在首都往北的薩拉里亞大道與諾門塔納大道之間，距離首都六公里。由於地處郊外，再加上房舍稀少，所以連遠方的聲音都可以聽得見。躲到房舍之內後，尼祿還聽到隨著東風傳來的近衛軍團兵營士兵們的歡呼聲，他們正高喊著「噶爾巴皇帝萬歲！」。

這個時期尼祿痛楚的模樣，在傳聞中更是被加油添醋。史實中能夠證明的，是尼祿得知逮捕的工作不久就要降臨躲在這屋舍中的自己身上時，心想大勢已去，於是決心自行了斷自殺身亡。至於他最後的一句話：「一名藝術家將結束他的一生」，到底是真是假，就無法考證了。不過，就尼祿喜歡咬文嚼字的個性來想，或許他真的說了這麼一句話也不可知。尼祿想到的這一句話，跟他在興建「黃金宮殿」時說的那一句「終於有了像人類居住的處所了」一樣，總是會導致他人誤解。

第五代皇帝尼祿死了，西元六十八年六月九日，享年三十歲又五個月二十天。從他未滿十七歲登基為皇以來，治世超過十四年。

此時的局勢，尼祿根本不可能被葬在第一代皇帝奧古斯都興建的「皇帝廟」內。尼祿的骨灰和第三代皇帝卡利古拉一樣，只能葬在「皇帝廟」以外的地區。從尼祿孩提時代就養育他的奶媽，還有尼祿的初戀情人、原本是個女奴隸的雅克緹在尼祿遺骸經過簡單的火葬之後，將骨灰埋在尼祿親生父親杜米提斯一家的墓地裡。雖然知道這個地點是在馬爾斯廣場，但是在馬爾斯廣場的什麼地方，現在已經不可考了。

跟卡利古拉不同的，是尼祿的墳前有著不斷的花果供品。從量大而新鮮的這一點來看，很明顯地可以得知，這絕對不是只有雅克緹和奶媽所供奉的。羅馬公民對於死後的尼祿，還是非常友善。如果忘了尼祿曾是皇帝，他其實是個熱愛才藝表演的可愛年輕人。而且，尼祿也不是毫無建樹，他只是有建樹，但沒能維持而已。反過來說，堅韌的意志力，也是身為領導者不可或缺的。

奧古斯都開始創造的「朱利斯．克勞狄斯王朝」，在尼祿時瓦解，維持百年之久。不過，對我而言，我並不覺得這是單純的皇統斷絕，它真正的意義，應該是代表著奧古斯都開創的「精密的虛構」帝王政治於此結束的意思。

在行刺卡利古拉皇帝之時，「皇統」也就是身上流著奧古斯都血液的人，不論其承繼奧古斯都血液的比例有多少，都會被拉出來當皇帝。這種情況，元老院和公民們非但沒有反對，反而相當贊同。克勞狄斯能夠順利即位，原因就在於此。雖然在他登基的時候，的確是因為有近衛軍團挾武力作為靠山，但是這個因素無法壓制元老院和公民達十三年之久。克勞狄斯能夠即位，換句現代的說法，就是眾人在獲得共識之後的結果。

尼祿跟卡利古拉一樣，膝下無子，但是要找到身上或多或少流著一點奧古斯都血液的人，還不至於太困難。在女方這邊，有人嫁到從共和政治時代起就是名門貴族的耶米里斯家中，也有人嫁到名門優尼斯家中的。不過，這些人大多被卡利古拉或尼祿視為皇位的競爭者，而遭到肅清。只要人們心中還認為，繼承了奧古斯都「血液」的人就擁有成為羅馬皇帝的正當性，那麼就不會找不到人來坐上羅馬皇帝的寶座。如果真的找到了這種人來當皇帝，那麼「朱利斯．克勞狄斯王朝」可能又要再加上一個耶米里斯什麼的名號，變成「朱利斯．克勞狄斯．耶米里斯王朝」之類的，奧古斯都式的帝王政治也就照舊延續下去。

但是，元老院拋棄了尼祿，轉為支持與奧古斯都「血緣」無關的噶爾巴，而且絲毫不以為意。至於軍團的士兵們和百姓們，也不覺得有何不妥。「朱利斯．克勞狄斯王朝」已經被羅馬主權者——元老院和公民公然捨棄了。這也是為什麼卡利古拉死後，換個人來當皇帝就可以的事情，在尼祿死後，噶爾巴也坐不穩皇帝的位子，導致羅馬帝國一年半之間內亂連連的原因。那麼，為什麼都過了一百年了，才說出這種皇帝選出方式不適合帝國呢？

共和政治雖然是相當少數的人擁有統治權，但是畢竟是由多數的人共管；相對地，君主政治的統治權集中於一人手中，它的缺點就在於缺乏監督功能。事實上，人類經歷過的帝政或王政，幾乎都缺乏監督功能。

不過，奧古斯都開創的羅馬帝政，卻有監督功能存在。

請參看我做的表，大家應該可以了解，羅馬皇帝的權力，其實是建築於一個非常精密的基礎之上的。

如果沒有這麼不清不楚的權力結構的話，奧古斯都就無法開創帝王政治。奧古斯都之所以要開創帝王政治，就是因為他深信，帝王政治比少數領導的共和政治更適合統治龐大的羅馬帝國。雖然這只不過是按照凱撒所指示的方向邁進而已，但是從後來帝國統治功能上完美的運作，就可以證明奧古斯都當時深信不疑的理念是正確的。一、二位皇帝的失政，絲毫沒有影響到帝國的運

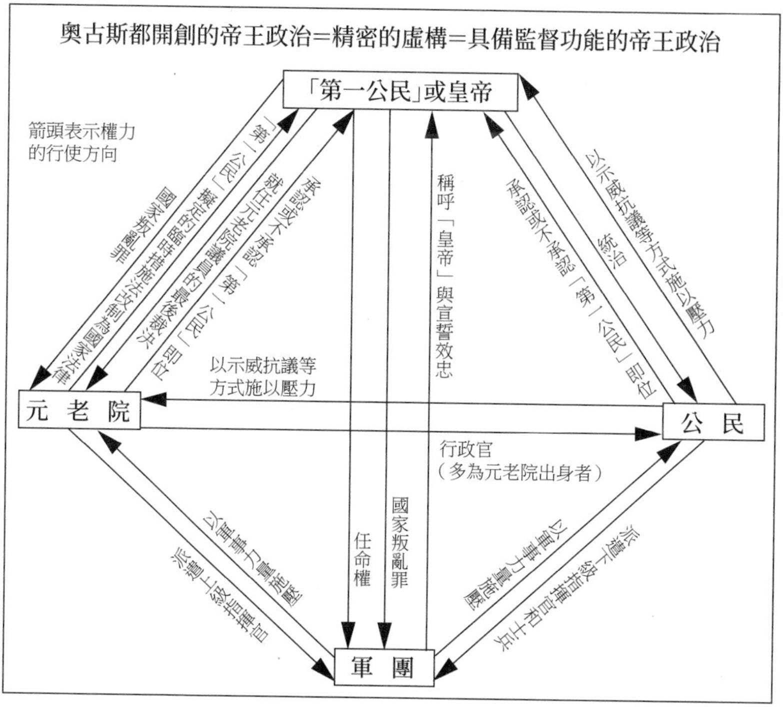

作，「和平」仍舊能夠維持下去。

不光是因為自己開創的關係，更由於奧古斯都是個不折不扣的「政治動物」，所以他非常了解自己開創的政體其實就是一個「精密的虛構」，他也非常清楚，要為這種政體掌舵，必須具備高度的政治技巧。

不過，從人類的歷史中，我們可以知道，居高位的人要能夠是一個具備高度政治技巧者，是很難得的福運。許多選擇君主政治的國家，雖然很多事情同樣都是流於表面的虛構，卻不夠精密，而這些君主政治國家也都選擇了世襲制，因為他們認為，就算居首的人沒有高度的政治技巧，只要他身邊的人具備了這些高度的政治技巧，在實際統治時，就能夠順利推動。換句話說，無論居首者是如何昏瞶無能，只要「血脈相連」，就有延續的保障。而要讓這一切成為事實，就是具備高度政治技巧者的責任。缺乏監督功能的缺點，則以承認權威但不給予權力的方式來彌補。

羅馬人跟這種君主政治是八竿子也打不到。在羅馬，權威和權力向來都集中在一個人的身上，因為羅馬人尊重實力更勝於血統。就連王政時代，羅馬也不是世襲制的。要讓羅馬人接受世襲制，必須要先準備好監督功能，才能使得羅馬人放心。

奧古斯都之所以如此堅持世襲制，第一個理由，是因為他不像凱撒是個都會人，出身鄉下地方的他對於家族有著極強的向心力。不過，他並不像企業的創始人係出於個人的野心讓自己的兒子繼承家業。奧古斯都確信帝政可以避免為了爭奪皇位而造成的內亂，這才是他最重要的動機。話說回來，羅馬人自古以來就不習慣最高統治者採用世襲制，所以要成為皇帝，光是「血緣」還不夠，必須再加上元老院和公民的承認。奧古斯都還規定，軍團要承認自己的最高司令官時，也必須要對他宣誓效忠才行。

不過，這一切都是表面上的規定，其實在奧古斯都巧妙地運用各種權力之下，如第VI冊中談到的一樣，絕大的權力都集中在皇帝一人的手中。只是權力也不是每一個人都能夠善加利用的，有些人天生缺乏行使權力的本事，有些人則是欠缺勇氣，這些人基本上就跟沒有權力是一樣的。在這種情況之下，表面上的既定規則就是一切得勢及失勢的依據。羅馬皇帝面對的表面上既定規則，就是當元老院和公民撤銷承認，而軍團也拒絕宣誓效忠時，即使是昨天的皇帝，今天也不過是一介凡夫俗子。尼祿的末路，就是最典型的例子。

這麼一來，「血緣」不再是重要的因素了。我認為，羅馬人心目中的血統，應該就是現在人所說的附加價值。羅馬人其實是注重實力的人民。對這樣的羅馬人而言，所謂的「血緣」，是要有了實體之後，才會產生價值的。尼祿之後的皇帝都沒有奧古斯都的血液，就證明了當時的羅馬人不再認為奧古斯都的血液是有價值的了。

不過，這種沒有附加價值的實力，同樣面臨到與共和政治時代末期相同的命運——正面衝突的時代。卡利古拉遇刺時只花了一天的時間，局勢就穩定了下來，但是，這次尼祿死後到羅馬再次恢復和平安定，竟耗費了一年半的時間。其中歷經噶爾巴、歐圖、維特里斯三位皇帝，之後到維斯帕先皇帝才算塵埃落定，羅馬必須忍受這混沌的時期。維斯帕先沒有朱利斯或克勞狄斯家族的血緣，也不像噶爾巴、歐圖和維特里斯一樣屬於羅馬出身的元老院階級。維斯帕先的父親甚至沒有固定工作，而是以地方城市出身的低微身份慢慢地爬升到最高階級。

奧古斯都開創的政體，就是所謂的「精密的虛構」

羅馬人雖然告別了奧古斯都的「血緣」，但是卻無法脫離奧古斯都開創的帝王政治。帝王政治的藍圖是由凱撒畫下，由奧古斯都構築，臺伯留打下基礎，克勞狄斯加以修正，就連心中是個共和政治主義者的塔西圖斯也不得不承認，這種政體功能最適合帝國的現況。羅馬人不是意識形態的民族，就與現實搏鬥的層面上而言，他們是務實主義者的集團。從西元六十八年夏季開始的一年半混沌期，並不是摸索政體的階段。未來仍是維持帝王政治的共識早已形成，問題只在於要讓誰成為「一人統治」的當事人。不過，當初奧古斯都挖空心思創設的帝王政治中的監督功能，其問題卻還沒獲得解決。不，我們或許可以說，行刺皇帝也變成了正當的監督功能之一了。

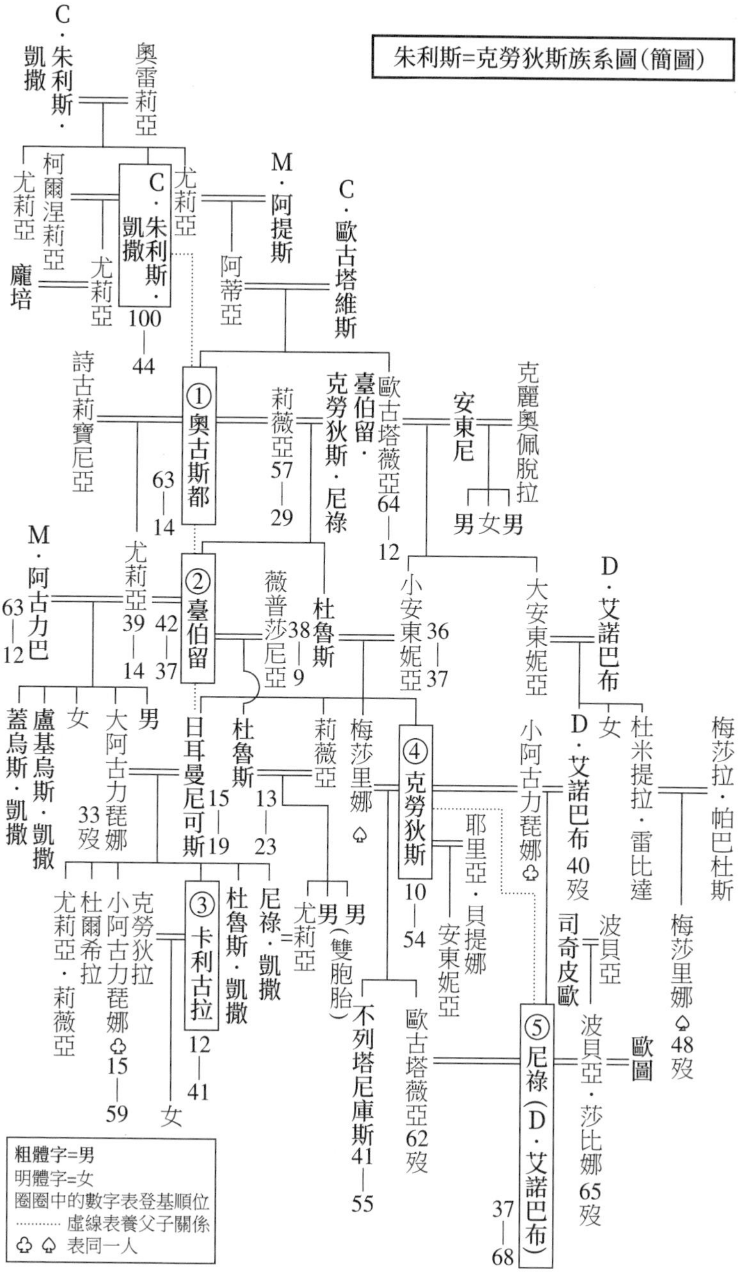
朱利斯=克勞狄斯族系圖（簡圖）
C·朱利斯·凱撒
奧雷莉亞
尤莉亞
柯爾涅莉亞
C·朱利斯·凱撒
100—44
尤莉亞
龐培
尤莉亞
M·阿提斯
阿蒂亞
C·歐古塔維斯
詩古莉寶尼亞
①奧古斯都
63—14
莉薇亞
57—29
克勞狄斯·尼祿
臺伯留·
歐古塔薇亞
64—12
安東尼
克麗奧佩脫拉
男女男
M·阿古力巴
63—12
尤莉亞
39—14
②臺伯留
42—37
薇普莎尼亞
杜魯斯
38—9
小安東妮亞
36—37
大安東妮亞
D·艾諾巴布
蓋烏斯·凱撒
盧基烏斯·凱撒
女
大阿古力琵娜
33歿
男
日耳曼尼可斯
15—19
杜魯斯
13—23
莉薇亞
梅莎里娜♤
④克勞狄斯
10—54
小阿古力琵娜♧
D·艾諾巴布
40歿
女
杜米提拉·雷比達
梅莎拉·帕巴杜斯
尤莉亞·莉薇亞
杜爾希拉
小阿古力琵娜♧
15—59
克勞狄拉
③卡利古拉
12—41
杜魯斯·凱撒
尼祿·凱撒
尤莉亞
男
男（雙胞胎）
女
耶里亞·貝提娜
安東妮亞
不列塔尼庫斯
41—55
歐古塔薇亞
62歿
⑤尼祿（D·艾諾巴布）
37—68
司奇皮歐
波貝亞
波貝亞·莎比娜
65歿
歐圖
梅莎里娜♤
48歿
粗體字=男
明體字=女
圈圈中的數字表登基順位
……虛線表養父子關係
♧♤表同一人

後記

為何同樣身為羅馬人的塔西圖斯和蘇埃托尼烏斯要寫羅馬皇帝的惡行

在當今的義大利，提到是知識份子又經濟富裕的人是什麼人時，你所獲得答案就是：那肯定是左派份子囉。

塔西圖斯是元老院議員，蘇埃托尼烏斯則為皇帝的祕書官，前者年長了約十五歲。二人的生卒年皆不詳，但據說享年約在六十至六十五歲左右。身為《編年史》等著作作者的塔西圖斯以及《皇帝傳》的作者蘇埃托尼烏斯，都是生在羅馬帝國秩序井然、和平繁榮時代的羅馬公民。

尼祿死時那年，塔西圖斯年約十三歲，蘇埃托尼烏斯則尚未出世。尼祿死後經過一年半的混亂時期，統治這兩個知識份子生存時代的羅馬皇帝依序如下（括弧內為治世年代）：

維斯帕先（西元六十九～七十九年）
提圖斯（西元七十九～八十一年）
圖密善（西元八十一～九十六年）
涅爾瓦（西元九十六～九十八年）
圖拉真（西元九十八～一一七年）
哈德良（西元一一七～一三八年）

後三者即人稱五賢帝之中的三位皇帝。

這兩位歷史學家出身何處並不清楚，但一般都認定塔西圖斯應該是法國南方行省之人。他岳父阿古力可拉(Agricola)的家門名稱是朱利斯，出身之地也有清楚的記載，是在南法的佛倫．優里（現在的弗雷瑞斯）。高盧戰役時代，朱利斯．凱撒將羅馬公民權、自己的家門名稱朱利斯、元老院議員的席次等贈與許多高盧的權力階級，塔西圖斯岳父阿古力可拉的祖先就是其中之一。行省出身者一旦晉升為元老院階級後，往往會在選擇女婿時，挑選同樣是出身行省的菁英。所以，塔西圖斯極有可能是出生於當時叫做高盧．拿波南西斯的南法地區。

蘇埃托尼烏斯是出生於義大利本國的羅馬公民，他的父親是第十三軍團的大隊長，他與同為行省出身、卻屬羅馬帝國上流階級的塔西圖斯大不相同。不過，從蘇埃托尼烏斯的經歷推測，應該是中等階級的公民吧。總而言之，兩人一為元老院議員，一為皇帝的祕書官，即使不在權力中樞，也是處於接近權力核心的位置。

而且，兩人在心理上都是屬於共和政治主義者，因為他們都認為，國政不該由一人決定，應由元老院這個菁英團隊共同決策。這樣的傾向在身為元老院議員的塔西圖斯身上尤其明顯。

反體制，如果只是單純反對，將會造成自身的消耗。要不耗損自身又要維持反體制，就必須提出一個足以取代現有體制的新制度。唯有如此，才能使反體制具有其積極的意義。

但是，在享受和平繁華的羅馬帝王政治時代所產生的反體制，是無法提出新制度的。羅馬的帝王政治已經穩固成型，而且獲得人民的共識，就連塔西圖斯和蘇埃托尼烏斯也沒有想過要將它廢除而回到共和政治時代。

那麼，在無法提出新制度來取代現有體制的情況下，理性的反體制者要如何尋求自己的出路呢？

批判，這是最容易的方法。為批判而批判，或是淪為專揭人醜態的人，都是因為他無法信服自己言語的力量。研究者常說的「塔西圖斯的悲觀主義」亦然，其真正原因，我想並非真正憂心帝國的未來，而是起因於自身理念無從實現所產生的憂慮，這一點與繁華資本主義國家中的馬克思主義者相當類似。

結果就成了德國歷史學家毛姆森所言「該寫的沒寫，淨寫些不該寫的」狀況。試想現代的日本人留給後代的，如果只是大報上的社論，和週刊雜誌上的醜聞事件，那麼你會作何感想呢？更何況，對羅馬皇帝而言，悲慘的是，塔西圖斯的文章影響力非寫社論的記者可比擬，它會讓人一直想往下看。蘇埃托尼烏斯的文章亦復如此，比週刊雜誌上的文章有趣，適合作為人們茶餘飯後的閒聊話題。正因為如此，才得以傳閱兩千年。共和政治時代的知識份子西塞羅也曾說過：「批判有權勢者的文章，不論什麼時代都是受歡迎的」。當然，在日本，塔西圖斯與蘇埃托尼烏斯的著作早在很久以前就有日文版了。

由羅馬人眼中的羅馬皇帝，擴展視野到非羅馬人眼中的羅馬皇帝，模樣是大不相同的。如希臘人斯托拉本、猶太人斐洛及約瑟夫等，對於自從進入帝王政治時期以後六百位元老院議員喪失決定國政的「自由」，他們絲毫不關心，因為他們是被統治者，而非羅馬傳承的統治者。居住在羅馬帝國內的非羅馬人，他們關心的是帝國的機能是否正常運作，是否會因此影響他們的生活。

所以好的地方他們會記下，不好之處也無須隱瞞。也因此，最後非羅馬人所記述的羅馬皇帝論，可說是「該寫的就寫，不該寫的就不寫」。

可是，這些非羅馬人的著作也有缺失。由於遠離羅馬帝國的權力核心，其真實性、說服力與塔西圖斯、蘇埃托尼烏斯的作品比較起來，便顯得不足。因此，就傳誦後世這一點來看，因為塔西圖斯與蘇埃托尼烏斯專門批評皇帝，又受到基督教徒的歡迎，所以他們倆的著作是略勝一籌的。

最後，想在此介紹對後世羅馬史觀有相當影響力的塔西圖斯作品中的片段。

這本書名為《阿古力可拉》，描寫他崇拜的岳父阿古力可拉。在此引用其中關於阿古力可拉擔任不列顛總督時的片段，內容描述他的統治方式。

「在冬天休戰時期，阿古力可拉實施了相當有效的政策。這些不列顛人民因為各自在部落中過著野蠻的生活，所以不至於喪失戰鬥能力。於是阿古力可拉決定讓不列顛人習慣和平安定的文明生活。對於建造神殿或集會廣場、石造房屋的人，於公於私都給予獎勵。如此對從事者給予嘉許，怠慢者加以懲戒，漸漸地在他們之間形成競爭之後，總督也無須採取強制手段了。

另外，阿古力可拉更進一步地讓部落族長的兒子們學習『提升教養的必修學科』（英文為"liberal arts"），並且向家長們誇讚，說不列顛人的聰明才智遠比高盧人的熱忱強得多。結果，使得一些原本拒絕學習拉丁文的人都渴望能夠早日將拉丁文說得流利順暢。阿古力可拉甚至還說不列顛人身著托加長袍更顯得華麗，並建議他們改穿羅馬服飾。不列顛人就這樣地慢慢忘記他們原本的生活型態，深受羅馬的迴廊建築、浴場及飲食方式所吸引。無知的他們以為正走向文明化而歡欣鼓舞，其實只不過是他們本身被奴隸化的證明。」

羅馬人的做事風格，並非只是興建神殿、列柱迴廊、會堂、劇場和浴場。現在英國仍有多處遺址，如街道或上下水道也是羅馬人協助鋪設的。喜好庭園的現代英國人栽種的許多花木，很多也是當時羅馬人引進當地的。此外，英文中約有百分之四十的單字源自於拉丁文。有一些英國的知識份子還覺得，德國人未經羅馬文化的洗禮，所以瞧不起他們，說他們是野蠻民族。甚至邱吉爾曾寫道，大英帝國的歷史是由凱撒跨越多佛海峽開始的。現今英國人對於古羅馬的研究，有著傲視全球的成績表現，或許可以說，少了英國人的研究著作，便無法談論羅馬歷史。

塔西圖斯要是知道英國人是這種模樣，心中不知作何感受？或許他又會發表諷刺的感言，說羅馬的不列顛奴隸化政策相當成功吧。

看著平坦筆直的街道，不列顛人應該知道可以比以前更省力地搬運更多的重物吧。也應該感受過英國多雨的日子裡，在有屋簷的寬廣集會堂中，他們可以愉快地與人交談。他們也學到了養成洗澡的習慣可以預防疾病、架設水道就不用到遠處汲水、講理就可以避免打架等。誠如塔西圖斯說過一般，不列顛天地之間充滿水氣，氣候並不那麼酷寒。所以無論是身穿羅馬式的短衣或長袍，應該很少會因為寒冷而顫抖吧。

對於將這斷言為奴隸化的塔西圖斯，使我想起了先進國家的左派知識份子。自己什麼都有了，卻說開發中國家的人們為了要電冰箱、洗衣機、汽車等，會沒日沒夜地工作著，而想說服他們回到原來的生活型態。這不禁讓我覺得是在聽有錢人說教。這些人是否想過，電冰箱、洗衣機減輕了女性多少的工作量呢？

對於歷史敘述者塔西圖斯，我由衷地表示敬意，但是有些時候，我仍然忍不住想說：「塔西圖斯，你怎麼能這麼說呢？」

大事年表

西元	羅馬帝國：本國	羅馬帝國：西方行省	羅馬帝國：東方行省	其他世界大事
西元四	奧古斯都決定臺伯留為繼位者，並指定臺伯留之後由日耳曼尼可斯繼承	臺伯留回到日耳曼戰線，除了易北河以外，其餘重要河川均被羅馬征服	猶太希律大王去世，王國分割成三，歸三個兒子所有 耶路撒冷的猶太教徒要求恢復神權統治而掀起暴動，敘利亞總督維爾斯以武力鎮壓	
五		由臺伯留率領的羅馬軍於時隔十四年後再度抵達易北河		
六		羅馬軍開始攻打馬爾科曼尼族	猶太教徒再度展開暴動，耶路撒冷等猶太中部地區成為羅馬行省	
七		旁諾尼亞與達爾馬提亞發生叛亂，臺伯留立即與馬爾科曼尼族締結友好條約		
八				（中國）王莽篡漢，建立新朝

九		夏季，旁諾尼亞投降。冬季，達爾馬提亞向羅馬求和 秋季，在日耳曼地方中部的條頓布魯格森林中，維爾斯指揮的三萬五千名羅馬兵遭到阿爾密尼斯率領的日耳曼軍全數殲滅		
一〇	臺伯留三度擔任日耳曼戰役總司令官。次年、第三年都連任			
十三	奧古斯都將臺伯留召回羅馬，授與羅馬全軍隊的「最高司令權」。之後，日耳曼戰線交由日耳曼尼可斯負責			
十四	奧古斯都與共同統治者臺伯留聯名實施國勢調查。擁有羅馬公民權的人數約有四百九十四萬人 八月十九日，奧古斯都旅居拿坡里時去世。享年七十六歲 九月十七日，臺伯留成為「元老院的第一公民」，也是第二代皇帝	在北非，由塔克法理納斯領導的反羅馬運動爆發 旁諾尼亞的羅馬軍團爆發叛亂，臺伯留為平息叛亂，派遣其子杜魯斯前往鎮壓 低地日耳曼的羅馬軍也發起叛亂，日耳曼尼可斯由高盧前往平定。在流血肅清之後，鎮壓了低地日耳曼的叛亂。羅馬軍攻打日耳曼人		

十五		春季，日耳曼尼可斯率領近六萬的大軍越過萊茵河，俘擄敵方將領阿爾密尼斯的岳父及妻子至羅馬		
十六		日耳曼尼可斯帶領八萬大軍攻打日耳曼，擊潰阿爾密尼斯軍。回程遭遇惡劣天候		
十七	五月二十六日，舉行日耳曼尼可斯的凱旋儀式 日耳曼尼可斯的下一個派駐地點在東方地區。臺伯留實質上結束了歷經二十八年的日耳曼戰役，也整備了萊茵河的防禦體制 臺伯留要求元老院頒「最高司令權」予日耳曼尼可斯 秋季，日耳曼尼可斯與其妻阿古力琵娜、兒子卡利古拉共同出發前往新任職地		小亞細亞西南部發生大地震。臺伯留實施災區對策重建受災地區	
十八	臺伯留將小亞細亞的小王國卡帕杜西亞及科馬革尼納入直轄行省 羅馬調降營業稅，由百分之一調降至百分之〇．五（但為限定期間的措施）	一月，日耳曼尼可斯造訪「亞克興角海戰」的遺蹟	日耳曼尼可斯赴亞美尼亞首都阿爾他喀什塔，為新任國王阿爾塔克瑟斯舉行加冕儀式 日耳曼尼可斯赴埃及，停留至隔年	（中國）赤眉之亂

十九	臺伯留以導致社會不安為理由，將居住在羅馬的猶太人暫時驅逐出義大利境內		春季，日耳曼尼可斯由埃及返回敘利亞，之後前往帕耳美拉 十月十日，日耳曼尼可斯去世	
二〇	敘利亞行省總督皮索被控不服從日耳曼尼可斯等罪行，自殺身亡			
二十一	臺伯留將政務交給當上執政官的兒子杜魯斯，前往拿坡里近郊居住一年 臺伯留為解決北非問題將指揮系統一元化，並派遣新任總督 原敘利亞總督奎里努斯去世，舉行國葬儀式	塔克法理納斯帶領的北非動亂聲勢日漸強大 高盧東部因反對高利率發動叛亂。羅馬的萊茵河防衛軍立刻展開鎮壓行動		
二十二	臺伯留要求元老院授與杜魯斯「護民官特權」，決議通過			
二十三	杜魯斯猝死 臺伯留重整帝國全體的防衛體系。包括萊茵河及多瑙河防衛軍團在內，補足軍團缺額兵員、並制定補助兵應有人數等等	塔克法理納斯戰亡，北非問題隨之解決		（中國）王莽為劉秀所敗，新朝滅亡

二十五				（中國）劉秀即位，稱光武帝，建立東漢
二十七	臺伯留隱居卡布里島 羅馬近郊小城菲德尼的鬥劍比賽場觀眾席倒塌，傷亡人數達五千人 羅馬「卻里歐山丘」遭祝融全毀			（中國）赤眉戰敗，向光武帝投降
二十八		居住在萊茵河下游的一個日耳曼部族發起反羅馬叛亂，羅馬方面為了鎮壓叛亂亦損傷了九百名士兵		
二十九	臺伯留之母，即奧古斯都之遺孀莉薇亞去世 年底，日耳曼尼可斯之遺孀阿古力琵娜與其長子尼祿·凱撒罷行確定，分別流放至芬多帖拿島及蓬薩島			
三〇	執行阿古力琵娜母子的流放罪刑。次子杜魯斯·凱撒也因被控反叛國家而定罪，處以幽禁之刑 尼祿·凱撒於流放地去世			

三十一	一月一日，掃蕩阿古力琵娜派的核心人物近衛軍團長官賽亞努斯，與臺伯留同時就任執政官 臺伯留辭去執政官。之後暗中將近衛軍團長官賽亞努斯免職，任命由馬克羅接任 十月十八日，臺伯留在發給元老院的信上告發賽亞努斯叛國之罪，元老院通過其死罪，並於當日立即執行	
三十三	流放中的阿古力琵娜在芬多帖拿島上去世。其次子杜魯斯．凱撒亦死去 由於元老院議員被告發在行省放高利貸，引起金融不安及地價下跌，進而造成羅馬史上一大金融危機。臺伯留擬定「投資公有資金」等多項對策，暫時穩定了危機	
三十四		亞美尼亞國王阿爾塔克瑟斯去世，帕提亞趁機插手干預。隔年，臺伯留派遣維特里斯前往敘利亞處理，帕提亞遂由亞美尼亞撤回

三十六	羅馬「阿凡提諾山丘」遭大火侵襲，臺伯留立即實施受災者的救援行動及重建對策			
三十七	三月十六日，臺伯留於拿坡里西邊的米塞諾海角別墅中去世，享年七十七歲 三月十八日，元老院決議將所有權力授予日耳曼尼可斯之三男卡利古拉，卡利古拉成為第三代皇帝 九月二十七日，卡利古拉獲頒「國父」的尊稱 十月，卡利古拉身患大病			
三十八	初夏，卡利古拉之妹杜爾希拉去世。卡利古拉發表將興建水道工程之計畫 十月，羅馬發生火災		埃及亞歷山大希臘人與猶太人對立激烈，引發暴動。以斐洛為首席代表的猶太使節團出發前往羅馬	
三十九	國家財政捉襟見肘 春季，卡利古拉接見猶太與希臘使節團	秋季，卡利古拉前往高盧，打消進攻日耳曼的念頭		（中國）東漢，實施全國農地及戶口調查
四〇	五月底，卡利古拉返回羅馬，八月三十一日舉行凱旋儀式	三月，放棄進攻不列顛的卡利古拉，在臨多佛海峽一帶進行展示軍威的活動	在猶太，希臘人和猶太人的衝突愈演愈激烈。猶太人將祭祀卡利古拉的祭壇砸毀。卡利古拉也下令敘利亞總督貝特洛尼斯在耶路撒冷聖殿建造羅馬主神朱比特像	

	卡利古拉因懷疑其妹阿古力琵娜及尤莉亞·莉薇亞涉及謀殺卡利古拉的陰謀，將她們處以流放之刑。自此時開始與元老院處於對立狀態		
四十一	一月二十四日，卡利古拉遭近衛軍團大隊長卡西斯·薩克雷亞及科爾涅里斯·薩比努斯刺殺。得年二十八歲。其妻凱索妮亞與女兒也同時遇害 同日元老院決議將卡利古拉的所有權限授予克勞狄斯，克勞狄斯成為羅馬第四代皇帝 克勞狄斯廢除因「國家叛亂」之名所定的罪刑。而因此罪名流放芬多帖拿島的卡利古拉之妹阿古力琵娜也得以回到羅馬		克勞狄斯將猶太的統治工作交給希律大王一族的希律·阿古力巴。耶路撒冷等猶太中部地方回復三十五年前國王統治的局勢。 克勞狄斯將亞歷山大秩序回復正常局面
四十二	克勞狄斯決定在羅馬外港奥斯提亞再建新的港口，並於同年開工	不列顛最強大的部族領袖克諾貝里努斯去世，繼位者的爭奪戰由不列顛擴張至高盧東北一帶	
四十三	克勞狄斯任命奥爾斯·布勞提斯為遠征不列顛的總司令官	布勞提斯帶領四萬大軍登陸不列顛東南部，於泰晤士河一戰旗開得勝 克勞狄斯前往不列顛與羅馬軍會師，進入科爾切斯特城，並制定行省化的基本政策	

四十四	四十七	四十八	四十九
克勞狄斯回到羅馬後舉行凱旋儀式。其妻梅莎里娜也在行列之中，令眾人相當驚訝	遠征不列顛的總司令官布勞提斯返回羅馬，舉行了簡化的凱旋儀式 原執政官法雷里斯·阿吉阿提克斯因梅莎里娜之誣告，自殺身亡	克勞狄斯實施國勢調查，擁有羅馬公民權者約有五百九十八萬人 克勞狄斯舉行「世紀祝祭」 梅莎里娜犯重婚罪，被克勞狄斯的祕書官納爾奇索斯下令殺害	克勞狄斯與姪女阿古力琵娜（卡利古拉之妹）結婚，是克勞狄斯第四次的結婚 阿古力琵娜召回因被指控通姦流放到科西嘉島的哲學家塞內加回羅馬，擔任其子杜米提斯·艾諾巴布（後來的皇帝尼祿）的家庭教師。而武術指導工作則由後來成為近衛軍長官的布魯斯擔任
希律·阿古力巴去世，猶太再度由羅馬直接管轄			

五〇	阿古力琵娜讓克勞狄斯收其子杜米提斯為養子，之後，杜米提斯的名字就改為尼祿．克勞狄斯		克勞狄斯命阿古力巴二世就任猶太國王，將耶路撒冷及其周邊地區納入羅馬直轄行省，採取分割統治	
五十一	阿古力琵娜於尼祿十四歲時為其舉行成年禮 同年，因天候惡劣，導致小麥面臨存糧不足的窘境		渥洛葛瑟斯就任帕提亞國王	犍陀羅(Gandhara)美術在這個時期問世
五十二	卡利古拉時代興建的兩條水道完工，命名為「克勞狄斯水道」		帕提亞攻打亞美尼亞，見羅馬軍的動向而撤軍	
五十三	尼祿與克勞狄斯之女歐古塔薇亞結婚。並在元老院首次發表演說			
五十四	十月十三日，克勞狄斯去世，享年六十三歲（一說遭阿古力琵娜毒殺） 同日，尼祿接受由近衛軍團所封「皇帝」之稱號。元老院也決議賦予尼祿全權；尼祿成為羅馬第五代皇帝。該年尼祿十六歲		帕提亞攻占亞美尼亞，由渥洛葛瑟斯之弟提里達特斯登上王位 羅馬決定派遣葛尼斯．杜米提斯．科普洛為總司令	
五十五	尼祿反抗其母阿古力琵娜的行動開始		春季，科普洛就任卡帕杜西亞及加拉太行省總督，	

	五十七	五十八	五十九	六〇
尼祿唯恐阿古力琵娜擁立先帝克勞狄斯之子不列塔尼庫斯，於是將其殺害	尼祿將元老院行省及皇帝行省財務合併，完成國庫一元化	元老院封尼祿為「終身執政官」，但尼祿並未接受 尼祿提議廢除間接稅，但遭元老院否決，之後雙方擬定妥協方案	三月二十一日，尼祿殺害其母阿古力琵娜	首次舉行每五年一次的競技比賽「尼祿節」，盛況空前
與敘利亞行省總督夸德拉圖斯各率領兩個軍團	這年冬季，科普洛在小亞細亞的山岳地帶實施軍團的魔鬼訓練	五月，科普洛開始展開行動，軍隊進攻亞美尼亞內 科普洛建議帕提亞請求羅馬將亞美尼亞王位贈與提里達特斯，但是帕提亞沒有接受 羅馬軍在沒有發生流血戰爭的情況之下攻進亞美尼亞首都阿爾他喀什塔，驅逐帕提亞軍	春季，羅馬軍於阿爾他喀什塔縱火，攻向亞美尼亞第二首都提克拉諾科塔，是又一次的不流血拓疆行動，尼祿令提葛拉尼斯就任亞美尼亞王位	
	（日本）倭奴國向東漢光武帝朝貢，獲頒金印			

六十一	六十二	六十三
亞美尼亞問題再次引發。敘利亞行省總督科普洛諫言，請求派遣一位亞美尼亞戰線的專屬司令官，尼祿於是任命貝圖斯擔任	近衛軍團長官布魯斯病逝 塞內加退休 尼祿與其妻歐古塔薇亞離婚，和波貝亞·莎比娜再婚。並將歐古塔薇亞處以流放之刑後加以殺害	派遣至羅馬的帕提亞王特使，將帕提亞王的親筆信函呈給尼祿。羅馬方面拒絕談和，為籌備戰事，授予科普洛最高指揮權 義大利南部龐貝發生地震
不列顛人全面反羅馬。殲滅羅馬一個軍團，進而殘殺了七萬人。遠征盎格魯西島回來的不列顛行省總督蘇埃托尼烏斯，率領一萬名兵力，與不列顛人展開會戰，大獲全勝		
	貝圖斯率領三個軍團，就任亞美尼亞戰線總督。科普洛也領了三個軍團，專心擔任敘利亞行省總督 貝圖斯的軍團受帕提亞軍的包圍而投降，並被迫同意將羅馬軍由亞美尼亞境內全數撤出 帕提亞國王渥洛葛瑟斯派遣使節至科普洛處，要求撤去科普洛於幼發拉底河東岸興建的所有要塞，並拆除河上橋梁。科普洛則要求帕提亞軍全面撤離亞美尼亞以做交換條件，帕提亞方面允諾接受	科普洛帶領五萬大軍攻入亞美尼亞，將帕提亞所建的要塞一一攻陷 帕提亞方面請求談和，並遵照科普洛的回覆，向羅馬表示願意與羅馬簽署和平條約，暫時停火

六十四	尼祿於戰神馬爾斯廣場所建的「體育館」因雷擊燒燬 尼祿著手興建「通行空間」 尼祿於拿坡里的露天劇場首次以歌手身份登場 七月十八日夜晚，大競技場觀眾席下方的店家失火，延燒了九天，大火蔓延至羅馬各處。尼祿帶頭指揮滅火行動、救助受災者、災後重建等 尼祿為了確保災後重建及市中心大改革的財源，實施貨幣改革，與前一次的改革相距八十七年 尼祿興建「黃金宮殿」招致人民反感 尼祿以縱火罪、「憎惡人類全體之罪」等罪名逮捕基督教徒，並處以死罪，而「尼祿唆使縱火」之說仍不絕於耳		科普洛與帕提亞國王之弟提里達特斯直接會談。提里達特斯答應前往羅馬，接受亞美尼亞王位的加冕 提里達特斯出發前往羅馬	
六十五	春季，第二回的「五年祭」（尼祿節）中，尼祿盡情演唱			

	年底，由二十至三十人組成暗殺尼祿的「皮索的陰謀」被揭發，皮索、拉特拉努斯等參與者，除了一人之外，其餘皆自行了斷或被處死。被懷疑也參與這次陰謀的塞內加，也以自裁結束其一生 尼祿之妻波貝亞去世 提里達特斯抵達義大利，在羅馬廣場從尼祿手中接獲亞美尼亞王冠。此後，羅馬與帕提亞之間維持了半個世紀的和平			
六十六	以科普洛女婿維尼奇亞努斯為首的數名青年將領，欲刺殺尼祿，並擁科普洛為皇帝 這次的「貝內文托的陰謀」也被揭發，青年將領全部被處死刑 尼祿前往希臘旅行一試其歌手之實力		猶太發生叛亂，尼祿將全權交給維斯帕先，由他負責解決問題	
六十七		尼祿將科普洛以及高、低地日耳曼二名軍團司令官，共計三人召至希臘，並命其自裁		

六十八	一月，尼祿由希臘返回義大利，舉行「凱旋儀式」 元老院通過將在西班牙發起動亂的噶爾巴定為「國家之敵」 羅馬公民因對尼祿保障「糧食」不力感到不滿，開始發起反尼祿行動 元老院宣告尼祿為「國家之敵」 近衛軍團決議推舉噶爾巴為「皇帝」 六月九日，尼祿於羅馬郊外的藏身之處自殺身亡	高盧的里昂行省總督維恩德克斯率十萬人起兵反抗尼祿，被魯夫斯率領的高地日耳曼軍鎮壓 四月二日，西班牙行省（希斯帕尼亞．塔拉哥南西斯）總督噶爾巴回應維恩德克斯，宣布反尼祿。歐圖（盧吉塔尼亞行省）和凱奇納（倍帝加行省）等兩名西班牙行省實力派人物也表態支持噶爾巴。噶爾巴又擴編一個新的軍團		（中國）興建白馬寺，自西域引入佛經

參考文獻

原始資料

塔西圖斯 (Tacitus, Publius Cornelius)

所有著作，可找到的日文譯本如下：

《編年史　上・下》，國原吉之助翻譯，岩波文庫，1981。

《日耳曼阿古力可拉》，國原吉之助翻譯，筑摩學藝文庫，1996。

《歷史》，國原吉之助翻譯，筑摩書房，1996。

蘇埃托尼烏斯 (Suetonius Tranquillus, Gaius)

《羅馬皇帝傳　上・下》，國原吉之助翻譯，岩波文庫，1986。

加西阿斯・迪奧 (Cassius Dio)，《羅馬史》（未有譯本）

塞內加 (Seneca, Lucius Annaeus)

所有著作，可找到的譯本如下：

《論人生苦短》，茂手木元藏翻譯，岩波文庫，1980。

《道德書簡集　倫理信件集》，茂手木元藏翻譯，東海大學出版會，1992。

《自然研究　自然現象與道德生活》，茂手木元藏翻譯，東海大學出版會，1993。

《悲劇集1　西洋古典叢書　第I期2》，大西英文、小川正廣等人翻譯，京都大學學術出版會，1997。

《悲劇集2　西洋古典叢書　第I期4》，大西英文、木村健治等人翻譯，京都大學學術出版會，1997。

大普林尼 (Plinius Secundus, Gaius)

《普林尼博物志》，大槻真一郎編，八坂書房，1994。

斐洛 (Filo)

《派往蓋烏斯（卡利古拉）處的使節紀行》(*Legatio ad Gaium*)（未有譯本）

普魯塔克 (Plutarchus)

《回憶錄13　西洋古典叢書　第I期6》，戶塚七郎翻譯，京都大學學術出版會，1997。

《回憶錄14　西洋古典叢書　第I期1》，戶塚七郎翻譯，京都大學學術出版會，1997。

後世的歷史書、研究書

ALEXANDER, W. H., *The Communiqué to the Senate on Agrippina's Death*, 1954.

ANDERSON, J. G. C., "Trajan on the Quinquennium Neronis", *Journal of Roman Studies*, 1911.

ATKINSON, D., "The governors of Britain from Claudius to Diocletian", *Journal of Roman Studies*, XII, 1922.

AUGUET, R., *Caligula ou le pouvoir à vingt ans*, Paris, 1984.

BAKER, G. P., *Tiberius Caesar*, London, 1929.

BALDWIN, "Nero and His Mother's Corpse", *Mnemosyne*, 1979.

BALLAND, A., "Nova Urbs and 'Neapolis'", *Mélanges d'archéologie et d'histoir de I'École française de Rome*, 1965.

BALSDON, *The Emperor Gaius*, Oxford, 1934.

BALSDON, *Roman Women*, London, 1962.

BALSDON, *The Romans*, London, 1965.

BALSDON, *Romans and Aliens*, London, 1979.

BARBAGALLO, C., *La catastrofe di Nerone*, Catania, 1915.

BARDON, H., *Les empereurs et les lettres latines d'Auguste à Hadrien*, Paris, 1940.

BEAUJEU, J., *L'incendie de Rome et les Chrétiens*, 1960.

BELL, I. H., *Jews and Christians in Egypt*, 1924.

BÉRANGER, *Recherches sur l'aspect idéologique du principat*, Basel, 1953.

BIANCHI BANDINELLI, R., *Roma. L'arte romana nel centro del potere*, Milano, 1969.

BOETHIUS,A., "The Neronian 'nova urbs'", *Corolla Archaeologica*, Lund, 1932.

BOETHIUS, A., *The Golden House of Nero*, 1960.

BONACASA, N., *Arte Romana: Scultura*, Roma, 1979.

BONNER, S. F., *Education in ancient Rome*, London, 1977.

BORCH, H. C., *Roman Society: A Social, Economic and Cultural History*, Lexington, Mass., 1977.

British Museum, *A Guide to Antiquities of Roman Britain*, London, 1922.

BRUNT, P. A., "Stoicism and Principate", *Papers of the British School at Rome*, 1975.

BRUNT, P. A., "The revolt of Vindex and the fall of Nero", *Latomus*, 1978.

CARCOPINO, J., *Ostie*, Paris, 1929.

CARCOPINO, J., *La Table Claudienne de Lyon*, 1930.

CARCOPINO, J., *La vie quotidienne à Rome a l'apogée de l'empire*, Paris, 1939.

CARCOPINO, J., *Aspects mystiques de la Rome païenne*, Paris, 1941.

CARSON, R. A. G., *Coins of Greece and Rome*, 2nd. ed., London, 1970.

CARSON, R. A. G., *Principal Coins of the Romans*, I–II, London, 1978–1981.

CARY, M., -SCULLARD, H. H., *A History of Rome*, London, 1975.

CASSON, L., *Travel in the Ancient World*, London, 1974.

CHARLESWORTH, M. P., "Pietas and Victoria, the Emperor and the Citizens", *Journal of Roman Studies*, 1929.

CHARLESWORTH, M. P., *The Virtues of a Roman Emperor: Propaganda and the Creation of Belief*,

London, 1937.

CHARLESWORTH, M. P., *Documents illustrating the reigns of Claudius and Nero*, Cambridge, 1939.

CHARLESWORTH, M. P., "Nero, some aspects", *Journal of Roman Studies*, 1950.

CIACERI, E., *Le vittime del despotismo in Roma nel I secolo dell'impero*, Catania, 1898.

CIACERI, E., "La congiura pisoniana contro Nerone", *Processi Politici e relazioni internazionali*, Roma, 1918.

CIACERI,E., "Claudio e Nerone nelle storie di Plinio", *Processi politici e relazioni internazionali*, Roma, 1918.

CIACERI, E., *Nerone matricida*, 1941–1942.

CIACERI, E., *Tiberio successore di Augusto*, Roma, 1944.

CLARKE, M. L., *The Roman Mind*, London, 1956.

CLEMENTE, G., *Guida alla storia romana*, Milano, 1978.

COARELLI, F., *Guida archeologica di Roma*, Milano, 1974.

COARELLI, F., *Roma*, Bari-Roma, 1983.

COLLINGWOOD, R. G.-MYRES. J. N. L., *Roman Britain and the English Settlements*, I, Oxford, 1937.

COLUMBA, G. M., *L'impero romano*, Milano, 1944.

COWELL, F. R., *Everyday Life in ancient Rome*, London, 1961.

CUNLIFFE, B., *Storia economica di Roma antica*, Firenze, 1979.

DE FRANCISCI, P., *Arcana Imperii*, III, l, Milano, 1948.

DEMOUGIN, S., *L'ordre équestre sous les Julio-Claudiens*, 1988.

DE REGIBUS, L., *Politica e religione da Augusto a Costantino*, Genova, 1953.

EARL, D., *The Moral and Political Tradition of Rome*, London, 1967.

FABBRINI, L., "Domus Aurea", *Analecta Romana Instituti Danici*, 1983.

FABIA, Ph., *Sénèque et Néron*, 1910.

FABIA, Ph., *La Table Claudienne de Lyon*, Lyon, 1929.

FERGUSON, J., *The Religions of Roman Empire*, London, 1970.

FERRERO, G., *Le donne dei Cesari*, Milano, 1925.

FRANK, *The Financial Crisis of 33 A.D., An Economic Survey of Ancient Rome*, V, Baltimore, 1940.

GARZETTI, A., *Aerarium e fiscus sotto Augusto*, 1953.

GARZETTI, A., *L'impero da Tiberio agli Antonini*, Roma, 1960.

GATTI, C., *Gli 'equites' e le riforme di Tiberio*, 1953.

GENTILI, B., *Storia della letteratura latina*, Roma, 1976.

GRANT, M., *Aspects of the Reign of Tiberius*, 1950.

GRANT, M., *Roman Imperial Money*, London, 1954.

GRANT, M., *Roman History from Coins*, 2nd. ed., Cambridge, 1968.

GRANT, M., *Nero*, 1970.

GRANT, M., *The Jews and the Roman World*, London, 1973.

GRANT, M., *History of Rome*, Roma, 1981.

GRIFFIN, M. T., *Seneca, a philosopher in politics*, 1976.

GRIFFIN, M. T., *Nero, the end of a dynasty*, 1984.

GRIMAL, P., *La civilisation romaine*, Paris, 1960.

HAMMOND, M., "Corbulo and Nero's Eastern Policy", *Harvard Studies in Classical Philology*, 1934.

HARDY, E. G., *Claudius and the Primores Galliae: a Reply and a Restatement*, 1914.

HARRIS, H. A., *Sport in Greece and Rome*, Ithaca, 1972.

HAVERFIELD, F. -MACDONALD, G., *Roman Occupation of Britain*, Oxford, 1924.

HEINZ, K., *Das Bild Kaiser Neros bei Seneca, Tacitus, Sueton und Cassius Dio*, Bern, 1948.

HEMSOLL, D., "The architecture of Nero's Golden House", in M. HENIG (ed.), *Architecture and architectural Sculpture in the Roman Empire*, 1990.

HENDERSON, B. W., *The Chronology of the wars in Armenia A.D.51–63*, C.R., XV, 1901.

HEUBNER, H., P., *Cornelius Tacitus. Die Historien. Kommentar*, Heidelberg, 1963–1982.

HOPKINS, K., *Conquerors and Slaves*, Cambridge, 1978.

HUMPHREY, J. H., *Roman Circuses. Arenas for Chariot Racing*, London, 1986.

JOLOWICZ, H. F., *Historical Introduction to the Study of Roman Law*, Cambridge, 1972.

JOLOWICZ, H. F., *The Roman Economy*, Oxford, 1974.

JOSSA, G., *Giudei, pagani e cristiani*, Napoli, 1977.

KENT, J. P. F., *Roman Coins*, New York, 1978.

KNOKE, F., *Die Kriegszüge des Germanicus in Deutschland*, Berlin, 1922.

KORNEMANN, E., *Tibère*, Paris, 1962.

LANCIANI, R., *Rovine e scavi di Roma antica*, Roma, 1985.

LAVER, P. G., "The Excavation of a Tumulus at Lexden, Colchester", *Archaeologia*,LXXVI,1927.

LE GALL, J., *Le Tibre, fleuve de Rome dans l'aniquité*, Paris, 1953.

LEON, H. J., *Ball Playing at Rome*, 1946.

LEVI, M. A., *Nerone e i suoi tempi*, Milano, 1949.

LEVI, M. A., *Il tempo di Augusto*, Firenze, 1951.

LUGLI, G., *Roma antica. Il centro monumentale*, Roma, 1946.

LUTTWAK, E. N., *The Grand Strategy of the Roman Empire*, Baltimore, 1977.

MACDONALD, W. L., *The Architecture of the Roman Empire*, New Haven, 1965.

MAGDELAIN, A., *Auctoritas principis*, Paris, 1947.

MANNI, E., “La leggenda dell’età dell’oro nella politica dei Cesari”, *Atene e Roma*,1938.

MARCHESI, C., *Seneca*, Messina, 1920.

MARKUS, R. A., *Christianity in the Roman World*, London, 1974.

MARROU, H. I., *Histoire de l’éducation dans l’Antiquité*, Paris, 1965.

MARSH, F. B., *The Reign of Tiberius*, Oxford, 1931.

MARTINAZZOLI, F., *Seneca, studio sulla morale ellenica nell’esperienza romana*, Firenze, 1945.

MATHIEU, H., *Messaline*, Paris, 1961.

MATTINGLY, H., *The Events of the Last Months of Nero, from the Revolt of Vindex to the Accession of Galba*, 1953.

MATTINGLY, H., *Roman Imperial Civilization*, London, 1957.

MATTINGLY, H., *Roman Coins*, 2nd. ed., London, 1960.

MCKAY, A. G., *Houses, Villas and Palaces in the Roman World*, Ithaka, 1975.

MEISE, E., *Untersuchungen zur Geschichte der Iulisch-Claudischen Dynastie*, München, 1969.

MOMIGLIANO, A., *Aspetti dell’antisemitismo alessandrino in due opere di Filone*, 1930.

MOMIGLIANO, A., “Corbulone e la politica Romana verso i Pari”, *Atti del II Congresso Nazionale di Studi Romani*, Roma, 1931.

MOMIGLIANO, A., *La personalità di Caligola*, 1932.

MOMIGLIANO, A., *L'opera dell'imperatore Claudio*, Firenze, 1932.

MOMIGLIANO, A., *Literary Chronology of the Neronian Age*, 1944.

NEUMEISTER, C., *Das antike ROM. Ein literarischer stadtführer*, München, 1991.

NEWBOLD, R. F., "Social and economic consequences of the A.D. 64 fire at Rome", *Latomus*,1974.

NONY, D., *Caligula*, Paris, 1986.

OMODEO, A., *Saggi sul Cristianesimo antico*, Napoli, 1958.

PAOLI, U. E., *Vita romana*, Firenze, 1958.

PARKER, H. M. D., *The Roman Legions*, Oxford, 1928.

PASCAL, C., *Seneca*, Catania, 1906.

PASCAL, C., *Nerone nella storia aneddotica e nella leggenda*, Milano, 1923.

PASSERINI, A., *Le coorti pretorie*, Roma, 1939.

PASSERINI, A., *Caligola e Claudio*, Roma, 1941.

PASSERINI, A., *Per la storia dell'imperatore Tiberio*, Pavia, 1947.

PFLAUM, H. G., *Essai sur les procurateurs équestres sous le haut-empire romain*, Paris, 1950.

PHILIPSBORN, A., *L'abandon des esclaves malades au temps de l'empereur Claude et au temps de Justinien*, 1950.

POLACCO, L., *Il volto di Tiberio. Saggio di critica iconografica*, Roma, 1955.

PROFUMO, A., *Le fonti e i tempi dell'incendio neroniano*, Roma, 1905.

PUCCI BEN ZEEV, M., *Cosa pensavano i Romani degli Ebrei?*,1987.

QUIDDE, L., *Caligula, Eine Studie über römische Cäsarenwahnsinn*, 3rd. ed., Leipzig, 1894.

RABOSSI, M., *La coniazione di Nerone. La riforma dell'oro e dell'argento*, 1953.

RADICH, V., *Political dissidence under Nero: the price of dissimulation*, 1993.

RAMSAY, W. M., *Historical Geography of Asia Minor*, London, 1890.

REYNOLDS, B. K. P., *The Vigiles of Imperial Rome*, Oxford, 1926.

ROGERS, R. S., *Criminal Trials and Criminal Legislation under Tiberius*, Middletown, Conn., 1935.

ROGERS, R. S., *Studies in the Reign of Tiberius*, Baltimore, 1943.

ROMANELLI, P., *Storia delle provincie romane dell'Africa*, Roma, 1959.

ROSTOVTZEFF, M., *Storia economica e sociale dell'impero romano*, Firenze, 1965.

Royal Commission on Historical Monuments, *Roman London*, London, 1928.

SCRAMUZZA, *The Emperor Claudius*, Cambridge, Mass., 1940.

SEAGER, R., *Tiberius*, London, 1972.

SHERWIN-WHITE, A. N., *The Roman Citizenship*, Oxford, 1980.

SILVAGNI, U., *Le donne dei Cesari*, Torino, 1927.

SMALLWOOD, E. M., *Some Notes on the Jews under Tiberius*, 1956.

SMALLWOOD, E. M., *Documents Illustrating the Principates of Gaius, Claudius and Nero*, Cambridge, 1967.

SMALLWOOD, E. M., *The Jews under Roman Rule from Pompey to Diocletian*, Leiden, 1976.

SORDI, M., *I primi rapporti fra lo stato romano e il Cristianesimo, e l'origine delle persecuzioni*, 1957.

SUTHERLAND, *Two "Virtues" of Tiberius, a Numismatic Contribution to the History of His Reign*, 1938.

SUTHERLAND, *Aerarium and Fiscus during the Early Empire*, 1945.

SUTHERLAND, C. H. V., *Coinage in Roman Imperial Policy, 31 B.C.–A.D. 68*, London, 1951.

SUTHERLAND, C. H. V., *Roman Coins*, London, 1974.

SUTHERLAND, C. H. V., *The Roman Imperial Coinage, 1, 31 B.C.–A.D. 69*, London, 1984.

SYDENHAM, E. A., *The Coinage of Nero*, London, 1920.

SYME, R., *The Roman Revolution*, Oxford, 1952.

SYME, R., *Tacitus*, Oxford, 1958.

SYME, R., *Roman Papers*, Oxford, 1977.

SYME, R., "Domitius Corbulo", *in Roman Papers*, II, 1979.

THORNTON, M. K., "The enigma of Nero's Quinquennium", *Historia*, 1973.

TIBILETTI, G., *Principe e magistrati repubblicani*, Roma, 1953.

VAN BERCHEM, D., *Les distributions de blé et d'argent à la plèbe romaine sous l'empire*, Genève, 1939.

VAN OOTEGHEM, J., *Les incendies à Rome*, 1960.

VEYNE, P., *Le Pain et le Cirque: sociologie historique d'un pluralisme politique*, Paris, 1976.

WARMINGTON, B. H., *Nero, reality and legend*, 1929.

WATSON, G., *The Roman Soldier*, London, 1969.

WEBER, C. W., *Panem et Circenses. Massenunterhaltung als Politik im antiken Rom*, Düsseldorf-Wien, 1983.

WHEELER, R. E. M., *London in Roman Times*, London, 1930.

WILLRICH, H., "Caligula", in *Klio*, III,1903.

WIRSZUBSKI, CH., *Libertas as a Political Idea at Rome during the Late Republic and Early Principate*, Cambridge, 1950.

YAVETZ, Z., *Plebs and Princeps*, 1969.

圖片出處

- 卡力貫　摘自 L. Lindenschmidt, "Tracht und Bewafnung des Römischen Heeres."
- 法國的浮雕 (Grand Camée de France)　法國國立圖書館（巴黎）收藏 ©Bibliothèque nationale de France, 1998.
- 奧古斯都的浮雕 (Gemma Augustea)　藝術史博物館（維也納）收藏 ©Kunsthistorisches Museum, 1998.
- 卡利古拉 (Caligula)　新嘉士伯美術館（哥本哈根）收藏 ©Ny Carlsberg Glyptotek, 1998.
- 戰車競馳　取自電影《賓漢》
- 臺伯河岸港口　取自羅馬文明博物館收藏之復原模型（櫻井紳二拍攝）
- 卡利古拉的大型船　參考歐特洛·特斯塔格茲之素描，繪圖：峰村勝子
- 阿古力琵娜　摘自梵諦岡美術館收藏之肖像（西元五十四～五十八年製作），繪圖：文臣茲·馬拉諾

【塩野七生代表作——羅馬人的故事】

從崛起、壯大到轉折、衰敗，看羅馬千年的輝煌與落寞

羅馬人的故事I——羅馬不是一天造成的

羅馬的起源可以追溯到扎馬戰役前五百年，羅馬人歷經整整五百多年漫長的蟄伏歲月，因此才會有句話說：「羅馬不是一天造成的」。這五百年間羅馬遭遇哪些挑戰？羅馬人又是如何逐步累積實力，將國家帶往璀璨光明的未來？

羅馬人的故事II——漢尼拔戰記

西元前二一八年，漢尼拔從西班牙率領群眾翻越阿爾卑斯山，進攻義大利本土，直到羅馬名將西比奧打敗漢尼拔才落幕，這場戰爭歷時十六年之久。為什麼知識優越的希臘人、軍事力量強大的迦太基人最後會敗給羅馬人？什麼才是決定戰爭勝、敗的因素？

羅馬人的故事III——勝者的迷思

經過六天六夜激戰，迦太基城淪陷了！這個曾經風光一時的城市被消毀殆盡，羅馬名將小西比奧一想到敵人的命運不覺潸然淚下。勝者如何在勝利的欣喜中，思慮更遠大的未來？大國如何崛起？改變的是制度、心態，還有什麼呢？

羅馬人的故事IV——凱撒時代（盧比孔之前）

西元前一〇〇年七月十二日，「羅馬唯一的創造天才」——朱利斯・凱撒誕生！少年凱撒歷經鬥爭、殺戮、混亂與腐敗，因此致力於樹立羅馬的「新秩序」，他如何巧妙地逆轉國家、政局與社會重重的危機，將個人推向顛峰，創造羅馬歷史的光輝？

羅馬人的故事V——凱撒時代（盧比孔之後）

西元前四十五年，大權在握的凱撒開始進行羅馬帝政化改革，卻在隔年遭醉心共和體制派刺殺，羅馬頓時又陷入混亂狀態！年僅十八歲的屋大維成為凱撒指定的第一繼承人，他能否穩住凱撒留下的偉業？凱撒雖死，但他的精神又為後世留下哪些影響？

國家圖書館出版品預行編目資料

羅馬人的故事VII：惡名昭彰的皇帝／塩野七生著;彭士晃譯.——修訂二版一刷.——臺北市：三民，2023
面；　公分.——(羅馬人的故事系列)

ISBN 978-957-14-7519-6（平裝）
1.歷史 2.羅馬帝國

740.222　　111013247

羅馬人的故事

羅馬人的故事VII——惡名昭彰的皇帝

著作人｜塩野七生
譯者｜彭士晃

發行人｜劉振強
出版者｜三民書局股份有限公司
地址｜臺北市復興北路386號(復北門市)
臺北市重慶南路一段61號(重南門市)
電話｜(02)25006600
網址｜三民網路書店 https://www.sanmin.com.tw

出版日期｜初版一刷 2001年6月
初版五刷 2018年4月
修訂二版一刷 2023年7月
書籍編號｜S740200
ISBN｜978-957-14-7519-6

Rôma-jin no Monogatari 7. Akumei Takaki Kôtei-tachi

三民書局